THEORY OF BUILDING MANAGEMENT

빌딩관리론

김주영 지음

박영사

머리말 PREFACE

부동산시장은 공급자 중심에서 수요자 중심으로 변화되고, 개발 중심의 부동산시장에서 개발과 관리가 중요시되는 시장으로 발전해 나가고 있다. 부동산의 유형별로 보면 시장의 관심은 주거용 부동산시장에서 상업용이나 업무용 등 비주거용 부동산시장으로 이용과 투자의 대상이 확대되었다. 이러한 부동산시장의 변화는 근본적으로 경제구조의 고도화와 저출산과 고령화로 대변되는, 인구구조가 바뀌는 사회경제적 상황과 밀접한 상관성이 있다고 판단된다.

이 책은 비주거용 부동산으로서 상업용이나 업무용 빌딩의 관리 전반을 다루고 있다. 주지하다시피 주거용 부동산은 공동주택관리법과 공시제도 그리고 주택관리사보로 관리를 위한 제도적 기반이나 관련 자격제도가 갖추어져 있는데 비해 비주거용 부동산은 부동산시장의 성장에 비해 그에 걸맞은 제도적 기반이 갖추어져 있지 못한 편이다. 이러한 제도적 문제점은 부동산관리업 특히, 비주거용 부동산관리업의 성장에 장애요인으로 작용하고 있으며, 해당 산업이 새로운 부가가치를 창출할 수 있는 산업으로 발전하는 데 제약요인이 되고 있다.

이 책의 구성은 크게 네 가지로 구분하였다. 1편은 개론편으로 부동산관리의 관점에서 전반적인 빌딩관리의 개요를 다루고 있으며, 빌딩관리가 현대적으로 발전하게 된 배경과 빌딩 관리방식에 대한 내용이다. 2편은 빌딩행정관리와 관련해서 보험 및 문서관리, 조직 및 인사관리 그리고 재무 및 회계관리로 구성된다. 2편의 내용은 이론적으로 행정학과 경영학을 기반으로 하고 있으며, 빌딩관리조직을 운영하기 위한 기본적인 사항이라 할 수 있다. 3편은 제도편으로 빌딩관리와 관련된 공법과 사법으로 구성되어 민법을 기초로 해서 건축법과 빌딩안전관리와 관련된 소방 관련 법령의 내용으로 구성된다. 4편은 빌딩관리 실무로 시설관리 입장에서 빌딩의 유지관리 내용과 함께 빌딩의 설비관리와 안전관리로 구성된다.

머리말 PREFACE

국내의 경우 빌딩관리와 관련된 자격증은 대부분 민간자격증으로 구성되어 다양한 기관에서 운영되고 있으며, 기본적으로 빌딩의 경제적 관리, 기술적 관리 그리고 법률적 관리에 기본을 두고, 이들 내용을 기반으로 하고 있다. 그러나 빌딩의 관리와 관련된 통일된 법제가 없이 다양한 공법과 사법에서 관리 관련 규정을 적용받는 것처럼 빌딩관리의 핵심적인 지식과 내용들이 일목요연하게 정리되지 못한 편이다.

빌딩관리와 같은 비주거용 부동산관리는 주거용 부동산과 달리 수익성 부동산이므로 해당 부동산과 관련된 이해당사자가 많고, 그 부동산의 유형도 매우 다양하다고 할 수 있다. 또한 빌딩관리의 수요자인 건물주나 임차인 그리고 이용고객의 다양하고 변화하는 수요에 맞추어 빌딩의 가치를 제고하고, 안전과 관련된 문제들을 사전적으로 예측하고 관리해야 하는 중요성이 더욱 커지고 있다.

이 책에서 다루고 있는 내용은 자산관리의 관점에서 보면 주로 시설관리(FM) 차원에서 이를 다루고 있으며, 그것은 자산관리의 가장 기본적인 관점이다. 시설관리는 부동산관리(PM)와 자산관리(AM)의 기본이 되며 효과적인 부동산관리의 기반이 되기 때문에 그 중요성이 높다고 할 수 있다. 또한 앞으로 고층빌딩의 증가와 인텔리전트 빌딩 그리고 사무자동화와 빅데이터 환경 등을 고려할 때 시설관리의 관점에서 빌딩관리는 더욱 고부가가치화되고, 건축, 기술 등 다양한 분야와 연계해서 발전될 필요가 있다.

비주거용 부동산인 빌딩관리는 앞서 제시한 대로 매우 다양한 영역을 포함하고 있으나, 이 책에는 주로 빌딩관리의 기술적 측면에 보다 초점을 맞추어 빌딩관리의 전반적인 체계를 이해하는 데 초점을 맞추었다. 빌딩관리의 모든 측면을 다루기에는 그 범위가 너무 넓고, 어떤 경우에는 너무 기술적이고 지엽적인 부분이 될 수 있기 때문이다.

그런 관점에서 이 책은 부동산학과 학생들이 부동산관리를 배우는 데 있어서 특히, 비주거용 건물의 관리라는 측면을 보다 체계적으로 이해하고 관련 분야에 대한 지식과 전문성을 키워나가는 데 일조하는 것이 그 목적이다. 이 책의 부족한 부분은 향후 부동산관리 분야에 대한 강의와 연구를 통해 지속적으로 보완하고자 하며, 이 책의 출간을 위해 노력해 주신 박영사에 깊은 감사를 드린다.

2020년 원주에서

김 주 영

차례 CONTENT

차례 CONTENT

CHAPTER 03

제도편

CHAPTER 04

실무편

CHAPTER

01

개론편

부동산관리는 자산관리(AM), 재산관리(PM) 그리고 시설관리(FM)의 영역으로 구분되며, 건물의 물리적 관리에 초점을 두고 있다. 건물의 전체적인 관리라는 측면에서 보면 세 가지 영역은 상호 밀접하게 연계되어 있으며, 다소 중복되는 영역도 있다고 할 수 있다. 빌딩관리 분야는 제도적으로나 업무적인 관점에서 체계화할 분야가 많은 분야이며, 새로운 부가가치를 창출할 수 있는 영역이라 할 수 있다. 국내의 경우 부동산간접투자시장의 확대에 따른 전문적인 관리의 필요성과 사무공간이나 판매공간에 대한 다양한 수요와 함께 부동산관리, 특히 건물관리의 중요성이 커지고 있다.

미국의 건물관리 체계는 민간부문을 중심으로 발전해 온 것이 사실이며, 국내의 경우에도 건물관리와 관련된 다양한 민간부문 자격제도가 실시되고 있다. 그러나 건물관리 분야는 주거용 건물인 공동주택관리 분야에 비해서 종합적인 제도가 정비되어 있지 않으며, 개별법에서 별도로 관리분야 관련 제도들이 산재해 있는 실정이다. 또한 민간부문 자격제도에서 시행되는 건물관리자의 기능이나 업무능력에 대한 표준화된 내용에 대한 합의가 부족한 것이 현실이다.

건물관리자는 기본적으로 건물주와 주인－대리인관계, 고용주와 고용인의 관계 등이라고 볼 수 있으며, 건물관리자의 역할은 건물의 관리방식이나 계약형태에 따라 다양하게 나누어질 수 있다. 그런 점에서 공동주택과 마찬가지로 빌딩관리의 유형과 각 유형별 장점과 단점을 이해하는 것이 필요하다. 또한 모든 건물관리자는 부동산시장에 대한 이해와 부동산시장의 변화가 건물관리에 주는 영향을 이해할 필요가 있다. 건물관리자는 건물관리에 관한 전문가이면서 동시에 건물소유자와의 관계, 건물 내 임차인에 대한 관리 그리고 건물을 이용하는 고객과의 바람직한 관계 형성을 필요로 하고 있다.

01 건축물의 유형 분류

1. 건축물의 유형 분류

건축법에서는 건축물의 용도에 따라 건축물을 29가지로 분류하고 있으며, 이를 다시 그룹화하면 주거용, 상업용, 산업용, 문교사회용 그리고 기타로 구분할 수 있다. 주거용의 경우 단독주택과 다가구주택을 비롯하여 아파트, 연립, 다세대주택 등으로 구분된다. 상업용 건축물의 경우 제1종 근린생활시설, 제2종 근린생활시설, 판매시설, 업무시설, 숙박시설 등으로 구분할 수 있다.

그림 1–1 건축물의 용도별 분류

건축물 유형별 재고실적 가운데 가장 많은 비중을 차지하고 있는 것은 주거용 건축물이며, 상업용, 기타, 공업용 그리고 문교사회용의 순으로 분포를 보이고 있다. 전국 724만 동의 건물 중에서 약 74%가 주거용이며, 상업용은 17.7%, 기타 10.9%, 공업용 4.4%, 그리고 문교사회용 2.7%의 순으로 나타나고 있다.

그림 1-2 건축물의 용도별 분포

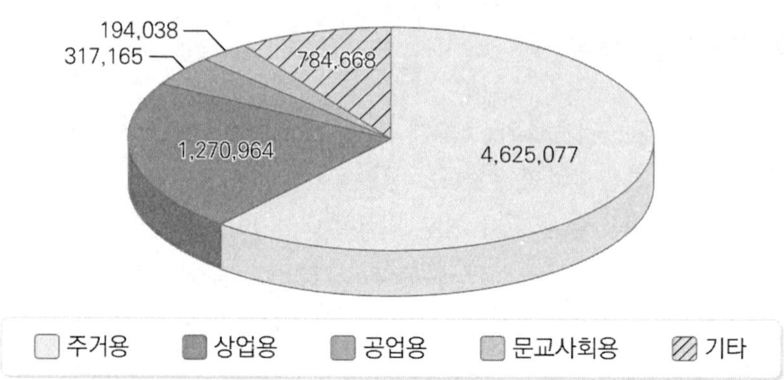

2000년 이후 용도별 건축물의 건축실적은 우리 경제가 급속하게 성장기에 있던 시기에서 저성장 시기로 진입하면서 그 증가율이 작아지고 있음을 보여주고 있다. 이는 부동산시장에서 새로운 부동산의 공급이 완만해지고 기존 부동산재고의 관리라는 측면이 보다 중요해질 수 있음을 시사하고 있다.

그림 1-3 건축물의 용도별 건축 증가율

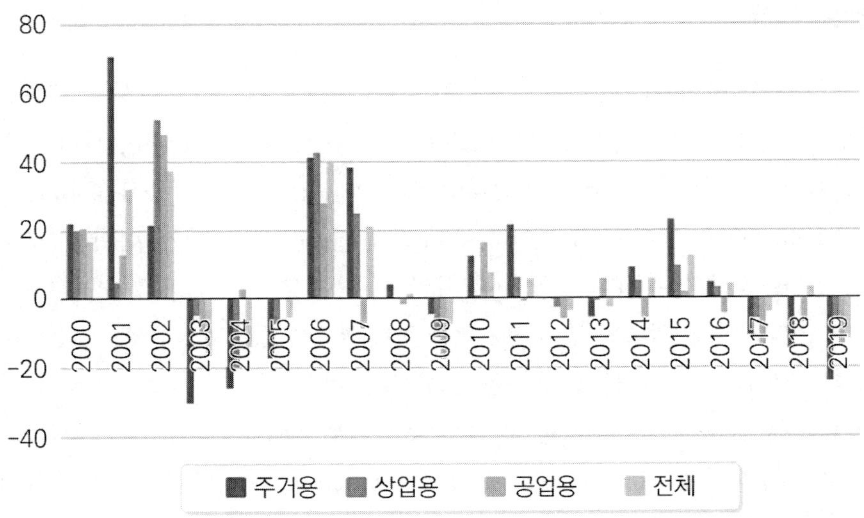

상업용 부동산 중에서 판매시설이라 함은 도매시장, 소매시장 그리고 상점 등을 의미하고 있다. 소매시장의 경우 유통산업발전법에 따른 대규모 점포와 그 안에 있는 근린생활시설을 포함한다.[1] 또한, 업무시설이라 하면 국가 또는 지방자치단체의 청사와 외국공관의 건축물로서 제1종 근린생활시설에 해당하지 아니하는 것과 일반업무시설을 포함한다. 한편 한국감정원의 상업용 부동산임대동향조사에서는[2] 상업용 부동산을 다음과 같이 정의하고 있다. 오피스빌딩은 일반적으로 업무시설을 통칭하는 말로 원활한 업무기능을 수행할 수 있도록 공간을 제공하는 빌딩으로 건축물대장상 주용도가 오피스(업무시설)이고 건축연면적이 50% 이상이 임대되고 있으며, 6층 이상인 일반건축물을 말한다. 상가빌딩은 상업용 부동산시장에서 일반적으로 '일반상가'라고 지칭되는 건물유형으로 수익을 목적으로 상업 활동에 이용되는 부동산을 의미하며, 상가의 규모에 따라 중대형상가, 소규모 상가 그리고 집합상가로 나누고 있다.[3]

1) 건축법 시행령 별표

2) 한국감정원, 『2019년 2분기 상업용부동산 임대동향조사』, 2019

2. 빌딩관리의 개념

1) 업의 내용

부동산 자산관리는 크게 3가지로, 부동산 자산관리(AM), 부동산 재산관리(PM), 부동산 시설관리(FM) 측면으로 분류할 수 있다. 부동산 자산관리는 업무의 내용과 기능에 따라 시설관리(Facility Management), 부동산관리(Property Management),[4] 그리고 자산관리(Asset Management)의 3가지 분야로 구분할 수 있다. 관련 기관이나 연구자에 따라 이들 개념을 정의하고 있는데, 국제시설관리협회에 의하면 부동산관리의 3가지 개념을 다음과 같이 정의하고 있다. 시설관리란 건물의 기능을 보장하기 위해 사람과 장소, 과정 그리고 기술을 통합함으로써 다양한 영역을 포괄하는 업무영역이라고 정의하고 있으며,[5] 부동산관리란 자산관리자(asset manager)가 수행하는 업무와 유사한 기능을 수행하는데, 임대료수입을 증가시키기 위한 자본개선계획, 부동산의 용도변경에 대한 조사 그리고 부동산에 대한 마케팅 등과 같은 업무를 수행한다. 부동산관리자는 자산관리자가 개발한 장기 전략계획의 실행과 부동산의 단기적인 운영에 책임이 있다. 자산관리란 자산의 유지, 향상, 운영에 대한 체계적 과정, 건전한 업무 관행과 경제적 합리성이라는 기술적인 원칙을 포함하는 개념인 동시에 공공의 기대를 달성하기에 필요한 의사결정을 위한 조직화되고 탄력적인 접근을 촉진하기 위한 도구를 제공하는 것이라고 하였다.

---

3) 중대형상가란 건축물대장상의 주용도가 상가(제1·2종 근린생활시설, 판매시설, 운동시설, 위락시설)이고 건축연면적이 50% 이상이 임대되고 있으며, 3층 이상이거나 연면적 330㎡ 초과인 일반건축물이며, 소규모 상가란 건축물대장상의 주용도가 상가(제1·2종 근린생활시설, 판매시설, 운동시설, 위락시설)이고, 건축연면적이 50% 이상이 임대되고 있으며, 2층 이하이고 연면적 330㎡ 이하인 일반건축물이고, 집합상가란 건축물대장상의 주용도가 상가(제1·2종 근린생활시설, 판매시설, 운동시설, 위락시설)이고, 건축연면적이 50% 이상이 임대되고 있는 집합건축물이다.

4) 영국과 유럽의 경우 부동산관리라 하면 property management라고 하고, 이들 지역을 제외한 다른 지역은 real estate management라는 용어를 쓴다.

5) International Facility Management Association(www.ifma.org)의 정의이다.

부동산자산관리란 현재의 자산을 단순히 유지 관리하는 차원을 넘어 소유자의 목적에 따라 투자, 매매, 유지, 운영, 재활용, 처분 등의 포괄적 의미의 자산관리로서 부동산자산을 포트폴리오 관점에서 자산과 부채를 종합경영관리하여 최대의 자산가치를 얻기 위한 적극적 의미의 전문적이고 종합적인 자산관리를 말한다. 즉, 부동산자산관리란 대상 부동산을 맡아 소유자의 법적 대리인으로서 임대차계약은 물론 자산의 위험 분산을 위한 부동산경기 및 시장분석, 향후 시장의 전망예측 등을 통한 최적의 투자전략과 자산규모에 맞는 포트폴리오 설계를 통한 부동산의 최대 효율성과 수익성은 물론 자산의 최대의 가치를 얻기 위한 전문적이고 종합적인 운영관리를 말한다.[6)]

부동산자산관리의 영역은 개별 건물의 시설관리부터 전체 자산의 총괄적인 포트폴리오 관리까지 다양한 영역을 포함한다. 그 영역은 AM(asset management)의 업무 아래에 PM의 업무가 있고, PM(property management)의 업무 아래에 FM의 업무가 포함된 형태이다. FM(facilities management)의 목표는 단순한 유지관리의 소극적인 영역인 반면, PM과 AM의 경우 비용이나 외부환경에 대한 위험관리를 포트폴리오의 관점에서 관리하는 적극적인 방법으로 그 영역을 넓히고 있다. 주요 업무는 FM의 경우 유지보수 및 에너지관리 위주로 영세 시설관리회사에서 관리하는 경우가 대부분이나 PM과 AM의 경우, 체계적이고, 효율적인 관리를 위해 전문적인 부동산자산관리 회사에서 별도 관리하는 추세이다.

6) 정용식, 『부동산자산관리론』, 부연사, 2013, p.48

그림 1-4 AM/PM/FM의 비교

부동산자산관리	부동산자산관리 1) 개념: 포트폴리오 관점에서 관리하는 자산, 부채의 종합관리로서 경영, 매입, 매각, 자금조달, 운영 등의 계획수립과 의사결정을 추진하여 부동산의 최유효이용과 최대의 자산가치창출을 실현하는 부동산의 투자적 재무활동 2) 업무성격: 자산의 투자목적과 전략을 구체적으로 수립하여 선별적인 취득뿐만 아니라 효율적인 관리 운영으로 부동산 자산의 가치 및 이익을 창출시킴은 물론 매각을 통한 자산의 가치를 재창출하는 전문적인 종합적인 부동산 자산관리 업무
건물재산관리	건물 재산관리 1) 개념: 부동산 환경과 시장에 따른 부동산의 임대차관리, 수익관리, 공실관리, 시설물관리 등의 업무를 수행하며 소유자 및 입주자에게 최고의 수익성과 만족성을 제공하는 부동산의 공간적 수익적 활용 2) 업무성격: 보유기간 중 자산관리의 유지 및 운영에 초점을 두어 부동산 자산의 가치를 증식시키고 운영의 효율화를 통해 자산의 가치를 창출 3) 주요업무: 보유자산의 관리와 운영을 통해 자산수익의 극대화 업무, 보유 자산의 수지분석, 시장분석, 마케팅, 공간배치, 임대료 책정, 임대유지 및 관리, 보험 및 세금, 재무보고, 유지 보수 관리 등의 업무
건물시설관리	건물 시설관리 1) 개념: 부동산시설물의 유지, 보수, 관리의 기술적 기능적 문제를 해결하여 운영효율과 생산성을 향상시켜 운영비를 절감할 수 있도록 서비스를 제공하는 부동산의 기술적 보전적 활동 2) 업무성격: 건물의 운용 및 관리시스템 업무 3) 주요업무: 건물의 설비, 기계운영, 예방적 차원의 유지 및 보수, 에너지관리, 보안 등을 위한 관리시스템의 운영업무, 국내외 일반적인 빌딩관리 즉 빌딩의 효율적 관리, 운영비용의 절감, 예방적 보수 관리시스템 업무

자료: 정용식, 앞의 책, p.52

자산관리(Asset Management)란, 단일부동산 또는 부동산 포트폴리오를 포괄하여 부동산가치 창출을 위한 투자 및 경영전략을 계획하고 적용하는 기능이다. 구체적으로 투자목적과 전략을 수립, 시장분석 및 자산분배를 실시하고, 리스크를 관리하며 부동산의 성과를 측정, 매입 처분의사결정을 내리는 일련의 기능을 담당하는 것이다.[7] 자산관리자와 유사한 역할을 담당하는 기능으로 운영관리자가 있다. 자산관리자와 부동산관리자는 부동산자산

7) 경응수, 「자산관리서비스업에 대한 REITs 도입의 영향: 현황과 발전과제」, 『감정평가논집 11』, 2001.

에 관해 기본적으로 동일한 목표를 가지고 있으므로 이러한 목표를 달성하기 위해 함께 일하게 된다. 그러나 자산관리자와 부동산관리자의 근본적인 차이점이 존재하는데, 일상 운용에의 세부사항과 관련 정도, 투자 활동에 대한 전반적인 인식 등의 입장 차이가 바로 그것이다. 부동산관리자는 일상 운영으로부터 나타나는 모든 문제점에 주로 관여하여 관리하게 되고, 자산관리자는 투자의 장기 진로를 제시하는 데 주안점을 두게 된다. 보다 구체적으로 보면 부동산관리자는 단기적인 부의 축적, 단기 계획에 의한 일상 활동관리 및 정보관리, 자산운용계획의 전달 등의 업무를 수행하게 되고, 자산관리자는 장기적인 부의 축적, 소유자와의 의사소통, 전략적인 정책과 의사결정 수행 및 정보 관리 등의 업무를 수행하게 되는 것이다. 또한 소유 구조가 복잡하거나 규모가 큰 부동산의 경우 높은 자격수준과 다년간의 경험을 지닌 자산관리자를 필요로 한다.[8]

부동산관리자의 주요한 기능은 소유자를 위해 수익을 창출하며 투자부동산의 가치를 유지·증가시켜 부동산 소유자의 목표를 달성하는 것으로 주요 업무는 빌딩관리, 재무관리, 임대 및 입주관리 그리고 인력관리로 구분할 수 있다. 따라서 부동산관리자는 임차인 관계 마케팅 및 임차인 관리, 임차인으로부터의 임대료 징수, 운영경비의 통제, 회계보고 및 기록관리, 부동산 유지·보수, 자본지출계획에 의한 현금흐름 예측, 부동산의 리스크 관리, 대상부동산 및 임차인의 안전관리, 홍보 활동 등 직무를 수행한다. 한편 시설관리는 부동산관리에서 가장 기본적이며 기술적인 분야로서, 부동산의 사용 환경을 쾌적하고 편리하도록 유지 내지 발전시키는 것을 목적으로 한다. 이를 위하여 부동산, 특히 건물의 경우 설비·기계운영·예방적 차원의 유지·보수, 에너지 관리, 보안, 가구나 집기 등의 관리에 대한 관리시스템을 운영하는 것이다. 즉, 시설 사용자나 사용과 관련한 타 부문의 요구에 단순히 대응하는 정도의 소극적이고 기술적인 측면을 중시하는 부동산관리라 하겠다.

8) 이창석, 『부동산관리론』, 신광문화사, 2010, pp.32－34

〈표 1-1〉 자산관리와 부동산관리 및 시설관리의 차이점

구분	자산관리 (Asset Management)	부동산관리 (Property Management)	시설관리 (Facilities Management)
단계	부동산관리 기반의 종합서비스업적 성격	부동산관리의 중간적, 이행적 단계	부동산관리의 도입기 국내 일반적 빌딩관리
개념	부동산 투자 전체 과정에서 전략적 의사결정을 통해 부동산 가치를 보전·증식하고 수익 극대화 방안을 모색하는 적극적 관리	부동산 관리·보유와 관련하여 통상적으로 발생하는 서비스(자산 증식 및 효율화)의 제공	시설 사용자나 기업 내 타 부문의 요구에 단순히 부응하는 정도의 소극적 관리
주요 업무	시장 및 지역경제분석 경쟁요인 및 수요분석 증·개축을 통한 경쟁력 제고 방안 검토 임대 전략 및 임대차유지, 재무·법무·세무관리	경리보고(월간/연간) 임대실행 및 임차인 관리 일상적인 건물운영 및 관리 (시설물, 청소, 보안 경비 등 협력사 관리)	건물의 물리적 관리 설비·설계의 운용 예방적 유지·보수 에너지 관리
주변 업무	매입/매각 및 자금조달 자산평가 및 투자분석 포트폴리오 관리 및 분석, 지분투자 검토 및 실행	증·개축 및 내장공사 관리 건물주가 요구하는 기타 건물관련 업무	시설 보수공사 실행 보안 및 방재 등
중점 목표	투자자산의 포트폴리오 관점에서의 종합적 관리	수익성(임대 마케팅) 비용 절감	안정성 단기생산성 향상
근무 지역	운영관리자의 빈번한 접촉을 통한 건물 관련 문제점 파악 및 대책 수립 지역거래선 구축 통한 지역정보 입수 및 분석	통상 건물에 상주 복수의 건물 관리사는 관리부담이 큰 건물에 상주	통상 건물에 상주 전문 기술 인력의 경우 인력풀(pool)을 구성 순회 점검 및 보수
대상 고객	REITs, 연·기금, 은행, 보험사 해외투자가 기타 기관투자가	건물주 자산관리회사	건물주 자산관리회사

자료: 이창석, 『부동산관리론』, p.32

2) 시설관리

시설관리에 관한 최근의 정의는 건물의 기능성을 확보하기 위해 사람, 장소, 과정 그리고 기술을 통합함으로써 다양한 분야를 포괄하는 직업으로 정의하고 있다. 특히 주목할 수 있는 부분은 새로운 시설관리의 정의에서는 기술의 중요성을 강조하고 있다는 점으로 이전의 정의에서는 빠져 있던 부분이다.

그림 1-5 건물의 체계

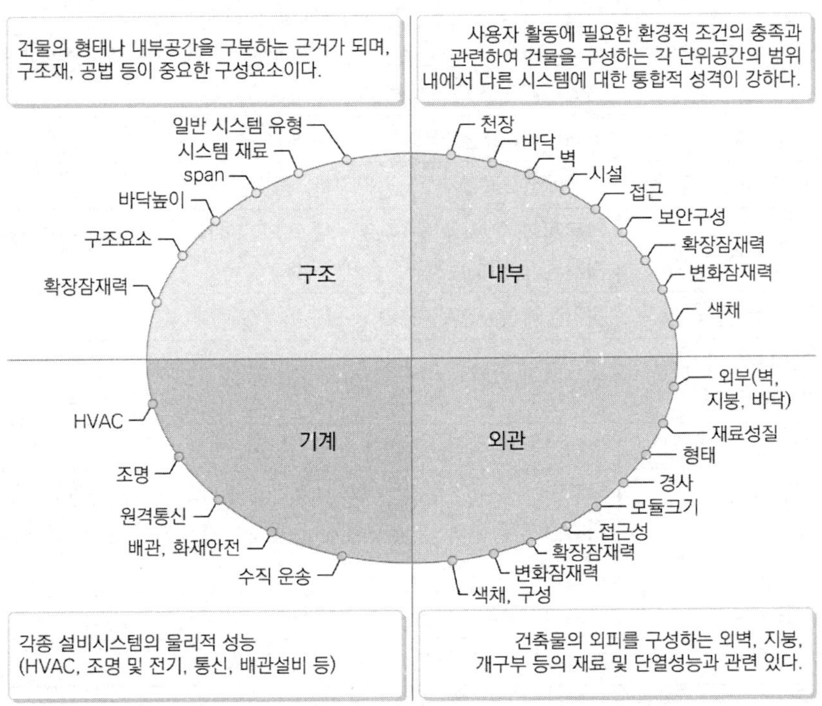

자료: 이명식 외, 『퍼실리티 매니지먼트의 이해』, 한국퍼실리티매너지먼트학회, 2012, p.17

시설관리자는 크게 4가지 분야의 지식을 필요로 하는 것으로 되어 있으며, 시설관리의 공통적인 기능을 다음과 같이 정리할 수 있다.

시설관리는 비용효과성, 생산성, 개선, 효율성 그리고 근로자의 삶의 질을 포함하는 개념이다. 실무적으로 이들 개념들은 상충되는 것처럼 보인다. 표

1-2는 시설관리를 공통적으로 수행되는 기능과 하위기능으로 분류한 것이다. 모든 시설관리자는 전체 16가지 기능 중에서 15가지 기능을 관리하는 데 관여하게 되며, 마지막 16번째 일반행정서비스는 매우 작은 조직의 시설관리자가 수행하는 경향이 있다. 시설관리의 공통적인 역할 중에서 지속가능성, 보안 그리고 비상관리는 시설관리분야의 전면에 새롭게 나타난 분야라 할 수 있다.

〈표 1-2〉 시설관리의 공통적인 기능

분류	세부기능
조직관리	계획, 조직, 인사, 통제, 평가
시설계획 및 예측	사업단위 지식수집, 전략시설계획(3~10년) 시설운영계획, 공간예측, 대규모 수준 프로그램, 재정전망과 조직차원의 예측, 자본프로그램개발
임대행정	임대관리, 재산관리
공간계획, 배정, 관리	공간배정, 공간재고, 공간예측, 공간관리
건축계획과 설계	건물계획, 건축설계, 주요 시스템의 공학적 설계, 재해회복계획, 설계서류 준비, 토지이용규제 준수
장소계획, 배정과 관리	작업장계획, 설계, 평가
예산, 회계 그리고 경제적 정당화	예산준비, 재정 전망, 재정구상과 실행
부동산취득과 처분	부지선택과 취득, 건축물 구입, 부동산처분
지속가능성	환경영향을 최소화하는 부지선정 결정, 폐기물과 자원이용을 최소화하는 환경정책, 환경규제에 순응하는 프로젝트 관리, 생산성을 위한 작업환경 개선
건설프로젝트관리	프로젝트관리, 조달관리, 프로젝트 평가
이동, 추가 변화관리	개량관리, 수선관리, 가구 배치, ICT 배치 등
실행, 유지 그리고 수선	외부유지, 예방적 유지, 주기적 유지, 도로 관리 등
기술관리	실행, 유지, 자료체계 운영과 재구성 등
비상시설관리	비상준비계획, 위험평가 등
보안 및 안전관리	운영, 범죄 예방, 전기안전
일방행정서비스	우편관리, 재산처분, 조달 등

자료: David G. Cotts et al., *The facility management handbook*, 2010, pp.5~9.

모든 시설관리자가 시설을 관리하고 부서를 성공적으로 이끌기 위해서 해야 하는 12가지 행동을 다음과 같이 정리할 수 있다.

시설관리자의 행동요령

- 물리적 시설과 운영을 수행하고 장기적으로 업데이트하라.
- 측정하라.
- 시설의 마스터플랜을 개발하고 모든 중기와 연간계획을 포괄하는 계획을 수립하라. 마스터플랜의 일부분으로서 적어도 10년을 포괄하는 재자본화 계획을 포함하라.
- 조직을 바람직한 방향으로 이끌라.
- 인사는 비용을 최소화하고 유연성을 극대화하도록 계약과 컨설팅을 혼합하라.
- 고객중심의 질 프로그램을 구성하라.
- 관리하는 데 필요한 정보를 결정하고 자동화를 발전시킨다.
- 시설계획을 제도화하라.
- 결과를 보여 줘라. 회사는 좋은 의도와 계획에 보상하지 않는다. 당신의 부서가 회사 내에서 하나의 사업으로 보이게 하라.
- 혁신적인 계약을 이용하라.
- 공공관계계획을 수립하라.
- 관리에 집중하라.

자료: David G. Cotts et al., *The facility management handbook*, 2010, p.16.

3) 빌딩관리

빌딩(building)이란 사무실용의 철근콘크리트 또는 철골구조 등에 의한 중층 이상의 대형 건축구조물로서 일반적으로 상업용 오피스건물을 의미한다고 볼 수 있다. 따라서 빌딩관리는 객체의 측면에서 건물관리나 부동산관리와 구별되고 또한 상업용이라는 특수한 용도의 제한성으로 인하여 관리측면에서도 일반건축물이나 부동산관리와 차별화가 가능하다. 빌딩관리에서 부동산관리와 건물관리와 비교 시 차이를 보이고 있는 부분을 정리하면 다음과 같다.

〈표 1-3〉 부동산관리, 건물관리, 빌딩관리의 비교

분야	객체	관리내용
부동산관리	부동산: 토지와 그것에 정착된 건물이나 수목 등의 재산	부동산관리활동은 보존활동, 이용활동, 개량활동의 총칭으로서 부동산의 경제적 보존·이용·개량행위, 법률적 보존·이용·개량행위, 기술적 보존·이용·개량행위, 기술적 보존·이용·개량행위의 총칭
건물관리	건물: 지속적인 거주를 위해 인간이 만든 구조물	협의의 건물관리는 시설물관리(FM). AM(asset management)이나 PM(property management)까지 포함
빌딩관리	빌딩: 일반 건물 중에서 거주목적이 아닌 상업용 오피스 건물	청소와 소득, 경비와 안전관리 기타 시설물의 유지관리뿐만 아니라 건물의 사용가치를 창출하여 건물의 소유자와 사용자 및 이용자의 욕구를 직접 충족시키기 위한 경제적·법률적 측면에서의 보존·이용·개량행위 등 종합적인 유기적 관리

빌딩관리의 객체는 부동산관리의 부동산이나 건물관리의 건물보다 범위나 용도가 제한되어 있다. 즉 일반 건물 중에서 거주 목적이 아닌 상업용 오피스건물을 빌딩관리의 객체라 할 수 있다. 이러한 객체의 범위나 용도의 제한은 관리 자체의 내용에도 영향을 준다. 즉 상업용 오피스건물이라는 특성으로 인하여 빌딩의 관리는 건물의 영선, 건축설비의 점검, 운전, 정비, 보수, 교체, 보강, 개량, 청소와 소독, 경비와 안전관리 기타 시설물의 유지관리뿐만 아니라 건물의 사용가치를 창출하여 건물의 소유자와 사용자 및 이용자의 욕구를 직접 충족시키기 위한 경제적·법률적 측면에서의 보존·이용·개량행위 등 총합적인 유기적 관리를 의미한다.

건물은 개별적인 차이가 있지만 대부분의 경우는 빌딩이 신축된 후 그 내용연수가 전부 만료되어 철거되기까지 일정한 유사성을 띠는 현상이 나타나는바 이것을 건물의 생애주기(life cycle)라 한다. 선진국에서는 1990년대부터 건물의 신축보다 기존 빌딩의 유지관리에 더 큰 비중을 두고, 건물의 건설에서부터 폐기에 이르기까지의 생애주기 전 과정에 투입되는 비용을 LCC(life-cycle cost) 개념으로 산정하여 평가단계를 반영하고 있다. 1977년 일본의 능률협회가 건물에 대한 LCC 구성비율을 분석한 결과, 기획·설계 및 시공단계와 폐기단계에 소요되는 비용의 비율이 16.4%이고, 운영관리비단계의 구성비율이 83.2%를 차지하고 있어 운영관리비용이 건설 및 폐기비용의 5배가 넘는 것으로 나타나고 있다.

그림 1-6 빌딩의 생애주기비용(life cycle cost)의 구성비

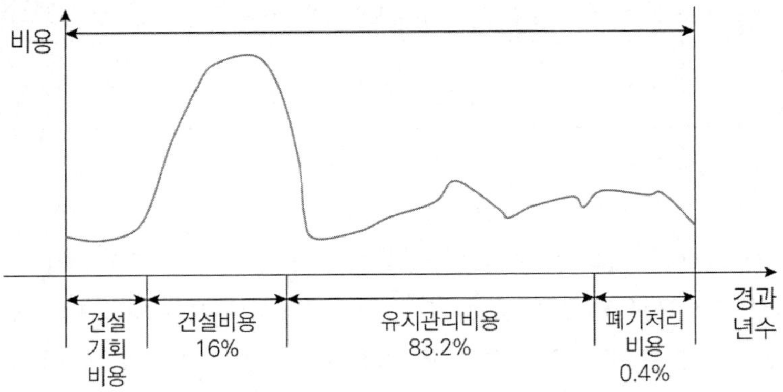

3. 빌딩관리의 성장배경과 빌딩의 생애주기

1) 성장배경

도시화의 진전과 함께 건축기술의 발달은 초고층빌딩의 건축을 가능하게 하고 있으며, 최근에는 다양한 용도의 건축물들이 복합화되는 특성을 보이고 있다. 건축물이 고층화되고 복합화되면서 건축물의 효율적인 관리에 대한 관심과 필요성이 높아지고, 건축물의 효율적인 관리는 자산가치와 임차인 유치를 결정하는 중요한 요인으로 작용하고 있다. 초고층 빌딩을 포함한 빌딩관련 데이터베이스를 보유하고 있는 엠포리스의 경우 전 세계 211개국의 약 69만 개의 빌딩에 대한 정보를 보유하고 빌딩관련 전문가나 일반인에게

해당 정보를 제공하고 있다.

2016년부터 2018년까지 비주거용 부동산관리업은 종사자수 기준으로는 거의 증가하지 않은 가운데 매출액 기준으로 6.4%의 상승률을 보이고 있다. 비주거용 부동산관리업의 매출액 증가율은 동일한 기간 동안 부동산업 전체의 매출액 증가율인 8.5%에는 다소 미치지 못하는 수치이다.

〈표 1-4〉 비주거용 부동산관리업 매출액 추이(백만 원, %)

	2016년		2017년		2018년	
	매출액	성장률	매출액	성장률	매출액	성장률
비주거용부동산관리업	12022966	-	13193407	9.7	13592671	3.0

자료: 통계청

부동산관리업 중 자산관리업 시장은 부동산 간접투자시장의 급격한 성장추세로 시장규모가 크게 상승할 것으로 전망되고 있는 가운데 2020년 5월 기준으로 운영 중인 리츠는 260개, 자산규모는 약 53조 원에 이르고 있다. 이처럼 리츠시장의 규모 확대는 미분양 리츠 및 펀드, 기존 PF 개발사업 구조의 대안이던 개발 리츠 등 시장 확대요인이 있었으나 무엇보다도 안정적인 투자처로서 임대형 부동산 간접투자시장의 성장이 주요 원인으로 작용한 것으로 보인다.

리츠정보시스템의 최근 통계에 의하면 2020년 5월 기준으로 현재 운용 중인 리츠는 260개로 이 중 자기관리리츠는 5개, 위탁관리 229개, 기업구조조정리츠는 27개를 차지하고 있으며, 총자산은 52조 6,000억 원 규모이다.

또한 한국금융투자협회의 자료에 의하면, 부동산펀드의 경우 2010년 설정 펀드수가 9개에서 2018년에는 36개로 증가하였으며. 동일한 기간 동안 펀드 설정금액은 9,600억 원에서 3조 2,000억 원으로 크게 증가하였다. 부동산펀드의 수는 2015년 19개에서 2019년 기준으로 48개로 2.5배 증가한 수치를 보이고 있다.

그림 1-7

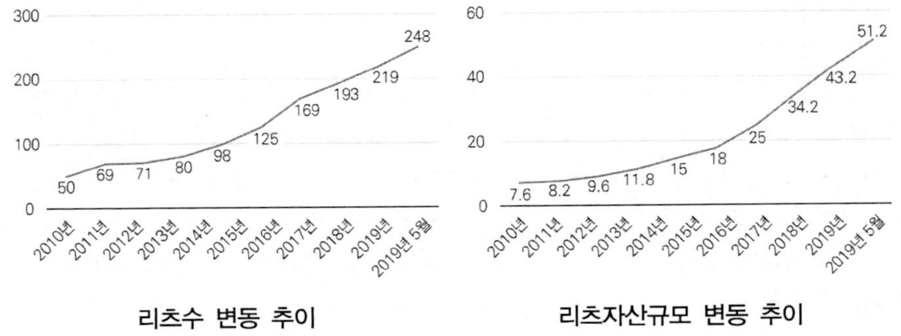

그림 1-8

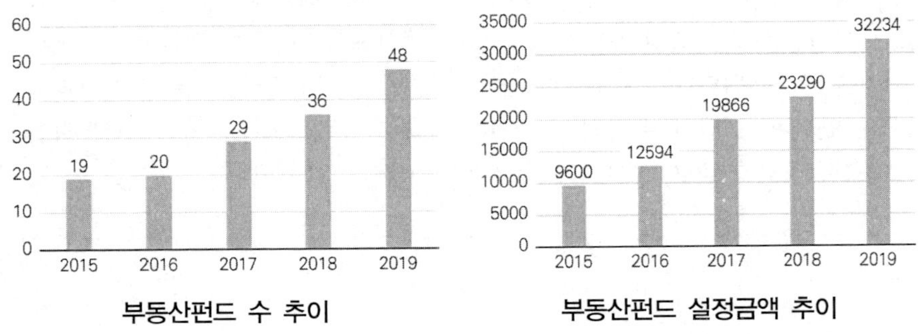

미국에서의 빌딩관리의 발전배경

빌딩관리의 발전배경

미국의 경우 전문적인 부동산관리에 대한 수요는 1800년대 시작되었으며, 이것은 도시부동산의 혁신적인 변화에 따른 발전에 기이한 것으로 철골구조 건물, 엘리베이터, 교외지역의 개발과 투자기회의 확대라고 할 수 있다. 철골구조 건물의 구조적인 이점은 엘리베이터의 발전과 함께 도시토지 내

소규모 필지에 고층빌딩의 건축을 가능하게 했다. 이것은 특별히 1920년대 모든 종류의 공동주택 건물과 오피스 건물의 고층화를 이끌었다.

[교외지역의 개발]
제2차 세계대전 이후 공공교통의 확장과 자동차소유의 증가가 젊은층들로 하여금 교외지역에 주택구입을 가능하게 했다. 인구가 교외지역으로 이동하면서 교외지역의 쇼핑센터가 지어지고 전통적인 도심 내 상업지의 도심 집중이 완화되기 시작했다. 그 결과 오피스 건물과 경공업은 도심으로부터 떨어져 건축되었다. 그러나 이런 추세는 도심의 재활성화로 완화되기도 했다.

[경력개발]
1930년대 대공황은 부동산관리 분야의 발전에 커다란 영향을 주었다. 많은 기업들의 실패와 부동산의 저당물에 대한 압류로 인해 국가의 부동산이 모기지대출기관에게 넘어가게 되었다. 새로운 건물주들은 건물주가 임차인을 선택하고 임대료를 걷기 위해서는 더 많은 것을 해야만 한다는 것을 배웠고, 보다 정교한 관리기술의 필요성은 명확해졌으며, 부동산관리 분야는 위치를 얻게 되었다. 현재는 다양한 유형의 부동산들이 전문적인 관리를 받고 있으며, 다양한 유형의 소유권의 형태는 투자자들로 하여금 전문적인 부동산관리의 기술을 보다 중요하게 만들었다.

2) 빌딩의 내용연수와 생애주기9)

(1) 빌딩의 내용연수

내용연수란 건축 등의 고정자산을 경제적으로 사용할 수 있는 연한, 즉 감가상각자산의 수명을 말하며 내용연수의 개념에 따라 몇 가지 유형으로 구분할 수 있다.

물리적 내용연수란 부동산을 정상적으로 관리했을 경우에 물리적으로

9) 부동산교육연구소, 『문제로 합격하는 빌딩경영관리사』, ㈜시대고시기획, pp.13~15 참조.

존속이 가능한 기간으로, 순수한 기술적 개념이다. 내용연수란 건축 등의 고정자산을 경제적으로 사용할 수 있는 연한, 즉 감가상각 자산의 수명을 말한다. 이 중 물리적 내용연수는 건물의 사용으로 생기는 마멸 및 파손, 시간의 경과 또는 재해 등의 자연현상으로 발생하는 노후화 등의 우발적 사건으로 생기는 손상 때문에 사용이 불가능하게 될 때까지의 버팀 연수를 말한다.

경제적 내용연수는 부동산의 유용성이 지속될 것으로 예측되는 사용가능한 기간, 즉 임대수익을 얻을 수 있는 기간이다. 이 중 경제적 내용연수는 건축물 등의 부동산이 물리적인 기능을 수행할 수 있는 연한인 물리적 내용연수보다 그 기간이 짧고, 부동산 가치평가의 기준이 되기 때문에 부동산활동에서 물리적 내용연수보다 중요시된다.

기능적 내용연수는 부동산이 기능적으로 유효한 기간을 이르며, 초기에 얻을 수 있었던 기능이 그 후 새로운 변화에 대응할 수 없을 정도로 저하될 때까지의 버팀 연수이다. 이 중 기능적 내용연수는 설계의 불량, 설비의 부족·불량과 구식화, 건물과 부지의 부적응, 디자인·외관의 낙후 등과 관련된다. 미래의 발전 및 변화를 예측하여 건축물을 설계함으로써 기능적 내용연수의 연장이 가능하다.

한편 법정 내용연수란 고정자산 등 설비가 주된 기능을 상실하고 예비설비가 되기 직전까지의 기간을 말하는 것으로, 경제적으로 사용될 수 있는 연한을 법률로서 정한 것이다. 대부분의 고정자산은 기간의 경과에 따라 소모되는 것이지만, 기간이 절대적인 내용연수가 아니고 기간경과 외에 기능의 저하, 수리의 상태, 설비의 질, 자연적 감모, 사용에 의한 마모, 재해, 진부화, 기술의 진보, 경제정세의 변화 등에 의하여 설비의 수명이 결정된다. 그러나 내용연수를 객관적으로 정확히 책정하여 기간손익계산을 한다는 것은 불가능한 것이며, 회계 주체의 주관적 판단에 따라 각기 상이한 내용연수가 책정되기도 한다. 그러므로 법인세법에서는 고정자산의 내용연수를 법률로 정하여 기업회계기준의 계속성의 원칙에 의해 감가상각하도록 규정하고 있다. 각 자산별 법정내용연수는 법인세법 시행규칙 관계 별표에서 규정하고 있다.

(2) 빌딩의 생애주기

빌딩은 신축이 완료된 순간부터 그 유용성과 가격이 감퇴하기 시작한다. 물론 구체적인 상태나 정도에 있어서는 개별적인 차이가 있지만, 대부분의 경우에는 빌딩이 완공되어 그 내용연수가 전부 만료하여 철거되기까지 공통적인 국면과 규칙적인 현상이 있다. 이것을 빌딩의 생애주기 또는 수명사이클이라고 한다. 빌딩의 생애주기는 구체적으로 지적하기는 어려우나 다음과 같이 몇 가지 주요 단계로 나누는 것은 가능하다.

① 전개발단계

전개발단계는 앞으로 빌딩이 건축될 용지의 상태에 있는 단계를 말한다. 때로는 처음으로 빌딩이 신축되는 용지도 있고, 택지 이용의 전황에 따라 기존 건물이 철거되고 새 빌딩이 건설될 용지도 있다. 전개발단계에서 취하여야 할 사항으로는 다음과 같은 것이 있다.

㉠ 건축계획 및 건축후의 관리계획
㉡ 도시계획상의 규제 및 고층건물에 대한 공적인 규제
㉢ 건축설계사·빌딩평가사·빌딩중개업자·회계사·세무사·권리분석사 등의 활용
㉣ 시장조사: 주변 빌딩의 임대상황, 수요의 추세 및 특징, 유사성이 있는 빌딩의 신축동향, 정부의 시책 및 그 변화, 경쟁관계에 있는 빌딩의 설비·운영·관리 등의 분석, 적정한 투자규모의 결정

② 신축단계

신축단계는 빌딩이 완성된 단계를 말한다. 신축된 빌딩은 모든 면에서 계획 내용과 차이가 없어야겠지만, 선진국에 있어서도 신축된 빌딩의 기능이 사전계획과 완전히 부합하는 일은 많지 않다고 한다. 일반적으로 빌딩의 유용성은 이 단계에서 가장 크게 나타난다. 빌딩이 신축된 이후에 건설되는 다른 빌딩이 어떤 것인가에 따른 영향도 무시할 수 없으므로 대상 빌딩의 위치가 어떠한 방향으로 전개될 것인가에 대한 예측도 중요하다. 때로는 신축단

계에서 수요(임대·분양 등)를 상실하여 기능이 쇠퇴하기 시작하는 불행한 경우도 없지 않다.

③ 안정단계(중년단계)

안정단계란 신축단계의 모든 이익이 사라지고 빌딩이 본격적·장기적으로 안정되는 단계이다. 이 단계는 빌딩이 존속하는 기간 중에서 가장 장기간에 이른다.

빌딩의 수명에 영향을 미치는 여러 가지 요인이 이 단계에서 어떻게 작용하는가에 따라 빌딩 수명의 장단이 결정된다. 관리상태가 양호한 경우에는 이 단계가 상당히 연장된다. 즉, 기술적 상태에 대한 세밀한 검사와 관리가 실시되면 빌딩의 기능적 하자를 최소로 줄여 준다.

물리적·기능적 관리에 못지않게 경제적 관리도 중요시되어야 한다. 특히 특정인에게 같은 용도로 장기간 임대하는 경우에는 경제적 임료의 수준을 유지하도록 노력하여야 하며, 층 단위의 임대와 실 단위의 임대에 대한 장단점을 검토, 임료의 정기적인 재평가 및 재조정, 임차인의 이용 상태 등 필요한 제반 사항에 대한 배려가 있어야 한다.

만일 빌딩의 시설이나 구조를 일부 개조·수선 등을 하여야 하는 경우에는 빌딩이 노후하기 이전에 행하는 것이 효과적이다. 다음 단계에 들어서면 때가 늦기 때문이다.

④ 노후단계

노후단계는 안정단계 다음의 단계로서 빌딩의 물리적·기능적 상태가 급격히 악화되기 시작하는 단계이다. 악화현상은 설비의 낙후, 외관의 악화, 보다 낮은 수준의 임차인이 들어서는 것 등으로 보아 측정할 수 있다. 이러한 노후단계는 약 15년 정도 지속된다. 노후단계에서 빌딩의 기능 개선 등을 목적으로 새로운 투자를 한다면 문제를 더욱 어렵게 만드는 수도 있다. 따라서 이 단계에 이르면 대부분의 소유자는 새로운 개량비의 지출을 억제하는 대신 빌딩 자체를 교체할 계획을 세우는 것이 통상적이다. 이 경우에는 새로운 임대차 계약을 체결함에 있어서 기간 등 계약 조건이 후일의 교체에 지장이 없도록 배려하여야 한다.

⑤ 완전폐물단계

완전폐물단계는 노후단계 다음의 단계로서 빌딩의 설비 등이 거의 쓸모없어지는 단계이다. 이 단계에서는 다시 전개발단계를 행하여 모든 일이 전개된다. 완전폐물단계에서 다음과 같은 사유가 있을 때에는 빌딩을 교체하는 것이 순조롭지 못하다.

㉠ 택지조건이 나빠져서 새로운 수요에 맞는 교체가 불가능한 경우

㉡ 경제적·사회적 요인이 변화하여 새로운 빌딩에 대한 수요가 미미한 경우

㉢ 정부의 시책·도시계획 기타 객관적 요인에 변화가 있는 경우: 빌딩의 철거결정은 물리적·기능적인 마멸의 정도에 따르는 것이 당연하지만 경제적인 측면에서도 타당성이 있어야 한다. 즉, 교체된 새 빌딩의 가격이 현재 빌딩의 가격과 교체하는 데 소요되는 비용을 합산한 것보다 많아야 함은 당연하다.

실/전/문/제

01 수명 사이클(life cycle) 패턴 중 새로운 투자가치를 상실한 단계는 다음 중 어느 단계인가?

① 전개발단계 ② 안정단계
③ 노후단계 ④ 신축단계
⑤ 완전폐물단계

02 다음은 빌딩관리의 필요성을 설명한 것이다. 잘못된 것은?

① 빌딩의 각종 시설들의 효용성이 관리를 통하여 극대화될 때 빌딩의 경제성이 극대화된다.
② 빌딩의 권리보존을 위해서도 빌딩관리가 요구된다.
③ 경영목표를 달성하기 위하여 종합적인 관리가 필요하다.
④ 귀중한 인명 및 개인과 국가의 재산을 보호하기 위하여 관리가 필요하다.
⑤ 빌딩의 내용연수를 연장하기 위해서는 주로 경제적 내용연수보다는 물리적 내용연수에 치중하여야 한다.

03 다음은 빌딩관리에 관한 개념을 기술한 것이다. 옳지 않은 것은?

① 빌딩관리 활동의 개념은 경제적·법률적·기술적인 측면에서 파악할 수 있다.
② 빌딩관리 활동의 효율화를 위해서는 빌딩 복합개념의 이론에 입각한 사고방식이 효과적이다.
③ 빌딩관리 활동이란 빌딩에 대한 보존활동, 이용활동, 개량활동의 총칭이다.
④ 빌딩이 최유효한 이용이 될 수 있도록 취득·유지·보존·운용하는 행위를 말한다.
⑤ 빌딩관리 활동은 빌딩 보유로부터 현재가치를 유지시키는 행위로 정의된다.

04 빌딩관리 수요의 3대 요인은?

① 농지의 변화, 도심 상업지역의 입지, 주택자금 활용
② 도시계획의 지연, 개발자원 지역, 교통수단의 발전
③ 교통수단의 발전, 사회의 개발, 핵가족화
④ 도시화, 건축사업의 기술적 발전, 부재소유의 요구
⑤ 근대화, 도시계획의 발전, 경제적 수준

05 인근지역의 변화, 인근환경과 빌딩의 부적합 등에 의해 수명이 다한 경우 이러한 빌딩은 무엇이 다 되었다고 하는가?

① 경제적 내용연수
② 물리적 내용연수
③ 기능적 내용연수
④ 행정적 내용연수
⑤ 건축내용연수

정답 및 해설

01 정답 ③

해설 빌딩의 노후단계는 새로운 투자가치를 상실하는 단계이다.

02 정답 ⑤

해설 빌딩이 주는 효용의 관점을 고려할 때 경제적 내용연수가 가장 중요한 개념이라 할 수 있다.

03 정답 ⑤

해설 빌딩관리는 현재가치를 유지시킬 뿐만 아니라 빌딩의 가치를 제고하기 위한 활동이다.

04 정답 ④

해설 빌딩관리 수요의 증가요인으로는 도시화, 건축기술의 발전, 부재소유자의 증가의 세 가지를 들 수 있다.

05 정답 ①

해설 인근지역의 변화, 인근환경과 빌딩의 부적합 등에 의해 수명이 다한 경우 경제적 내용연수가 다 되었다는 의미이다.

02 빌딩관리의 유형과 빌딩관리 계획

1. 빌딩관리의 유형과 운영업무 위탁방식

1) 빌딩관리의 유형

빌딩관리의 형태는 누가 어떤 방법으로 어떻게 관리하는가에 따라 자가관리와 위탁관리 그리고 혼합관리 등 3가지 유형이 있다. 이 3가지 유형을 시대적 순서로 살펴보면 자가관리방식은 근대적 방식이고, 현대적 의미에서 전문적인 관리방식은 위탁관리방식이며, 자가관리방식에서 위탁관리방식으로의 전환기에 과도기적 빌딩관리방식으로 혼합관리방식이 있었다.

위탁관리방식은 관리대상 전체 관리업무를 수탁관리회사나 관리업자에게 맡기는 것이다. 혼합관리 방식은 인사·경리·회계·자산관리·임대 등 회사 기밀이나 금전에 관계되는 업무는 직영 또는 자치관리 형태를 취하여 관리하고, 기술성을 요하는 전기·기계·소방·통신 등의 설비와 전문성을 요하는 보안·위생·주차장관리 등은 전문용역업자에게 위탁관리하고 감독업무만 담당한다. 관리방식의 선택은 빌딩의 규모와 특성에 의해 결정된다.

2008년 국토해양부 오피스, 매장용 빌딩 임대료 조사에 의하면 위탁관리(전체위탁관리 + 부분위탁관리)는 56.4%로 자가관리(42.6%)에 비해 높은 것으로 나타나고 있다. 특히 오피스 빌딩의 경우 규모가 크고 각종 시설운영과 서비스 제공을 위한 전문적 관리가 필요하기 때문에 전문기업에 위탁하는 비율이 상대적으로 높다.

(1) 자가관리방식

자가관리란 빌딩이 생긴 이래 계속되어 온 전통적 방식이다. 이 방식은 오늘날에도 단독주택을 비롯하여 공동주택 및 빌딩에까지 널리 이용되고 있다. 이 방식이 선호되는 이유는 관리주체가 스스로 의사결정을 마음대로 내릴 수 있으며, 관리에 큰 힘을 들이지 않아도 되기 때문이다. 그러나 현대에는 빌딩의 설비가 복잡하고 전문화되고 있어 자가관리보다는 전문업자에게 위탁하는 위탁관리가 점차 증가하는 추세이다. 그래도 이 방식은 여전히 장점이 많아 단독빌딩이나 소규모 공동빌딩 등에는 계속 이 방식이 선호되고 있다.

그림 2-1 자치(직영)관리조직(예)

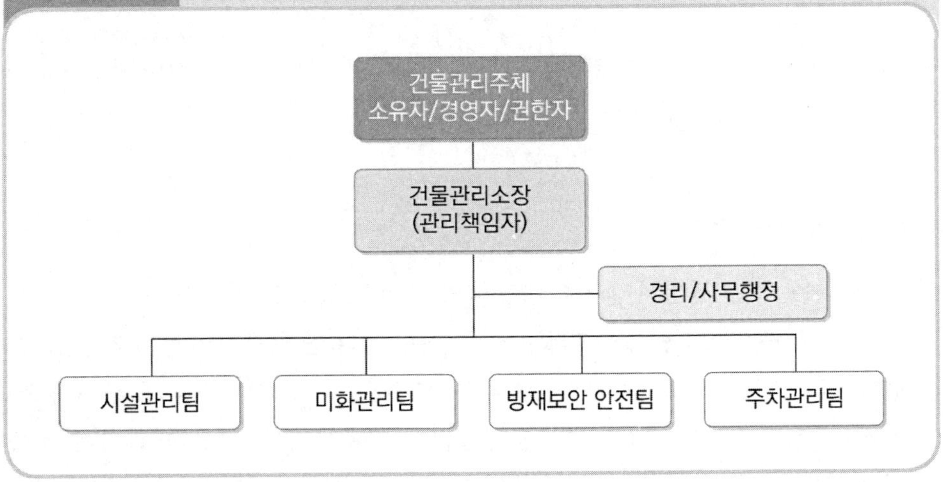

(2) 위탁관리방식

위탁관리는 외주관리 또는 계약관리라고도 하며, 빌딩소유자가 직접 관리하지 않고 전문관리업자에게 맡겨 관리하는 방식이다. 공동주택이나 빌딩관리에 많이 이용하는 방식으로 관리방식 중 가장 진보된 방식이다. 외국투자자본이 국내부동산에 대량 들어온 시기인 IMF 사태 이후 부동산관리의 전문화와 더불어 채택이 점차 증대하게 되었다. 그 이유는 고층빌딩의 집합화·고층화 그리고 설비의 복잡화로 인하여 관리유지보수에 고도의 관리기술이 필요함은 물론 자산가치 증진과 함께 수익의 창출이 빌딩관리의 중요한 변수로 작용하였기 때문이다.

그림 2-2 위탁관리조직(예)

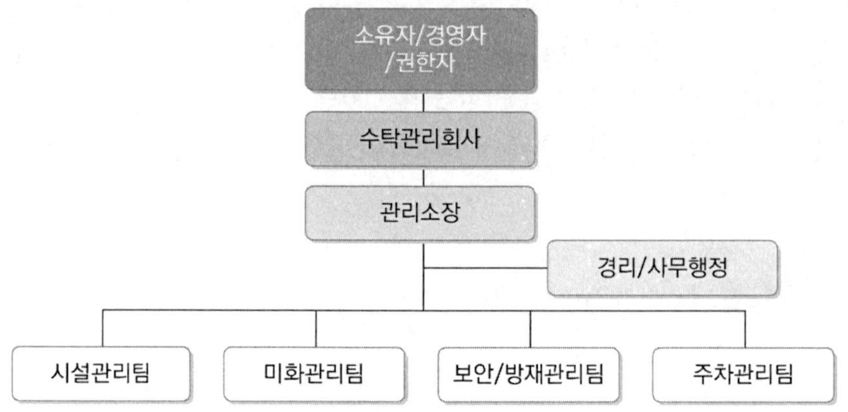

(3) 혼합관리방식

혼합관리는 직영관리와 위탁관리의 혼합형태로 양자의 장점부분을 선택하여 관리하는 방식이다. 그러나 이론과는 달리 혼합관리의 결과가 반드시 양방식의 장점만으로 나타나지는 않을 뿐 아니라, 그 장·단점의 중간에 위치하는 것도 아니다. 대부분의 혼합관리방식은 물리적·기술적 관리인 청소업무·설비업무·경비업무 등 협의의 관리인 기술적 관리만을 위탁하고, 나머지 경제적·법률적 관리 등은 소유자가 관리하는 방식의 형태를 취한다. 이러한 빌딩관리 3유형은 각각의 장점과 단점을 가지고 있다.

그림 2-3 혼합관리조직(예)

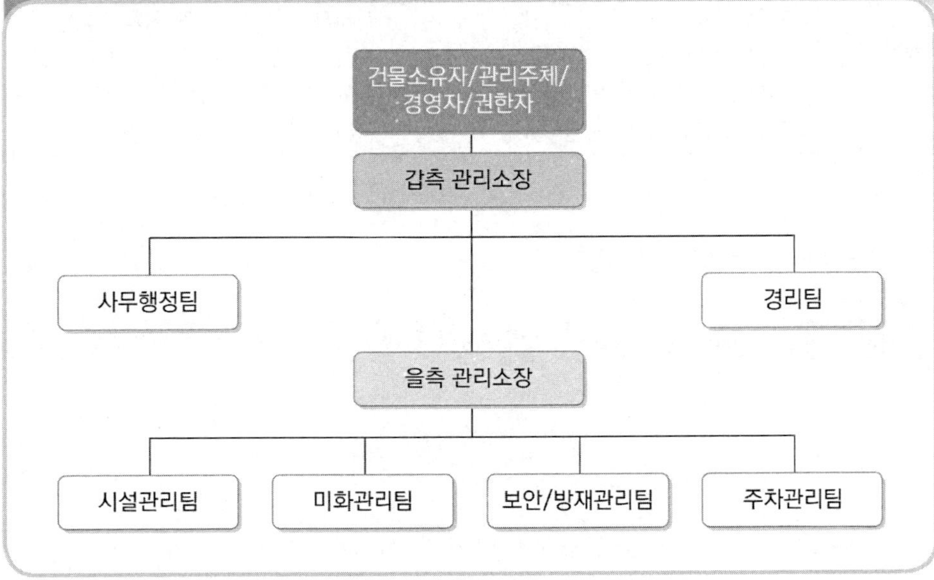

〈표 2-1〉 관리방식의 종류와 내용

	장점	단점
자치관리 (직영관리)	• 관리에 필요한 의사결정이 신속 • 업무의 비밀이나 보안관리가 용이 • 고장의 수리나 보수업무가 신속 진행 • 관리자의 정보교환이나 협동 원활 • 관리대상 건물이나 부속설비에 대한 관심이 높음, 책임한계가 분명	• 인건비가 불합리하게 상승될 가능성 • 변화나 개혁에 탄력성이 적음 • 관리업무가 안일하게 진행될 가능성 • 임대료의 결정이나 수납절차가 불건전하게 될 가능성, 관리의 전문성 결여
위탁관리	• 전문회사에 맡겨져 관리되므로 전문성과 기술성을 요하는 건물에 적합 • 합리적인 관리가 가능 • 관리비용이 경제적이고 저렴 • 건물소유자는 본인의 업무에 주력 가능 • 관리요원의 급료나 노무문제가 단순화됨	• 관리회사의 능력을 검증할 기준이나 기관이 없어 전문성 등에 대한 신뢰성 문제, 기밀유지나 보안유지에 어려움 • 건물관리의 계속성의 문제(회사도산이나 잦은 인사이동) • 관리회사 경영의 문제점이 곧바로 관리현장에 영향을 줌, 관리책임성에 한계, 경제관리(경영관리), 법률관리와 함께 기술관리를 위탁관리회사가 담당하므로 종합관리가 용이하지 않음

혼합관리	• 관리업무의 통제가 용이 • 보안유지나 기밀유지가 가능 • 전문성을 요하는 기술부분만 위탁관리함으로써 위탁관리의 전문성, 기술성, 편리성을 얻을 수 있음	• 책임소재가 불분명해짐 • 자치관리 소속요원과 위탁관리회사 소속 관리요원 간의 협조가 쉽지 않음 • 잘못 관리되는 경우 자치관리와 위탁관리의 단점이 함께 노출

2) 빌딩관리 운영업무 위탁방식

그림 2-4 빌딩관리 운영업무 위탁방식의 개념도

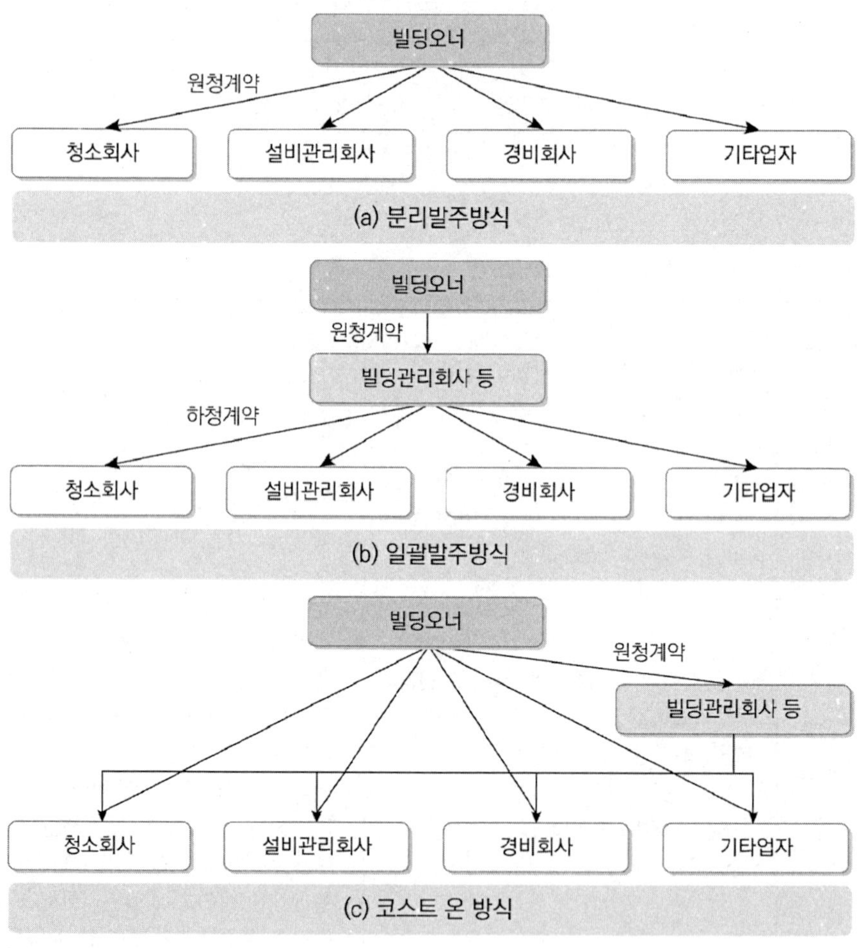

건물주가 빌딩관리 운영업무를 위탁하는 방식은 분리발주방식, 일괄발주방식 그리고 코스트 온(cost on) 방식으로 나눌 수 있다. 분리발주방식은 빌딩소유자가 청소회사나 경비회사 등 각각의 전문업체와 개별적으로 직접 계약하는 방법이다. 일괄발주방식은 통합발주방식이라고도 불리며, 빌딩소유자가 빌딩관리회사와 일괄하여 계약하는 방법으로서 각각의 전문업체들은 빌딩관리회사의 하청을 받게 된다. 한편 코스트 온 방식은 분할발주방식과 일괄발주방식의 절충형으로 빌딩소유자가 빌딩관리회사나 각각의 전문업체를 개별적으로 직접 선정한 후 빌딩관리비를 가산시킨 금액으로 빌딩관리회사와 계약하는 방법으로 계약상으로는 각 전문업체가 빌딩관리회사의 하청을 받는 형식이 된다.

빌딩관리와 관련하여 어느 유형의 위탁방식을 취할 것인가는 빌딩의 특징이나 빌딩소유자 측의 상황에 따라 달라지며, 어느 유형이 좋은지는 한마디로 말할 수 없다. 즉 빌딩소유자가 어떤 점을 중시하는가에 따라 위탁방식을 선택할 수 있다.

〈표 2-2〉 위탁방식에 따른 장단점 비교

구분	내용	장단점
분리발주	청소회사와 보안경비회사를 분리하여 계약하는 방식	(장점) 현장실무에서 업무와 책임소재가 명확하며 관리비 투명성을 확보할 수 있음 (단점) 분야별 전문업체 선정을 위한 전문지식이 필요하며 종합적인 대응 시 이해관계에 따라 대처가 어려울 수 있음
일괄발주	빌딩관리회사와 일괄적으로 계약하는 방식	(장점) 건물주 입장에서 관리가 용이하며 문제발생시 종합적 대응이 가능 (단점) 세부적인 관리비 파악이 어려우며 건물주와 이용자 니즈(needs) 일치가 어려움
코스트 온 방식	빌딩관리회사와 개별 전문업체를 선정한 후 관리비를 온(on)시킨 금액으로 빌딩관리회사와 계약하는 방식	(장점) 관리비의 투명성 확보가 가능하며 각 업체와 원활한 소통이 가능 (단점) 건물주가 빌딩관리에 충분한 지식이 필요하며 추가적인 비용이 발생

현재 시장에서는 일괄발주가 50% 정도이고, 나머지는 분리하여 용역을 수행하는 것으로 파악되고 있으나, 전수 조사에 의한 자료는 찾을 수가 없다. 일괄발주 시 운영의 편리함과 위급 시 종합적인 대처가 가능하고 행정처리가 단순하지만, 노사문제 등 용역회사 자체의 문제가 발생할 경우 빌딩 전반적 운영에 문제가 발생할 수 있기 때문에 분리발주하는 것이 좋다. 그러나 빌딩의 종합 관리 측면과 ICT화를 고려하면 일괄발주가 혁신적이고 전문화 방안이 될 것이다. 또한 일정 규모 이하의 건물관리는 인력 확보가 용이치 않으므로 일괄발주 처리만 가능한 경우도 발생하게 됨을 참고할 필요가 있다.[10)]

2. 빌딩관리계획 수립

그림 2-5 **관리계획의 투입요소**

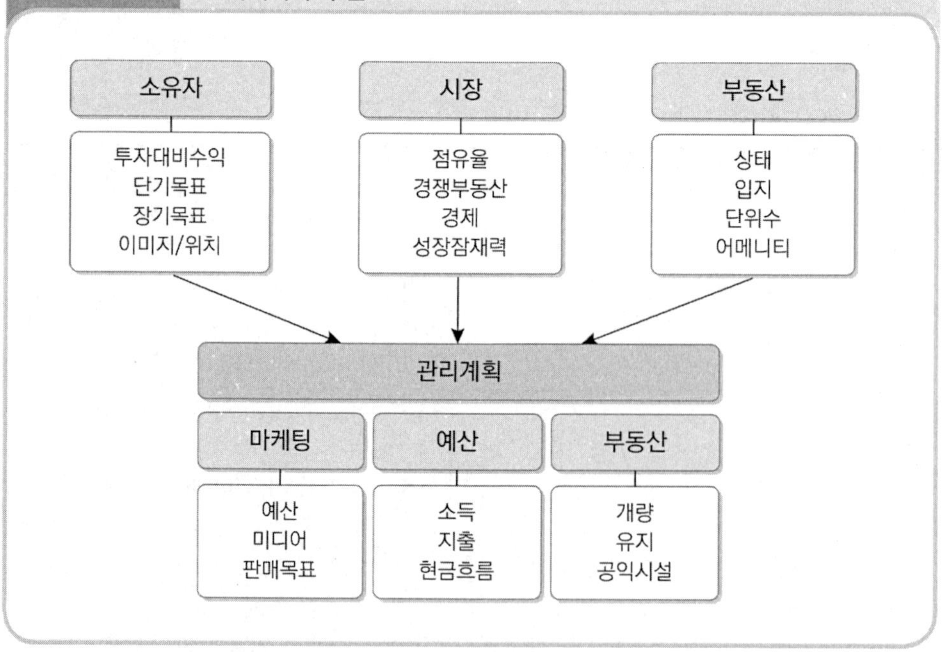

10) 장상기, 『오피스빌딩 시설관리 Insight』, ㈜보성인쇄기획, 2019, p.472.

관리계획이란 현재 부동산의 관리에 대한 재정적이고 실행적인 전략계획이다. 관리자는 부동산의 소득, 운영비용 그리고 상태를 고려할 뿐만 아니라 소유자의 목표도 생각해야 하는데, 이 모든 요소들은 일반적인 시장의 맥락에서 고려되어야 한다. 관리계획을 수립하는 데 있어서 부동산관리자는 지역 및 인근시장분석, 특정 부동산의 분석 그리고 소유자의 목표분석의 3가지 측면에 초점을 두어야 한다.

이런 3가지 요소의 기초하에서 관리계획과 예산계획을 수립해야 하는데, 현재와 미래시장과 부동산시장의 관점에서 타당하게 이루어져야 한다. 이 과정에서 핵심적인 시장지표들은 점유율, 흡수율 그리고 착공량이다. 종합적인 관리계획은 시장분석, 대안분석 그리고 제안하는 재원조달안과 함께 다른 고려사항들을 포함하게 된다. 관리계획을 수립하는 것은 시간과 노력이 요구되기 때문에 많은 관리자들은 이런 관리안 개발에 대가를 받는 경우이거나 이미 관리계약을 체결한 경우에 한해서 계획안을 작성한다. 반면, 최근 경쟁적인 시장에서는 부동산관리회사들이 입찰과정의 일부로서 계획안을 작성하게 되는데 이 경우 보상을 받거나 보상을 받지 못하게 되기도 한다.

부동산관리의 업무는 일반적으로 첫째, 현장관리 업무(해당 부동산에 대한 유지보수, 점검, 기록, 보험, 법적 상태 유지 등) 둘째, 인력관리 업무(직원에 대한 것으로 운영정책, 절차개발 및 감독 등) 셋째, 재무관리업무(재무제표 작성 및 보고, 임대료 수납, 연체관리, 구매절차 등) 넷째, 임대계약 및 임차인관리(임차인관리, 임대차계약 협상 및 계약, 마케팅계획의 준비 등)로 구분한다.

한편, 부동산관리자는 임차인 및 소유자와 긴밀한 관계를 맺고 있으며, 두 그룹 간의 성공적인 업무수행을 위해 많은 역량이 요구되고 있다. 간혹 일어날 수 있는 민감한 사안에 대하여 효과적인 협상을 위해서는 협상자가 갖추어야 할 자질을 충분히 갖춘 후 업무를 수행하는 것이 필요할 때도 있다.

소유자의 목표와 관련하여 현재의 물리적, 재정적, 운영의 상태 그리고 경쟁부동산과의 비교 등이 표현된 전문적인 부동산관리계획은 부동산관리에 있어 매우 중요한 요소이다. 만약에 그러한 상태들이 소유자의 목표달성에 적합하지 않다면 부동산관리자는 부동산관리기획을 통하여 물리적, 재정적, 운영적 변화를 추천할 것이다. 한편 부동산관리기획은 투자대상으로의 타당성분석 또는 부동산기획의 실효성을 평가하기 위하여 작성되어 자산관리자(AM)에 제공되기도 하며, 운영기간 중 특별한 자본적 지출의 의사결정, 연간 보고로 작성되어 소유자에게 보고되기도 한다.

부동산관리계획의 서론은 부동산에 투자한 소유자의 목표를 언급한다. 만약에 소유자가 운영수익의 극대화가 최우선 목표라면 순영업소득의 극대화를 위하여 실천방안을 강구하여야 할 것이다. 예를 들면 적정한 유지보수를 통해 높은 점유율을 유지하며, 꾸준한 현금흐름의 증가를 위하여 임대료 인상 및 성공적인 임대차계약의 갱신 등을 들 수 있을 것이다.

일반적으로 전문적인 부동산관리계획을 작성하기 위해 평가를 수행하여야 할 항목은 지역 및 근린지역분석, 부동산분석, 시장분석, 대체방안의 분석, 재무적 분석, 결론 및 추천 등이다. 한편, 투자타당성분석의 내용과 비교해 보면 상당한 유사점을 발견할 수 있으며, 관리계획에는 부동산관리자로서의 전문영역인 대체방안의 분석이 추가되는 것을 알 수 있다. 부동산 투자타당성분석의 내용은 지역 및 도시분석, 위치 및 부지분석, 시장분석, 재무분석 및 현금흐름 계획, 결론 및 추천 등이다.

부동산관리의 목적은 소유자의 목표를 달성하는 것이다. 소유자들은 여러 이유로 부동산에 투자하고 소유한다. 소유자의 목표를 달성하기 위해서는 우선 소유자가 어떻게, 왜 소유하게 되었는지 알아야 한다. 대체적으로 부동산을 소유하는 이유로서 자본의 보존, 증가, 운영수익, 세제혜택, 소유에 대한 자긍심 등을 들 수 있다. 절차는 1단계에서 6단계의 순이다.

① 1단계: 지역 및 근린지역 분석

지역 및 근린지역에 대한 간결한 묘사를 한다. 부동산에 직접적인 영향을 주는 범위 내에서 교통의 유형, 산업개발, 교육 및 공공기관, 문화적 측면, 기후, 인구, 고용, 소득수준 등을 설명한다.

정확한 경계를 설정함으로써 지역 및 근린지역을 정의한다. 한편 지역 및 근린지역시장의 특징은 지속적으로 변화하고 있으며, 그 변화는 부동산에 영향을 주고 있다. 이에 관리자는 변화되는 추세를 인지하고 그 변화를 야기하는 원인에 대하여 설명하여야 한다. 예를 들면, “인구의 변화는 부동산의 가격과 임대료에 반영되어 경제적 변화를 야기한다" 등을 들 수 있다. 부동산관리자는 지역 및 근린지역에 대하여 항상 최신의 정보를 유지하여야 하고, 현재의 변화되는 추세가 상승, 유지, 하락되는지 알아야 할 것이다. 현재와 같은 추세에 대하여 미래를 예측하며, 지역 내의 특징이 대상 부동산에 어떤 영향을 미칠 것인지, 대상 부동산을 항상 지역과 근린지역시장과 연관시켜 기술한다.

② 2단계: 부동산분석

부동산분석은 주의 깊은 분석을 통한 임대공간의 상세내역과 공용부분, 건축적 디자인 등의 물리적 조건과 최근의 운영과 관련한 요소들을 기술한다. 부동산 연면적, 공간 등의 물리적 조건(승강기, 공조설비, 전력, 창문 및 장식품 등)이 현대적인지, 기능적으로 적합한지에 대하여 기술한다. 또한 임대료 및 운영경비의 적정성, 관리정책 및 절차, 직원의 태도 등 임대료에 영향을 주는 여러 가지 요인에 대하여 기술한다.

③ 3단계: 시장분석

시장분석은 경쟁부동산의 임대수요를 비교함으로써 대상 부동산의 임대공간에 대한 수요의 수준을 결정한다. 관리자는 현존하는 부동산의 리포지셔닝을 위한 필요한 식견 및 정보를 얻기 위해 사용한다. 리포지셔닝은 완전한 리노베이션 또는 마이너 업그레이드(minor upgrade)를 포함하기도 하는데, 이는 시장의 상황에 따라 부분적으로 의존한다. 시장분석은 지역분석, 근린지역분석, 부동산분석에 기반을 두어 대상 부동산의 장단점을 평가할 수 있다. 관리자는 경쟁부동산과 비교하여 지역과 근린지역에 어떻게 영향을 주고 받는지 분석한다. 경쟁부동산을 결정하고, 대상부동산과 경쟁부동산과의 비교표를 통하여 비교를 수행하며, 비교에 근거하여 임대료를 결정하여 부동산에 대하여 기술하여 분석한다.

비교표를 작성하기 위하여 대상부동산과 비교부동산의 특징들을 점수화하고 최소 10개 이상의 항목을 다루는 비교표를 사용하여 시장 임대료 수준에 대하여 객관적으로 입증한다.

대상부동산과 매우 유사한 부동산을 사용하며, 반드시 모든 주요 경쟁부동산들을 포함한다. 비교표의 결과를 사용하여 대상부동산의 권장할 만한 임대료를 산정한다. 그리고 시장분석에서 지적한 사항에 대하여 주요한 이슈와 관심사항에 대하여 집중하여 기술한다. 그런 후에는 임대계약의 양허조건과 시장임대료에 대하여 명확히 기술하며, 주요한 이슈와 관심사항들을 소유자의 목표와 관련시킨다.

④ 4단계: 대체방안의 분석(관리 이슈사항 포함)

관리 이슈사항은 고객의 목표를 달성하기 위한 대체방안들을 모색하는 것으로, 이는 1단계의 지역 및 근린지역분석, 2단계의 부동산분석, 3단계의 시장분석의 결과이며, 부동산시장의 통찰과 해당 부동산의 관찰을 통해 이루어지는 관리자의 전문성이 드러나는 단계이기도 하다. 어떤 부동산은 운영의 변경 또는 물리적인 변경으로 인해 임대료의 인상, 점유율의 증가, 비용의 통제가 이루어지며, 그렇게 함으로써 해당 부동산이 최유효이용 상태가 되기도 하는 것이다.

부동산의 개량을 수행하기 전에 관리자는 가능성 있는 변경의 범위를 조사하여야 하며, 예상되는 영향을 평가하여야 하는데, 때로는 임차인을 상대로 조사를 하기도 한다. 개량으로 인한 변화는 관리계획서상에 순영업소득의 증대로 반영되기도 하며, 자산가치의 상승요인이 되기도 한다.

대체방안은 있는 그대로 두는 것이며, 다른 하나는 작은 변화부터 상당한 변화까지 여러 가지가 있을 수 있다. 이는 다른 임차인을 구성하기 위하여 리포지셔닝하는 것을 수반하거나, 관리자의 변경, 대규모의 외형 개조, 자금 조달의 조정 등을 수반할 수 있다.

⑤ 5단계: 재무적 분석

각 대체방안은 재무적인 영향(비용편익 분석)이나 결과가 있어야 한다. 각 대체방안을 실행함에 있어 다음 항목들을 감안하여 정확하게 어떤 것들이 수반되는지 설명한다. 대체방안들의 비교편익 분석은 여러 방법에 의거하여 검증하여야 한다. 그런 후 각각의 대체방안에 대해 이행할 것을 가정하여 현금흐름을 추정하여 운영예산을 작성하며, 상세한 항목별 지출 예산을 보유기간에 걸친 현금흐름을 통하여 분석하여야 할 것이다.

⑥ 6단계: 결과 및 추천

마지막 결과에서는 합리적인 특별한 변경사항과 기대되는 결과에 대하여 포함되어야 한다. 또한 지금까지의 모든 분석을 통하여 부동산을 어떻게 운영할 것인지 다음 항목에 대하여 설명한다.

따라서 결과 및 추천 내용은 변경사항에 대한 이행하기, 단계적인지 즉시 시행할 것인지 여부, 부동산에 대한 운영계획, 대체방안과 관련하여 예상되는 위험에 대한 설명, 자금 조달방법에 대한 권장사항, 추천하는 결과를 달성하기 위한 마케팅 및 임대전략 등이다.

3. 부동산시장이론

1) 부동산시장의 개념 및 유형

(1) 부동산시장의 개념

시장의 개념을 경제적 관점에서 보면 시장이란 수요와 공급이 규칙적·반복적으로 나타나서 재화의 가격이 결정되는 추상적 기구라 정의된다.

'일물일가의 법칙이 적용되는 범위'를 시장이라고 규정할 수 있는데, 이것은 일반 재화가 유통되는 완전경쟁시장을 의미한다. 부동산의 경우 부동산의 자연적 특성이 부동성·부증성·개별성·인접성 등으로 인하여 일반시장과 다른 특성을 가지고, 완전 경쟁시장과는 다른 불완전 경쟁시장을 형성한다.

(2) 부동산시장의 유형

건축법에서는 건축물의 용도에 따라 건축물을 29가지로 분류하고 있으며, 주거용, 상업용, 산업용, 문교사회용 그리고 기타로 구분할 수 있다. 주거용의 경우 단독주택과 다가구주택을 포함한 단독주택과 아파트, 연립, 다세대주택 그리로 기타로 구분된다. 상업용 건축물의 경우 제1종 근린생활시설, 제2종 근린생활시설, 판매시설, 업무시설, 숙박시설 그리고 기타로 구분된다.

〈표 2-3〉 부동산의 유형별 구분(주거용과 상업용의 경우)

	주거용부동산		상업용부동산	
	공동주택	단독주택	상가	오피스
유형	아파트/ 연립 및 다세대	단독, 다가구	소형, 중대형	소형, 중형, 대형
이용자시장	전세, 월세, 보증부월세	전세, 월세, 보증부월세	임차	임차
자산투자 시장	신규분양, 재고주택 거래	신규분양, 재고주택 거래	신규분양, 기존 상가	신규분양, 기존 오피스

여러 가지 유형의 부동산 중에서 부동산시장 내에서 활동하고 있는 개인투자자, 기관투자자가 주목하고 있는 부동산은 주거용부동산시장과 상업용부동산시장이다. 주택시장의 경우 유형별로는 공동주택시장과 단독주택시장으로 구분할 수 있으며, 점유형태 면에서는 매매시장과 임차시장으로 구분 가능하다. 또한 신규분양시장과 재고주택시장으로 구분되는 등 개별주택시장 역시 매우 세분화된 시장으로 나누어진다는 것이다. 이런 주택시장 간에는 별개의 하위시장이면서도 서로 영향을 주고받는 관계라는 점에서 부동산시장은 복잡성이 있으며, 일반 재화시장과 차별화되는 특성을 가지게 된다.

주택시장 내에서도 주택의 유형에 따라 시장을 구분할 수 있으며, 그 대표적인 유형이 단독주택과 아파트시장이다. 두 시장 모두 주거용부동산을 구성하는 유형으로 공통점을 가지고 있으나, 주택의 공급이나 수요 그리고 주택의 재고 특성 등 여러 가지 면에서 매우 차등적인 패턴을 보이고 있다.

2) 정보와 시장의 효율성

효율적 시장 가설이란 원래 주식시장에서 주식시장에 대한 정보가 주식가격에 미치는 영향을 분석하는 과정에서 출발하였다. 부동산시장에서 갖는 효율적 시장의 의미란 새로운 정보가 지체 없이 가치에 반영되는 시장을 말한다. 반영되는 정보의 내용에 따라 약성 효율적 시장, 준강성 효율적 시장, 강성 효율적 시장으로 구분된다.

(1) 약성 효율적 시장

약성 효율적 시장은 과거의 추세적 정보가 현재의 시장가치에 충분히 반영된 시장으로서 어떤 투자자라도 과거의 추세분석을 통해서는 정상수익 이상을 얻을 수 없는 시장이다. 과거의 역사적 자료를 토대로 시장가치의 변동을 분석 예측하는 것을 기술적 분석이라고 하는데, 약성 효율적 시장의 시장참여자들은 모두 기술적 분석을 하고 있다고 전제하고 있다. 따라서 약성 효율적 시장에서의 기술적 분석으로는 초과이윤을 얻을 수 없다. 만약, 약성 효율적 시장에서 특정인이 현재 또는 미래의 정보를 획득·분석할 수 있다면 약성 효율적 시장에서도 초과이윤을 획득할 수 있다

(2) 준강성 효율적 시장

준강성 효율적 시장이란 새로운 정보가 공식적으로 공표되는 즉시 신속하고 정확하게 시장가치에 반영되는 시장이다. 즉, 과거의 정보는 물론이고 현재의 공식적인 정보가 현재의 시장가치에 충분히 반영되는 시장을 말한다. 공표된 정보를 기초로 시장가치의 변동을 분석하는 것을 기본적 분석이라 하는데, 준강성 효율적 시장의 시장참여자들은 모두 기본적 분석을 하고 있다고 전제한다. 따라서 준강성 효율적 시장에서 기술적 분석 내지 기본적 분석을 해서는 정상이윤 이상의 초과이윤을 얻을 수 없다. 특정인이 미래의 정보를 획득·분석할 수 있다면 준강성 효율적 시장에서도 초과이윤을 획득할 수 있다. 공식적으로 이용 가능한 정보의 예로는 과거의 부동산가격 및 거래 등의 시장 관련자료, 투자자료, 회사의 영업수익 실적, 공표된 사업계획과 발

표된 정부의 경제시책 등을 들 수 있다.

(3) 강성 효율적 시장

강성 효율적 시장이란 공표된 공적 정보이든 공표되지 않은 사적 또는 내부적 정보이든 모두 시장가치에 반영되는 시장을 말한다. 강성 효율적 시장은 과거, 현재, 미래를 통한 완전한 정보가 하나의 요건인 완전 경쟁시장에 가장 부합되는 효율적 시장이다. 강성 효율적 시장은 과거에 확정되어 있거나, 현재에 확정된 또는 미래에 확정된 모든 정보가 반영되는 시장이므로 기술적 분석이나 기본적 분석 등 어떠한 정보 분석을 하더라도 초과이윤을 얻을 수 없고, 오직 정상이윤만을 얻을 수 있는 시장이다.

3) 부동산가격과 경기

부동산경기 변동을 나타내는 여러 가지 부동산시장 지표들로는 부동산 거래량, 부동산가격 추이, 주택인허가 건수 등 다양한 변수들을 고려할 수 있다. 일반적으로 부동산가격의 변화패턴은 부동산 경기변동을 반영하는 것으로 인식하고 있으며, 현재의 부동산경기를 진단하거나 예측하는 경우 부동산가격은 핵심적인 변수라 할 수 있다. 이번 장에서는 부동산경기 변동을 이해하기 위한 키워드로 부동산가격과 관련 개념들을 알아보고, 부동산경기 변동의 내용과 부동산경기의 발생구조를 분석하게 된다. 부동산 경기변동에 대한 분석은 개발하거나 이용하고자 하는 부동산의 미래 성과를 결정하는 데 매우 중요한 의미를 지니고 있다.

(1) 부동산경기변동의 개념

부동산경기란 부동산시장의 경제적 상태를 의미한다. 즉 부동산시장의 좋고 나쁜 상태를 말한다. 또한 부동산경기변동이란 부동산시장에서 부동산의 거래량이나 건축량, 가격 등이 변화하는 현상을 말하며, 이와 같은 변화가 주기적으로 이루어지는 현상을 부동산경기의 순환변동이라 한다.[11]

부동산시장은 여러 가지 요인에 의해 끊임없이 변동되고 있으므로 부동산경기변동은 각각의 시장에 따라 다르다. 우리가 일반적으로 접하는 부동산경기라는 것은 지역·부문별 부동산시장의 경기변동을 종합한 가중 평균치적인 성격에 불과하다. 따라서 투자자가 부동산경기를 판단할 때는 해당 지역의 경기를 중심으로 해야 하며, 그 지역 내에서도 부동산의 종류 등 세분화된 시장에 따라 부동산경기의 상태가 달라짐에 유의해야 한다.

부동산가격은 상승하거나 하락하는 경우 이전가격을 따라가려는 경향을 보이게 되며, 부동산가격은 균형가격으로 회귀하려는 경향을 보이게 된다. 부동산가격의 이런 특성이 부동산경기 변동을 만드는 요인으로 작용하게 되는데, 이런 부동산가격의 변화, 즉 경기변동의 폭은 이런 변수들의 크기에 따라 달라지며, 일반적으로 지역에 따라 또는 부동산시장의 유형에 따라 그 값은 달라진다는 것이다. 여기서 부동산가격은 2가지 유형으로 구분이 가능한데 실제 시장에서 관찰되는 가격(실제가격)과 부동산시장의 균형가격으로 구분할 수 있다. 균형가격은 인구, 소득이나 이자율, 고용 등 경제 기초적인 변수에 의해서 결정되는 가격으로 역시 시간의 변화에 따라 균형가격을 결정하는 값들이 변하기 때문에 지속적으로 변화되는 특성을 가지게 된다. 일반적으로 균형가격은 실제가격에 비해 변동의 폭이 크지 않고 그 주기도 상대적으로 긴 특성을 가지고 있다. 이에 비해 실제 부동산가격은 경기변동의 진폭도 크고 주기 자체도 짧은 특성을 가지고 있다. 실제 부동산가격은 이전가격을 따라가려는 경향(계열상관)과 실제가격과 균형가격이 괴리될 경우 균형가격으로 회귀하려는 경향을 가지게 되며, 이런 요소들이 부동산가격의 지속적인 변화를 가져오게 된다. 우리가 부동산시장에서 흔히 얘기하는 가격거품은 실제 부동산가격과 균형가격 간의 차이라고 할 수 있다.

11) 강병기 외, 『부동산시장 및 투자분석론』, 법문사, 2011

그림 2-6 부동산경기변동의 개념

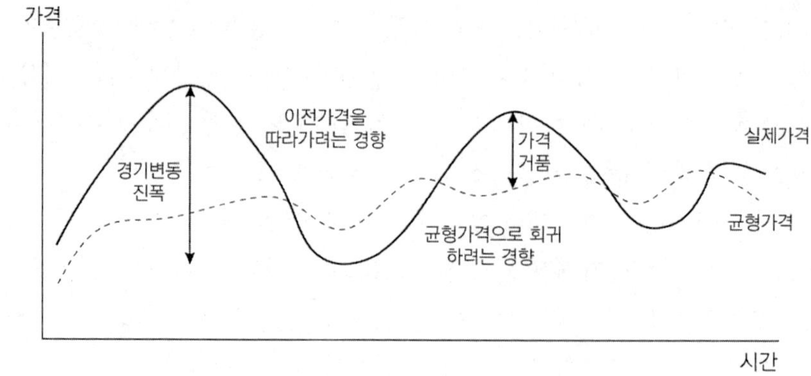

부동산경기는 크게 상향국면과 하향국면으로 구분 가능한데, 전자의 경우 회복과 확장단계로 구성되며, 후자의 경우 수축과 침체단계로 구분 가능하다.

그림 2-7 부동산경기의 변동

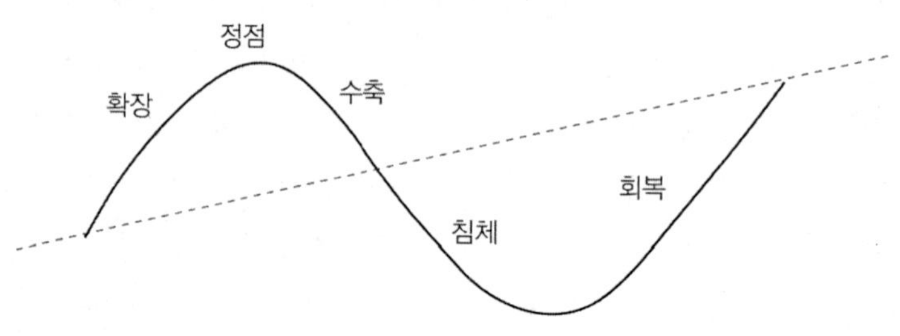

(2) 부동산경기변동의 단계

부동산경기변동의 각 단계의 특징을 다음과 같이 정리할 수 있다. 먼저 확장단계는 수요의 증가로 특징 지워지는 기간으로 점유율과 흡수율 그리고 임대료를 촉발함으로써 궁극적으로 새로운 건설과 개발활동을 유발한다. 확장국면의 초기에는 새로운 건설이 제약될 수 있는데, 시장임대료가 신규건설이 가능한 지점까지 상승할 때까지 새로운 건설이 제약될 수 있다. 수요 증가로 인한 임대료 상승과 새로운 공급이 실현되는데 시차가 존재한다. 임대료가 비용을 초과하는 경우 새로운 건설이 시작되며 임대료는 지속적으로 상승한다.

두 번째 수축단계이다. 시장이 정점에 도달한 후 발생하게 된다. 공실률이 장기평균치보다 아래에 있고 임대료는 상승하기 때문에 사용자시장에 대한 장기예측 없이 시장분석가들은 시장의 정점을 인식하기가 어렵다. 시장의 정점은 보통 짧으며 다음의 수축국면은 흡수율이 감소하고 공실률이 증가하지만, 진행 중인 건축과 개발활동은 늦춰진다. 임대료는 이미 높고 상승하지만, 이전과 같은 상승률을 보이지는 않는다. 수축단계의 초기에도 시장에 따라서는 지속적으로 공급증가가 계속되는데, 그것은 부동산개발업자가 경기가 정점을 지난 사실을 인식하지 못하는 경우에도 나타날 수 있다. 일단 주기의 정점에 도달하게 되면 흡수율과 건축과 개발활동은 쇠퇴하기 시작한다.

세 번째 침체국면에서는 역사적인 평균 아래로 흡수율과 임대료가 하락하는 시기이며, 궁극적으로 개발활동이 감소한다. 침체 국면이 얼마나 지속되는지 여부는 신규 건설에 대한 현재와 예측수요에 대비해서 과잉공급량의 정도가 어느 정도인가에 달려 있게 된다.

네 번째 회복단계는 부동산경기가 상승하는 시기이다. 부동산의 초과공급으로 인한 공실로 특징 지워지는 시기가 완화되는 기간이다. 일단 저점에 도달한 후에는 부동산산업은 수요의 증가에 따라 완만한 상승을 시작하며 다음 확장 단계의 기초를 제공하는 단계이다.

(3) 부동산경기변동의 특성

일반시장의 경기변동과 대비해 볼 때 부동산경기변동은 다음과 같은 특징적 요소를 지니는 것으로 알려져 있다. 우선 부동산경기는 통상적으로 개별적·지역적 현상으로 부동산경기의 변동 크기와 진폭은 국가나 도시마다 다르고, 같은 도시라도 지역에 따라 다르다. 또한 부동산시장의 여건이 성숙되어 있을 경우 지역별 부동산경기는 유사한 부동산시장이 형성되어 있는 인근지역으로 전이되는 사례가 많다. 보통 부동산경기는 일반경기보다 변동주기가 더 길며, 부동산경기의 순환은 일반경기의 순환에 비하여 그 계곡(저점)이 깊고 정상(정점)이 높다. 즉 부동산경기 순환의 진폭은 일반경기의 진폭보다 크다. 특히 부동산경기의 순환 중 거래시장은 사용자시장보다 더 큰 진폭을 가지게 되는데, 그 이유는 거래시장은 사용자시장에 비해 더 다양한 수요 유발인자들을 가지고 있기 때문이다.

한편 부동산경기 순환의 진폭이 일반경기보다 더 큰 이유는 부동산경기는 일반경기의 변동에 대응하여 민감하게 작용하지 못하는 타성현상 때문이다. 타성현상은 부동산을 완성하는 데에는 많은 시간이 소요되고, 이에 따라 수요와 공급 간의 불균형을 심화시키기 때문에 발생한다. 부동산경기는 타성현상으로 인해 회복기간이 길고 후퇴기간이 짧은 경우가 대부분이다. 우리나라 부동산시장은 여기에 더해 상향시장 역시 짧은 경우가 많다. 또한 부동산경기는 부분시장별로 변동의 시차가 존재한다. 즉 상업용·공업용 부동산경기는 일반경기와 대체로 일치하지만, 주거용부동산 건축경기의 경우는 주택자금 조달로 인해 역순환 현상을 보인다는 주장도 있다. 일반적으로 부동산경기는 부분별 부동산시장의 경기 상황을 종합한 것이며, 일반경기에 비해 후행하는 것이 통상적이다.

(4) 부동산경기변동의 이해 필요성

부동산시장 분석가와 평가사는 시장주기의 동학을 이해할 필요가 있으며, 이런 주기들이 부동산수요와 가격에 어떻게 영향을 주는지 이해할 필요가 있다. 시장경기라는 용어에 내재된 가정은 시장은 거의 항상 유동(흐름)의 상태에 있다는 것이다. 시장주기 변화는 때로는 중요하고 다른 시기에는 민감하기도 하다.

시장경기의 평가, 시장상태의 예측이 중요한 이유는 다음과 같은 이유 때문이다. 새로운 부동산에 대한 시장흡수율은 시장상태의 함수이다. 수요가 공급을 초과한다면 흡수율은 빨라지게 되며, 반대의 경우 흡수는 늦어지게 된다. 현재와 미래 시장상태를 이해하는 것은 기대되는 흡수기간 동안에 발생하는 보유, 마케팅 그리고 임대비용을 예측하는 데 도움을 준다. 초과공급 혹은 초과수요의 범위는 가격, 임대료, 점유율 그리고 시장에서 비용의 변화율과 방향을 결정한다. 공급과 수요의 시장관계에 대한 이해는 해당 부동산의 기초에 기반한 현금흐름을 예측하는 데 도움을 준다.

3) 부동산경기변동의 발생 구조

(1) 경기변동의 발생원인

그림 2-8 주택경기변동의 발생과 변화

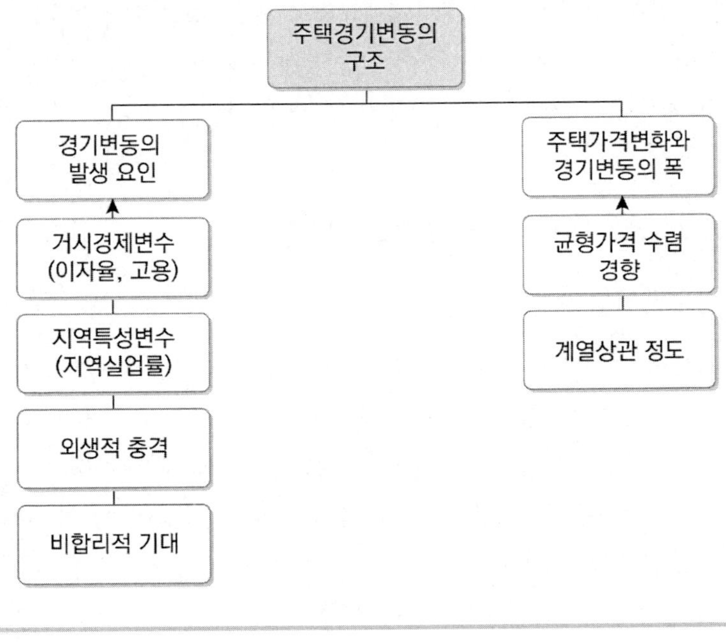

주택경기변동은 주택가격, 건축허가량, 착공량 등 다양한 변수를 활용하여 표시할 수 있으나, 주택가격변화가 주택경기변동의 핵심적인 변수라 할 수 있으며, 주택가격변동을 가져오는 요인으로는 경제적 기초여건이나 경제적 충격이라 할 수 있다. 경제적 기초요건을 나타내는 변수로는 소득, 실업 등이 있으며, 경제적 충격은 주택시장 외부의 외생적 충격(예를 들면, 서브프라임 모기지 사태) 등을 들 수 있다.

부동산경기변동을 발생시키는 원인과 관련된 이론적 논의들에서는 주택경기변동이 발생하는 요인을 크게 4가지 그룹으로 나누고 있다. 첫째는, 거시경제 변수로 이자율이나 고용, GDP 등의 변수이며, 둘째로는, 지역특성변수로 지역실업률이나 지역 고용수준을 들 수 있으며, 이 외에도 부동산시장에 영향을 줄 수 있는 외생적 충격을 예로 들 수 있다. 2008년 미국에서 발생한 서브프라임 모기지 사태는 이런 외생적 충격의 전형적인 예라 할 수 있다. 또한 미래에 대한 비합리적 기대도 부동산경기변동의 원인이 되고 있다. 주택경기변동과 관련된 선행연구들은 부동산시장 내 경제주체들의 비합리적 기대가 부동산경기변동의 원인으로 작용한다고 보고 있다. 현대경제학에서는 합리적 기대가설을 채택하고 있어서 외생적 충격이나 미래 주택시장의 가격 전망을 과거에 기초해서 하지 않고 있는 것으로 전제하고 있음에도 부동산시장의 경우에는 부동산시장 내 경제주체들이 미래 주택가격에 대해 비합리적 기대를 가지고 있는 경우가 종종 발견되고 있다.

4) 경기 진단 관련 모형 소개: 벌집순환모형

(1) 벌집순환모형의 개념

벌집모형 또는 벌집순환모형은 주택가격과 거래량은 일반적인 경기 사이클과 주택의 분양–입주 시차에 의해 6각형의 벌집모형처럼 시계 역방향으로 순환한다는 이론이다. 즉 벌집모형은 주택시장에서 주택가격과 주택거래량을 중심으로 주택시장의 각 국면을 분석하는 방법이며, 이 방법을 활용할 경우 이들 2가지 변수만으로 간단하게 현재의 경기현황은 물론 가까운 장래의 주택시장 변화를 예측할 수 있다.

이 모형에서는 주택거래량은 거시경제 여건에 따라 변화한다고 가정하고 있어 거시경제 여건의 변화가 부동산시장에 미치는 영향을 별도로 분석하지 못하는 한계가 있다. 또한 각 국면은 현재의 상태를 정확하게 표현하나 미래를 예측해 주지는 못하므로, 주택시장의 예측을 위해서는 장래의 주택가격과 거래량을 별도로 추정하는 과정이 필요한 한계도 있다.

벌집순환모형에서 제1국면(회복기)에는 주택경기가 호황인 시기로 주택가격이 상승하고 거래량 모두 증가하는 시기이다. 이 시기에는 경기호황에 따라 실수요자가 증가하며, 통상 정부는 규제 완화책을 유지하고 주택담보대출을 확대하는 시기이다. 제2국면(활황기)은 주택경기의 둔화 조짐이 나타나는 시기로서 가격이 상승하고 주택거래량은 감소하는 시기이다. 이 시기에는 주택가격 상승 지속으로 가수요자가 가세함에 따라 겉으로는 시장이 호황인 것처럼 보이나 다음의 침체 진입기를 예고하고 있는 시기이다. 이 시기에는 매도자의 가격상승 기대로 매물량이 감소하게 되며, 정부는 약한 수위의 부동산시장 안정대책을 발표하게 된다. 제3국면(침체 진입기)은 주택시장 경기침체가 가시화되는 시기이다. 주택가격이 보합세를 유지하며 거래량은 감소한다. 주택시장의 경우에는 경기가 침체되고 실수요자가 감소함에 따라 수요와 공급이 균형을 유지하며, 현재 가격에서 매도자와 매수자 사이의 공방이 벌어진다. 정부에서는 주택시장에 대한 후속 안정책을 발표하고, 주택가격 안정과 규제 정책의 일환으로 담보대출을 억제하게 된다. 제4국면(침체기)은 주택시장 경기 침체가 본격화되는 시기이다. 이 시기에는 주택가격이 하락하고 거래량도 급감한다. 더구나 주택시장에서는 제1~2국면(상승기)에 분양한 주택물량의 입주 시작으로 공급 과잉현상이 발생하며, 불황 심화로 실수요와 가수요가 모두 위축된다. 정부는 주택시장 규제책의 수위를 조절하고 부분적인 완화책을 발표하기도 한다. 제5국면(불황)은 주택경기가 저점을 탈피할 조짐을 보이는 시기이다. 주택가격은 하락하나 주택거래량은 점차 증가하는 시기이다. 주택시장에서는 가격 하락세 유지로 수요 위축세가 지속된다. 이 시기에는 제3분기(침체기) 분양물량 감소에 따른 입주물량 감소와 현재 주택가격이 바닥이라는 인식이 퍼져 조금씩 거래가 성사되기도 한다. 이 시기에는 정부가 건설경기 회복을 위한 규제 완화책을 발표하는 경우가 많다. 제6국면(회복 진입기)은 주택시장 경기 회복이 가시화되는 시기이다. 주택가격은 아직 보합세이나 거래량이 점차 증가하는 시기로서, 주택시장에서는 경기 회복으로 실수요가 증가하며, 현재 가격 수준에서 거래량이 증가한다. 정부에서는 주택시장 규제 완화정책을 확대하고, 신규 담보대출이 재개되는 경우가 많다.

이와 같은 벌집순환모형은 앞에서의 주택시장 경기순환의 4가지 국면을 6개 국면으로 세분한 것에 불과하나, 부동산투자자 입장에서는 주택시장에 대한 진입과 퇴출시기를 명확하게 설명하는 장점이 있다. 즉 화폐의 시간가치를 감안할 경우, 모형이 6개 국면 중 제6국면(회복 진입기)에 주택을 구입하여 제2국면(활황기)에 주택을 매각하는 것이 단기투자에 따른 자본수익을 극대화할 수 있다. 보다 신중한 투자자라면 다양한 주택시장 중 투자대상 주택시장을 선정하고 투자대상 주택을 탐색하는 업무는 제5국면(불황기)부터 시작하여 제6국면(회복 진입) 초기에 투자에 유리한 주택을 선택하는 것이 바람직하다.

벌집순환모형은 지역시장에서 주택시장 흐름을 예측할 수 있는 기법으로 활용될 수 있다. 벌집순환모형은 부동산가격변동과 거래량변동을 근거로 현재의 주택시장 경기상황을 판단하는 모형이므로, 이 모형을 적정하게 활용하기 위해서는 제반 관련정보 취득이 반드시 선행되어야 한다.

(2) 벌집순환모형을 활용한 경기진단 연구

벌집순환모형을 활용하여 부동산 경기진단을 수행한 연구들은 많이 있으나 최근 연구 중에서 이 모형의 국내 적용 가능성을 분석한 연구를 중심으로 경기진단 모형으로서의 활용 가능성을 검토해 보고자 한다.

서수복·김재경(2011)은 벌집순환모형을 활용하여 국내 부동산경기를 진단한 선행연구들을 비판적으로 접근하면서 국내 주택시장에서 동 모형의 적용 가능성을 분석한 바 있다. 이 연구에서는 벌집순환모형이 분석 기간 전체에 모두 적용 가능하지는 않다고 파악하였으며, 특정 시기에 제한적으로 적용 가능하다는 분석 결과를 제시한 바 있다. 이 연구에서는 주택시장에 벌집순환모형의 적용 가능성을 분석하였으며, 분석기간은 1998년도부터 2010년까지로 정하였으며 분석기간을 크게 3개의 구간으로 구분하였다. 주택가격과 거래량을 벌집순환모형의 형태로 나타낸 결과 전체 기간 중 제1구간과 제3구간에서 가격과 거래량이 벌집순환모형의 형태를 보여 준 것으로 분석되었다.[12] 분석결과가 시사하는 바는 벌집순환모형이 적용 가능한 시기는 경제적으로 침체를 겪은 IMF 구제금융 시기와 국제금융위기 시기였다는 특성을 가지고 있다. 그런 점에서 벌집순환모형은 특정 시기에 제한적으로 적용 가능한 모형이라는 시사점을 가지고 있다.

벌집순환모형을 이용하여 지역별 아파트 경기를 분석한 연구에서는[13] 일부 지역을 제외하고 벌집순환모형이 지역 아파트 경기를 진단하고 예측하는 데 유용하다는 점을 실증하였다. HCM을 이용하여 주택경기 순환주기를 분석하기 위해서 한국감정원의 지역별 아파트매매가격지수를 사용하고, 주택거래량의 경우 지역별 아파트매매거래량 자료를 이용하여 분석하였다. 분석의 기간은 2006년도부터 2015년까지의 연간자료이며, 분석의 공간적 범위는 광역자치단체로 한정하였다. 이 연구에서는 분석대상 광역자치단체를 아파트매매가격과 거래량을 이용하여 군집으로 구분하고, 각 군집별로 지역 주택경기를 진단하였다. 분석대상 지역들은 크게 5개의 그룹으로 구분되었으며, 이 중 4개 군집은 벌집순환모형으로 경기를 진단하고 예측하기에 적합한 것으로 분석된 반면 기타군집은 해당 모형이 적절치 않은 것으로 나타났다. 여기에 속하는 지역으로는 울산, 충남, 광주, 전남, 제주지역이었다.

특히 이 연구에서는 지역별 주택경기의 순환주기를 진단하고 순환주기를 예측하였으며, 서울과 경기도는 분석결과 제1국면에 있는 것으로 진단되었으며, 예측연도인 2016년에는 제2국면에 진입할 것으로 전망한 바 있다.

12) 서수복, 김재경, 「한국 주택시장과 벌집순환모형의 관련성에 관한 연구」, 『국토연구』 68권, 2011, pp.121－133.

13) 마승렬, 「벌집순환모형을 이용한 지역별 아파트 시장 분석 및 예측에 관한 연구」, 『주택도시금융연구』 1권 1호, 2006.

실 / 전 / 문 / 제

01 다음은 빌딩관리방식을 나열한 것이다. 옳은 것은?

① 자치관리 – 타가관리 – 혼합관리
② 자치관리 – 타가관리 – 위탁관리
③ 자치관리 – 위탁관리 – 외주관리
④ 자치관리 – 위탁관리 – 혼합관리
⑤ 자치관리 – 위생관리 – 혼합관리

02 빌딩의 경제적 관리에 관한 내용으로 옳지 못한 것은?

① 빌딩에서 발생하는 순수익이 합리적으로 산출되도록 하는 노력을 말한다.
② 빌딩에서 발생하는 순이익이 불합리하다고 판단되면 그것은 곧 그 빌딩의 경제적 하자로 간주된다.
③ 빌딩의 정상가격의 하락을 방지하고 그 경제적 가치를 계속 보존하려는 조치이다.
④ 경제적 측면의 관리도 경제적 측면의 개량개념이므로 현재의 수익을 계속 유지시키려는 노력은 이를 경제적 관리조치라 할 수 없다.
⑤ 현재의 수익이 적정수준에 미달하는 경우 이를 적정수준 또는 그 이상으로 향상시키려는 노력이다.

03 다음은 빌딩관리목표의 달성방안에 관련된 설명이다. 가장 바르지 못한 것은?

① 수익용 빌딩의 경우에는 임료와 임료의 이자·수입·관리비, 그리고 주차장 사용료나 특수기기의 사용료 등이 주된 빌딩의 수입원이 된다.
② 공실 제로베이스 유지목표는 비수익성 빌딩에는 문제가 되지 아니한다.
③ 사후관리로서의 위험물과 시설은 전기의 고압전류, 외부에 부착된 대형 돌출 광고물들이다.

④ 인사사고가 일어날 수 있는 요인에는 화재사고, 보일러 폭발사고, 강·절도 등에 의한 인명사고 등이 있다.

⑤ 관리객체는 관리주체에 관하여 관리행위를 하게 되는 바 이러한 관리행위가 궁극적으로 이루고자 하는 업무를 관리의 목표라 한다.

04 다음은 부동산 시장의 효율성과 균형에 대한 설명이다. 잘못 기술된 것은?

① 부동산 시장이 새로운 정보를 얼마나 지체 없이 그리고 정확하게 가치에 반영하는가를 시장의 효율성이라 한다.

② 새로운 정보가 지체 없이 그리고 정확하게 가치에 반영되는 시장을 효율적 시장이라 한다.

③ 효율적 시장은 어떠한 정보를 지체 없이 가치에 반영하는가에 따라 약성·준강성 그리고 강성 효율적 시장의 3가지로 나뉜다.

④ 약성 효율적 시장은 가치에 대한 과거의 역사적 자료를 분석한다고 하더라도 정상이익 이상의 수익을 획득할 수 없는 시장이다.

⑤ 일반적으로 주식시장이나 부동산시장에는 강성 효율적 시장이 존재한다.

05 다음은 부동산시장의 하향시장에 관한 설명이다. 아닌 것은?

① 부동산 거래가 저조하게 되고 일반 경기의 불황과 병행할 경우 공가율은 증가한다.

② 부동산가격은 하락한다.

③ 호화주택과 신개발지역의 택지는 타격이 크다.

④ 부동산 중개활동의 경우 매도자 중심의 활동이 요구된다.

⑤ 대체로 일반 경기의 수축시장에 해당된다.

정답 및 해설

01 정답 ④

해설 빌딩관리는 크게 자치관리, 위탁관리 그리고 혼합관리로 구분된다.

02 정답 ④

해설 현재의 빌딩 수익을 유지하는 조치도 경제적 관리에 포함된다.

03 정답 ⑤

해설 관리의 목표는 관리주체가 관리객체에 관하여 관리행위를 하게 되는 바 이러한 관리행위가 궁극적으로 이루고자 하는 업무이다.

04 정답 ⑤

해설 부동산시장의 경우 보통 정보의 비대칭 현상으로 인해 효율적 시장이라고 하기 어려운 경우가 많다.

05 정답 ④

해설 하향시장에서 중개사는 보통 매수자 중심의 활동을 필요로 하게 된다.

CHAPTER

02

행정편

빌딩행정관리는 크게 행정관리 총론과 각론으로 구성된다. 행정관리 총론은 빌딩행정관리를 이해하기 위한 행정학 이론으로 구성되어 공행정과 사행정의 차이점과 공통점, 행정학의 발달과정 그리고 행정관리의 개념과 내용을 다루게 된다.
빌딩행정관리는 계획, 조정, 지휘, 조정, 통제라는 5가지 분야를 토대로 인사관리와 조직관리, 사무관리, 보험관리로 구성된다. 상업용 빌딩을 관리하기 위해서는 관리인원에 대한 인사업무를 수행해야 하고, 적절한 관리조직의 운용을 통해 빌딩관리자가 수행해야 하는 사무업무와 보험업무 등을 수행하게 된다.
빌딩행정관리에서 다루는 내용들은 주로 행정학과 경영학에 그 이론적 바탕을 두고 있으므로 이에 대한 이해가 필요하다. 빌딩관리자는 빌딩관리가 추구하는 목표를 달성하기 위해서 이런 제반활동 등을 수행하게 되며, 이것은 앞서 소개한 빌딩관리의 경제적, 제도적, 기술적 관점에서 빌딩관리를 수행하는 실제적인 과정이라 할 수 있다.
조직이 가지고 있는 목표를 달성하기 위해서는 조직의 구성원을 채용하고 훈련하는 인사관리체계를 구축하고 조직의 생산성을 높이기 위한 효과적인 체계 구축이 필수적이다. 조직과 인사관리는 해당 조직의 규모나 영리성 추구 여부에 관계없이 필수적인 요소라 할 수 있으며, 빌딩경영을 담당하는 빌딩행정분야에 있어서 가장 중요한 부문 중의 하나라 할 수 있다. 이번 장에서는 행정학 이론에 기반을 둔 조직 및 인사관리의 주요 이론과 내용을 분석하고, 이를 빌딩행정관리의 관점에서 검토하게 된다.

03 빌딩행정관리 총론

1. 행정개념과 행정이론[1)]

1) 행정개념의 다양성

행정이란 무엇이냐에 관한 개념규정을 한마디로 하기란 어려운 일이다. 행정학의 연구대상인 행정현상이 시대와 국가에 따라 조금씩 달라져 왔고, 그리고 현대 사회의 확대되어 가는 행정수요에 대응해 나가기 위하여 행정기능이 양적으로 증대하고 질적으로도 변화되어 가기 때문이다.

나이그로(Nigro)는 행정개념의 정의가 어려운 이유로는, 첫째 행정의 한계가 불분명하고, 둘째 근래에 행정의 내용이 계속 확대되고 있다는 것을 들고 있다. 이것은 행정현상이 계속 동태적으로 변하고 있다는 것을 의미한다.

행정의 개념을 규정하는 데는 크게 행정법학적 접근과 행정학적 접근의 2가지 개념규정의 방법이 있는데, 우선 행정법학자들이 규정한 행정개념에는 삼권분리공제설, 국가목적실현설, 법함수설 등과 같은 학설이 있다. 여기에서는 행정학적 행정개념을 중심으로 살펴보기로 한다.

첫째, 행정관리설이 있는데, 이는 행정을 이미 수립된 법이나 정책을 구체적으로 집행·관리하는 기술적 과정 내지 체계로 파악한다. 그러므로 행정과 경영을 동질적인 것으로 보는 것으로 가치판단적 기능을 배제하였다.

둘째, 통치(정치)기능성이 등장하는데, 이는 행정의 본질을 정치와의 밀접한 관계에서 파악하며, 행정을 정치 또는 정책의 기능으로 이해한다. 디목(Dimock), 애플비(Appleby) 등이 통치기능성을 대표한 학자이다.

---

1) 박영호 외, 『행정학개론』, 박영사, 2018.

셋째, 1940년대 중반부터 대두된 행정행태설은 공행정과 사행정을 구별하지 않고 행정을 사회적 집단행동으로 파악하며, 인간의 행동에 연구의 주된 관심을 두는 것이 특징이다. 또한 가치단판을 배제하고 순수한 과학성을 추구한다는 점에서도 특징을 지닌다. 공·사행정의 본질적인 차이를 인정하지 않는다는 점에서 이 학설은 전술한 행정관리설과 유사하나, 과학적인 행정행태를 강조한다는 점에서는 상이하다.

넷째, 1960년대부터 대두된 발전기능설이 있다. 행정이란 국가발전을 위한 정치적·사회적·경제적 목표설정에 적극적으로 참여하고 그에 일치되는 정책과 계획을 수립하고 집행·관리하는 기능으로 이해한다. 에스만(Esman), 와이드너(Weidner) 등을 대표적 학자로 들 수 있다.

다섯째, 최근에는 거버넌스론이 등장했는데, 이는 국가·정부에 중점을 두었던 전통적 행정개념과는 달리 정부, 비영리조직, 비정부조직, 자원봉사 등 여러 조직의 공공활동을 행정으로 파악하는 새로운 개념이다. 이는 지역사회로부터 국제사회에 걸치는 여러 공공조직에 의한 행정서비스 공급체계의 복합적 기능에 중점을 두는 포괄적 개념으로 인식될 수 있다. 신관리주의에 기초한 이 개념은 전통적인 행정 혹은 통치의 개념보다 경영의 의미가 강하다.

2) 공행정과 사행정의 비교

행정의 본질을 명확하게 이해하기 위해서는 공행정과 사행정(경영)의 유사성과 차이점들을 이해할 필요가 있다. 공행정과 사행정의 성격에 관하여는 지금까지 양대 입장으로 갈라져 오고 있다. 그것은 양자의 유사성을 더 강조하는 입장과 이의 차이점을 더 강조하는 입장이라고 간략히 요약할 수 있겠다.

양자의 유사성을 강조하는 입장은 정치행정 이원론의 기술적 행정학에서의 주장으로 행정을 관리기술로 파악하여 행정을 정치와 분리하여 인식함으로써 공사행정 동질론의 견해를 취하는 입장이다. 이러한 입장을 취하는 대표적인 학자로서는 윌슨, 귤릭, 어윅 등이 있다.

반면 양자의 차이점을 강조하는 입장은 정치행정일원론의 기능적 행정학에서의 주장으로 공공의 목적과 가치를 중시하여 양자는 본질적으로 상이한 것으로 보는 공사행정 준별론을 취하는 입장이다. 이러한 입장을 취하는 대표적인 학자들로는 애플비와 디목을 들 수 있다.

이상의 두 입장 중 어느 쪽이 우세하느냐 하는 것은 시대에 따라 다르나 현재는 차이점을 강조하는 입장이 우세하다고 보는 견해가 더 강하다고 볼 수 있으나, 거버넌스론이 등장하면서 다시 공통점을 강조하거나 심지어 사행정의 우위론을 전개하는 견해도 나오고 있다.

공행정과 사행정의 유사점으로는 ① 목표달성의 수단성, ② 관료제적 성격, ③ 관리기술, ④ 협동성, ⑤ 봉사성 등을 갖는다는 점을 들 수 있다. 양자의 차이점으로는 ① 목적, ② 성과의 측정, ③ 법적 규제, ④ 정치성, ⑤ 독점성, ⑥ 평등성 등의 측면에서 찾을 수 있다.

공행정과 사행정의 관계는 유사성보다는 차이성을 강조하는 입장이 우세하다. 그러나 다른 한편 사기업체의 정치성, 대규모 기업들의 출현, 기업의 사회적 책임성의 강화, 제3부문의 등장에 기인하여 공행정과 사행정은 융합하는 경향이 존재하고 있다. 그래서 양자의 차이점도 본질적인 것이라기보다는 양적, 정도상의 차이에 불과하다고 볼 수 있다.

공행정과 사행정과의 관계는 특정 국가의 정치체제의 유형이라든가 정치사회발전의 수준에 따라 상이하게 나타나고 있다. 미국에서는 경영이 먼저 발달하여 국가의 행정에 이것이 적용되어 행정도 경영방식으로 보는 경향이 강하나 우리나라의 경우 행정은 경영과 전혀 별개로 권력적인 것으로서 운영되어 왔기 때문에 공행정과 사행정의 차이가 훨씬 크다고 볼 수 있다. 우리나라의 경우 공행정과 사행정의 관계는 양적 차이뿐 아니라 질적 차이까지 있다고 말할 수 있다.

3) 행정국가의 등장

근대적 의미에 있어서의 행정은 자유주의적인 권력분립주의의 영향 아래에서 성립된 개념이다. 권력분립의 이론은 영국의 존 로크에 의해서 제창

되고 프랑스의 몽테스키외에 의해서 완성된 것으로서 국가권력을 입법, 사법, 행정의 삼권으로 나누고, 그것을 각각 입법부, 사법부, 행정부로 분장하여 상호견제시킴으로써 권력집중으로 인한 전제를 방지하고 국민의 자유를 보장함을 목표로 하는 것이었다.

초기 자본주의의 발달과정에서는 국가의 역할보다는 개인의 사적 활동이 중요시되었다. 그리고 그러한 사적 활동들은 사회영역에서 이루어지며, 국가는 가능한 한 그들의 활동을 간섭해서는 안 된다는 가정이 지배적이었다. 사회 내에서 이루어지는 사적인 활동들은 '보이지 않는 손'에 의해 자동적으로 조화와 균형을 이루기 때문에 국가는 그러한 활동영역에 간섭할 필요가 없다는 것이다. 따라서 국가의 주된 임무는 전체 사회를 보호하기 위한 국방과 국내 치안질서의 유지라는 2가지 목적에만 국한되었던 것이다.

이와 같은 18~19세기 야경국가 또는 입법국가에 있어서의 행정은 가능한 한 국가활동 영역의 감축을 원리로 하는 것이었다. 다시 말해서 시민에 대한 국가의 간섭을 가능한 한 배제하고 개인의 자유와 평등을 최대한으로 보장하려는 자유주의적 사상이 행정의 기본적 지도원리로서 작용하였으며, 그러한 자유주의적 사상은 경제적으로는 절대적인 사유재산의 보호와 자유경쟁의 보장으로 나타났다.

그러나 고전적 시장경제원리의 핵심이라고 할 수 있는 시장의 자기규제적 메커니즘의 한계가 노출됨에 따라 독점자본주의의 형태가 나타나게 되고, 이것은 국가의 개입을 강력히 요구하게 되었다. 또한 개인의 자유와 평등이라는 기반 위에서 동질적으로 파악되었던 국민사회는 자본주의 발전에 따라 복잡화되는 한편 자본주의 자체가 내포한 모순이 현저한 사회현상으로 출현되어 사회적·계급적 대립의 격화 및 여러 가지 직능의 분화에 수반되어 불경기, 공황, 실업 등이 나타남으로써 국민사회는 그 안정성이 상실되었다. 그리하여 국가의 개입은 불가피하게 되었고, 필연적으로 정치구조상의 변화를 초래하였다.

사실상 1929년의 경제공황에 대처하기 위하여 미국의 루즈벨트 대통령이 취한 뉴딜정책은 자유방임주의에 대한 국가통제의 필요성을 새롭게 인정한 것이라고 볼 수 있으며, 사회 자체가 각 방면에 걸쳐 국가활동을 요청하기에 이르렀던 현실에 입각한 것이라고 할 수 있다. 그리하여 국가의 기능, 특히 행정의 기능이 점차적으로 그 중요성을 인정받기에 이르렀는데, 이것이 바로 야경국가 또는 보안국가로부터 직능국가 또는 행정국가로의 변모된 현상인 것이다.

따라서 현대국가는 국민의 생활영역에 보다 깊숙이 관여하여 사회의 제반 문제를 해결하는 문제해결자의 역할을 수행하는 직능국가의 성격을 갖고 있으며, 직능국가의 연장선에서 정부가 국민의 사회복지에 보다 적극적인 관심을 갖고 이를 실천하는 복지국가의 성격을 가지고 있다. 또한 이는 필연적으로 정부의 기능을 확대시키게 되며, 행정부가 이런 기능을 주로 담당하는 주체가 되는데, 이를 행정국가라 일컫는다.

행정국가는 행정기능의 확대·강화에 따라 본래 국정의 집행기관인 행정부가 정부의 기본적 정책을 수립·유지·발전시킴에 있어서 입법기관보다도 실질적인 우위를 점하고 중추적 역할을 담당한다는 기능적 관점에서의 국가개념이다. 이러한 행정국가의 특성은 다음과 같이 요약될 수 있다.

첫째, 정부의 기능이 행정부에 집중되어 집행기능은 물론 준입법기능 및 준사법기능까지도 담당하고 있다. 즉 행정부의 자유재량의 범위가 넓어지고 또한 그 의미가 상당한 중요성을 띠고 있다.

둘째, 사회의 복잡한 문제를 처리함에 있어서 고도의 전문적인 능력이 필요하게 되어, 법률을 제정하고 정책을 결정함에 있어서도 입법부와 전문적 숙달자가 많은 행정부가 유리한 입장에 놓이게 되었다. 뿐만 아니라 정부의 기능을 효과적으로 수행하기 위하여 필요한 경우에는 위임입법이 허용되고 있다.

현대사회는 급속한 변화를 주요 특징으로 하고 있으며, 그 주요 내용으로서 정보사회, 분권화사회, 네트워크사회 등을 들 수 있는데, 이러한 변화는 개인의 자립과 참여를 촉진시키고 다양한 선택이 가능한 고도민주사회를 가능케 하는 원동력이 된다. 그리고 이러한 변화추세는 다양한 재정수요를 발생시키고 있는데, 교육기회의 확대와 시민참여의 요구가 증대되고 있으며, 효과적인 행정관리, 적시성 있고 계층을 초월한 공공정책결정과 정직한 행정과 정부에 대한 신뢰성 회복이 요구되고 있다.

21세기에 진입한 현대사회에 있어서 행정의 내용 및 기능은 정부를 둘러싸고 있는 환경에 의해 좌우된다는 관점에서 볼 때, 행정 및 행정학의 주요 과제는 다음과 같이 정리될 수 있다. 즉 모든 정책결정에서 새로운 정보시스템을 활용하는 기회의 확대와 개선, 공공부문과 민간부문 간에 자원배분의 형평성 확보, 모든 시장의 공개성과 자유를 위한 틀의 설정, 인간성 존중과 생산성의 증진에 토대를 두고 조직구성원과 고객들의 창의성과 열정을 획득할 수 있는 인사정책의 개발, 감독 및 통제와 더불어 자기조정의 과정을 강화시키는 것이다.

결론적으로 정부는 헌법적 질서를 유지하고, 행정관료의 숙련된 기술적 능력을 확보하며, 각종 행정수요에 효과적으로 대처하고, 복잡하고 불확실한 환경변화를 관리하고 행정관료들이 윤리적으로 행동하도록 하는 기능을 수행하여야 할 것이다.

4) 행정학의 발달사[2)]

행정학과 경영학은 거의 유사한 발달과정을 거치고 있으므로 행정학과 유사한 경영학의 발달과정을 중심으로 정리해 보면 다음과 같다.

경영이론은 3가지 분류기준으로 나누어 볼 수 있는데, 테일러(Tayler)와 포드(Ford)의 과학적 관리학파를 중심으로 하는 과업중심의 경영이론이 있으며, 이를 경영학에서는 고전적 접근법이라고 한다. 두 번째로는 인간관계론 학파와 행동과학 학파를 중심으로 하는 인간 중심의 경영이론이 있으며, 세 번째로는 페이욜(Fayol)의 관리과정 학파와 버나드(Barnard), 사이먼(Simon)의 조직론 학파를 중심으로 하는 구조중심의 경영이론이 있다.

과업중심의 경영이론이 발생하게 된 배경은 노동자들의 조직적 태업을 방지하고, 공장생산의 능률을 향상시킬 수 있을 것인가가 경영자들의 중대한 관심사였으며, 이를 위해 테일러가 고안한 것이 과학적 관리이다. 이 이론은 간트(Gannt), 길브레드(Gilbreth)와 같은 학자들에 의해 계승되었고, 경영현장에서는 포드자동차회사의 헨리 포드가 이를 계승·발전시켰다.

---

2) 전수환, 『전수환 경영학』, ㈜세경북사, 2015 pp.31～53.

테일러는 성과급제도, 공장관리, 과학적 관리의 원리의 3가지 책을 출간하여 관리체계를 제시하였으며, 기본이념은 고임금과 저노무비를 실현하는 것이었으며, 노동자의 하루의 적당한 작업량, 즉 표준과업을 과학적으로 결정하기 위하여 시간연구와 동작연구를 수행하였다. 테일러는 최고의 과업설정, 표준적 제 조건, 성공한 사람에 대한 우대, 실패한 노동자에게는 손실이라는 4대 원칙을 강조한 바 있다.

테일러시스템의 문제점 및 기여도를 다음과 같이 정리할 수 있다. 테일러시스템의 문제점은 대상영역이 전반적인 경영관리가 아니라 공장관리나 생산관리 또는 노무관리에 지나지 않는다는 것이었으며, 과학적이라고 하지만 과업설정의 과정이 객관적·과학적으로 되지 못하였다. 또한 하루의 표준작업량이 일류 노동자가 도달 가능한 최대량이라는 점과 일방적인 설정이었다는 점이다.

그 반대로 테일러시스템의 기여도는 종래의 경험이나 직관에만 의존하던 표류관리에서 벗어나 체계적이며 합리적인 과학적 관리법을 제창한 업적을 들 수 있다.

과학적 관리법의 하나인 포드시스템은 자동차 생산 공장에 컨베이어 시스템을 도입함으로써 대량생산과 원가절감을 달성하였다. 이는 각 작업을 단순작업으로 분해하고, 각 작업의 소요시간을 평균화하여 일정한 속도로 이동하는 컨베이어 시스템에 따라 전 공정을 연결하여 동시에 진행하게 된다. 포드시스템을 고안한 포드는 이 시스템을 통해 대량생산을 가능하게 한 결과 자동차의 가격을 인하하고, 판매 확대로 인한 수익개선은 근로자들의 임금을 인상 가능하게 할 수 있다고 생각하였다. 포드시스템의 특징이라고 하면 이동조립법을 실시했다는 점이다. 종래의 작업은 작업 대상이 정지되어 있고 작업자가 작업 장소에 가서 일을 하는 '정지조립작업'이었으며, 이 경우 부품 및 재료의 운반, 공구의 준비와 처리 등에 불필요한 동작이 많이 발생하는 문제점이 있었다. 그러나 이동조립법의 경우 각 작업 간의 작업 대상물의 이동을 기계화함으로써 연속되는 작업공정 상호 간의 합리적 결합으로 각 개별 작업의 총괄적 조직화를 실현하였다.

고전적 접근법의 두 번째 이론은 조직구조 중심 경영이론으로서 페욜의 일반관리론, 베버의 관료제 등 2부류로 구분될 수 있다. 구조중심의 경영이론인 페이욜의 관리론은 기업경영의 경험을 통해 관리활동의 중요성과 관리교육의 필요성을 인식하였다. 그는 기업에는 그 규모나 산업의 종류에 관계없이 6가지의 본질적인 기능, 즉 기업활동이 있다고 하였다. 이는 생산, 제조, 가공의 기술적 기능, 구매, 판매, 교환의 영업적 기능, 자금의 조달과 운용이라는 재무적 기능, 재산 및 종업원을 보호하는 안전적 기능, 재산목록, 대차대조표, 원가계산 및 통계라는 회계적 기능 그리고 계획, 조직, 지휘, 조정, 통제라는 관리적 기능을 말한다.

관리기능이 합리적으로 수행되려면 14가지 관리의 일반원칙이 필요하다고 하였으며, 이들 원칙들은 다음과 같다.

① 분업의 원칙	② 책임·권한 명확화의 원칙
③ 규율(규칙)의 원칙	④ 명령일원화의 원칙
⑤ 지휘일원화의 원칙	⑥ 공동목표우선의 원칙
⑦ 공정한 보수의 원칙	⑧ 집중화의 원칙
⑨ 계층화의 원칙	⑩ 질서유지의 원칙
⑪ 공정의 원칙	⑫ 고용안정의 원칙
⑬ 창의력 발휘의 원칙	⑭ 협동·단결의 원칙

인간관계론의 중심을 이루는 호손실험(Hawthorn experiment)은 미국의 벨(Bell) 전화기 제조사인 웨스턴 일렉트릭의 호손 공장에서 이루어졌다. 기업에서의 새로운 인간관계에 초점을 둔 과학적 실험이 바로 호손실험이다. 호손실험은 3가지 유형의 시험을 실시하였는데, 조명실험은 조명의 질과 양이 노동자의 생산 능률에 미치는 관계를 알아보려고 함으로써 조명의 질과 양이 노동자의 생산 능률에 영향을 주었는가를 검증하려고 하였다.

두 번째로, 계전기 조립실험으로 계전기를 조립하는 6명의 여공을 대상으로 기존의 작업능률향상에 도움이 된다고 생각되는 조건들(예를 들면 작업시간의 단축, 휴식시간의 합리적 배정 등)에 대해 실험해 보았다. 즉 작업능률향상에 도움을 주는 조건들이 노동자의 생산능률에 영향을 주었는가에 대한 검증이었다.

세 번째로, 면접실험은 종업원들의 불만에 대한 면접조사를 실시한 결과 물리적 조건이 근로자의 생산성에 영향을 미친다는 종래의 학설과는 다르게 작업자의 사회적 조건과 근로자의 심리적 조건이 근로자의 태도와 생산성에 영향을 미치고 있다는 결론을 얻게 되었다.

호손의 인간관계로의 연구결과를 요약한다면 경제적 요인뿐만 아니라 작업 간의 인간관계, 지휘방식, 사기, 감정과 같은 심리적·사회적 요인도 생산성에 직접적인 영향요인이 된다는 점이다. 비공식집단의 역할은 조직에 있어서 상당한 영향력을 가지고 있다는 것을 알게 되었으며, 개인이 비공식적 집단에 소속하게 됨으로써 공식적 조직구조로부터 받는 소외감을 극복하게 된다는 것이다. 그 결과 조직은 사회적 시스템이며, 인간이 조직의 가장 중요한 요소 중의 하나라는 점을 널리 인식하게 되었다.

인간관계론은 공헌과 비판 속에 1940년대부터 발전한 행동과학의 기초를 마련하게 된다. 인간관계론의 한계점으로 인하여 인간에 대한 정교하고 과학적인 지식의 필요성을 절감하게 되었다. 이런 지식들을 발전시키는 데는 당시의 경영학 내부에서는 한계가 있었기 때문에 심리학, 사회심리학 등 다방면의 인접과학들의 이론적 틀을 활용하고, 상호교류하면서 인간행동에 대한 연구를 함께 추진하였는데, 이를 통틀어 '행동과학'이라고 부른다. 행동과학은 인간행동에 영향을 미치거나 이를 결정하는 요인에 관한 지식을 체계화하려는 학문이다. 주요 연구주제는 학습, 지각, 동기부여, 리더십 등이며, 후에 경영학의 조직행동으로 발전하였다.

2. 행정관리의 개념과 내용

1) 빌딩행정관리

빌딩행정관리란 관리주체가 관리객체(관리의 대상)를 행정적 수단과 방법으로 관리하는 것을 말한다. 행정의 의미는 학자마다 개념정의가 다양하며 한마디로 정의하기가 쉽지 않지만 일반적으로 행정이란 정치권력을 배경으로 공공정책을 수립 및 관리·집행하는 계획적·합리적·협동적 과정이라고 할 수 있다.

행정의 주요 내용으로는 기획행정, 조직행정, 인사행정, 재무행정(예산, 회계, 구매)이 있다. 여기서 관리의 개념은 협의의 측면에서는 일정한 목적 달성을 위해 주어진 수단을 효과적으로 사용하는 기술 측면에서의 관리를 말하며, 광의의 측면에서는 제 활동의 궁극적 목적을 효율적으로 달성하기 위한 원리를 말한다(기술관리 + 행정관리).

빌딩행정관리가 필요한 이유는 기술관리만으로 전 빌딩관리업무의 수행이 완성되지 아니하므로 행정관리를 통해서 빌딩의 권리 보전 등 관리 전반에 걸쳐 건물을 효율성 있게 보존, 이용, 개량하기 위해 필요한 것이다. 따라서 빌딩관리의 필요성은 다음과 같이 요약할 수 있다.

① 빌딩의 경제적 가치보전
② 빌딩의 내용연수 연장
③ 집합빌딩의 문제점 해결
④ 경영목표 달성
⑤ 귀중한 인명과 재산보호

빌딩관리는 고도의 기술성과 전문성이 요구되는 체계적인 업무이므로 빌딩관리 업무에만 요구되는 특수한 원칙을 빌딩관리의 원칙이라고 하며, 다음과 같이 설명할 수 있다.

① 경제성의 원칙(능률성): 최소한의 비용으로 최대의 관리효과를 창출하는 원칙
② 안전성의 원칙: 빌딩에 관련한 사고는 빌딩의 붕괴, 대형 화재사고, 누전사고 등 크고 작은 사고 등이 있어서 이런 안전사고를 사전에 막아야 하는 원칙
③ 기술성과 전문성의 원칙: 빌딩관리는 사람에 의해서 관리되는 것이므로 관리자에게는 기술분야에 기술성이, 일반 행정 분야에 전문성이 고도로 요구된다는 원칙

④ 계속성의 원칙: 빌딩관리는 단기간에 완료되는 업무가 아니므로 계속적으로 관리함으로써 효율적인 빌딩관리가 이루어진다는 원칙
⑤ 쾌적성의 원칙: 인간의 활동과 활동조건에 요구되는 조건(적당한 전기와 통신서비스의 공급, 주차시설의 질서와 유지, 위생시설의 청결 유지 등)을 유지해야 한다는 원칙

2) 빌딩행정관리의 내용

빌딩행정관리의 내용으로는 기획행정, 인사행정, 재무행정, 사무행정, 법률행정 등이 있으며, 주요 내용을 설명하면 다음과 같다.

① 기획행정: 기획이란 행정목표를 달성하기 위하여 활동방법, 시기, 주체, 예산 등을 결정하는 것이다.
② 조직행정: 조직은 구성원의 행위를 예측할 수 있도록 만드는 과정이며, 조직편성의 원리로는 계층제의 원리, 분업(전문화)의 원리, 명령통일의 원리, 통솔범위의 원리, 조정의 원리 등이 있다. 빌딩관리조직은 자치관리조직, 위탁관리조직, 혼합관리조직 등으로 나누어 볼 수 있다.
③ 인사행정: 빌딩관리업무에 있어서 매우 중요시되고 있는 인사행정은 법령에 정한 자격과 능력을 가진 자 중에서 모집, 선발, 배치 등을 하는 일련의 활동을 말한다.
④ 사무행정: 사무행정이란 문서에 관련된 업무 또는 그 업무수행을 위한 행동을 말한다.
⑤ 법률행정: 권리보전, 계약 등 관계법령의 이행과 관련되는 행정전반을 담당하는 행정분야를 말한다.

(1) 빌딩관리계획

빌딩관리계획은 다음의 5가지 단계로 구분할 수 있다. 1단계는 관리객체의 내용파악과 확인단계이다. 2단계는 관리예산서 작성 및 승인단계이다.

3단계는 인적·물적 설비의 준비단계, 4단계는 업무분장단계이며, 5단계는 사후관리단계이다.

(2) 빌딩관리의 주체와 객체

빌딩관리의 주체란 관리객체(대상) 빌딩에 대하여 관리할 수 있는 권한이나 권리가 있는 자로 구성된 관리조직을 말한다. 빌딩관리 주체가 될 수 있는 자로는 법률상 관리객체 빌딩의 소유권이 있는 자, 관계법에 의하여 관리의 권한이 있는 자로 명시된 자 또는 입찰 또는 계약 등의 관계 절차에 따라 관리권한을 위임받은 자 등이다.

관리조직이란 관리대상 목적물의 보존, 이용, 개량 행위를 하기 위해 구성되어 일체의 관리업무를 수행하는 조직, 즉 관리주체와 업무보조자 등 그 구성원의 조직체를 말한다. 관리조직의 기능으로는 정책결정기능, 업무집행권한과 지휘기능, 행정적 기능, 기술적 기능, 감독, 교육기능 등이 있다. 관리조직의 성격은 대리제도와 유사해서 관리주체로부터 그 권한을 위임받은 경우이다. 관리조직의 목표는 빌딩을 가장 효율적으로 관리하여 빌딩소유자에게는 이익을, 빌딩사용자에게는 편리성과 안전성, 쾌적성을 제공하여 사용에 만족감을 주는 데 있다.

빌딩관리의 개체는 관리주체의 관리행위 대상을 관리객체라 한다. 관리객체는 빌딩시설과 부속 토지 및 정착된 설비와 관리자, 관련법규 등 관리에 직접·간접의 대상이 되는 일체의 사항을 말한다.

관리대상 빌딩이란 토지에 정착되어 기둥과 벽, 지붕으로 구성된 공간을 말할 수 있다. 빌딩이 가진 특성으로는 부동산의 일종이며 자산이며 용도가 다양하고 종합예술작품이며, 권리가 존재하며 빌딩별로 생애주기가 있다는 점이다. 빌딩의 내용연수로는 물리적 내용연수, 기능적 내용연수, 법률적 내용연수 그리고 경제적 내용연수가 있다.

실 / 전 / 문 / 제

01 행정과 경영의 유사점 중에서 틀린 것은?

① 협동행위라는 공통점을 지니고 있다.
② 관료제적 요인을 가지고 있다.
③ 합리적인 측면과 비합리적인 측면을 아울러 가지고 있다.
④ 목표달성을 위한 수단적 성격을 가지고 있다.
⑤ 동일한 능률척도를 적용시키고 있다.

02 공사행정의 차이점으로 볼 수 없는 것은?

① 권력수단 ② 평등원칙
③ 목적과 주체 ④ 의사결정
⑤ 법적규제

03 빌딩행정 개념규정에 있어서 공행정과 사행정의 구분 여부가 중요하다. 공·사행정 일원론적 입장에서 볼 때 틀린 것은?

① 조직의 통제방법 및 기획방법에 있어서 공·사행정은 아주 유사하다.
② 공·사행정은 목적수행을 위한 수단이다.
③ 공·사행정은 주어진 목표를 효과적으로 달성하기 위하여 관료제적 요소를 가지고 있다.
④ 공·사행정은 모두 인간의 협동적인 집단노력이라 볼 수 있다.
⑤ 공·사행정은 모두 평등의 원칙에 근거한다.

04 다음 중 '동작과 시간에 관한 과학적 분석으로 고도의 분업을 통한 효율성'을 추구하는 이론은?

① 관료제이론 ② 과학적 관리이론
③ 인간관계이론 ④ 상황이론
⑤ X·Y이론

05 다음 빌딩관리계획 수립절차로서 맞는 것은?

① 관리객체의 내용 파악·확인단계 → 관리예산서 작성 및 승인단계 → 인적·물적 설비의 준비단계 → 업무분장단계 → 사후관리단계
② 관리객체의 내용 파악·확인단계 → 인적·물적 설비의 준비단계 → 관리예산서 작성 및 승인단계 → 업무분장단계 → 사후관리단계
③ 관리예산서 작성 및 승인단계 → 관리객체의 내용 파악·확인단계 → 인적·물적 설비의 준비단계 → 업무분장단계 → 사후관리단계
④ 관리예산서 작성 및 승인단계 → 업무분장단계 → 관리객체의 내용 파악·확인단계 → 인적·물적 설비의 준비단계 → 사후관리단계
⑤ 인적·물적 설비의 준비단계 → 관리객체의 내용 파악·확인단계 → 관리예산서 작성 및 승인단계 → 업무분장단계 → 사후관리단계

정답 및 해설

01 정답 ⑤

해설 행정의 능률성을 판단하는 기준은 다양하며 화폐적으로 계량화하기 어려운 질적인 측면이 강한 반면 경영은 계량화된 능률판단기준을 가지고 있다.

02 정답 ④

해설 공사행정의 공통점으로는 의사결정성·협동성·봉사성·목표달성을 위한 수단성·관료제·관리성·관리기술의 사용 등을 들 수 있다.

03 정답 ⑤

해설 사행정에서는 대상이 어느 정도 공헌하고 있는가에 따라서 차별적으로 대우하나, 공공행정에서는 차별적 대우가 허용되지 않고 시민에 대한 평등원칙이 적용된다.

04 정답 ②

해설 테일러는 성과급제도, 공장관리, 과학적 관리의 원리의 3가지 책을 출간하여 관리체계를 제시하였으며, 기본이념은 고임금과 저노무비를 실현하는 것이었으며, 노동자의 하루의 적당한 작업량, 즉 표준과업을 과학적으로 결정하기 위하여 시간연구와 동작연구를 수행하였다.

05 정답 ①

해설 빌딩관리계획의 수립절차는 1단계: 관리객체의 내용파악·확인단계, 2단계: 관리예산서 작성 및 승인단계, 3단계: 인적·물적 설비의 준비단계, 4단계: 업무분장단계, 5단계: 사후관리단계

04 빌딩보험관리 및 사무관리

빌딩관리는 위험시설물 등의 안전사고 발생 시 인적·물적 손실의 발생이 예상되므로 그 피해를 최소화하기 위한 방법으로 반드시 보험가입이 요청된다. 보험의 종류에 따라 유형화하면 생명보험이나 연금보험은 인보험이 되며, 화재보험, 해상보험 그리고 자동차보험은 재산보험으로, 산업재해보상보험은 배상책임보험으로 나뉜다.

4대보험이라고 하는 국민연금, 건강보험, 산업재해보상보험 그리고 고용보험은 사회적 보험으로 기업 내 근로자가 당면하게 되는 다양한 위험요인들을 보험화한 특성을 갖게 된다.

1. 보험의 개념과 특성

리스크 관리는 기업 경영의 주요한 기능 중 하나이다. 리스크 관리를 통해 앞으로의 불확실성으로 인해 발생할 추가적인 비용을 절감할 수 있고, 현재의 사업에 집중함으로써 효율적인 경영환경을 제공할 수 있다. 그러한 가운데 보험은 리스크 관리의 중심에 있고, 핵심적 역할을 해낼 것이다. 보험은 리스크 관리를 위한 다양한 방법 가운데 전가의 기능을 수행한다.

보험을 부분적으로만 이해한다면 보험에 대한 왜곡된 시각이 생겨날 수 있으므로 보다 다각적인 방법으로 살펴볼 필요가 있다. 보험은 경제적 관점, 사회적 관점, 법적 관점 그리고 수리적 관점으로 정의할 수 있다.

경제적 관점에서 보험의 근본적 목적은 리스크의 감소와 리스크의 전가 및 리스크의 결합에 있다. 리스크를 감소시키는 방법에는 2가지가 있다. 첫째는 리스크의 전가이고, 둘째는 리스크의 결합이다. 우리가 흔히 알고 있는 보험의 형태는 첫 번째 형태이다. 피보험자와 보험자의 계약을 통해서 피보험자는 보험자에게 리스크를 전가시킬 수 있다. 둘째의 형태는 보험자가 첫째에서 이루어진 개별적 리스크를 한데 모아 결합시킴으로써, 위험분산효과를 낼 수 있다.

하지만 경제적 관점에서 보험은 리스크를 결합하여 감소시키는 것으로 보고 있다. 즉, 단순히 피보험자가 보험자에게 위험을 전가하는 행위만이 존재한다면 그것은 보험이라 하기 어렵다. 따라서 리스크의 결합으로 위험을 분산시킬 수 있다면 경제학에서는 보험이라고 볼 수 있다.

사회적 관점에서 보험의 근본이념은 바로 상부상조이다. 사회의 다수가 모여 협력을 형성하고 개인이 불행한 일을 겪게 될 때 다수의 협력으로 해결하는 형태이다. 즉, 보험은 사회적 관점에서 개인에게 발생한 손실을 다수인이 분담하는 것으로, 기금의 형태로 나타나게 된다. 단, 사회적 관점에서 보험의 특징은 개인의 불행을 다수가 분담하는 것으로, 특정 개인의 원조를 위한 기금의 형성이나 협력은 보험이라고 하기 어렵다.

보험의 사회적 특성을 가장 알맞게 표현하고 있는 것으로 "만인은 일인을 위하여, 일인은 만인을 위하여"라는 매우 함축성 있는 문구를 많이 인용하고 있다. 이 문구에는 3가지 조건이 담겨 있다. 첫째, 보험은 다수의 참가자가 있어야만 성립할 수 있다. 둘째, 소수의 손실을 다수가 부담한다. 마지막으로, 구성원 모두가 공동의 선을 위하여 가지는 책임이 있다. 한 사람의 기회주의 또는 이기주의가 다수의 협력으로 이루어진 보험시스템을 유용해서는 안 된다는 것이다.

보험이 구체적으로 실현되기 위해서는 법적인 효력이 존재하여야 한다. 만약 법적인 제재가 없다면 피보험자에게 손실이 발생하였을 때 피보험자가 자신의 의무를 이행하지 않는 기회주의적 행동이 발생할 수 있다. 따라서 보험자를 보호하기 위하여 법적인 제도가 필요할 것이다.

법적인 관점에서 보험은 보험자와 피보험자 또는 보험계약자 사이에 맺어진 재무적 손실의 전보를 목적으로 하는 법적 계약이다. 피보험자의 불확실성을 보험자에게 전가하는 대가로 프리미엄을 지불하는 거래를 구체화하는 수단은 바로 보험계약이다.

보험의 형태로 리스크를 전가하는 형태의 거래는 다양하게 존재하지만, 보험계약과 법적 특성 때문에 보험으로서 인정되지 않는 형태의 거래도 존재하게 된다. 보험은 수리적 이론과 기술을 바탕으로 미래의 불확실성과 손실에 대한 예측을 통해 배분을 하는 제도이다. 이러한 기능을 올바르게 실행하기 위해서는 보험수리를 필요로 하며, 이는 확률과 통계로 구성된다.

2. 보험의 분야와 보험계약의 특성[3)]

1) 보험의 분야

그림 4-1 보험의 종류

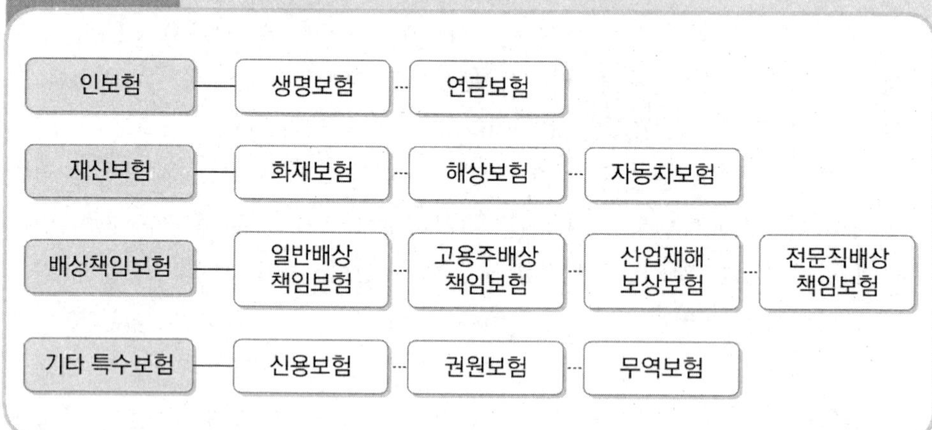

인보험은 인간을 대상으로 한 보험이다. 이것은 인간의 신체에 문제가 발생하여 정상적인 소득생활이 불가능해지거나 비용이 증가할 불확실성을 해소시킨다. 인보험의 대표적인 유형에는 조기사망의 리스크를 보장하는 생명보험과 질병 또는 상해 등으로 발생한 비용을 보장하는 건강보험이 있다.

또 다른 대표적인 유형으로는 연금보험이 있다. 연금은 활발한 경제활동이 어려운 연령으로 진입하게 되었을 때 기초적인 경제적 리스크를 해소

3) 보험의 이론적인 부분은 김창기, 『보험학원론』, 문우사, 2015의 내용을 토대로 작성하였다.

해 주는 보험제도이다.

재산보험은 개인이나 법인이 소유한 재산에 피해가 발생하여 정상적인 기능을 하지 못해 발생하는 손실을 보전해 주는 보험이다. 재산보험의 대표적인 상품은 화재로 인해 발생한 경제적 손실을 보장해 주는 화재보험, 해상보험과 관련해 발생한 손실을 보상해 주는 해상보험, 그리고 현대인들이 가장 많이 구입하는 보험상품인 자동차보험 등이 있다.

배상책임보험이란 현대의 법치국가에서 재산을 소유, 임차, 사용하는 과정에서 또는 각종의 경제활동과 일반생활에서 재3자에게 손해를 입힘으로써 발생하는 리스크를 보장하는 보험이다. 배상책임보험은 일반배상책임보험, 고용주배상책임보험 및 산업재해보상보험, 자동차배상책임보험으로 구분한다. 이 중 일반배상책임보험에는 개인이 발생시킨 손실을 담보하는 개인배상책임보험, 기업의 비즈니스 활동이 야기시킨 손실을 보상하는 사업배상책임보험, 그리고 의료서비스·법률서비스와 같이 전문직 서비스 제공과정에서 발생한 손실을 보상하는 전문직배상책임보험이 있다.

그 밖에 신용보험, 권원보험, 그리고 무역보험 등이 있다. 신용보험은 거래에서 채무자가 채권을 상환하지 못할 때 채권자가 입는 경제적 손실을 보상하는 보험이다. 권원보험은 증권이 발급되기 전에 발생했지만, 발견하지 못한 하자로 입은 피해를 보상하는 보험이다. 그리고 국가 간 무역거래에서 외환정책이나, 정치적, 경제적 위험 등으로 발생할 수 있는 무역거래 손실을 보상해 주는 무역보험 등이 있다.

2) 보험계약의 특성

보험계약은 미래지향적이고 우연적 계약, 서비스계약, 리스크계약 등의 특성을 가지고 있다.

보험계약이 미래지향적이라는 것은 보험은 미래에 발생하는 손실을 전보함으로써 그 효용을 발휘하기 때문이다. 보험의 혜택은 미래에 나타나므로 보험에 대한 수요 개발은 다른 상품, 서비스에 비해 매우 어렵다. 만약 소비자가 미래지향적 생각을 하지 않는다면 보험상품의 효용을 설득하기 어렵다.

이러한 이유로 보험상품의 마케팅은 다른 분야에 비해 고도의 기술과 훈련이 필요하다.

보험의 궁극적 효용은 미래지향적인 것이지만, 보험의 현재적 효용도 절대 무시할 수 없다. 관점에 따라 보험의 현재적 효용이 미래지향적 효용만큼의 중요도를 지닐 수 있다. 보험이 가진 중요한 기능 중 하나가 미래에 벌어질 손실에 대한 불확실성을 보험상품에 전가함으로써 현재 느낄 수 있는 불안감을 제거하거나 감소시킬 수 있는 것이다. 따라서 우리는 보험상품을 통해 현재의 경제적 활동으로부터 더 큰 만족을 얻을 수 있고, 적극적으로 활동할 수 있으며, 높은 생산성을 기대할 수 있는 것이다. 이와 같이 보험은 손실전보라는 직접적 혜택 이외에도 매우 중요한 간접적 혜택을 우리에게 주고 있는 것이다. 이런 많은 혜택이 있음에도 대부분의 사람들은 이러한 효용을 인지하고 못하고 보험상품을 경시하는 경향을 보인다. 너무 미래지향적 효용만을 고려하여 현재적 효용이 결코 경시되어서는 안 될 것이다.

(1) 우연적 계약

보험에 가입할 때 반드시 미래에 손실이 발생할 것을 전제로 하지 않는다. 대부분의 보험상품 구매자들은 자신들에게 보험사고가 일어나지 않으며, 단지 혹시 모르는 경우를 대비하여 보험상품을 구매한다고 생각한다. 보험계약에서 보험자의 책임은 손실의 발생을 전제로 하고 있다. 즉 보험은 손실발생의 우연성을 요건으로 하는 우연적 계약이다.

보험은 본질적으로 소수의 불행한 계약자들에게 발생한 거대한 손실을 다수의 계약자들이 분담하는 기능을 갖고 있다. 따라서 다수의 계약자들은 손실전보라는 보험의 직접적 혜택을 받지 못한다. 만약 보험의 특성을 완벽하게 이해하지 못한다면 사고를 당하지 않은 보험상품 구매자들은 자신들이 큰 손해를 본다고 생각할 수 있다. 하지만 이는 매우 잘못된 생각으로, 보험에 가입한 경우 가장 바람직한 경우는 사고가 발생하지 않아서 보험금을 지급받지 않는 것이다. 특히 생명보험과 같이 사람의 생명을 다루는 보험에 있어 사망 또는 상해에 따른 보험금을 받는 것보다 무사고에 따른 만기 보험금을 지급받는 것이 가장 바람직한 경우라 할 수 있다.

우연적 계약이라는 보험의 특징으로 인해 발생하는 문제점들도 다양하다. 대부분의 보험계약자들은 보험을 계약할 때 자신들이 미래에 직접적인 손실을 당할 것이라는 생각을 하지 않기 때문에 계약할 당시 계약에 필요한 정확성을 경시하는 경우가 많다. 더욱이 이러한 태도를 계약자뿐 아니라 보험자 또는 보험 판매인도 가지고 있기 때문에 보험사고 발생 시 다양한 문제가 발생할 소지가 있다. 보험자(보험 판매인)의 계약자에 대한 손실 보상 책임은 미래에 우연히 발생하는 사고를 전제로 하기 때문에 보험 사업의 경영에 있어 약간의 방만함이 나타날 우려가 있다. 이런 우연적 계약이라는 특징이 야기하는 문제점들 때문에 보험 사업에 대한 정부의 감독 및 규제가 여타의 산업에 비해 유난히 엄격하다.

(2) 서비스계약

보험계약에 있어 또 다른 큰 특징 중 하나가 보험계약은 서비스계약이란 것이다. 보험상품은 다른 상품들과 달리 상품 계약자가 한번 보거나 듣고 상품의 효용성에 대해 쉽게 이해하지 못한다. 따라서 보험상품을 소비자들에게 어필하고 보험상품을 구매하도록 만들기 위해서는 다양한 서비스가 제공되어야 한다. 우선 보험의 본질과 효용성에 관한 충분한 설명을 통하여 보험의 필요성을 소비자들에게 인식시켜야 하며, 보험계약의 종류와 활용방법에 대한 설명이 요구된다. 더욱이 복잡하고 차원이 높은 보험상품의 판매가 이뤄지기 위해서는 종합적인 보험 계획 및 재무계획의 서비스도 제공되어야 소비자들이 상품을 이해하고 계약을 진행할 수 있다. 이러한 서비스들이 동반되지 않는다면 소비자들은 보험상품을 외면할 것이고 보험상품의 가치는 제대로 발휘되지 않게 된다.

보험계약은 기본적으로 리스크 전가의 수단으로서 발생된 손실을 전보하는 것이 상품의 주요 목적이나 보험제도를 운영하는 과정에서 여러 가지 서비스를 활용할 수 있다. 예를 들어, 배상책임보험의 경우 손실을 보상할 뿐만 아니라 사고와 관련된 소송을 대행하는 서비스를 제공한다. 계약 자체에 손실에 대한 보상뿐 아니라 계약자가 겪게 될 소송에 대한 서비스까지 제공하는 내용이 들어가는 것이다. 이처럼 보험계약과 관련된 직접, 간접의 리스크 관리서비스를 제공함으로써 계약자의 편의를 도모할 수 있다. 또한 약관 대부를 비롯하여 여러 가지 형태의 금융서비스를 활용할 수 있는데, 생명보험의 경우에 보험증권은 신용담보로 이용되기도 하며, 건강진단과 같은 서비스가 함께 제공된다. 이 밖에도 여러 가지 서비스들이 보험계약의 시작부터 종결까지 계약자의 편의와 욕구를 충족시키기 위해 다양한 방법으로 제공되고 있다. 이 같은 이유 때문에 보험에 있어 보험과 병행되는 서비스는 매우 중요한 의미를 지닌다. 따라서 보험계약에 있어 직접적 또는 간접적 서비스의 양과 질은 매우 중요하다.

(3) 리스크계약

보험이 다른 상품 또는 서비스와 구별되는 궁극적인 특징은 재무적 손실의 확실성을 담보하는 리스크계약이라는 점이다. 보험계약의 기초는 우연적 손실을 야기할 수 있는 손실 원인의 불확실성이다. 보험은 보험판매자에게 그 손실의 불확실성을 전가시키는 것이다. 따라서 보험은 손실의 전보를 약속한 계약이다. 다른 여타의 서비스들 중 미래지향적이고 우연적인 특징을 가진 것들이 존재할 수는 있어도 그것들이 예상하지 않은 손실에 대해 보상하지는 않는다. 이러한 확률적 또는 우발적인 사고에 기초한다는 특성이 보험계약을 다른 상품 및 서비스와 차별화한다.

보험이 리스크계약의 특성을 갖고 있기 때문에 보험제도의 운영에 있어서 특수한 기능이 필요하다. 그중 가장 대표적인 기능 하나가 언더라이팅이다. 보험상품의 판매는 보험자의 입장에서 볼 때 리스크의 구매라고 볼 수 있다. 따라서 보험자는 보험시장에 나와 있는 수많은 리스크들을 잘 선별하여 구매할 필요가 있다. 보험 역시 다른 상품들처럼 판매의 극대화를 추구하면서도 리스크에 대한 제대로 된 분석이 없다면 적절하지 못한 리스크를 마구잡이로 구매하게 될 것이며, 이는 건전하지 못한 보험제도로 이어질 것이다. 따라서 언더라이팅 기능은 보험제도의 독특하면서도 매우 중요한 기능이다.

언더라이팅 기능과 함께 보험의 리스크계약이라는 특징을 유지하게 해주는 중요하고 필요한 기능이 보험지급금 기능이다. 앞서 언급했듯이 보험은 우연적 손실을 전보하는 계약이다. 그러나 모든 발생 가능한 손실들이 전보의 대상이 되지 않는다. 하나의 손실이 보험계약에서 전보되기 위해서는 보험계약에서 정한 일정한 요건을 갖추고 있어야 한다. 따라서 손실이 발생하고 이것을 전보받기 위해서는 손실의 내용에 대한 정확한 분석과 손실의 규모를 결정하는 제도에 대한 정확한 이해가 필요하다. 또한 이러한 정확한 분석은 보험제도의 건전한 운영을 위하여 절대적으로 필요하고 중요하다. 언더라이팅 기능과 보험금지급 기능은 보험이 리스크계약이기 때문에 필요한 특수기능이며, 보험제도의 고유한 기능이라고 할 수 있다.

(4) 기타 특성

보험계약이 가지고 있는 기타 특성은 다음과 같이 정리할 수 있다.

〈표 4-1〉 보험계약의 기타 특성

	내 용
유상 쌍무계약성	보험계약은 보험계약자가 보험료를 지급하고 보험사고가 발생할 경우 보험자가 보험계약자에게 일정한 급여를 지급할 것을 약속하는 점에서 유상계약이고, 보험계약자의 보험료 지급의무와 보험자의 보험금 지급의무가 대가관계에 있는 점에서 쌍무계약이다.
불요식 낙성계약성	보험계약은 의사표시의 합치만으로 성립하고 다른 형식을 요하는 것이 아니므로 불요식 낙성계약이다.
상행위성	보험은 영업적 상행위이며 이것은 보험자가 보험계약을 체결하는 것을 영업으로 하는 것을 말한다.
사행계약성	보험계약은 보험자의 급여책임이 우연한 사고(보험사고)에 달려 있으며 그 우연한 위험이 현실화될 때 보험료에 비해 엄청나게 많은 보험금을 지급하게 되므로 사행계약성을 갖는다.
계속계약성	보험계약은 보험자가 일정한 기간에 발생한 사고에 대해 급여책임을 지는 것이므로 그 기간 동안 계속적인 계약관계가 있다.

부합계약성	부합계약이란 당사자 일방이 계약의 내용을 작성하고 상대방은 그 내용에 자기의 의사가 부합된 경우 계약을 체결한다는 의미로 상대방은 계약 조항에 대하여 절충할 여지가 없이 계약의 체결 여부만을 결정하는 것이다. 보험계약이 부합계약성을 갖는 것은 보험이 다수계약을 전제로 하기 때문에 보험자 일방이 작성한 보통보험 약관에 이루어지기 때문이다.
독립계약성	보험계약이 로마법에서 유래하는 계약유형의 어느 것에도 속하지 않음은 물론이나, 여기서 말하는 독립계약이란 보험계약 자체가 독립하여 존재하는 것을 의미한다.
선의계약성	보험계약이 선의 또는 최대선의에 기초를 둔 계약이라는 말은 연혁적으로 보험계약의 사행계약성으로 인한 보험의 도박화 방지를 위한 데서 시작된 것이다. 이는 보험계약 체결의 선의뿐 아니라 보험계약 성립 이후에도 보험계약자 및 보험자 모두에게 선의를 요구하는 것이다.

3. 보험계약의 원칙과 보험계약의 특성

보험제도가 본래의 목적을 추구하면서 건전하게 운영되기 위해서는 보험계약이 몇 가지 원칙을 지켜야 한다. 이러한 원칙으로는 피보험이익의 원칙, 손실전보의 원칙, 대위의 원칙, 신의성실의 원칙을 들 수 있다. 이러한 원칙을 제대로 지키지 않는다면 보험제도는 건전하게 활용될 수 없으며, 또한 보험의 혜택을 받을 수도 없다. 이 원칙들은 보험제도 운영의 핵심적 요소라 할 수 있다.

피보험이익이란 보험목적물이 파괴 또는 손상되거나 분실되었을 때 피보험자가 직접적으로 경제적 손실을 입게 되는 관계를 말한다. 가령 A는 전혀 상관이 없는 B의 집을 대상으로 보험에 가입할 수 없다. 이러한 피보험이익은 보험계약을 도박 또는 투기의 수단으로 이용하는 것을 방지해 주며, 보험계약의 건전성을 유지시켜 준다.

피보험이익의 원칙에 따라 보험계약은 개인적 성격의 계약이 된다. 즉 보험계약은 보험목적물에 발생한 손실을 보상하는 것이 아니고, 보험목적물의 손실로 인하여 특정한 피보험자가 입게 되는 손실을 전보하는 것이다. 피보험자가 누구냐에 따라 보험계약의 내용이 달라질 수 있으며, 보험계약의 체결이 거절될 수도 있다.

1) 피보험이익의 성립: 재산, 배상책임보험의 경우

특정의 재산에 대해 법률적 소유권을 갖고 있는 사람은 그 재산과 관련하여 피보험이익을 주장할 수 있다. 소유권을 갖고 있는 재산이 사고로 인하여 손상 또는 멸실되었을 때 소유권자는 경제적 손실을 갖는다고 인정하는 것이다. 법률적 소유권이 존재하면 실질적으로 경제적 이해관계가 없다고 하여도 보험계약의 체결에는 아무 문제가 없다.

법률적 소유권 이외에도 피보험이익이 성립될 수 있는 상황은 다양하다. 법률적 소유권자의 입장에 있지 않아도 하나의 재산에 손실이 발생할 때 경제적 손실에 직면하게 되는 경우가 있다. 가령 A가 임대하던 건물에 화재가 발생하여 임대계약이 취소되는 경우 A는 손실을 입으므로 피보험이익을 주장할 수 있다. 이와 같이 재산과 관련된 계약관계에서 생성된 권리 또는 의무에 따라 예기치 않은 손실이 발생하는 경우 피보험이익이 성립될 수 있다. 또한 특정의 재산으로부터 발생되는 소득의 일부를 로열티 등의 명목으로 받고 있는 사람도 그 재산에 대해 피보험이익을 주장할 수 있다. 자금을 대여한 금융기관 또는 일반채권자 역시 담보물건에 대해 피보험이익을 가지며, 모든 사람은 제3자에게 손실을 입힐 수 있으므로 역시 법률적 배상책임에 대해 피보험이익을 주장할 수 있다.

2) 인보험의 경우

생명보험 및 건강보험을 포함하는 인보험의 피보험이익은 재산, 배상책임보험의 경우와 다르다. 인보험의 경우, 피보험이익을 성립시키는 가장 중요한 관계는 피보험자 자신이다. 피보험자 자신은 생명 또는 건강과 관련하여 중요한 경제적 이해관계를 갖고 있으므로 피보험자는 자신에 대해 피보험이익을 가지고 있다. 또한 가족관계에 있는 사람이 특정인에 대한 피보험이익을 주장할 수 있다. 부부관계, 부모와 자식 사이에서 피보험이익은 성립한다. 형제자매의 경우에는 경제적 이해관계가 깊지 않으므로 제외된다. 이밖에도 채권자와 채무자, 기업의 종업원 등의 관계에서 피보험이익이 성립할 수 있다.

3) 피보험이익의 존재시기

재산, 배상책임보험의 경우에 피보험이익은 손실발생 시 반드시 있어야 한다. 보험계약을 체결할 때, 또는 미래에 피보험이익이 있을 것이라는 예상에서 보험계약 체결은 가능하다. 그러나 손실발생 시 피보험이익의 존재를 반드시 증명할 수 있어야 한다. 피보험이익이 소멸되는 시기부터 보험계약의 효력은 상실된다.

생명보험에서는 피보험이익이 계약의 체결 시에 존재하면 손실발생 시 피보험이익의 존재 여부는 손실보상과 관계가 없다. 생명보험은 대개 하나의 저축 또는 투자를 위한 계약으로 이해되기 때문에 보험계약자에게 불이익이 가지 않기 위해 계약체결 시에만 피보험이익의 존재가 요구된다.

4) 손실전보의 원칙

보험계약자 또는 피보험자가 보험계약을 이용하여 실제의 손실 이상으로 보상받을 수 없게 하는 것이다. 즉 보험을 이용하여 이익을 취득할 수 없게 하는 원칙이다. 모든 보험계약의 실무적 원리는 손실전보의 원칙에서 비롯되며, 이 원칙을 통해 도덕적 해이를 감소시킬 수 있다. 한편, 하나의 보험계약에서 피보험이익이 존재하지 않는다면 손실전보의 원칙에 의해 보상받을 것이 없으므로 피보험이익과 손실전보의 원칙은 매우 밀접한 관계에 있다.

손실전보의 원칙은 실제에 있어서는 보험의 종류에 따라 적용에 차이를 두고 있다. 재산, 배상책임보험의 분야에서는 특수한 경우를 제외하고 일반적으로 손실전보의 원칙을 적용한다. 보험자의 손실보상책임은 실제 손실가치이며, 부보금액 한도 내에서 실제 손실액을 보상한다. 이때 평가보험은 예외적 상황이라 할 수 있다. 평가보험은 대체로 실제 가치를 평가하기 어려운 재산을 대상으로 하기 때문에 보험자와 계약자가 미리 보험목적물의 가치를 합의하여 결정한다. 대표적으로는 해상보험이 있다. 생명보험에서는 손실전보의 원칙이 적용되지 않는다. 인간의 가치를 평가하는 것은 불가능하기 때문이다. 따라서 보험사고가 발생하면 정해진 보험금액을 지급하게 된다. 다만 도덕적 해이를 감소시키기 위해 보험자는 보험금의 한도를 정하거나 개별적으로 제한하는 경우가 있다.

5) 대위의 원칙

대위의 원칙은 손실전보의 원칙을 보완하기 위해 생긴 것이다. 다른 사람의 손실을 전보한 사람은 그 손실에 대해 책임이 있는 제3자로부터 손실을 구상할 수 있는 권리를 갖고 있는 것이다. 보험계약에서 보험자는 피보험자에게 손실을 전보하고 그 손실에 대해 배상책임이 있는 사람에게 지급한 보험금 이내에서 구상권을 행사할 수 있다.

대위의 원칙이 필요한 여러 이유 중 가장 핵심적인 것은 피보험자로 하여금 발생된 손실에 대해 이중으로 보상을 받지 못하게 하여 손실전보의 원칙이 지켜지도록 하는 것이다. 이 원칙이 없다면 피보험자는 보험자와 가해자에게 이중으로 보험금을 받을 수 있으며, 도덕적 해이가 증가할 수 있다.

한편 대위의 원칙은 손실에 대한 궁극적 책임은 손실을 발생시킨 사람에게 돌아가야 한다는 사회정의를 강조한다. 또한 보험금의 일부를 제3자로부터 보상받을 수 있기 때문에 보험료율을 상대적으로 인하시키기도 한다. 하지만 생명보험 및 건강보험에서는 손실전보라는 개념이 적용되기 어렵기 때문에 대위권을 행사할 수 없다.

보험자의 대위권 행사는 피보험자의 손실이 충분히 보상된 후에 가능하다. 손실이 충분히 복구되지 못한 상태에서 대위권을 행사하게 되면 피보험자는 보험계약 때문에 손실을 충분히 복구할 수 없기 때문이다. 또한 보험계약에서 피보험자는 보험자가 갖고 있는 대위권의 가치를 파괴하거나 감소시켜서는 안 된다. 피보험자는 대위의 원칙과 관련하여 사고가 발생했을 때 조심스럽게 행동하지 않으면 보험의 혜택을 받지 못하는 상황에 직면하게 된다.

6) 신의성실의 원칙

보험계약은 미래지향적이고, 우연적 계약이며, 리스크계약의 특성이 있기 때문에 다른 종류의 상업적 계약에서 요구되는 정도 이상의 신의와 성실이 필요하다. 보험계약에서 신의성실의 원칙은 매우 중요한 영향을 미치며, 이것이 준수되지 않는다면 보험제도의 운영은 거의 불가능하다. 보험자는 계약의 내용과 거래의 절차를 정확히 알려야 하며, 보험계약자는 필요한 정보 및 자료를 거짓 없고 숨김없이 보험자에게 알려야 한다. 보험계약에서 선의성실의 원칙을 구체적으로 실현하기 위해 진술 및 은폐행위의 판단, 그리고 보증제도 등의 방법을 이용한다.

(1) 진술

진술이란 보험계약을 요청하는 사람이 보험계약이 체결되기 전에 보험자가 요구하는 사항에 대하여 사실 또는 의견을 제시하는 것이다. 보험자는 이를 기초로 계약의 선택 여부 및 보험료를 결정하기 때문에 진술의 중요성이 강조된다. 허위진술의 법적 효과는 진술내용의 중요성에 따라 다르다. 허위진술의 내용이 계약 성립에 직접적으로 중요한 영향을 미칠 때에만 보험자는 계약을 해제할 수 있다. 이때 중요성의 판단 기준은 진술된 내용에 따라 보험계약의 여부 또는 내용이 바뀌는가이다. 피보험자가 실수 또는 착오에 의해 잘못된 진술을 한 경우에도 결과는 동일하다.

진술의 내용은 사실에 관한 진술과 의견으로서의 진술 2가지로 구분될 수 있다. 사실에 대한 허위진술이 중요한 경우에는 계약을 해제할 수 있으나 의견으로서의 진술이 사실과 다른 경우에는 피보험자의 고의 또는 사기 목적을 증명해야 계약을 해제할 수 있다. 또한 보험자가 중대한 사실이 허위라고 밝혀졌을 때 즉각 조치를 취하지 않는다면 그 계약을 인정하는 것으로 간주된다.

(2) 은폐

은폐란 보험계약을 체결할 때 보험청약자가 보험자에게 알려야 할 사실을 알리지 않고 침묵하는 것이다. 알려야 할 사실이란 일반적으로 보험계약 체결에 중대한 영향을 미칠 수 있는 사항을 말한다. 은폐가 적용되는 것은 묻는 사항에 대한 진술의 의무 이상으로 보험자가 묻지 않는 사항이라도 계약체결에 중대한 영향을 미칠 것에 대하여 스스로 알리지 않는 행위이다. 신의성실의 원칙에 의해 보험청약자는 모든 중요한 사실을 보험자에게 알려야 한다.

은폐 행위의 판단기준은 첫째, 피보험자가 특정의 사실을 알고 있었는가, 둘째, 그 사실이 중대한가, 셋째, 보험자가 그 사실을 모르고 있었는가, 넷째, 피보험자는 보험자가 모르고 있다는 것을 알고 있었는가 등이다. 해상보험에서는 은폐에 대해 엄격한 판단 기준을 적용하고 있으나 이외 보험에서는 기준이 덜 엄격하다.

(3) 보증

보증은 보험계약의 성립과 효력의 계속적 유지를 위해 피보험자가 준수해야 하는 보험계약의 조건이다. 피보험자가 보증을 지킬 때에만 손실에 대한 보험자의 보상책임이 성립한다. 보증은 피보험자가 보험자에게 약속한 계약상의 조건이기 때문에 보증을 위반하게 되면 그 내용의 중요성을 불문하고 보험자는 보험계약을 해제할 수 있다.

7) 보험계약의 법적 특성

보험계약의 경우 일반적 요건들에는 제시와 승낙, 법률행위 능력자, 합법적 행위 그리고 급부가 있다.

법률계약이 그 효력을 갖기 위해서는 반드시 한 당사자의 제시와 다른 당사자의 승낙 절차가 필요하다. 보험계약의 제시와 승낙은 보험자와 보험청약자에 의하여 이루어진다.

재산, 책임보험에서의 제시와 승낙은 매우 간단하다. 보험청약자가 전화, 구두, 문서 등의 방식으로 청약을 제시할 수 있고, 대부분의 보험대리인은 청약을 승낙한다. 즉, 보험대리인이 보험자로부터 승낙의 권한을 부여받았을 때 계약은 매우 신속하게 이루어진다. 이때 보험계약의 효력은 보험대리인이 청약을 승낙한 순간부터이며, 관습적으로 보험료의 납부와 효력의 발생을 연결시키지 않는다.

생명보험을 포함하는 인보험의 경우 제시, 승낙의 방식과 계약의 효력 발생시기를 달리하고 있다. 생명보험에서의 제시와 승낙은 그 방식이 2가지이다. 첫 번째 방식에서 청약의 제시는 청약자가 청약서와 조회보험료를 대리인에게 주는 것으로 이루어지며, 보험대리인은 청약자에게 영수증을 교부한다. 이 경우 승낙은 청약자가 보험자의 계약심사의 기준에 합격된 때에 이루어진다. 두 번째 방식은 보험자가 완성된 보험증권을 청약자에게 제시하면서 이루어지며, 첫 번째 경우보다는 덜 보편적으로 사용된다.

(1) 법률행위 능력자

보험계약의 당사자들은 법률행위를 할 수 있는 능력자여야 한다. 법적으로 계약을 체결할 능력이 없는 미성년자, 정신이상자 또는 마취된 자는 보험계약을 체결할 수 없다. 한편, 보험자도 계약을 체결할 수 있는 법적 능력이 있어야 한다. 보험기업의 경우에 보험계약의 체결권한은 회사의 정관 또는 규정 등에 표시되어 있다. 법률적 능력이 없는 보험자와 맺은 보험계약은 무효이고, 보험자는 보험료를 반환하면 된다. 그러나 보험계약자를 보호하기 위한 목적에서 보험계약자가 선의로 법률적 능력이 없는 회사와 보험계약을 체결했을 때 일반적 경향은 회사가 책임을 지도록 하며, 동시에 그와 관련된 임원에 대하여 처벌을 한다.

(2) 합법적 행위

법에 의하여 보호를 받을 수 있는 보험계약은 합법적 행위를 전제로 이루어진 것이다. 따라서 피보험이익이 없는 경우 또는 불법적 행위를 장려하는 경우 등에 대한 보험계약은 성립될 수 없다. 구체적인 예를 살펴보면, 도둑이 훔친 물건에 대하여 보험에 가입하고자 하는 경우, 보험금을 타고자 살인을 계획하고 가입시킨 생명보험, 피보험이익이 없는 옆집을 화재보험에 가입하고 화재발생을 기다리는 경우 등이 있다. 이러한 행위들은 불법적인 동시에 공공이익을 저해하는 결과를 가져오는 것이다.

(3) 급부

어떠한 계약이든지 그것이 법률적 효력을 갖기 위해서는 계약의 당사자가 서로 급부를 교환해야 한다. 보험계약도 예외는 아니어서 보험료를 납부하고 보험계약의 조건을 지킬 것을 약속한다. 보험자는 이에 대하여 특정의 손실이 발생하면 보험금을 지급하고, 법적인 문제에서 계약자를 방어하며, 기타계약에서 명시한 여러 가지 의무를 이행할 것을 약속한다.

8) 보험계약의 법률적 성격

(1) 요행계약

대부분의 계약이 등가계약임에 반해 보험계약은 요행계약이다. 요행계약에서는 계약의 각 당사자가 동일한 가치의 재화 또는 서비스를 교환하지 않는다. 보험계약에서는 손실이 발생하면 보험계약자가 납부한 보험료보다 엄청나게 큰 보험금을 지급받을 수 있는 반면 손실이 발생하지 않으면 보험자는 보험계약자에게 아무것도 지급하지 않는다. 요행계약의 가장 큰 특징은 계약의 결과가 우연에 좌우된다는 것이다. 보험계약에서 보험료는 반드시 납부해야 하지만 보험금의 지급은 손실발생의 우연성에 따르기 때문이다. 하지만 보험과 도박을 동일시하는 것은 옳지 않다. 보험자는 단지 보험금과 사업비에 충분한 정도의 보험료를 받아들일 것을 기대하기 때문이다.

(2) 조건계약

보험계약은 조건계약의 성격을 갖는다. 왜냐하면 보험계약자가 보험자로부터 손실에 대한 보상을 받기 위해서는 계약에 정해진 조건을 만족시켜야 하기 때문이다. 조건을 위반하게 되면 손실은 보장되지 않는다. 대표적인 조건으로는 보험료의 납부, 손실의 입증, 손실의 즉각통보, 손실의 방지활동 등이 있다.

(3) 일방계약

모든 계약은 쌍무계약과 일방계약으로 구분된다. 쌍무계약이 계약당사자의 약속과 약속의 교환이고, 일방계약은 행위와 약속의 교환이다. 따라서 일방계약은 일방의 행위를 전제로 하여 상대방의 약속이 지켜지는 것이다. 즉, 이를 보험계약에 적용시키면 보험계약자가 보험료를 납부한 후에 비로소 보험자는 지켜야 할 의무가 발생하는 것이다. 보험계약자는 계약체결 시 법적으로 지켜야 할 약속을 하지 않았기 때문에 계약을 파기하더라도 그에 대한 책임을 지지 않는다. 예를 들어, 보험료를 납부하지 않았다 하더라도 그 계약이 자동적으로 해약이 되는 것일 뿐 보험료의 납부를 강요받지는 않는 것이다.

(4) 부합계약

보험계약은 보험자의 준비에 의하여 만들어지고 보험계약자는 그것을 선택하느냐 거절하느냐의 양자택일에 대한 결정밖에 할 수 없는 부합계약이다. 보험계약자는 제한적으로 특약 등을 이용하여 담보범위를 변경하는 것 외에는 계약의 변경을 요청할 수가 없다. 보험계약이 부합계약의 형태를 취하는 근본 이유는 보험이 기술성을 요하기 때문이다. 보험계약은 보험이론에 기초하여 만들어지기 때문에 수많은 계약자의 각기 다른 요청에 따라 운영할 수 없는 것이다.

4. 빌딩관리와 보험

1) 화재보험

화재보험이란 화재로 인하여 보험의 목적에 생긴 손해를 보상하는 손해보험으로 화재보험에서 보상하는 손해는 다음과 같다. 화재보험은 화재에 따른 손해, 화재에 따른 소방손해, 화재에 따른 피난손해와 피난지에서의 손해를 보상한다. 화재에 따른 손해로는 보험에 가입한 물건이 직접적으로 불에

타거나 그을림, 연기에 의한 손해를 입은 경우를 보상하며, 벼락에 맞아 생긴 손해도 보상한다. 화재와 손해 사이에 상당인과관계가 성립되면 보상하지만, 휴업손실과 같은 간접적인 손해는 별도의 약정이 없으면 보상하지 않는다. 화재에 따른 소방손해는 화재 진화를 위한 소방수에 따른 수침손해 및 타 건물로 옮겨 붙는 화재위험을 차단하기 위하여 일부 구조물이나 건물을 파괴 또는 무너뜨려 화재의 확대를 방지하는 파괴손해를 보상하는 것을 의미한다. 화재에 따른 피난손해를 보상한다는 것은 화재로 인하여 피난(다른 장소로 옮김)지에서 5일 동안 화재로 인한 직접손해, 소방손해를 보상한다는 의미이다. 또 피난지에서 보험기간 내의 5일 동안에 생긴 위 화재, 보상, 피난손해를 보상한다.

화재로 인한 재해보상과 보험가입에 관한 법률에 의하면 일정 규모 이상이거나 특수빌딩에 해당하는 빌딩에 관하여 그 가입을 강제하고 있다. 여기서 특수건물이란 국유건물·공유건물·교육시설·백화점·시장·의료시설·흥행장·숙박업소·다중이용업소·운수시설·공장·공동주택과 그 밖에 여러 사람이 출입 또는 근무하거나 거주하는 건물로서 화재의 위험이나 건물의 면적 등을 고려하여 대통령령으로 정하는 건물을 말한다. 동법 시행령에 따르면 이런 특수건물의 유형으로는 국유재산법에 따른 부동산으로서 연면적이 1,000제곱미터 이상인 건물과 같이 대부분 시설들의 바닥면적이 2,000제곱미터 이상인 경우에 의무적으로 화재보험을 가입하도록 하고 있으며, 바닥면적의 크기와 관계없이 층수가 11층 이상인 건물도 의무적인 보험가입 대상으로 규정하고 있다.

화재보험이 성립하기 위한 조건인 피보험이익과 보험기간, 면책사유 그리고 보험금의 계산을 정리하면 <표 4－2>와 같다.

보험가액은 보험계약의 목적으로 손해보험에서 보험에 붙일 수 있는 재산의 평가액을 말하며, 보험금액은(보험가입금액) 보험사고가 발생하였을 때 보험회사가 피보험자에게 지급하는 최고 보상한도액을 말한다.

〈표 4-2〉 화재보험의 내용

	주요 내용
피보험이익	동일한 건물에 관하여 화재보험계약을 체결하는 경우에도 소유자로서의 피보험이익, 임차인으로서의 피보험이익(점포휴업보험), 목적물의 담보권자로서의 피보험이익(채권보전보험) 등이 있을 수 있다.
보험기간	회사의 책임은 보험기간의 첫날 오후 4시에 시작하여 마지막 날 오후 4시에 종료한다.
면책사유	• 보험계약자, 피보험자 또는 이들의 법정대리인의 고의 또는 중대한 과실로 생긴 손해 • 피보험자와 세대를 같이하는 친족 및 고용인이 고의로 일으킨 손해 • 화재가 발생했을 때 도난 또는 분실로 생긴 손해 • 보험의 목적의 발효, 자연발열 또는 자연발화로 생긴 손해를 면책함. 이 결과로 생긴 화재손해는 보상 • 화재와 인과관계가 있든지 없든지 파열 또는 폭발로 생긴 손해를 면책하는데 이 결과로 생긴 화재손해는 보상 • 발전기, 여과기(정류기포함), 변류기, 변압기, 전압조정기, 축전기 등 장치의 전기적 사고로 생긴 손해의 경우 면책함. 그러나 그 결과로 생긴 화재손해는 보상 • 원인의 직·간접을 묻지 아니하고 지진, 분화 또는 전쟁, 혁명, 내란, 사변, 폭동, 소요 기타 이들과 유사한 사태로 생긴 화재 및 연소 또는 그 밖의 손해 • 핵연료 물질 또는 핵연료 물질에 의해서 오염된 물질의 방사성, 폭발성, 그 밖의 유해한 특성 또는 이들의 특성에 의한 사고로 인한 손해 • 여덟째 항 이외의 방사선 조사 또는 방사능 오염으로 인한 손해는 면책 • 국가 및 지방자치단체의 명령에 의한 재산의 소각 및 이와 유사한 손해
보험금의 계산	• 보험금의 계산에 있어 물건의 종류를 일반물건 및 창고물건과 공장물건 및 재고자산(동산)으로 나눔 • 일반물건 및 창고물건으로는 보험가입금액이 보험가액의 80% 해당액과 같거나 이상일 때에는 보험가입금액 및 보험가액 중 적은 것을 한도로 실손 보상하고, 보험가입금액이 보험가액의 80% 해당액보다 적을 때는 보험가입금액을 한도로 비례 보상한다. • 공장물건 및 재고자산(동산)의 경우, 보험가입금액과 보험가액이 같거나 보험가입금액이 클 때에는 보험가액을 한도로 손해액 전액을 보상하고, 보험가입금액이 보험가액보다 적을 때에는 보험가입금액을 한도로 비례보상한다.

2) 사회보험

사회보험은 주로 근로자, 자영인과 같이 노동능력이 있고 일하는 사람이 장차 사회적 위험에 대비하여 빈곤을 예방하려는 방빈정책이라 할 수 있다. 사회보장기본법 제3조 제2호에서는 “사회보험이라 함은 국민에게 발생하는 사회적 위험을 보험방식에 의하여 대처함으로써 국민건강과 소득을 보장하는 제도를 말한다”라고 규정하고 있다.

(1) 국민연금

연금제도는 퇴직 후부터 사망 시까지의 경제생활을 위하여 매년 또는 매월 일정 금액을 지급하는 제도로, 공적 연금과 사적 연금으로 분리된다. 이 가운데 공적 연금은 사회보장제도로서 기능을 하는데, 국민연금은 공적 연금으로서 전 국민을 대상으로 가입자에게 노령연금, 유족연금, 장애연금을 지급하여 국민의 생활안정과 복지증진을 도모하고 있다.

국민연금의 도입 역사는 도입준비단계, 도입 및 실시단계, 확대단계로 구분할 수 있다.

첫째, 도입준비단계(1973년 국민복지연금법 제정)이다. 1960년대 추진된 경제개발계획으로 산업화, 도시화, 핵가족화, 노령화가 빠른 속도로 진행되고, 이로 인해 발생된 사회문제의 해결방안으로 1973년 국민복지연금법이 제정·공포되었다. 그러나 1973년 발생한 석유파동의 영향에 의한 경제 불황으로 1974년 1월부터 시행 예정이었던 국민연금제도를 무기한 연기하게 된다. 이후 제6차 경제사회발전 5개년 계획이 실행되고 이 기간 동안 경제가 다시 발전하여 국민부담능력이 크게 향상됨으로써 국민연금제도 실시를 위한 제반 여건이 성숙되기에 이른다.

둘째, 도입 및 실시단계(1986년 국민연금법 개정 및 1988년 제도 시행)이다. 노동시장 확대와 지속적인 출생률 저하 등으로 국민연금제도에 대한 필요성이 증가되면서 1986년부터 종전의 국민복지연금제도를 수정·보완하여 1988년 1월부터 국민연금제도를 시행하게 되었다. 이러한 국민연금제도는 기금운용 등 효율적 관리운용을 위해 1987년 9월에 독립기관으로 국민연금공단을 설립하였으며, 우선적으로 10인 이상 사업장에 근무하는 18세 이상 60세 미만의 근로자 및 사업주를 대상으로 실시하였다.

셋째, 확대단계로 1988년 10인 이상 사업장을 중심으로 추진되었던 국민연금제도는 1992년 소득보장 혜택이 더욱 절실한 5인 이상 사업장으로 당연적용 대상으로 확대하였다. 또한 1995년에는 신경제5개년계획 및 WTO 체제하의 농어촌 발전대책의 일환으로 농어촌지역에까지 국민연금제도를 확대하였고, 1999년 4월 도시지역에까지 국민연금제도를 실시함으로써 전 국민 연금시대를 열었다.

국민연금의 특징은 다음과 같이 정리할 수 있다. 첫째, 강제성이다. 1999년 국민연금대상자가 전 국민으로 확대되어, 모든 국민이 본인의 의사와 관계없이 가입대상이 되었으며, 국민연금 미납 시 재산압류, 월급차압도 가능하다. 이렇게 함으로써 비가입자의 노후 빈곤층화를 방지할 수 있다.

둘째, 공평성으로서 연금기여에 비례해서 급여를 받는다. 급여산정 계산식 B에 가입기간 중 소령자 본인의 평균소득을 넣는 방법으로 본인의 기여도를 급여에 적용시킨다.

셋째, 소득재분배 기능으로 저소득층과 부양가족이 있는 근로자에게 특별한 배려가 필요하다. 이들에게 더 많은 혜택을 주어 실질적인 생계유지가 가능하게끔 한다. 수급급여 계산 시, 가입자 전체의 평균소득을 포함하여, 저소득 계층이 상대적으로 납부한 금액에 비해 급여액이 높게 책정되게 한다.

넷째, 물가반영으로 소비자 물가변동률에 따라 급여의 실질가치가 항상 보장되기에 실제이윤이 보통 개인연금보다 높게 된다.

다섯째, 후세대의 부담을 전제로 설계되었다. 보험료의 절반은 본인이 납부한 보험료에서, 나머지 절반은 미래세대가 부담(미래세대 보조금)하고 있다. 모든 소득계층의 수익비가 1을 넘는다.

여섯째, 기금 고갈 시에도 안전해서 민간회사들의 사보험과 다르게 기금이 고갈되었다 해도 연금을 받을 수 있다. 기금을 적립하며 운영하는 나라는 5개국에 불과하고, 대부분의 국가에서는 기금 없이 운영되고 있다. 다른 나라에서는 경제활동인구에게 바로 징수해서, 지급하는 부과방식을 이용하고 있다. 그래서 국가가 사라지지 않는 한 연금 지급은 중단되지 않는다.

① 국민연금의 구조

가입자 유형으로는 사업장, 사업자가입자 그리고 임의가입자와 임의계속가입자로 구분할 수 있다. 사업장은 근로자를 사용하는 사업소 및 사무소를 말하며, 사업소, 영업소, 사무소, 점포, 공장 등 근로자를 사용하고 있는 곳은 모두 사업장에 해당된다. 1인 이상의 근로자를 사용하는 모든 사업장은 국민연금 의무가입대상이 된다. 대표이사 1인만 있는 법인사업장도 사업장 가입대상이며, 외국인 근로자도 가입요건에 해당될 경우 가입신고를 하여야 한다. 건설현장의 일용직 노동자도 한 달에 20일 이상 근무 시 사업장을 분리 적용하여 신고하게 되어 있다.

사업장가입자는 국내에 거주하는 18세 이상 60세 미만의 국민으로서 사업장가입자가 아닌 사람이 해당한다. 다만, 다른 공적연금에서 퇴직연금(일시금), 장애연금을 받는 퇴직연금 등 수급권자, 국민기초생활보장법에 의한 수급자, 소득활동에 종사하지 않는 사업장가입자 등의 배우자, 27세 미만으로 보험료를 납부한 사실이 없고 소득활동에 종사하지 않는 자는 지역가입자가 될 수 없다.

임의가입자는 사업장가입자와 지역가입자가 될 수 없는 사람도 60세 이전에 본인의 희망에 의해 가입신청을 하면 임의가입자가 될 수 있다. 임의계속가입자는 1개월 이상 가입기간이 있는 가입자 또는 가입자였던 자로서 60세에 달한 자가 가입기간이 부족하여 연금을 받지 못하거나 가입기간을 연장하여 더 많은 연금을 받고자 원할 경우는 65세에 달할 때까지 신청에 의하여 임의계속가입자가 될 수 있다.

② 보험료납부

국민연금의 보험료는 가입자의 기준소득월액에 연금보험료율을 곱한 값이다. 여기서 기준소득월액이란 국민연금의 보험료 및 급여 산정을 위하여 가입자가 신고한 소득월액에서 1,000 원 미만을 절사한 금액으로, 최저 26만 원에서 최고 408만 원까지의 범위로 결정된다.

연금보험료율은 먼저 사업자가입자의 경우 소득의 9%, 사업자의 사용자와 가입자가 각각 절반, 4.5% 부담하여 사용자가 납부한다. 지역가입자·임의·임의계속가입자의 경우 보험료를 본인이 전액 부담한다.

③ 연금수급

연금급여는 매월급여와 일시금급여로 구분할 수 있다. 연금급여 중 노령연금은 가입기간이 10년 이상이고 60세에 달한 때에 기본연금액이 부양가족 연금액을 합산하여 평생 동안 지급하는 연금이다. 55세 이상일 때 조기신청 가능하고, 혼인 등의 이유로 배우자였던 자와 분할 가능하다. 장애연금은 가입 중에 발병한 질병 또는 부상이 완치되었으나 신체적·정신적으로 남아 있는 장애 정도(2~4급)에 따라 일정한 급여를 지급한다. 연금 수급 중에도 사업장 혹은 지역가입자로 가입하여야 한다.[4)]

유족연금은 가입자 사망으로 인한 유족의 생계보호를 위한 급여, 가입기간에 따라 ~10, 10~20, 20~년(40%, 50%, 60%) 지급, 중복급여의 조정을 위해 본인연금+사망자의 유족연금의 20% 혹은 사망자의 연금 중 선택해야 한다.

일시금급여는 반환일시금과 사망일시금이며 반환일시금이란 60세 도달이나 사망, 국외이주 등으로 국민연금에 더 이상 가입할 수 없게 되었으나 연금수급요건을 채우지 못한 경우, 그동안 납부한 보험료에 이자를 더해 일시금으로 지급하는 급여이다. 이에 비해 사망일시금이란 가입자 혹은 가입자였던 자가 사망했으나 국민연금법상 유족이 없는 경우, 더 넓은 범위의 유족에게 지급하는 장제보조적 성격의 급여이다.

국민연금의 급여액 산정은 기본연금액의 경우 다음과 같은 산식이 적용된다.

$$\text{기본연금액} = 1.2 \times (A + B) \times (1 + 0.05N/12)$$

- A: 전체 가입자의 3년간 평균소득(소득재분배 장치)
- B: 가입기간 중 수령자 본인소득 평균
- N: 20년 이상 초과하여 가입한 개월 수

4) 1, 2, 3급: 기본연금액 100, 80, 60%+ 부양가족연금액(매월 지급), 4급: 기본연금액 225%(일시보상금)

3) 건강보험

개인의 건강상태는 육체적 또는 정신적인 측면에서 인간 생애가치에 크게 영향을 미친다. 육체적 또는 정신적으로 건강한 사람은 생산적 활동에 보다 적극적이고 능률적으로 참여할 수 있어서 인간 생애가치를 증가시키는 요인이 된다. 반대로 건강하지 않은 사람은 이러한 활동이 제한되거나 불가능하며, 결국 인간 생애가치를 감소시키게 된다. 즉, 건강과 인간 생애가치는 소득생산의 관점에서 매우 밀접한 관계가 있다고 말할 수 있다. 한편 개인의 질병이나 상해는 그것을 치료하기 위한 비용이 많이 소요되는데, 이것 또한 인간 생애가치를 감소시키는 요인으로 작용한다. 질병이나 상해의 상태는 아니지만 건강하지 못한 체력의 소유자는 생산력의 감퇴로 소득의 감소가 불가피하고, 질병 또는 상해의 상태에 처하게 되면 일시적 또는 영구적으로 생산활동에 참여하지 못하므로 당연히 소득의 감소가 발생하여 심각한 경제적 불안에 직면하게 된다.

의학의 발달과 평균수명의 연장, 그리고 자연환경과 사회적 환경의 변화에 따라 질병과 상해의 발생이 증가하고, 동시에 의료비의 지출 역시 매우 빠른 속도로 증가하고 있다. 특히 교통사고 등에 의한 심각한 상해나 난치의 질병에 걸렸을 때 치료비는 엄청난 수준으로 발생하여 개인이 부담하기에 거의 불가능한 것이 현실이다. 이때 소득의 상실과 막대한 치료비의 발생은 개인 및 가정의 경제를 파탄에 이르게 할 수 있는 심각한 문제가 되는 것이다.

건강보험은 개인 또는 가정이 질병 및 상해로부터 부담하는 경제적 손실을 보장하는 인보험의 한 분야로 매우 중요한 리스크관리 역할을 한다. 국민들이 평소에 보험료를 내고 보험자인 국민건강보험공단이 이를 관리·운영하다가 필요시 보험급여를 제공함으로써 국민 상호간 위험을 분담하고 필요한 의료서비스를 받을 수 있도록 하는 사회보장제도인 것이다. 이러한 건강보험의 초기형태는 사고에 의한 신체적 상해에 따른 경제적 손실을 담보하는 사고보험이었으나, 범위가 확대되어 일반적 질병에 의한 손실도 담보하게 되었다. 현대의 건강보험은 상해 또는 질병의 구분 없이 인체의 건강에 기인한 경제적 손실을 대상으로 하고 있다.

건강이 문제가 되어 발생하는 경제적 손실의 형태는 앞에서 설명한 바와 같이 의료비용과 소득상실이다. 따라서 건강보험은 의료비를 보장하는 의료보험과 상실소득을 보장하는 장애소득보험을 포함하는 개념이다. 일반적으로 의료보험 비중이 크기 때문에 건강보험을 이야기할 때 장애소득보험이 간과되는 경우가 많다.

(1) 건강보험의 기능

건강보험의 기능을 포괄적으로 말한다면, 인간의 신체적 결함에 기인하여 발생하는 경제적 손실로 인하여 인간 생애가치가 감소하는 것을 방지하는 것이다. 보다 구체적으로 설명하면, 건강보험의 한 분야인 의료보험은 피보험자의 질병 및 상해에 의하여 발생하는 의료비용을 보상하는 것이며, 또 다른 분야인 장애소득보험은 질병 또는 상해에 의하여 생산적 시간의 상실 또는 소득능력의 상실에 따른 경제적 손실을 보상하는 것이다. 이를 사회적 관점에서 분석한다면 건강보험의 기능은 또한 아래와 같이 분류될 수 있다

- 의료보장기능: 건강보험은 피보험대상자 모두에게 필요한 기본적 의료를 적정한 수준까지 보장함으로써 그들의 의료문제를 해결하고 누구에게나 균등하게 적정수준의 급여를 제공한다.
- 사회연대기능: 건강보험은 사회보험으로서 건강에 대한 사회공동의 책임을 강조하여 비용(보험료)은 소득과 능력에 따라 부담하고, 가입자 모두에게 균등한 급여를 제공함으로써 사회적 연대를 강화하고 사회통합을 이루는 기능을 가지고 있다.
- 소득재분배기능: 질병은 개인의 경제생활에 지장을 주어 소득을 떨어뜨리고 다시 건강을 악화시키는 악순환을 초래하기 때문에 각 개인의 경제적 능력에 따른 일정한 부담으로 재원을 조성하고, 개별부담과 관계없이 필요에 따라 균등한 급여를 제공하여 질병의 치료부담을 경감시킴으로써 건강보험은 소득재분배 기능을 수행한다.

(2) 건강보험의 역사

1964년에서 1976년까지 의료보장제도가 도입되었고, 1977년에서 1999년까지는 의료보험제도가 시행된 시기이며, 1997년 이후에는 국민건강보험제도가 시행되었다. 1988년 1월 1일부터 농어촌지역 의료보험이 실시되었고, 1989년 7월 1일부터 도시지역 의료보험이 실시되었다. 이로 인해 전 국민 의료보험화 시대를 이루게 되었다.

의료보험 통합에 대한 논의가 꾸준히 전개되어 1997년 12월 31일 국민의료보험법이 제정되고 1988년 동법이 시행되었다. 이로 인해 227개 지역의료보험조합과 공무원·교직원 의료보험관리공단이 통합되어 국민의료보험공단이 출범되었고, 1999년 2월 8일 국민건강보험법이 제정되었으며, 2000년 7월 1일부터 국민건강보험법이 실시되었다.

(3) 건강보험의 특징

건강보험은 의무적인 보험가입 및 보험료 납부의 특징을 갖는다. 일정한 법적 요건이 충족되면 본인의 의사와 관계없이 건강보험가입이 강제되며 보험료 납무의무가 부여된다.

민간보험은 보장의 범위, 질병위험의 정도, 계약의 내용 등에 따라 보험료를 부담하는 데 비해 사회보험방식으로 운영되는 국민건강보험은 사회적 연대를 기초로 의료비 문제를 해결하는 것을 목적으로 하므로 소득수준 등 보험료 부담능력에 따라서 보험료를 부과한다.

민간보험은 보험료 수준과 계약내용에 따라 개인별로 다르게 보장되지만, 사회보험인 국민건강보험은 보험료 부담수준과 관계없이 관계법령에 의하여 균등하게 보험급여가 이루어진다.

4) 산업재해보상보험

산업재해에는 부상, 그로 인한 질병·사망, 작업환경의 부실로 인한 직업병 등이 포함된다. 산업재해는 제조업의 노동과정에서뿐만 아니라 광업·토목·운수업 등 모든 분야에서 발생할 가능성이 있다. 산업혁명 이후 기계공업화의 진전이 가속화되면서 주로 제조업 중심으로 산업재해가 급속도로 증가하였다. 그 후로 많은 질병의 원인이 노동이나 작업환경에서 발견되었으며, 새로운 산업이 발생하면서 산업재해의 종류도 증가하였다.

산업재해의 발생원인을 근로자 측에서 보면 근로자의 피로, 근로자의 작업상의 부주의나 실수, 근로자의 작업상의 숙련 미달 등을 들 수 있다. 사용자 측에서 보면 주로 산업재해에 대한 안전대책이나 예방대책의 미비·부실에 기인한다고 볼 수 있다.

한편, 우리나라의 경우도 공업화의 진전과 더불어 산업재해가 격증하는 추세를 나타내고 있다. 이 같은 경향은 취업인구의 증가와 제조업 중심으로 업종이 다원화되는 한편, 각종 산업공해의 급격한 증가에 따른 작업환경의 악화에서 오는 재해의 증가 등이 주요 원인이다.

산업재해보상보험은 근로자를 대상으로 그들이 작업 또는 업무상의 사유로 질병 및 부상이나 사망 등 재해를 입었을 때 본인과 그 가족을 보호하기 위하여 운영되는 사회보험제도의 하나로서 약칭하여 산재보험이라고 부른다. 즉, 산업재해보상보험은 근로자의 업무상 재해를 신속 공정하게 보상함으로써 재해를 입은 근로자의 노동력 보전과 그 가족의 생활안정을 기하는 한편, 기업의 산업재해로 인한 위험부담의 분산 및 경감으로 기업의 안전성장을 지원하는 제도이다.

산재보험은 사용자의 무과실책임의 원칙을 보험화한 것으로서 사회보험제도 중 가장 발달한 분야이다. 오늘날 현대적 공장이 급속히 발달함에 따라 여러 가지 재해가 일어나고 있는데, 이것은 근로자의 개인적인 과실로 인한 것이라기보다 산업설비와 새로운 생산방법의 발달에 수반하는 불가피한 산업현장이므로 그 책임이 누구에게 있느냐를 따질 필요 없이 처음부터 사회적 부담으로서 해결해야 할 문제이다. 이에 따라 민법상의 손해배상 규정의 적용을 제쳐놓고 사용자의 무과실책임의 원칙에 입각하여 보험으로 제도화한 것이다.

(1) 산업재해보상보험의 연혁

사업주의 강제가입 방식으로 운영되는 산업재해보상보험은 1884년 독일에서 처음 실시하였으며, 우리나라에서는 4대 사회보험 중 산재보험이 가장 먼저 도입되었다. 우리나라의 산업재해보상보험제도는 정부수립 이전인 1915년의 조선광업령에 의하여 광업노동자에게 업무상의 재해에 대한 부조의무제도를 시작으로, 1948년 정부수립 이후 제헌헌법에 따른 노동 3권의 보장으로 근로자의 보상문제가 단체협약을 통해 전개되었다. 1953년 5월 산업화에 따른 근로자 보호의 제도화를 위한 근로기준법의 제정, 공포와 더불어 산업재해의 개별사용주 책임제도가 확립되었다.

그러나 우리나라의 산업재해보상보험에 관한 입법이 확립된 것은 1963년 11월 5일 사회보장에 관한 법률과 산업재해보상보험법이 법률 제1438호로서 제정되면서이다. 그 이듬해인 1964년 7월 1일부터 대통령령 제1837호로 공표되어 비로소 집단적 사용자공동책임의 근대적인 제도로 출발하였다. 상시 500인 이상의 근로자를 사용하는 광업 및 제조업에 적용하도록 하였으며, 강제사회보험의 형태를 채택하고 노동청에서 이를 관장하도록 하고 보험료는 사용자인 사업자가 전액 부담하도록 하였다.

1982년에는 산업재해보상보험 특별회계법을 개정하여 산재보험기금 제도를 신설하여 보험재정의 내실을 기하고 적용대상을 모든 사업자로 확대함으로써 보험급여의 수준을 대폭 상향 조정하였다. 1995년에는 산재보험의 업무를 이전의 노동부에서 근로복지공단으로 이관하였다.

우리나라의 산업재해보상보험 확립은 선진국처럼 근로자 스스로의 내부적 요구에 의해 생겨나기보다는 국가정책이나 국제적 조류의 외적 요인이 작용한 결과라 볼 수 있다. 사용주의 개별책임보상 원칙만으로는 산업재해에 대한 완전한 보상이 보장되지 못하였고, 이에 국가가 사회보험으로서 발전시킨 것이다. 이로써 산업재해보상보험은 사회보험제도 중에서도 가장 중추적 위치를 점하게 되었다.

이 법은 산업재해보상보험 사업을 시행하여 근로자의 업무상 재해를 신속하고 공정하게 보상하며, 재해근로자의 재활 및 사회 복귀를 촉진하기 위하여 이에 필요한 보험시설을 설치·운영하고, 재해 예방과 그 밖에 근로자의 복지증진을 위한 사업을 시행하여 근로자 보호에 이바지하는 것을 목적으로 한다.

산재보험은 고용노동부가 지급하지만 사용자가 납부하는 보험료로 충당하는 것으로 결국 사용자가 보상하는 것과 같다. 따라서 피재근로자에 대하여[5] 고용노동부가 산재보상을 한 경우에는 사용자는 그 보상된 금액의 범위 내에서 민사배상책임이 면제된다. 이는 사용자의 입장에서 보아도 산업재해로 인한 위험부담을 분산·경감해 주고 안정된 기업활동을 할 수 있도록 도와주는 이점이 있다. 산재보상보험은 이와 같이 사용자의 민사배상책임을 경감하고 피재근로자를 신속하고 공정하게 보상하는 데 목적이 있다.

(2) 산업재해보상보험의 주요내용

1964년 산재보험법이 최초로 시행될 당시에는 500인 이상의 광업과 제조업에만 적용되었으나, 이후 계속해서 적용범위를 넓혀 현재는 근로자를 사용하는 모든 사업 또는 사업장에 적용한다. 다만, 위험률 규모 및 장소 등을 고려하여 대통령령으로 정하는 사업에 대하여는 이 법을 적용하지 않는다. 대통령령으로 정하는 사업에는 가구 내 고용활동이나 농업, 임업, 어업 및 수렵업 중 법인이 아닌 자의 사업으로서 상시근로자 수가 5명 미만인 사업 등이 포함된다.

근로자가 산재보상을 청구하기 위해서는 그 재해가 업무상 발생한 것이어야 한다. 업무상의 재해 여부는 업무수행성, 업무기인성 등을 고려하여 판단하는데, 그 기준으로 업무상 재해인정기준이 1983년부터 시행되고 있다. 이 법에 의한 보험급여는 근로기준법상의 보상의 종류 및 내용과 거의 같으나, 일시보상 대신 상병보상연금이 규정되어 있는 점과 민사상의 손해배상문제를 간편하게 해결하는 장해특별급여·유족특별급여 등의 특별급여제도가 규정되어 있는 점 등이 다르다.

보험급여는 업무상의 사유에 의한 것을 전제로 하여 요양급여, 휴업급여, 장해급여, 간병급여, 유족급여, 상병보상연금, 장의비, 직업재활급여로 한다. 산재보험에 의한 보상을 받을 때 보험가입자는 그 한도 내에서 근로기준법상의 보상책임이 면제된다. 보험급여의 종류와 내용은 다음과 같다.

5) 재해로 질병, 부상 등의 재해를 입은 근로자를 말함.

〈표 4-3〉 보험급여의 종류와 내용

급여의 종류	급여의 내용
요양급여	고용노동부장관이 설치한 보험시설이나 지정 의료기관에서 요양을 하게 됨. 요양급여의 범위는 진찰 및 검사, 약제 또는 진료재료와 의지, 그 밖의 보조기 지급, 처치·수술·치료비, 재활치료, 입원, 간호 및 간병 등
휴업급여	요양으로 인하여 취업하지 못한 기간에 대하여 지급하며, 요양기준 중 평균임금의 70%가 지급
장해급여	장해등급에 따라 장해보상연금 또는 장해보상 일시금으로 지급됨
간병급여	요양급여를 받은 자 중 치유 후 의학적으로 상시 또는 수시로 간병이 필요할 경우 실제 간병을 받는 사람에게 지급
유족급여	유족에게 지급하며, 수급권자의 선택에 따라 유족보상연금 또는 유족보상일시금으로 지급됨. 받을 수 있는 자격은 근로자와 생계를 같이 하고 있는 배우자, 부모 또는 조부모로서 60세 이상인 자, 자녀 또는 손자로서 18세 미만인 자 등
상병보상연금	요양급여를 받은 근로자가 요양을 시작한 지 2년이 지났을 때, 그 부상이나 질병이 치유되지 아니하였을 경우, 폐질 정도에 따라 평균임금의 257~329일분이 지급됨
장의비	근로자가 업무상의 사유로 사망한 경우 평균임금의 120일분에 상당하는 금액을 장제를 지낸 유족에게 지급
직업재활급여	장해급여 또는 진폐보상연금을 받은 사람이나 장해급여를 받을 것이 명백한 사람 중 취업을 위하여 직업훈련이 필요한 사람에게 지급

5) 고용보험

근로자가 실직했을 때 실직근로자와 가족의 생활을 안정시키고 실직자의 재취업을 촉진하기 위한 사회보장제도의 일종으로 의료보험·국민연금·산업재해보상보험과 함께 4대 사회보장제도의 하나이다. 고용보험법은 1993년 12월에 제정되어 1995년 7월 1일부터 시행되고 있다. 그후 여러 차례 개정되면서 고용보험의 적용범위를 확대하고 있으며, 2004년부터는 국내 파견 외국인 근로자, 일용근로자, 주 15시간 이상 시간제 근로자 등 비정규직 근로자에게까지 고용보험 적용이 확대되고, 건설공사의 경우 총 공사금액이 2,000만 원 이상인 경우에도 고용보험이 적용된다. 또한 60세 이후에 신규로 고용되는 자, 국가·지방자치단체가 직접 시행하는 공공근로 종사자 및 선원에 대해서도 고용보험이 적용된다. 2006년 이후부터는 65세 이상도 고용안정 및 직업능력개발사업(실업급여 제외) 적용이 실시되었다.

원래 전통적인 실업보험제도는 실직된 근로자의 생활안정만을 위하여 실업급여를 지급하는 소극적 노동시장정책으로 도입되었으나, 지금의 고용보험제도는 실직근로자의 생활안정과 함께 실업예방, 고용촉진, 근로자의 직업능력개발 및 향상, 국가의 직업지도와 직업소개 기능을 강화하고, 근로자가 실직한 경우 생활에 필요한 자금을 지급하여 구직활동을 촉진하여 경제와 사회를 발전시키는 것을 목적으로 하는 적극적 노동시장정책으로 전환하여 다양한 보험사업을 실시하고 있다. 이에 따라 사업주와 근로자는 각각 월급여액의 일정비율을 보험료로 납부해야 하며, 전국적인 고용보험 전산망 구축에 따라 지방노동사무소와 시·군·구에서 구인·구직 정보를 제공받을 수 있다.

고용보험법은 고용안정 및 직업능력개발사업을 통해 1차적으로는 취업 중인 근로자의 고용안정을 촉진하고, 부득이 실업이 되더라도 2차적으로 실업급여를 지급하고 재취업을 촉진함으로써 근로자의 실업으로 인한 사회·경제적인 어려움을 해소하는 것을 주된 내용으로 하고 있다.

고용보험사업은 고용안정사업 및 직업능력개발사업, 실업급여사업, 모성보호급여사업으로 나뉜다.

고용안정 및 직업능력개발사업은 피보험자 및 피보험자였던 자, 그 밖에 취업할 의사를 가진 자에 대한 실업의 예방, 취업의 촉진, 고용기회의 확대, 직업능력개발·향상의 기회 제공 및 지원, 그 밖에 고용안정과 사업주에 대한 인력확보를 지원하기 위하여 실시하는 사업이다.

고용안정사업은 근로자를 감원하지 않고 고용을 유지하거나 실직자를 채용하여 고용을 늘리는 사업주에게 비용의 일부를 지원하여 고용안정을 유지할 수 있게 하는 것이다. 또한 직업능력개발사업은 사업주가 근로자에게 직업훈련을 실시하거나 근로자가 자기개발을 위해 훈련을 받을 경우 사업주 및 근로자에게 일정 비용을 지원하는 것이다.

실업급여는 실직근로자의 생활안정을 도모하고 재취업을 촉진하기 위해

지급하는 보험급여로서, 구직급여 및 취업촉진수당으로 구성된다. 실업급여 사업은 근로자가 실직하였을 경우 일정기간 동안 실직자와 그 가족의 생활 안정 그리고 원활한 구직활동을 위하여 실업급여를 지급하는 것이다. 실업급여는 1인 이상 사업장에 적용되며, 70인 이상 사업자의 사업주는 고용안정 및 직업능력개발을 위한 고용보험료를 추가로 내야 한다. 즉, 이렇게 고용보험에 가입한 사업장에서 실직 전 18개월 중 180일 이상 근무하다가 회사의 폐업, 도산, 인원감축 등 본인의 뜻과 달리 퇴직하게 된 경우에는 구직급여를 받을 수 있다. 일용직 근로자의 경우 고용보험을 180일 이상 가입한 일용근로자가 한 달 동안 일한 날 수가 10일 미만이면 실업급여를 받을 수 있다. 구직급여는 퇴직 당시의 연령과 보험가입기간에 따라 90~240일 동안 실직 전 평균임금의 50%를 지급한다. 단, 실직 후 거주지 관할 고용센터에 실업신고를 해야 하며, 신청 후 2주 이내 자격 인정 여부를 확인받게 된다. 자격 인정 후 고용안정센터에 2주마다 출석하여 실업인정을 받으면 실업급여가 지급된다. 그러나 본인의 큰 잘못이나 불법행동 등으로 해고를 당하였을 경우나 정당한 사유가 없이 직장을 스스로 옮기려 할 경우 등에는 실업급여 혜택을 받을 수 없다.

육아휴직과 산전후휴가급여(모성보호급여사업)는 임신·출산 등과 관련된 여성의 취업활동을 보장하기 위하여, 육아 또는 출산을 목적으로 휴직하는 근로자가 일정 요건을 갖춘 경우에 육아휴직급여·산전후휴가급여를 지급하는 것을 그 내용으로 한다.

모성보호사업은 육아휴직급여, 산전후휴가급여 지급으로 나눌 수 있다. 남녀고용평등과 일·자녀 양립 지원에 관한 법률(남녀고용평등법)에 따르면 육아휴직의 경우 만 6세 미만의 미취학 자녀를 둔 근로자는 1년 이내 기간의 휴직을 신청할 수 있으며, 육아휴직을 30일 이상 실시하고 소정의 수급요건을 갖춘 경우 매월 통상임금의 40%를 육아휴직 급여로 받을 수 있다. 또한 출산전후 휴가기간 중 총 60일을 초과하는 일수에 해당하는 기간 동안(단, 지급기간은 30일을 한도로 함) 근로기준법상 통상임금액에 상당하는 금액을 출산전후 휴가급여로 지급받을 수 있다.

5. 사무관리[6)]

1) 사무의 정의

사무란 조직체에서 조직구성원이 근무하는 과정에서 처리하는 일로서, 주로 책상에서 이루어지는 문서작업을 의미한다. 사무는 조직체를 전제로 한다. 조직체란 조직의 공동목적을 달성하기 위하여 조직구성원들이 서로 협조하는 집단을 말한다.

사무실이 더 이상 폐쇄된 공간으로서의 의미가 아닌 것처럼 사무도 반드시 사무실 내에서 이루어지는 것은 아니다. 모든 형태의 일이 있는 곳이라면 사무는 직접 또는 간접으로 존재한다. 사무란 관점에 따라 여러 가지로 말할 수가 있는데, 국어대사전에 의하면 "맡고 있는 직에 관련된 모든 것을 다루고 처리하는 여러 활동"이라고 정의하고 있다. 또는 "다른 사람을 위해 봉사하는 그 무엇이다"라고 정의되기도 한다. 이것은 사무를 다른 어떤 일의 기능을 돕는 보조적 존재로 파악하고 있음을 의미한다. 오늘날에는 컴퓨터가 일반화되어 여러 업무처리에 광범위하게 이용되고 정보처리가 보편화되면서, "조직체의 목적을 달성하기 위하여 관리에 필요한 정보를 만드는 작업"이라고 하는 정의가 널리 사용되고 있다.

〈표 4-4〉 사무의 범위

<table>
<tr><td>① 문서처리 및 데이터처리 업무</td><td>• 문서의 작성(쓰기)
• 문서의 인쇄
• 읽기, 분류, 정리
• 계산</td><td rowspan="2">협의의 사무</td><td rowspan="3">광의의 사무</td></tr>
<tr><td>② 커뮤니케이션 업무(통신)</td><td>• 회의
• 협의
• 전화</td></tr>
<tr><td>③ 의사결정 업무</td><td>• 사고
• 결재</td><td></td></tr>
</table>

6) 박철하, 『문서사무관리』, 21세기사, 2015의 내용을 토대로 작성하였다.

사무의 범위는 2가지로 설명할 수 있다. 사무의 범위를 협의로 이해하는 것은 의사결정을 사무로부터 제외하며, 광의로 이해하는 것은 의사결정을 사무에 포함시킨다. 협의로는 사무를 의사결정을 위한 정보처리 작업으로 본다.

사무의 기능은 정보처리에 있으며, 그 매체로서는 서류, 구두, 영상 등의 형태를 취하는 정보의 수집·가공·전달을 가리킨다.

정보처리 활동은 경영조직을 구성하는 모든 사람들이 행하는 공통기능이다. 그러나 관리자 등이 행하는 모든 활동을 사무라고 생각하기에는 어려움이 있다. 예를 들면 의사결정에 있어서는 그것을 위한 자료 작성이나 기획서, 방침서로서 서류의 형태로 송달하는 것은 사무라 말할 수 있어도 그것을 위한 판단이나 결정 등의 두뇌에 의한 처리는 제외된다.

사무의 기능은 업무수행의 수단, 업무활동의 보조 및 촉진, 업무분야의 연계성 유지 그리고 정보처리기능이다.

사무의 본질적 구성요소로는 사무원·사무실·사무문서·사무기기·사무제도·사무조직의 6가지가 있다.

사무원이란 사무를 전문적으로 행하는 사람을 말한다. 일반적으로 사무원은 주로 문서처리나 그것에 관련된 사무에 종사하는 사무작업자 또는 문서처리작업자이다.

사무실이란 기업의 통제기구가 있는 곳이며, 통제·정보·능률적 작업을 위한 문서기록이 준비되고 처리되며 공급되는 곳이다. 여기에서 사무관리 및 그 목적을 완전히 이해하기 위해서는 사무실의 장소적 인식보다는 기능적 인식이 더욱 필요한 것이다. 따라서 사무실을 어느 한 장소로서만 인식한다면 경영조직 내의 다른 부문에 있어서 문서작업 공정의 통제가 되지 않을 수 있다. 왜냐하면 사무관리자는 그의 소속부문 이외의 문서기록에 관해서는 아주 조금밖에 알고 있지 않다는 것이 되기 때문이다.

사무문서(장표)는 정보가 구체화된 것이기 때문에 실질적으로 사무작업의 대상물이고, 공장작업에 있어서 생산대상에 상당하는 의미를 갖고 있다. 결국 문서의 양식, 기록 또는 처리방법, 운행경로 등을 결정하는 것에 의해서 사무작업의 질과 양이 대략적으로 결정된다. 형식에 의해서 분류해 보면 정규형식을 갖는 것과 정규형식을 갖지 않는 것으로 구분할 수 있다. 여기서 형식이라는 것은 외적인 형태 이외에 기입방법·정리보관방법·운행경로 등과 같은 것을 규제하는 것 같은 의미를 가지고 있다.

사무기기에는 펜이나 파일 등과 같은 용구, 인쇄기·계산기·컴퓨터 등과 같은 기계, 책상 등과 같은 설비가 포함되어 있다. 이러한 사무수단은 직·간접적으로 사무작업의 방법을 제약하고 사무생산성을 좌우하게 된다.

사무를 처리하는 방법에서 총체적으로 본다면 사무제도이고, 개별적으로 본다면 집무방법이다. 일련의 영업실무가 행해지는 경우 많은 사람이 관련되어 있는 관계상 실무의 실시방법이나 순서를 정하고, 이것을 신속하고도 확실하게 실시할 필요가 있다. 그러한 경우 각 업무의 실시에 관련하여 특정한 장표를 이용하여 정보전달이나 처리를 행하는 것에 의하여 업무가 정확하게 실시됨과 동시에 이것을 통제할 수 있다. 결국 장표의 운용과 결합에 의해서 업무의 실시를 규제하는 의미이고, 이와 같은 일련의 사무계열을 사무제도라고 한다.

조직은 경영목적에 의해서 결정된 종과 횡의 분업계열에 있어서 개인 또는 집단의 위치를 표시함과 동시에, 그러한 업무의 상호관계를 표시하는 구조이다. 앞서 언급한 사무제도는 업무운용시스템을 표시하는 것이지만, 조직은 그것에 대응하는 업무분담을 표시하고, 사무제도를 동적이라고 본다면 사무조직은 정적인 성질을 가지고 있다.

2) 사무관리의 정의

사무관리란 사무작업에서 생산되는 정보를 효율적으로 관리하는 것이다. 사무관리는 조직의 목표를 달성하기 위하여 의사결정에 필요한 다양한 정보를 수집·처리·전달·보관하는 기능에 대해, 계획·조정·통제 등의 관리원칙을 적용하여 효율적으로 달성하는 것이다.

(1) 용이성

조직체가 수행하는 사무는 용이성·정확성·신속성 및 경제성이 확보될 수 있도록 관리되어야 하며, 이러한 원칙은 행정기관의 사무관리에도 적용된다. 먼저 용이성은 사무관리는 쉬워야 하는 것으로 너무 복잡하면 대부분 사람들은 능률이 오르지 않는다. 사무관리에 따르는 육체적·정신적인 피로를 줄이고 시간당 업무처리량을 향상시키기 위하여 사무관리가 보다 쉽게 이루어지도록 개선·관리할 필요가 있다. 이를 위하여 사무처리 절차의 개선 및 사무환경의 개선, 업무수행방식의 개선, 업무재설계, 정보화에 맞는 전자문서 시스템과 기록관리 시스템 및 경영·행정정보 시스템의 효율적인 운영 등이 요구된다.

(2) 정확성

사무는 의도하는 대로 정확하고 바르게 처리되는 것이 중요하다. 문자나 숫자의 사소한 오류라도 일을 그르칠 수 있기 때문이다. 사무처리의 정확성을 기할 수 있도록 문자·계산의 정확화, 기입방법의 정확화, 입증자료의 확보, 사무의 자동화, 사무분담 등이 필요하다.

(3) 신속성

사무를 처리하는 데 있어 필요한 시기에 맞추기 위해서는 신속성이 요구된다. 사무를 정확하게 처리하였다고 하더라도 시기를 맞추지 못하면 헛일이 될 수도 있다. 신속성을 위해서는 보고·결재단계의 축소, 전자결재 활성화, 회의시간 단축, 불필요한 보고서 생산 지양 등이 요구된다.

(4) 경제성

사무처리에 필요한 비용은 고정적이며 간접적인 경비로서 대개 증가하는 경향이 있다. 동일한 사무처리에 소요되는 경비를 줄이거나 같은 비용으로 처리되는 사무량을 증가시킬 수 있도록 노력해야 한다. 사무처리 절차 및 시스템 개선, 사무환경 개선, 소모품 절약 등이 필요하다.

사무관리의 대상으로는 사무환경, 사무장비, 사무관리기법의 3가지로 구분할 수 있다. 사무환경에는 사무공간(사무실 입지, 면적 및 배치 등), 사무집기(책상, 의자, 캐비닛 등), 물리적 환경(조명, 온도, 습도, 색상 등) 등을 들 수 있다.

사무장비로는 사무자동화 기기(컴퓨터, 모사전송기, 복사기 등), 전산시스템 및 네트워크(전자문서시스템, 업무관리시스템, 행정정보시스템, 정보통신망 등), 사무용품 등을 들 수 있다.

사무관리기법에는 문서관리, 관인관리, 서식관리, 사무표준화·간소화 등을 들 수 있다.

3) 문서관리

오늘날 사무자동화의 발전은 컴퓨터에서 작성한 문서를 출력하여 사용하지 않고, 문서를 컴퓨터에서 직접 상대방 컴퓨터로 송수신하고 전자결재까지 하는 세상을 창출해 냈다. 그러나 여전히 문서는 의사소통수단의 기본매체로 자리하고 있으며, "모든 사무는 문서에서 시작해서 문서로 끝난다"라고 말할 정도로 사무활동에서 차지하는 문서의 비중은 매우 크다. 문서는 원활한 경영활동을 보조하고 촉진해 주며, 의사의 기록·구체화, 의사전달, 의사보존, 자료제공, 사무의 연결·조정 기능을 한다.

문서처리의 원칙으로는 즉일처리의 원칙, 책임처리의 원칙, 법령적합의 원칙 그리고 전자처리의 원칙이 있다.

문서는 그 내용이나 성질에 따라 처리기간과 방법이 다르다. 그러나 효율적인 업무수행을 위해서는 바로 그날로 처리하는 것이 좋다. 모든 문서는 처리기간을 명확히 하고 기간준수를 위해 노력해야 한다.

문서는 여러 단계를 거쳐 처리된다. 그러므로 사무분장에 정해진 대로 각자가 자신의 직무범위 내에서 책임을 갖고 관계규정에 따라 신속하고 정확하게 처리해야 한다. 문서처리 담당자는 당해 문서처리에 있어서 어느 직급의 결재권자에게까지 결재를 받을 것인가 또는 내용에 따라 타부서와 관련성 등을 고려하여 필요한 조치를 해야 한다.

문서는 법령의 규정에 따라 일정한 형식적·절차적 요건을 갖추어야 하고 권한 있는 자에 의해 작성·처리되어야 한다. 따라서 중요한 요건을 빠뜨림으로써 문서의 신뢰성을 저해시키거나 법령위반 등의 문제로 문서의 효력에 영향을 미치는 일이 발생되지 않도록 해야 한다.

문서는 전자처리가 원칙이다. 즉, 문서의 기안·검토·협조·결재·등록·시행·분류·편철·보관·보존·이관·접수·배부·공람 등 모든 처리절차가 전자문서시스템 또는 업무관리시스템에서 전자적으로 처리되도록 해야 한다.

(1) 문서의 종류

문서의 종류는 작성주체에 따라서는 공문서와 사문서가 있으며, 문서의 성질에 의해서는 법규문서·지시문서·공고문서·비치문서·민원문서 및 일반문서로 구분하고 있다.

〈표 4-5〉 문서의 성질에 의한 분류

	내용	비고
법규문서	법규사항을 규정하는 문서로서 헌법·법률·대통령령·총리령·부령·조례 및 규칙 등	
지시문서	행정기관이 그 하급기관 또는 소속공무원에 대해 일정한 사항을 지시하는 문서	
공고문서	행정기관이 일정한 사항을 일반에게 알리기 위한 문서로서 고시·공고 등을 말함	
비치문서	행정기관이 일정한 사항을 기록하여 행정기관 내부에 비치하면서 업무에 활용하는 문서	
민원문서	민원인이 행정기관에 허가·인가·기타 처분 등 특정한 행위를 요구하는 문서 및 그에 대한 처리문서	
일반문서	상기 문서에 속하지 아니하는 모든 문서로서 회보 및 보고서가 있음	

문서가 성립하기 위해서는 ① 행정기관의 적법한 권한 내에서 작성되어야 한다. ② 행정기관의 의사표시가 명확하게 표현되어야 한다. ③ 위법·부당하거나 시행 불가능한 내용이 아니어야 한다. ④ 법령에 규정된 절차 및 형식을 갖추어야 한다.

문서의 효력발생과 관련해서는 표백주의, 발신주의, 도달주의 그리고 요지주의가 있다. 이 가운데 도달주의는 문서가 상대방에게 효력이 생긴다는 견해이며 수신주의라고도 한다. 민법상의 의사표시와 사무관리규정상 문서의 효력발생시기는 도달주의를 원칙으로 하고 있다.

문서의 효력발생시기의 일반원칙은 문서가 수신자에게 도달됨으로써 그 효력이 발생하고, 전자문서의 경우에는 수신자의 컴퓨터 파일에 기록됨으로써 그 효력이 발생된다고 하고 있다. 공고문서의 효력발생은 해당 공시가 공고에 특별한 규정이 있는 경우를 제외하고는 그 고시 또는 공고가 있은 후 5일이 경과한 날부터 효력을 발생한다. 여기서 5일의 경과기간은 일반에게 그 내용을 알리는 데 필요한 최소한의 주지시간으로 볼 수 있다.

문서관리의 원칙으로는 표준화의 원칙, 간소화의 원칙, 전문화의 원칙, 기계화·자동화의 원칙 그리고 경제성의 원칙이 있다. 문서관리를 시행하는 목적은 처리가 완결된 문서를 정리하고 보관함으로써 직무수행상 차후에 참조하고 활용하기 위해서이다. 그러므로 체계적인 분류를 통해서 안전한 방법으로 보관해야 하며, 나날이 증가하는 문서를 정기적으로 일정량을 폐기해야 문서의 무한한 증가를 억제할 수 있다. 문서관리의 목표, 즉 사무관리의 원칙으로는 신속성, 정확성, 용이성 그리고 경제성의 원칙을 들 수 있다.

4) 문서의 정리와 보관

문서의 정리란 불필요한 것의 발췌에서 시작되며, 문서정리의 목적은 문서를 찾아내는 시간을 단축하는 것이다. 그렇게 하여 필요한 때에 손쉽게 발견하고 용무가 끝나면 제자리에 보관하게 된다. 위와 같이 문서와 자료를 필요로 할 때 이용하기 쉬운 상태로 정리하기 위해서는 일정한 기준에 따라 문서나 자료를 분류할 필요가 있다. 문서정리의 절차는 문서의 구분, 문서의 분류, 문서의 보관, 문서의 이관, 문서의 보존, 문서의 폐기순서이다. 정보의 생애주기도 매우 짧아지고 있다. 문서는 작성되어서 6개월이 지나면 10%밖에 이용되지 않는다. 그리고 1년이 경과하면 1%밖에 활용되지 않는다.

(1) 파일링시스템

규모가 확대되고 경영활동이 복잡·다양·전문화된 가운데 문서란 원시적인 미디어가 되고 말았다. 그러나 문서는 아직도 여전히 질과 양적인 면에서 정보미디어의 큰 영역을 차지하고 있다. 이와 같은 문서를 정리·보관하는 목적은 경영활동에 필요한 정보로서 십분 활용하여 조직의 목표달성을 이룩하는 데 있다.

일반적으로 문서가 작성되어서 내용의 처리가 완결되면 차후 그 자료가 필요할 때 언제든지 즉각적으로 활용하기 위해서 체계적으로 문서를 분류·정리하고 보관하게 된다. 이러한 문서의 정리·보관, 그리고 폐기에 이르는 일련의 기술적인 제도를 파일링시스템이라고 한다.

파일링시스템을 도입하여 얻게 되는 효과는 다음과 같다.

① 불필요한 문서를 버릴 수 있게 한다.

② 문서관리 방법이 표준화·정형화됨으로써 문서가 사유화되지 않는다. 즉, 문서가 체계적으로 분류·보관되고 있다면, 담당직원이 자리에 없더라도 필요한 문서를 신속히 검색하여 색출해 낼 수 있으므로 경영의사활동을 중단함이 없이 효율적인 일처리를 가능하게 한다는 것이다.

③ 해당 기관 내의 모든 문서들을 체계적인 분류방법으로 통일시킴으로써 검색이 쉬워진다

④ 각각의 문서마다 정해져 있는 보존기간까지 일괄적으로 보관·보존하고, 문서가 이용가치가 없어졌을 때 폐기를 가능하게 한다.

파일링시스템의 목적으로는 정보를 효과적으로 이용할 수 있는 상태로 관리하고 경영활동의 효율화라는 측면에서 정리할 수 있다. 첫째는 문서의 유효한 활용이다. 문서의 사물화를 방지하고 공유함으로써 지정된 장소에 보관하여 누구라도 손쉽게 이용할 수 있도록 한다. 둘째, 검색시간의 절감이다. 문서를 필요할 때에 빨리, 손쉽게 꺼낼 수 있도록 모든 문서의 분류와 로케이션(location)화를 기하여 신속한 검색을 하도록 한다. 셋째, 중요한 문서의 안전한 보관이다. 대상문서와 취급기준의 명확화를 통하여 기록의 산만이나 파손을 방지하고 기밀을 유지하도록 한다. 넷째, 사무공간의 유효한 활용이다. 불필요한 문서가 사무실 내에 쌓여 있지 않으므로 공간 활용을 유효하게 할 수

있다. 다섯째, 사무자동화기기 도입의 선행작업이다. 업무의 효율화와 경영정보의 효율적인 지원을 위하여 기업은 사무자동화를 추진하고 있으나, 선행단계로서 반드시 해야 할 과정 중의 하나가 바로 파일링시스템의 정비이다.

그림 4-2 파일링시스템의 원칙

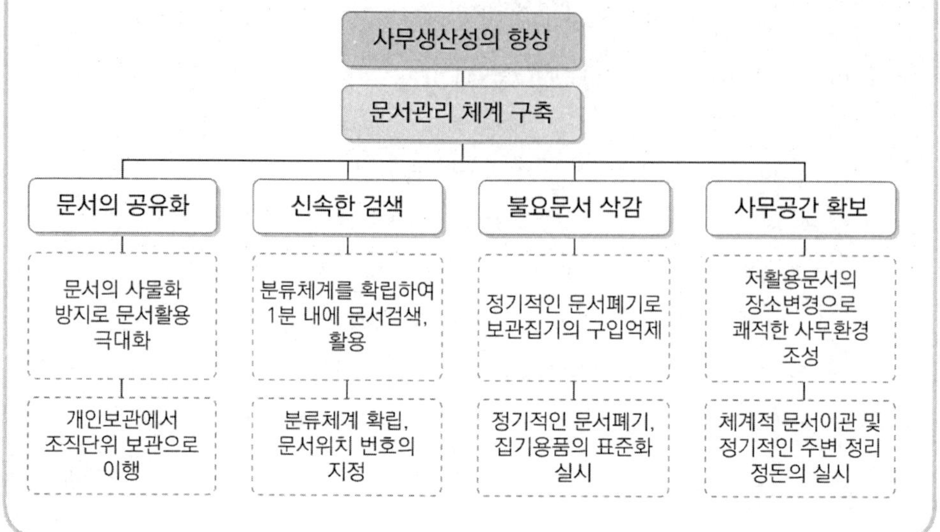

파일링 절차는 다음과 같다.

① 내용의 처리가 완결된 문서를 파일링할 수 있도록 준비한다.
② 준비된 문서를 해당폴더에 넣는다.
③ 규정에 따라 색인을 붙인다.
④ 필요에 따라 마이크로필름 또는 광디스크에 수록한다.
⑤ 문서의 이용 요청이 있을 때는 신속하게 검색해서 제공하고, 이용이 끝난 문서는 다시 제자리에 놓는다.

이와 같이 파일링의 기본절차가 파일링 대상문서의 구분, 분류, 보관, 이관, 보존, 폐기로 이어지는 일련의 과정은 다음과 같다.

① 대상문서의 구분: 여러 문서 중에서 파일링해야 할 문서를 가려내어

파일 대상문서임을 구분한다.

② 문서의 분류: 파일링해서 보관·관리해야 할 문서는 일정한 문서 분류 기준법에 따라 일관성이 유지되도록 분류한다.

③ 보관: 분류한 파일은 문서관리규정에 따라 일정기간 동안 처리과(주무과)의 서류함에 보관한다.

④ 인계·이관: 이용가치가 떨어진 문서를 보관단계에서 보존단계로 옮기는 것을 말한다. 따라서 보관문서 중에서 계속해서 보존해야 할 것들은 이를 인계·이관하여 보존하도록 한다.

⑤ 보존: 보존해야 할 파일은 각각 정해진 문서 보존기간 동안 문서과에서 보존·관리한다.

⑥ 폐기: 더 이상 보관 또는 보존할 가치가 없는 문서는 폐기한다.

(2) 문서의 분류

문서의 분류에는 다음과 같은 일련의 절차가 있다. 우선 공통의 성질끼리 모은다. 공통요소 간에 우선순위를 정한다. 순서에 따라 분류를 체계화한다. 이해하기 쉽게 표를 만든다.

문서의 분류원칙으로는 종합의 원칙, 점진의 원칙, 일관성의 원칙, 상호배제의 원칙 그리고 병렬의 원칙이 있다.

문서분류의 대원칙으로서 종합의 원칙이란 세분하는 것이 목적은 아니고 묶기 위하여 분류하는 것이다. 점진의 원칙은, 세분은 순차적으로 대분류·중분류·소분류와 같이 묶을 수 있는 것은 묶고, 간단한 것으로부터 복잡한 것으로, 일반으로부터 특수로 분류를 진행해야 한다. 일관성의 원칙이란, 분류의 목적에 따라서 분류하는 기준은 확실하게 정한다는 것이다. 동일한 분류에 있어서 처음에는 용도로 분류하다가 나중에는 형태나 색깔을 기준으로 분류하는 것처럼 일관성이 결여되어서는 안 된다. 상호배제의 원칙은 분류의 세분항목은 명료하고 애매한 점이 없도록 정의되어 있어야 하고, 세분항목에 중복이 있어서는 안 된다. 병렬의 원칙이란, 분류 결과 비슷한 것이나 관계가 있는 것은 가까운 곳에 배열되도록 분류가 되어야 한다는 점이다.

5) 보고사무와 협조사무

(1) 보고사무

사무관리규정에 의하면 보고는 조직 내에서 상하 계층 간이나 부서 상호 간 또는 기관 상호 간에 법령의 규정 또는 지시나 명령에 의하여 구두, 전화, 전신, 서면 등으로 일정한 의사 또는 자료를 전달하는 과정을 말한다. 그러나 일반적으로 '보고'란 하급자가 상급자에게, 즉 수직적인 관계에서 일정한 의사를 전달하는 과정을 의미하는 것이며, 동일 직급의 동료 간이나 동급의 부서 간 또는 동급의 기관 간 등 수평적인 관계에서의 일정한 의사의 전달 시는 '통보'라는 용어를 흔히 사용하고 있다.

보고는 관리층이 정책을 결정하고 시행 방침을 설정하기 위하여 상황을 정확히 파악하도록 하고, 사업 추진 상황을 확인하여 합리적인 통제와 조정을 하기 위하여 실시하는 것이다.

〈표 4-6〉 보고의 종류와 내용

구분	유형	내용
용도에 의한 구분	정보보고	기획과정에서의 각종 정보·자료수집에 관한 보고
	관리보고	통제과정에서의 관리에 관한 보고
형식에 의한 구분	구두보고	대면이나 전화 등의 구두에 의한 보고
	서면보고	보고서 통계표 도표 등의 서면에 의한 보고
	전산망보고	전자문서 결재 시스템에 의한 보고
내용에 의한 구분	계획보고	각종 계획에 관한 보고
	결과보고	지시에 의한 업무 처리 후 그 결과의 보고
	현황보고	현안 사업 등 각종 업무에 대하여 현재 진행 중인 상태의 보고
	연구보고	각종 프로젝트나 연구에 관한 결과의 보고
	조사보고	사건, 현상 등에 관한 조사내용의 보고
시기에 의한 구분	정기보고	일보, 주보, 순보, 반월보 등 정기적인 보고
	수시보고	사안 발생 시마다 수시로 하는 보고

보고의 원칙으로는 필요성의 원칙, 완전성의 원칙, 적시성의 원칙 그리고 간결성의 원칙이 있다. 보고의 종류는 용도·형식·내용·시기에 의해 구분할 수 있다.

(2) 협조사무

기관 간 업무협조란 한 기관이 업무를 처리할 때 그 업무를 직접 담당하는 기관과 그 업무와 관계되는 다른 기관의 공동 목적 달성을 위한 쌍방의 노력으로 협의에 의하여 관련된 사항의 상호균형과 조화를 유지하도록 하는 것을 말한다. 이 경우 업무협조의 요청을 받은 기관은 정부업무가 효율적으로 수행될 수 있도록 적극 협조해야 한다.

업무협조의 방법으로는 문서에 의한 협조회의 등에 의한 협조, 공동작업반 편성 등에 의한 협조, 전화 등에 의한 협조가 있다.

실 / 전 / 문 / 제

01 보험계약의 성립시기에 관하여 옳은 것은?

① 보험계약자가 청약을 한 때
② 보험자가 승낙을 한 때
③ 최초의 보험료를 지급한 때
④ 보험증권을 교부한 때
⑤ 고지의무를 완료한 때

02 다음의 내용이 설명하는 법은?

> 국가와 사회가 책임을 지고 국민생활을 위협하는 노령, 사망, 질병, 실업, 산업재해 등과 같이 사회적 사고의 결과 발생한 문제를 해결하거나 보호하기 위해 보험료의 강제적인 징수를 통하여 사고발생 시 해당되는 급여를 실시하는 제도

① 사회복지서비스법
② 사회보험법
③ 사회사업법
④ 사회개발법
⑤ 공공부조법

03 전 국민이 건강보험의 혜택을 입기 시작한 연도는?

① 1988년
② 1999년
③ 2000년
④ 1989년
⑤ 1998년

04 국민건강보험법의 기본원칙으로 옳지 않은 것은?

① 보험급여의 포괄성 보장
② 보험료 부담의 형평성 보장
③ 제도운용의 효율성과 투명성 확보
④ 보험재정의 흑자성 확보
⑤ 의료자원의 효율적 활용과 의료서비스의 질적 향상 도모

05 국민건강보험제도의 일반적 특성으로 옳지 않은 것은?

① 사회보험이다. ② 강제가입보험이다.
③ 장기보험이다. ④ 보편성을 가진다.
⑤ 소득재분배적 기능을 가진다.

06 산재보험의 특징으로 옳지 않은 것은?

① 과실책임주의
② 보험료의 사업주 전액부담원칙
③ 강제가입방식
④ 자진신고 및 자진납부원칙
⑤ 대체적으로 사후대응적 원칙

07 다음 중 산업재해보상보험 업무와 관계 있는 것은?

① 산재보험 보험료는 사업주와 근로자가 반씩 부담한다.
② 노후의 생활보장
③ 직업지도 및 보도
④ 근로자의 복지증진을 위한 사업
⑤ 공무원의 생활안정

08 산재보험제도와 관련된 설명 중 바르지 못한 것은?

① 휴업급여는 평균임금의 70% 수준이다.
② 근로자를 사용하는 모든 사업장은 강제가입의 대상이다.
③ 업무상 사고는 업무수행성과 업무기인성을 갖추어야 한다.
④ 보험료율은 매년 6월 30일 현재 과거 3년간 임금총액에 대한 산재보험 급여총액의 비율을 기초로 하여 정해진다.
⑤ 보험관리는 개별 근로자 단위로 운영된다.

09 다음 중 사무관리의 기능이 아닌 것은?

① 회계업무의 근거자료 제공
② 관리업무의 전문성·효율성 제고
③ 관리업무의 계속성·일관성 유지
④ 감사 및 감독의 근거자료 제공
⑤ 사무관리를 통한 수익성 제고

10 문서의 효력에 따른 분류에 속하지 않는 것은 어느 것인가?

① 특수문서 ② 공고문서
③ 지시문서 ④ 법규문서
⑤ 일반문서

11 빌딩문서 관리에 있어서 문서를 분류하는 원칙에 관한 설명 중 맞지 않는 것은?

① 세분하는 것이 아니라 성질이 비슷한 것끼리 묶는 것을 '종합의 원칙'이라고 말한다.
② 목적에 따라 구분원칙을 분명하게 정한 다음 그 구분에 따라 통일성 있게 분류하는 것을 '일관성의 원칙'이라고 한다.
③ 나누기 쉬운 것부터 정리하여 간단한 것부터 복잡한 것으로 묶어 가는 것을 '점진의 원칙'이라고 말한다.
④ 애매한 것을 없애고 중복시키지 않으면서 어디에 서류를 넣을까를 분명하게 하는 것을 '상호연결의 원칙'이라고 말한다.
⑤ 문서의 모든 단위를 포함하는 것으로 병치를 채용하는 것을 '병치의 원칙'이라고 한다.

12 다음 중 문서처리의 원칙으로 거리가 먼 것은?

① 구두처리의 원칙 ② 즉일처리의 원칙
③ 전자처리의 원칙 ④ 적법성의 원칙
⑤ 책임처리의 원칙

정답 및 해설

01 정답 ②

해설 보험계약은 보험계약자의 청약에 대하여 보험자가 승낙할 때에 성립한다.

02 정답 ②

해설 사회보험이란 국가와 사회가 책임을 지고 위험의 분산이란 보험기술을 이용하여 국민생활을 위협하는 노령, 사망, 실업, 산업재해 등과 같은 사회적 사고의 결과 발생한 문제를 해결하거나 경제적 불안정으로부터 국민 개개인을 제도적으로 보호하기 위해 보험료 징수를 통하여 사고발생 시 해당되는 보험급여를 실시하는 제도를 의미한다.

03 정답 ④

해설 1989년은 건강보험의 전 국민 확대를 시작한 해이다.

04 정답 ④

해설 보험재정의 건전성을 확보하여야 한다.

05 정답 ③

해설 국민건강보험은 국민연금과 같이 장기보험이 아니라 회계연도가 1년인 단기보험에 속한다.

06 정답 ①

해설 산업재해보상보험제도는 사용자의 고의·과실 유무를 불문하고 업무상의 재해에 대하여 사용자에게 무과실책임을 부과한다.

07 정답 ④

해설 산업재해보험업무의 목적은 근로자의 업무상의 재해를 신속하고 공정하게 보상하며, 재해근로자의 재활 및 사회 복귀를 촉진하기 위하여 이에 필요한 보험시설을 설치·운영하고, 재해 예방과 그 밖에 근로자의 복지 증진을 위한 사업을 시행하여 근로자 보호에 이바지하는 것을 목적으로 한다.

08 정답 ⑤

해설 보험관리는 사업장 단위로 이루어진다.

09 정답 ⑤

해설 사무관리를 통한 수익성제고는 사무관리의 기능에 해당하지 않는다.

10 정답 ①

해설 문서는 효력에 따라 법규문서, 지시문서, 공고문서, 일반문서 등으로 분류된다.

11 정답 ④

해설 애매한 것을 없애고 중복시키지 않으면서 어디에 서류를 넣을까를 분명하게 하는 것을 '상호배제의 원칙'이라고 말한다.

12 정답 ①

05 조직 및 인사관리

1. 조직관리[7)]

1) 조직의 개념

조직의 개념은 학자들의 관점과 접근방법에 따라 다양하게 정의된다. 베버는 "조직이란 계속적이고 의도적인 특정한 종류의 활동체제"라고 정의하고 있으며, 바나다(C. I. Barnard)는 "조직이란 의식적으로 조정된 2인 이상의 활동 또는 협동의 체제"로 규정하고 있다. 또 파슨스와 에치오니의 경우 조직을 하나의 "사회체제 혹은 사회단위"로 보고 있다.

조직의 개념을 구성하고 있는 특성으로는 달성하고자 하는 특정한 목표 내지 목적을 가지고 있으며, 목표 내지 목적을 달성하기 위한 복수인의 집단체이며, 여러 과업을 수행하는 부분요소들로 구성되며, 이들은 상호의존하면서 상호작용을 하는 분업체제이다. 또한 조직은 사회적 환경 속에서 존재하며, 사회적 환경과 상호 의존된 일종의 사회체제이다. 조직은 사회체제 속의 한 부분체제 또는 하위체제일 뿐만 아니라 자체 내에 여러 하위체제를 가지고 있으며, 목적달성기능, 적응기능, 형상유지기능, 통합기능을 수행하며, 비교적 장기간 존속하는 지속성을 가지고 있다.

조직은 "2인 이상의 협동체로서 공동목표를 달성하기 위한 사회적 단위"로 정의되며, 조직의 목표란 "조직이 달성하고자 하는 바람직한 미래의 상태"를 의미한다. 조직목표의 기능으로는 첫째, 조직이 달성하고자 하는 미래의 상태를 밝힘으로써 조직의 운영과 활동을 위한 방향 및 지침을 제시한

7) 박연호 · 이종호 · 임영제, 『행정학 개론』, ㈜박영사, 2018, pp.173~219 참조.

다. 둘째, 조직목표는 조직의 존재와 활동·임무를 정당화시켜 주는 기능을 수행한다. 셋째, 조직목표는 조직의 구성원이나 외부인에게 조직의 성패, 즉 조직의 효과성과 능률성을 측정하는 기준을 제공해 준다. 넷째, 조직목표는 조직구성원들로 하여금 미래지향의 행동과 사고방식을 불러일으키는 작용을 하는데, 이는 특히 기획기능과 밀접한 관련이 있다는 것을 의미한다.

조직의 관리방법으로서 목표관리(MBO)란 장래의 일정기간에 대한 조직의 각 부서·직원의 목표를 설정하고, 이에 따라 직무를 수행하게 하는 것을 말한다.

MBO는 조직의 관리자와 직원이 함께 참여하여 조직의 공동목표를 명확히 하고, 기대되는 결과와 관련시켜 각자의 개별목표와 책임범위를 상호 협의하여 설정하며, 이를 각 부서의 운영지침으로서 활용하여 직무를 수행하게 하고, 구성원 각자의 기여도를 측정·평가하고, 이를 환류하여 궁극적으로는 조직의 효율성을 증진시키려는 데 그 목적이 있다. MBO는 1950년대부터 미국의 사기업에서 널리 사용되어 왔으며, 행정부문에서는 1973년 미연방정부가 종래의 계획예산제도(PPBS) 대신 행정관리의 통제수단으로 채택한 바 있다.

MBO의 특징으로는 목표설정과정에 부하의 참여, 조직 전체 목표와 개인목표의 일치모색, 장기적·전략적 성격, 집권화와 분권화의 조화, 통합적·종합적 관리방법, 성과와 능률의 중시, 의도적인 관리방법, 자기실현적 인간관리 등을 들 수 있다.

MBO의 장점과 단점은 다음과 같이 정리할 수 있다. 목표관리의 장점으로는 첫째, 조직과 인간화를 통한 조직발전에 기여한다는 점이다. 둘째, 조직의 목표와 개인의 목표를 일치시키게 된다. 셋째, 조직의 효과성과 생산성에 기여하게 된다. 넷째, 조직의 민주화와 구성원의 사기양양에 기여하게 된다. 다섯째, 업무평가의 객관적 기준 및 책임한계가 명확하다는 점이다. 여섯째, 인적자원의 효율적 활용과 능력발전에 기여하게 된다.

목표관리의 단점으로는 첫째, 목표의 명확한 설정이 어렵다는 점이다. 둘째, 결과를 지나치게 중시하며 양적 측면만 지나치게 강조할 우려가 있다. 셋째, 참여적·분권적 관리를 강조함으로써 합의에 도달하기까지 많은 시간과 노력이 요구된다. 넷째, 문서주의와 절차의 번잡성을 유발할 우려가 있다는 것이다.

2) 조직의 구조와 설계

조직구조는 조직을 구성하는 각 부문 간의 확립된 관계의 유형으로서 조직활동의 형태, 기준, 조직부서 간 조정방법 등을 포함하는 개념이다. 그리고 조직의 목표를 달성할 수 있도록 조직구조를 만들고 조정하는 과정이 조직설계인 것이다. 조직은 구체적인 환경과 요구에 대응하기 위해 조직구조를 설계한다. 조직구조를 설계할 때 고려해야 할 기본 요소는 공식화, 집권화와 분권화, 복잡성을 들 수 있다. 복잡성의 경우 수평적 분화와 수직적 분화로 세분화할 수 있다.

조직구조의 유형을 이해하기 위해서는 기계적 조직구조와 유기적 조직구조, 계선조직과 참모조직의 개념을 이해할 필요가 있다.

그림 5-1 기계적 구조와 유기적 구조의 개념

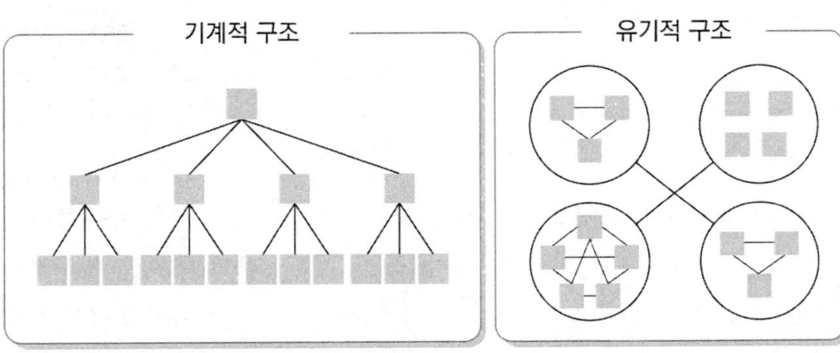

기계적 조직구조는 전형적으로 높은 수준의 공식화, 엄격하고, 계선적인 명령계통, 고도의 전문화, 좁게 한정된 업무범위, 상명하달식의 의사소통, 의사결정의 집권화, 그리고 좁은 통제범위에 의존하는 구조이다. 효율적이고 예측 가능하며, 표준화된 조직이기 때문에 안정적인 환경에 적절하다. 기계적 조직구조의 대표적인 형태가 관료제적 조직구조이다. 유기적 조직구조는 전형적으로 낮은 수준의 공식화, 약하고 복합적인 명령계통, 낮은 수준의 전문화, 분권화된 의사결정 그리고 넓은 통제범위에 의존하는 구조이다. 유연하고 적응적이며, 조직외부에 초점을 맞추고 있으며, 역동적인 환경에 적절하다.

〈표 5-1〉 기계적 조직구조와 유기적 조직구조의 특성

기계식 조직구조	유기적 조직구조
높은 수준의 과업 전문화	낮은 수준의 과업 전문화(일반 과업)
아주 명확한 권한체계	명령체계는 존재하나 구성원의 자율성 강조
소수에 의한 집권화된 의사결정	다수의 참여에 의한 분권화된 의사결정
높은 수준의 계층적 통제	낮은 수준의 계층적 통제
부하와 상사 간의 수직적 의사소통	조언에 초점을 둔 수평적 의사소통
전문분야에서 특화된 전문성의 개발 장려	전문분야 외의 지식과 전문성 개발 장려
낮은 환경 불확실성에 적합	높은 환경 불확실성에 적합

실제 조직은 기계적 조직구조와 유기적 조직구조 중 극단적으로 어느 한쪽을 취하고 있는 조직은 거의 없고, 양 구조 극단 사이의 중간 지점 어느 한쪽에 위치할 가능성이 높다. 즉 어떤 조직은 기계적 구조 특성을 좀 더 가지고 있고, 다른 조직은 유기적 구조 특성을 좀 더 볼 수 있다.

계선조직은 명령복종관계가 수직적으로 연결되어 있고, 계층화에 따른 분업에 중점을 두고 있는 조직이다. 계선조직은 조직의 목표를 달성하는 데 직접적으로 기여하고 책임을 진다. 계선조직의 특징으로는 수직적 권한의 계열로 이루어져 있으며, 결정권·집행권을 가지며, 이에 대한 책임을 지고, 계층제·명령통일·통솔범위에 따른 분업화에 중점을 두고 있으며, 일반대중과 밀접한 관계를 유지한다는 점을 들 수 있다.

참모조직이란 계선기관이 조직의 목표달성을 위한 정책결정, 집행 등 조직의 모든 활동을 원활하게 수행할 수 있도록 도와주기 위하여 계선 외부에 설치한 조직을 말한다. 이와 같은 참모기관은 자문·조정·정보수집분석·

기획·통제·인사·회계 등의 기능을 수행함으로써 계선기관의 업무활동을 지원·촉진시켜 주는 역할을 한다. 참모기관은 전문적인 지식·경험을 가지고 조직목표 달성에 간접적으로 기여하고, 구체적인 집행권이 없기 때문에 일반적으로 명령이나 지휘권을 갖지 못하고, 일반대중과 직접 접촉하거나 봉사하지 않는다는 데 그 특징이 있다.

민츠버그에 의하면 조직에는 다음과 같은 5가지 기본 부문이 있다. 첫째, 핵심 운영 부문으로 현장에서 조직의 제품이나 서비스를 생산해 내는 곳이다. 둘째, 전략 부문으로서 조직을 관리하는 최고관리층이 있는 곳으로 조직의 전략을 형성한다. 셋째, 중간 라인 부문으로 전략 부문과 핵심운영 부문 간을 연결시키는 라인에 위치한 중간관리자로 구성되어 있다. 넷째, 기술구조 부문은 조직 내의 과업 과정과 산출물이 표준화되는 시스템을 설계하는 분석가들로 구성된다. 다섯째, 지원 스태프 부문으로 기본적인 과업 흐름 외에 발생하는 조직의 문제에 대해 지원을 하는 전문가들로 구성되어 있다. 조직은 이러한 다섯 부문에 작용하는 힘에 의해 다음과 같은 5가지 구조를 갖게 된다고 한다.

(1) 일반적 조직구조

① 단순구조

단순구조는 상대적으로 소규모이고 주로 초창기 조직에서 발견되는데, 일반적으로 복잡하지 않은 기술을 사용한다. 단순구조는 집권화된 유기적인 구조라 할 수 있다.

단순구조는 복잡하지 않으며, 공식화 정도도 낮다. 권한이 최고관리자에게 집중되어 있으며, 소계층 조직으로서 핵심 운영부서가 유기적 구조인 것이 단순구조의 특징이다. 과업 수행 시 주로 사용하는 조정수단은 직접감독이다. 특히 중요한 모든 의사결정권한은 최고관리자에게 집중되는 경향이 있으며, 따라서 최고관리자는 이 구조의 핵심부문으로 등장한다. 단위부서들은 대략적인 기능의 구분에 의해서 묶어지는데 단위부서들 간의 조정은 최고관리자가 담당한다. 의사소통은 비공식적으로 행해진다.

단순구조의 가장 큰 장점은 단순성에 있다. 즉 단순구조는 신속하고 유연성이 있으며, 유지비용이 적게 들며, 진취적이고 혁신적이어서 관료제 구조가 회피하는 위험한 환경을 계속적으로 추구할 수 있다. 반면 단순구조는 집권화로 인한 다음과 같은 단점을 가진다. 단순구조는 최고관리자에게 전적으로 의존하기 때문에 최고관리자의 건강이나 판단 여하에 따라서 조직의 성패가 좌우된다. 구조적인 변화가 필수적임에도 불구하고 최고관리자가 그 변화를 거부하거나 저항하는 경우에는 단순구조의 가장 큰 장점 중의 하나인 유연성이 단순구조의 치명적인 부담이 된다. 단순구조에서는 최고관리자의 견제세력이 거의 존재하지 않으므로 최고관리자의 권력남용 가능성이 크다.

그림 5-2 조직구조의 유형

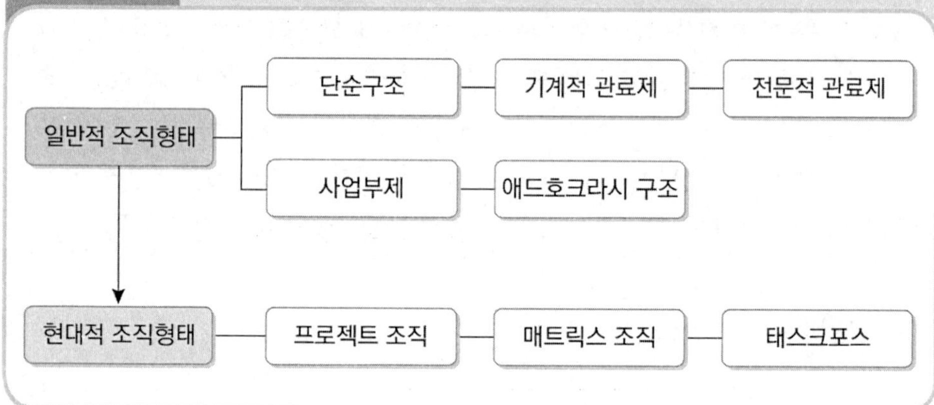

(2) 기계적 관료제 구조

기계적 관료제 구조는 전형적으로 단순하고 안정적인 환경에서 적절한 조직구조 형태이다. 기계적 관료제 구조하에서는 활동을 가급적 조직 내부에서 완전하게 통제하려 함으로써 작업 흐름을 안정적으로 유지하려고 한다. 또한 작업의 반복성이 높고 표준화를 정착시킬 수 있는 조직에서 찾아볼 수 있다.

기계적 관료제의 일반적 성격으로, 기계적 관료조직은 작업이 철저하게 세분화되어 있고, 또 그 작업은 반복적으로 수행되며, 핵심현장부서에서 매우 공식화되어 있다. 조직 전반에 많은 규칙과 규제가 존재하며, 의사소통

또한 매우 공식화되어 있다. 핵심현장부서의 작업 단위가 크며, 기능에 따라 작업이 통합된다. 종업원에 대한 교육훈련은 별로 행해지지 않으며, 부서 간의 횡적 통합방식도 거의 사용되지 않는다. 집권화된 형태의 의사결정유형을 보이며, 관리구조가 계선과 참모로 명확하게 구분되는 특성이 있다.

기계적 관료조직의 장점은 다음과 같다. 업무수행의 정확성·신속성·명확성·지속성·단일성과 갈등의 감소, 인적 및 물적 비용의 절약 등을 추구할 수 있으며, 다른 어떤 조직형태보다 기술적 합리성을 유지할 수 있다. 기계적 관료조직은 쉽게 통제가능하며 효율적이기 때문에 대량의 동일한 산출물을 생산하는 데 적합하다. 한편, 기계적 관료조직의 단점으로는 과업에 대한 지나친 세분화로 작업의 일상화를 가져오며, 그 결과 비인간화 문제를 야기할 수 있다는 점, 하위목표에 대한 집착으로 말미암아 고객에 대한 서비스가 무시될 수 있고, 변화에 대한 저항을 초래할 수 있다는 점, 조직 내의 갈등이 표준화에 의해서 해결될 수 없을 때 라인과 스태프 간의 조정문제가 대두되며, 그 결과 환경변화에 대한 둔감한 적응을 보이기도 한다는 점들을 들 수 있다.

(3) 전문적 관료제

전문적 관료제 구조는 수평·수직적으로 분권화된 조직 형태로서, 복잡하고 안정적인 환경에서 적절한 조직구조 형태이다. 즉 환경이 복잡하면서, 표준화된 지식과 기술 및 운영절차를 사용할 수 있을 정도로 안정되어 있는 경우에 적합하다.

전문적 관료조직은 오랫동안 고도의 교육과 훈련을 받고 직업의식이 투철한 작업현장의 전문가들에게 상당한 자율성을 부여한다. 분권화를 가능케 하는 조정 메커니즘으로 조직구성원들의 행동을 표준화한다. 이 조정 메커니즘은 지식 및 기술능력의 표준화이며, 전문적 관료제는 이 메커니즘에 의존한다. 전문가들은 그들 과업을 스스로 통제할 뿐만 아니라 지원부서와 같은 관리기구에 대해서도 통제를 유지하려고 한다. 전문가들의 복잡한 과업을 쉽게 공식화할 수 없고, 그 결과도 행동계획이나 성과통제시스템에 의해 표준화될 수 없기 때문에 지원스태프는 매우 구체화되어 있다. 전문적 관료조직에서는 고객과 그에 봉사하는 전문가들이 서로 밀착 연결되어 있으므로 구조면에서 서로 일치한다고 볼 수 있다.

전문적 관료조직의 장점으로는 구성원들에 폭넓은 재량권을 제공하며 이에 수반되는 모든 압력과 정치적인 힘에 대하여는 물론 그들의 동료들로부터도 제재를 받을 필요가 없다는 점, 작업자들과 고객을 유리시키는 장벽이 없으며, 양자의 인간적인 접촉을 가능케 함으로써 기술적 시스템과 사회적 시스템의 완전한 조화를 연출하게 된다는 점을 들 수 있다.

그러나 전문적 관료조직은 라인계층의 수직적인 힘과 전문가들의 수평적인 힘 사이에서 갈등을 겪고 있는 지원스태프와의 조정문제, 자기 분야에서 권위자임을 자부하는 전문가들 사이에서의 조정문제, 전문가의 비양심적인 그릇된 판단에 대한 통제문제 등의 단점을 가지고 있다.

(4) 사업부제 구조

사업부제 구조는 제한된 수직적 분권화 조직 형태로서, 이러한 구조가 형성되기 위한 기본적인 조건은 무엇보다도 고객이나 제품 및 시장의 다양성이다. 이 구조는 상대적으로 안정적인 환경에서 운영되는 대규모의 조직에서 발견된다.

사업부제 구조는 하나의 완전한 구조가 아니라 다른 구조에 하나의 구조를 겹쳐 놓은 구조 형태이다. 이 구조는 각각의 사업부를 관리하는 하나의 본부를 갖춘 시장중심의 구조이며, 그 각각의 사업부는 독자성을 가지고 운영된다.

사업부제 구조하에서는 중간관리층이 조직의 핵심부문으로 등장하며, 각 사업부마다 성과표준을 설정하고 설정된 표준과 일정기간 동안의 과업수행결과를 비교하는 성과통제시스템이 운영된다.

각 사업부의 자율성을 보호하면서 사업부를 통제하기 위해서는 사업부는 단일의 일관된 목표를 갖는 단일의 통합시스템으로서 이루어져야 하고 목표는 양적 측정이 가능해야 한다. 그래야만 성과표준설정이 용이하기 때문이다.

사업부제의 장점으로는 자원의 효율적인 배분을 가능케 한다는 점, 개별사업을 영위할 수 있는 기회가 주어지기 때문에 전반관리자를 훈련시키는 데 유리한 조건을 갖고 있다는 점, 한 사업부의 파탄이 다른 사업부에 영향을 주지 않고, 그 한 사업부의 파탄으로 끝나기 때문에 위험을 분산시킬 수 있다는 점, 사업부 관리자가 자유롭게 사업을 전개할 수 있으며, 사업부는 그들의 관료적 기구를 변화시킬 수 있다는 점 등을 들 수 있다.

사업부제 구조의 단점으로는 다음과 같은 점을 들 수 있다. 사업부제의 통제시스템이 관리자들로 하여금 금전적 성과에 치중하게 하여 관리자들의 혁신능력을 저해할 수 있다는 점, 종종 본부에 집중시킴으로써 사업부제 본래의 목적을 상실시킬 수도 있다는 점, 본사가 사업부를 관리함에 있어 이익·매출액·투자수익률과 같은 양적인 측면의 성과를 기준으로 사업부를 평가하고 통제하게 될 경우 제품의 질, 작업에 대한 자부심, 고객에 대한 봉사, 환경보호 및 미화 등과 같은 측정될 수 없는 목표 등이 무시될 수 있다는 점 등이다.

그림 5-3 사업부제 조직의 개념

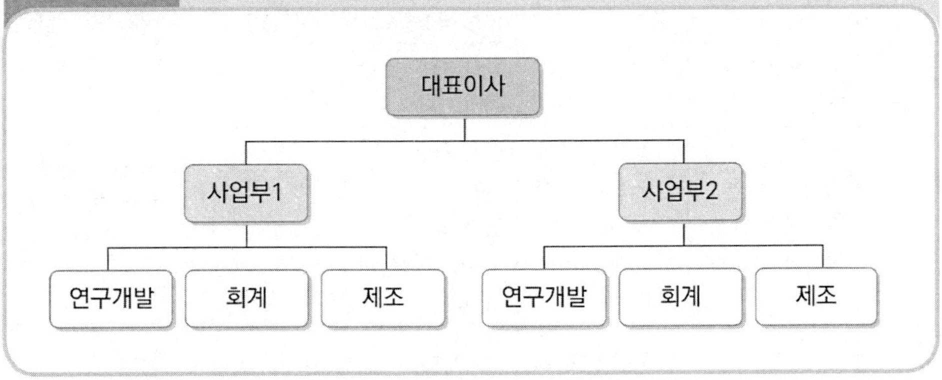

(5) 애드호크라시 구조

애드호크라시(adhocracy)는 기계적 관료제 구조와 반대의 속성을 갖는 조직구조로서, 동태적이고 복잡한 환경에 처한 조직에 적합한 분권화되고 유기적인 조직구조이다. 일반적 성격으로는 행동의 공식화가 크게 요구되지 않은 유기적 구조이다. 준공식적 권한을 참모에게 부여하기 때문에 계선과 참모의 권한이 불명확하다. 구조는 기능 및 시장중심으로서 동시에 결합되는 매트릭스 구조에 광범위하게 의존하기 때문에 명령계통 일원화의 원칙이 적용되지 않는다.

애드호크라시의 장점으로는 구성원의 능력과 재능을 최대한 발휘하게 함으로써 혁신을 촉진할 수 있다는 점, 고객의 특별한 요구나 시장에서의 급격한 변화에 개별팀을 프로젝트 간에 이동시킴으로써 신속하게 대응할 수 있다는 점 등을 들 수 있다. 한편 애드호크라시의 단점으로는 기능부서와 프로젝트관리자들 사이의 권력투쟁에 따른 갈등으로 개인의 역할 및 책임과 권한이 모호해지며, 이로 인해 종업원들에게 스트레스를 줄 수 있다는 점, 잦은 계약관계의 설정 및 해체가 구성원들에게 사회적 스트레스와 심리적 긴장감을 유발시키기 쉽고, 종업원들의 조직에 대한 몰입을 하기 어려운 면이 있다는 점, 개인의 성장을 위한 경력개발이 체계적이지 못한 경우가 많다

〈표 5-2〉 일반적인 조직형태의 특징

	단순구조	기계적 관료제	전문적 관료제	사업부제	애드호크라시
적용 환경	소규모, 초창기 조직	단순하고 안정적인 환경	복잡하고 안정적인 환경	고객이나 제품의 다양성	동태적이고 복잡한 환경
일반적 성격	최고관리자에게 권한집중 복잡하지 않고 공식화 정도도 낮음	작업이 세분화 의사소통은 매우 공식화 집권화된 의사결정	전문가들에게 자율성 부여 분권화를 가능케 하는 조정메커니즘	다른 구조에 하나의 구조를 겹쳐 놓은 형태 사업부는 독자성을 가지고 운영	행동의 공식화가 크게 요구되지 않은 유기적 구조
장점	신속하고 유연성이 있음 진취적이고 혁신적	업무수행의 효율성 통제 가능성	작업자들과 고객을 유리시키는 장벽이 없음	자원의 효율적 배분 위험분산 가능	혁신촉진 고객의 요구나 시장에의 대응력
단점	최고관리자의 건강이나 판단 여하에 따라 성패가 좌우	비인간화문제 고객서비스 무시 가능성	지원스태프와의 조정문제 전문가들 사이에서 조정문제	관리자들의 혁신능력 저해 측정될 수 없는 목표의 무시 우려	기능부서와 프로젝트관리자들 사이의 갈등 종업원의 시간배분 성과평가의 문제

는 점, 종업원의 시간배분 및 성과평가를 누가 어떻게 할 것인가가 명확하지 않다는 점, 의사소통에 높은 조정비용이 수반되고 불균형한 과업부담으로 인해 일상적인 일을 수행하는 경우에 내부효율성을 기하기 어렵다는 점 등을 들 수 있다.

3) 현대적 조직의 형태

전통적 조직구조에 대한 이론적 비판은 이미 오래전부터 행해져 왔으나 조직사회의 실제에 있어서는 과학지식과 기술의 지나친 강조, 지식의 세분화 및 기존 조직질서의 변화에 대한 저항 등으로 인하여 기존 조직구조에 대한 큰 변화를 이룰 수가 없었다. 그러나 1960년대 후반에 와서 전통적 조직구조에 큰 변화가 일어나게 되었다. 그것은 행태주의론자와 더불어 조직의 실무자들이 전통이론의 한계를 크게 인식한 결과라고 볼 수 있다. 즉 종래의 조직이론에 의한 방법으로는 현대조직의 복잡한 문제를 더 이상 해결할 수 없음을 인식하고, 급변하는 환경에 동태적으로 적응할 수 있는 새로운 조직구조의 모형을 모색하게 되었다. 이와 같은 새로운 모형 중에서 비교적 널리 이용되고 있는 조직으로는 프로젝트 조직, 매트릭스 조직, 태스크포스를 들 수 있다.

(1) 프로젝트 조직

프로젝트 조직은 일반적으로 많은 기획과 조사연구 및 업무의 조정이 요구되는 고도의 산업기술업체에서 이용하고 있는 조직모형이다. 프로젝트 조직은 종래의 전형적 조직으로 생각되어 왔던 직능조직의 결함, 즉 기능별 명령계통의 협조곤란과 환경의 변화에 따른 신속한 적응곤란 등을 극복하기 위해 고안된 것으로서, 조직 내의 분파주의를 방지하고 환경의 변화에 창조적으로 적응할 수 있도록 조직의 기동성을 확보하려는 데 목적이 있다.

프로젝트 조직의 특징으로는 그 존속기간이 한정적이며, 계선도 특정사업·목표를 달성하는 데 있어서 지원역할을 한다. 수직적인 연쇄요소가 존재하기는 하지만, 주로 수평적·대각적인 관계를 중심으로 업무를 수행한다. 프로젝트 조직의 목표는 조직에서 달성하고자 하는 사업은 비교적 독립된 여러 부서로 분할된 활동적인 것이므로 목표가 다변적으로 설정된다.

(2) 매트릭스 조직

매트릭스 조직은 조직의 기능에 따라 수직적으로 편성된 직능조직에 수평적·측면적인 프로젝트 조직의 모형을 부가시킨 조직을 말한다. 즉 매트릭스 조직은 전통적인 기능적 조직과 프로젝트 조직을 합한 것이다. 기능부서의 장은 수직적인 부서의 전문가에 대한 계선 권한을 가지며, 기능적 전문가는 수평적 구조의 특수사업에 배열되어 특정한 업무를 맡게 된다.

그림 5-4 매트릭스 조직의 개념

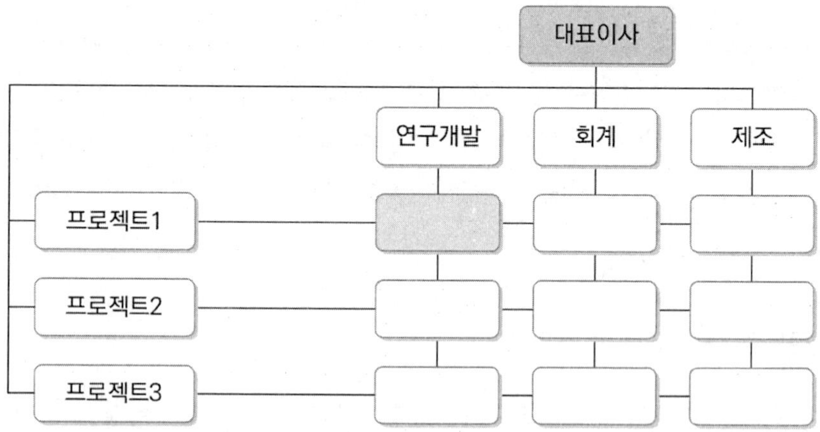

(3) 태스크포스

태스크포스 역시 가장 폭넓게 이용되는 애드호크라시의 형태이다. 이는 추구하는 목표가 달성되었을 때 해체된다는 점에서 임시조직의 성격을 가지고 있다. 태스크포스가 필요한 이유는 새로운 과업이나 사업계획의 집행이 필요할 때 기존 조직 내의 부서만으로는 감당할 수 없고 여러 부서 간의 협조가 요구되기 때문이다. 과업이 성공적으로 완성되었을 때는 태스크포스에 참여한 사람들은 본래 소속해 있던 부서로 복귀하거나 새로운 태스크포스로 이동하게 된다.

2. 동기부여이론

1) 동기부여와 집단역할

동기부여는 조직구성원의 행동의 에너지, 방향 및 지속성을 설명해 주는 중요한 개념이다. 동기부여의 이론은 내용이론과 과정이론으로 대별된다.

동기부여의 내용이론으로는 마슬로우(Maslow)의 욕구 5단계이론, 앨더퍼(Alderfer)의 ERG이론, 허즈버그(Herzberg)의 이요인이론(two factor theory) 그리고 맥클리랜드(Meclelland)의 성취동기이론이 있다. 마슬로우는 욕구는 다섯 단계의 욕구체계를 형성하는데, 개인의 어떤 시점에서의 행동은 그의 강한 욕구 또는 가장 중요한 욕구에 의하여 결정된다는 것이다. 그는 인간의 욕구를 생리적 욕구, 안전욕구, 사회적 욕구, 존경의 욕구, 자아실현의 욕구로 구분하였다.

〈표 5-3〉 마슬로우의 욕구 5단계이론

	기본욕구	내용
결핍욕구	생리적 욕구	개인 자신의 생리적 균형을 유지하는 데 요구되는 기본적인 의식주와 관련된 욕구
	안전욕구	육체적 안전과 심리적 안정에 대한 욕구
	사회적 욕구	대인관계에서 나타나는 욕구로서 상호 간의 교제·친분·소속감 등 서로 정을 주고받고 소속되기를 원하는 욕구
	존경욕구	다른 사람으로부터 존경을 받고 싶어하는 심리적 상태
성장욕구	자아실현욕구	개인 자신이 개발할 수 있는 잠재능력을 충분히 개발하고 최대로 발휘하고 싶어하는 욕망

앨더퍼는 마슬로우의 욕구 5단계이론을 수정하여 개인의 기본욕구를 존재욕구, 관계욕구, 성장욕구의 3단계로 구분하여 설명하고 있다. 존재욕구는 허기, 갈증, 거처 등과 같은 모든 형태의 생리적·물리적 욕구들이다. 관계욕구는 타인과의 대인관계와 관련된 욕구, 즉 개인 간의 사교, 소속감, 자존심 등을 포함한다. 성장욕구는 창조적·개인적 성장을 위한 개인적 노력과 관련된 욕구를 의미한다. ERG이론은 마슬로우의 이론과 유사한 면이 있으나, 상위욕구가 충족되지 않거나 좌절될 때 그보다 낮은 하위욕구의 중요성이 커진다는 좌절－퇴행접근법에 기초하고 있다.

허즈버그는 인간에게는 상호 독립된 2가지의 상이한 욕구가 있으며, 이에 따라 인간행동에 미치는 영향이 다르다고 전제하면서, 그 2가지를 각각 위생요인과 동기요인으로 구분하고 있다. 허즈버그는 사람들이 불만을 느끼는 것과 관련된 욕구를, 직무불만족을 예방하는 기능을 갖고 있다고 하여 이를 위생요인이라 호칭하고 있다. 또 직무만족과 관련이 있는 욕구를, 사람들이 그들의 업무에 몰입하도록 하는 동기를 부여하고 있다고 하여 동기요인이라고 부른다.

맥클리랜드는 한 개인의 퍼스낼리티(personality)는 사람의 행위를 동기부여시킬 수 있는 잠재력을 가진 제 요소들, 즉 성취욕구, 권력욕구, 자율욕구 등으로 구성되어 있다고 보았다. 그는 특히 성취욕구의 중요성을 주시하여 이를 통하여 인간의 행동을 설명하려고 하였다.

동기부여의 과정으로는 브룸(Vroom)의 기대이론, 포터(Porter)와 로울러(Lawler)의 기대이론, 아담스(Adams)의 공정성이론 그리고 로크(Locke)의 목표설정이론이 있다. 브룸의 기대이론은 동기부여를 설명함에 있어서 개인의 선택행태를 주요 설명변수로 삼고 있다. 다시 말해서 개인은 행동을 함에 있어서 다수의 선택 가능한 대안을 평가하여, 자신에게 가장 득이 될 것으로 평가되는 행동전략을 선택한다고 설명한다.

포터와 로울러는 노력, 보상, 성과, 만족 등의 변수들 간의 상호작용을 전제로 하여 이론을 전개시켜 나가고 있다. 이들은 만족이 성과를 직접적으로 가져오는 것이 아니라 성과의 수준이 업무만족의 원인이 된다고 보고 있다. 또한 성과와 여기에 결부된 보상에 개인이 부여하는 가치와 노력이 보상

〈표 5-4〉 동기부여 이론

		주요내용	특징
동기부여의 내용이론	마슬로우의 욕구5단계이론	생리적 욕구, 안전욕구, 사회적 욕구, 존경의 욕구, 자아실현의 욕구	욕구를 5단계의 욕구체계로 형성
	앨더퍼의 ERG이론	존재욕구, 관계욕구, 성장욕구	상위욕구가 충족되지 않을 때 낮은 하위욕구의 중요성이 커짐
	허즈버그의 이요인이론	욕구를 위생요인과 동기요인으로 구분	직무불만족을 느끼는 것과 관련된 욕구를 위생요인, 직무만족과 관련된 욕구를 동기요인
	맥클리랜드의 성취이론	성취, 권력, 자율 욕구 등으로 구성	성취욕구의 중요성을 강조
동기부여의 과정이론	브룸의 기대이론	동기부여를 설명하는 데 있어서 개인의 선택행태를 중시	개인행동을 가치부여와 성과의 함수로 평가
	포터와 로울러의 기대이론	업무수행능력은 성과와 보상에 대한 기대감이 결정	성과의 수준이 업무만족의 원인임
	아담스의 공정성이론	타인과의 관계에서 공정성을 유지하는 방향으로 동기여부가 됨	불공정성의 인지에 따라 노력의 강도가 결정
	로크의 목표설정이론	개인의 성과가 의식적인 목표와 성취의도에 의해 결정	목표의 난이도와 구체성에 의해 개인의 성과가 결정

을 수반하게 될 것이라는 기대감이 업무수행능력을 좌우할 것이라고 주장하고 있다.

아담스의 공정성 이론에 의하면 개인의 행위는 타인과의 관계에서 공정성을 유지하는 방향으로 동기부여가 된다는 것이다. 공정성이란 개인의 투입과 산출과의 비율이 타인의 투입과 비율과의 비교와 관계된 개념이다. 즉 개인이 인지하는 자신의 투입－산출의 비율이 타인의 투입－산출의 비율과 비교하여 두 비율 간의 대등함이 인지되면 공정성을 느끼고, 그 반대의 경우일 때 불공정성을 느끼게 된다는 것이다.

로크가 제시한 목표설정이론은 개인의 성과가 의식적인 목표와 성취의도에 의해 결정된다는 이론으로, 기본모형으로 목표의 난이도와 목표의 구체성에 의해 개인의 성과가 결정된다는 것이다. 목표의 난이도는 목표가 도전적이고 노력을 요구하는 정도를 말하는데, 목표의 난이도가 성과에 긍정적인 영향을 미친다는 것이다. 그러나 목표의 난이도가 지나치게 높아 불가능한 정도가 된다면 성과는 떨어지게 된다. 목표의 구체성은 목표의 명확화와 정확성을 의미하는데 목표의 계량화와 관계가 있다.

(2) 직무재설계와 동기부여

직무설계란 직무를 어떻게 분할 내지 통합시키느냐, 즉 직무를 어떻게 엮느냐 하는 문제를 다루는 것이다. 데이비스(Davis)는 기술·조직면의 요청과 업무를 수행하는 인간의 조건을 조화시킬 수 있도록 직무내용이나 업무방법을 규정화하는 것을 직무설계라고 규정한다. 근대적 직무설계와 관련하여 직무 자체의 변화를 통하여 조직의 효율성을 제공하는 기법으로 직무순환, 직무확대, 직무충실 그리고 목표설정을 들 수 있다.

직무순환이란 세분화된 업무를 일정한 시간적 간격을 두고서 두루 역임케 함으로써 업무의 단조성이나 무의미성 및 이에 따르는 일방적인 업무부담의 증대 문제를 극복하고자 하는 것이다. 직무확대란 직무분담에서 일어나는 과도한 전문적 분담을 재편성하여 보다 광범하고 고도의 완결성을 갖는 직무분담으로 확장·설정하는 것을 의미한다. 또한 이것은 업무의 주기를 연장하는 동시에 한 업무주기 내에 수행하는 상이한 종류의 업무의 수를 증대시킴으로써 직무의 내용을 보다 다양화하는 것이다.

직무충실은 근로자나 일선에서 근무하는 자가 수행하는 업무 중에서 집행노동으로서의 업무에 추가하여 어느 정도의 관리적 요소를 부여함으로써 업무의 자율성을 회복하는 것이다. 그리하여 직무를 뜻 있고 흥미 있는, 도전할 가치가 있는 것으로 만든다. 목표설정이란 직무구조에 목표와 환경 및 유인을 도입하는 접근방법을 의미한다.

(3) 리더십과 의사결정 및 의사전달

리더십이란 일반적으로 조직의 목표를 달성하기 위하여 개인 및 집단을 고취시키고 활동하게 하는 기술이라고 정의할 수 있다. 리더십은 조직의 동태적 활동에 중요한 역할을 수행하며, 전통적 조직설계의 결합을 보충하고, 환경변화에 대한 조직의 융통성과 대응성을 확보할 수 있게 한다. 아울러 조직 내 다원적인 집단의 노력을 조정하고, 조직구성원의 일체감과 욕구충족에 기여한다. 효과적인 조직과 비효과적인 조직을 구분하는 기준이 바로 그 조직에서 이러한 리더십의 역할이 충실히 발휘되고 있느냐에 달려 있는 것이다.

리더십에 관한 이론적 변천은 특성이론·행태이론·상황이론으로 전개되어 왔다. 초창기의 리더십 연구는 개인이 선천적으로 특별한 자질·특성을 가지고 있으면 리더십을 발휘한다고 보는 특성론에 입각한 것이었다. 그후 1950년대와 1960년대에 와서 학자들은 리더십을 리더의 개인적 자질·특성에서 리더가 행하는 행태에 관한 관심으로 옮겨졌다. 그러나 1970년대 이후에 들어오면서 특성론이나 행태론은 리더십의 이해에 만족스러운 해답을 제공해 주지 못하여 리더십에 영향을 미치는 상황에 초점을 둔 상황론이 등장하게 된 것이다.

리더십의 차원에 따라서 1차원 유형과 2차원 유형의 2가지로 나눌 수 있으며, 전자의 경우 대표적인 이론은 화이트(White)와 리피트(Lippitt)가 제시한 권위형, 자유방임형, 민주형의 3가지 유형이론이 있다.

리더십의 2차원 유형으로는 1950년대부터 구성원들을 추종하게 하는데 리더가 어떤 행동을 하였는가에 관한 연구가 시작되었다. 이러한 연구 중에서 블레이크(Blake)와 머튼(Mouton)의 관리망이론과 스톡딜(Stogdill) 등의 지도하에 오하이오 주립대학에서 행해진 연구를 들 수 있다.

오하이오 대학의 리더십 연구는 배려와 구조주도라는 2개의 기본적 리더십 유형이 제시되었다. 이 연구에서는 배려와 구조주도 양자가 조직의 성과에 필요하다고 결론짓는다. 이 연구는 배려와 구조주도의 여러 배합을 보여 주기 위해 '리더십 4분면'을 개발하였고, 관리망이론에도 영향을 주었다.

블레이크와 머튼은 리더가 갖는 2개의 관심, 즉 생산과 인간에 대한 관심을 각각 X축, Y축으로 하고 그 정도를 1에서부터 9까지로 한 관리망을 개발하여 5가지의 리더십 유형을 제시하였는데, 이들의 특징은 다음과 같다.

리더십의 상황이론으로는 피들러의 상황이론과 경로－목표이론, 규범이론 그리고 허시(Hersey)와 블랜차드(Blanchard)의 상황이론을 들 수 있다.

피들러(Fiedler)의 모형에서는 리더십 유형과 상황에 부여하는 통제정도 간의 상호 작용에 따라 집단의 성과 혹은 유효성이 달라진다고 한다. 피들러의 모형에서는 리더가 수행하는 상황을 ① 리더－성원관계 ② 과업구조 ③ 리더의 직위권력의 3가지 요인에 의해 구분할 수 있다고 보고 있다. 이 3가지 요인의 결합관계에 따라 모두 8개의 리더십 상황을 도출할 수 있다. 피들러모형의 두 번째 변수는 리더십 유형으로서, 기본적인 2개의 리더지향성이 존재한다고 주장한다. 즉 관대하고 인간지향적 유형인 관계지향적 리더이고, 또 하나는 과업달성을 최우선 과제로 인식하는 과업지향적 리더이다.

이러한 피들러이론의 요점은 상황이 매우 호의적이거나 비호의적인 경우에는 낮은 LPC 점수(Least Preferred Co－worker: LPC)를 받은 리더가 효과적이고, 상황이 중간 정도일 경우에는 높은 LPC 점수를 받은 리더(관계지향적 리더)가 효과적이라는 것이다. 리더의 행동과 효과성에 대한 피들러의 연구는 상황의 호의성에 따른 리더의 LPC 점수와 집단성과 간의 상관관계를 보여 줌으로써, 조직 내 리더십과정을 이해하는 데 도움을 준다. 하지만 이 모형은 리더의 지향성을 측정하는 데 있어서 LPC 척도의 타당성에 관한 의문이 제기되고 있다. 또한 상황에 대한 피들러의 분류가 지나치게 단순화되어 있으며, 상황의 호의성을 결정하기 위해서는 보다 포괄적인 요인이 포함되어야 한다는 점을 지적받고 있다.

하우스에 의해 발전된 경로－목표이론은 오하이오 대학의 리더십이론모형인 구조주도와 배려 및 동기부여의 기대이론에 기초를 두고 개발된 이론이다. 경로－목표이론에 따르면 효과적으로 리더십을 발휘하기 위해서는 특정상황에 가장 적절한 유형을 선택하여야 한다는 것이다. 즉 리더는 구성원들이 직무에서 얻는 만족감을 향상시키며, 실적 수준을 높일 수 있도록 노력하여야 한다.

리더십의 규범이론에서는 리더가 상황에 따라 구성원들을 의사결정과정에 참여시키는 것이 필요하다는 것을 인식하고, 이를 적절히 활용할 때 리더십의 효과성은 높아진다. 이는 리더가 의사결정을 함에 있어서 구성원들을 어느 정도까지 참여시켜야 할 것인가를 구명한 이론이다. 이 모형은 먼저 의사결정과정에서 구성원들의 참여 정도를 5가지로 나누고, 각 상황에서 의사결정에 가장 적절한 기준을 파악한 다음에 구성원의 참여수준을 결정할 수 있는 문제의 성격을 규명하는 절차로 구성되어 있다.

허시와 블랜차드의 상황이론은 관리망이론을 발전시킨 것으로, 이를 생애주기이론이라고도 한다. 그들은 관리망이론과 오하이오 대학의 리더십 연구를 토대로 하여 지시적 리더십, 설득적 리더십, 참여적 리더십, 위임적 리더십으로 유형을 파악하였다. 그리고 여기에 부하의 준비성을 상황변수로 추가하였는데, 그 수준은 4가지 단계로 구분하였다. 이에 따라 이들의 모형은 지도자의 과업행동, 관계행동 및 구성원 성숙도의 3차원으로 구성된다. 이 모형에서 리더십 효과성의 핵심은 바로 4가지 유형의 리더십 유형을 준비성이라는 상황에 조화시키는 것이다.

(4) 의사결정

의사결정은 바람직한 목표를 달성하기 위하여 이용 가능한 여러 대안 중에서 최선의 대안을 선택하는 과정이다. 일반적으로 합리적인 의사결정의 과정은 다음과 같은 5단계를 거치게 된다.

첫째, 문제의 정의와 분석이다. 문제란 바람직한 상태와 현실의 상태 사이의 차이를 의미한다. 그리고 인지된 문제를 해결하기 위해서는 그 문제에 대한 분석이 있어야 한다.

둘째, 목표의 설정이다. 목표란 달성하고자 하는 미래의 바람직한 상태를 의미한다.

셋째, 대안의 탐색 및 평가이다. 목표의 달성을 위하여 모든 대체적인 방안을 탐색하고 평가한다.

넷째, 대안의 선택과 실행이다. 대안의 선택은 여러 대안들 중에서 최선의 대안을 선택하는 과정이다. 최선의 대안을 선택한다는 것은 최대의 이익과 최소의 불이익을 가져올 것을 목표에 비추어 선택한다는 것을 의미한다.

다섯째, 해결책의 재평가와 수정이다. 뜻하지 않게 직면할 수 있는 어려움에 대비해 항상 새로운 정보를 고려하고 새로운 요구를 만족시킬 수 있는 계획을 재조정할 준비가 되어 있어야 한다.

의사결정의 유형으로는 가치결정과 사실결정, 개인적 의사결정과 집단적 의사결정 그리고 정형적 의사결정과 비정형적 의사결정으로 구분할 수 있다.

이 가운데 개인적 의사결정은 조직을 관리하는 개인의 판단에 의하여 선택행위를 행하는 것인 반면 의사결정에 관련된 사람들이나 전문가들의 의견을 종합해서 대안의 선택행위를 행하는 것을 집단의사결정이라고 한다.

집단의사결정의 기법으로는 명목집단기법, 브레인스토밍, 델파이기법이 있다. 명목집단기법은 문자 그대로 구성원 상호 간의 대화에 의한 의사소통이 이루어지지 않는다는 특징에서 비롯된 것이다. 집단의 각 개인은 개발하고자 하는 정책대안에 대해 자신의 아이디어를 서면으로 제출하고, 모든 아이디어가 기록되고 난 후에 각각의 아이디어의 장단점에 대한 토의를 진행한 후 투표를 실시하여 가장 점수가 많이 나온 것을 집단의 결정대안으로 하는 방법이다.

브레인스토밍은 다수의 구성원이 한 가지 주제를 놓고 아이디어를 무작위로 개진하여 그중 가장 좋은 해결안을 모색하는 기법이다. 브레인스토밍을 실시할 때 지켜야 할 사항으로는 될 수 있는 한 많은 아이디어를 얻을 수 있도록 분위기를 조성하고 진행되는 동안 비판이나 평가를 해서는 안 되며, 앞에서 제시된 아이디어의 수정이나 개선안도 흔쾌히 받아들여야 한다는 점이다.

델파이기법은 불확실한 미래를 예측하고 이에 따른 의사결정을 효과적으로 하기 위해 고안된 집단의사결정기법이다. 델파이기법은 일단의 전문가들의 도움을 받아서 미래를 예측하고 대응해 나가자는 것이 기법의 요지이다.

3. 인사관리

인적자원관리의 절차는 다음과 같은 흐름을 가지게 되며, 인적자원관리의 절차에 따른 주요 내용을 정리해 보면 다음과 같다.

인적자원관리의 절차는 직무분석 및 설계 → 인적자원계획 → 모집 → 선발 → 오리엔테이션 → 교육훈련 → 성과관리 → 보상관리 → 경력관리의 순이다.

인적자원관리는 능력 있는 종업원을 발굴하고, 교육·훈련하여 적절한 직무에 배치한 후, 그들의 업무성과를 관리하고, 적절한 보상을 행하여 역량 있는 종업원들이 지속적으로 좋은 성과를 유지하도록 하는 일련의 절차를 말한다.

인적자원의 관리의 절차는 직무분석 및 설계가 가장 우선되어야 하며, 이에 따라 인적자원계획에 따라 모집과 선발의 절차를 밟거나 인원감축이 정해진다.

1) 직무에 대한 연구

(1) 직무분석

직무분석이란 높은 성과를 달성하기 위해서는 직무상 필요로 하는 직무요건과 직무수행자의 인적요건을 일치시킬 필요가 있다. 직무요건을 알아보고자 직무에 대한 정보를 적재적소의 배치를 실현하고자 필요한 직무에 관한 정보를 얻기 위한 절차이다.

직무분석의 절차로는 ① 직무분석의 목적 결정 ② 배경정보의 수집 ③ 직무정보의 수집 ④ 직무정보의 검토 ⑤ 직무기술서 및 직무명세를 작성하는 절차를 거치게 된다. 직무분석의 방법으로는 면접법, 질문지법, 관찰법, 종업원 기록법, 경험법 그리고 결합법이 있다.

이러한 직무분석의 결과물로는 직무기술서와 직무명세서가 있다. 먼저 직무기술서는 직무의 성격이나 요구되는 자질 등 직무의 내용과 개선점을 기록한 문서를 말하며, 직무명세서는 직무분석의 결과를 세분화하여 직무내용보다는 인적 요건을 중심으로 한 직무요건을 기술한 문서를 의미한다.

직무분석은 조직의 인적자원관리 활동과 밀접한 연관을 맺고 있다. 실제 거의 모든 인적자원관리 프로그램은 직무분석을 통해 얻은 정보를 요구하며, 따라서 직무분석의 정보가 명확하지 못하며 인적자원관리 절차에 어려

〈표 5-5〉 직무분석 방법

방법	주요내용
면접법	직무담당자 또는 감독자와 면접을 통해 직무정보를 획득하는 방법
질문지법	구조화된 설문지나 응답자가 질문 내용에 대한 답변을 자유스럽게 기술하는 개방식 질문지를 개발하고, 직무담당자나 감독자가 작성토록 하여 직무에 대한 정보를 얻는 방법
관찰법	직무분석자가 직무담당자의 직무수행 장면을 관찰하고 관찰결과를 기록함으로써 직무정보를 얻는 방법
종업원 기록법	종업원의 작업활동을 작업일지에 기록하게 하여 그것으로부터 직무에 관한 정보를 얻는 방법
경험법	직무분석자가 직접 일을 체험해 보고 직무정보를 얻는 방법
결합법	여러 가지 직무분석 방법을 병용하여 사용하는 기법. 예를 들어 질문지법을 통해 정보를 획득하고, 미진한 정보는 직무담당자와 면접을 통해 보충하는 방식

움을 둘 수 있다. 즉 직무분석을 통해 다양한 직위에 최적의 지원자를 선발하게 되며, 직무수행자의 성과를 정확히 측정하고 그 결과에 연동하여 보상할 수 있을 때 직원의 사기 재고 및 동기부여가 가능하다. 또한 조직에서 공정한 임금구조를 마련하려면 각 직무의 상대적 가치평가가 필요하다. 조직에 고용된 직원들은 교육·훈련을 필요로 한다. 교육·훈련은 직무상 필요로 하는 지식의 숙련된 배양을 의미하며, 따라서 어떠한 지식 및 업무기술이 필요한지를 알 수 있어야 성공적인 교육·훈련이 될 수 있다.

직무평가의 방법으로는 점수법, 서열법, 요소비교법, 분류법 등 6가지를 들 수 있다. 서열법은 가장 간단한 직무평가 기법 중의 하나로 조직에 가치를 부여해 주는 순위대로 모든 직무를 줄 세우기 하면 된다. 장점으로는 간단하고 신속하게 직무평가가 가능하다는 장점이 있는 반면 단점으로는 평가자의 주관이 개입될 소지가 크며, 평가결과 직무 간 서열이 매겨졌을 때 서열 간 직무가치의 차이 정도를 파악할 수 없다. 평가대상 직무수가 많을 때 평가의 신뢰도를 확보하기 어렵고, 유사직무가 많을 경우 서열을 매기기 어렵다는 단점이 있다.

분류법은 사전에 직무에 대한 등급을 정해 놓고, 각 등급을 설명하는 서술을 준비한 다음, 각 직무가 어느 등급에 해당하는지 분류하는 기법이다. 이 기법은 적용 시 각 등급을 제대로 잘 설명해야 하는데, 이 과정에서 주관적 판단이 들어갈 가능성이 있고, 또한 정확히 개인 직무를 특정 등급에 분류하는 과정에서도 동일한 판단이 요구된다. 직무수가 많고 등급에 대한 설명이 일반적인 경우 어떤 직무가 여러 등급에 해당될 수도 있게 된다. 장점으로는 해당 직무를 평가할 때 주어진 등급에 분류만 하기 때문에 다른 직무평가 방법보다도 실시과정이 간단하고 용이하다. 도입하는 비용이 별로 발생하지 않는다. 단점으로는 개별 등급에 대한 정의를 내리는 것이 어렵고 개별 등급들의 개념에 대한 해석상 논란이 생길 수 있다.

점수법은 앞의 두 기법보다 더 정교하며, 가장 많이 사용되는 기법이다. 이 기법은 직무를 여러 평가요소로 분리하여 그것들에 점수를 부여하여 직무의 가치를 평가하는 방식이다. 먼저 기준직무를 선정하는데 기준직무의 특징은 직무의 내용이 잘 알려져 있고, 상대적으로 안정적이며, 관련 직원들에 의해 합의가 되어 있으며, 여러 다른 조직에 걸쳐 공통적으로 존재하며, 조직 내에서 평가될 전체 직무범위를 대표할 수 있어야 하고, 임금수준의 설정이라는 목적을 위해 노동시장에서 일반적으로 수용되어야 한다는 것이다.

그림 5-5 점수법에 의한 직무평가

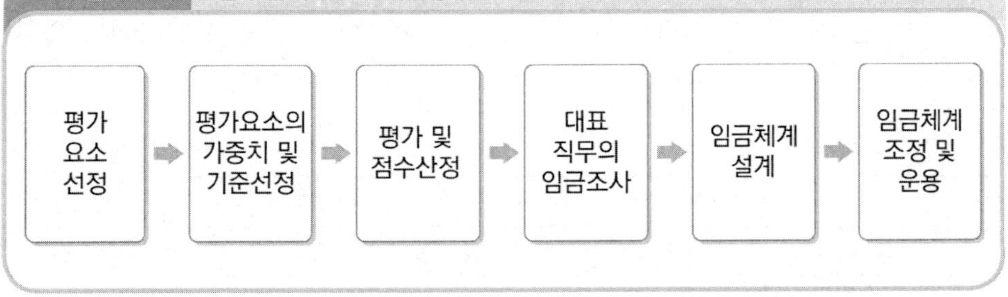

두 번째는 기준직무에 기반을 둔 평가요소를 선택하는 단계이다. 평가할 직무의 범위를 적당히 대표할 수 있는 평가요소를 설정해야 한다. 보편적인 요소로 알려져 있는 업무기술, 노력, 책임 및 작업조건 등을 포함하여 다른 필요한 요소를 찾아야 한다. 또한 이들 요소들의 세부요소를 구체적으로 제시해야 한다.

세 번째는 개별평가요소들의 가중치를 결정한다. 개별 직무의 가치에서 개별평가요소가 차지하는 비중을 따져서 가중치를 부여하는 것이 필요하다. 경영자나 직무평가위원회에서 결정을 하는 데 토론과 합의의 과정을 거치는 것이 중요하다.

네 번째는 개별평가요소에 대한 점수를 부여하는 단계이다. 점수범위를 정해 놓고, 가중치를 반영한 등급별 점수표를 제시하여 직무에 해당하는 평가요소별로 점수를 부여해야 한다. 이런 단계를 다 거친 후 마지막 결과를 점검하고 평가하고 최종 결론을 내리게 된다. 그리고 이러한 직무평가 시스템이 검토되고 정제된 후 이것을 활용하여 조직의 모든 직무를 평가할 수 있게 된다.

요소비교법은 서열법과 점수법을 결합하여 만든 방식으로 핵심적인 몇 개의 기준직무를 선정하고, 각 직무의 평가요소를 기준직무의 평가요소와 비교하여 상대적 가치를 결정하는 기법이다. 이 기법의 첫 번째 과정은 우선 여러 조직에 존재하여 비교가 가능한 기준직무를 선정해야 한다. 그런 후에 평가요소를 정하고, 다음으로는 모든 기준직무를 평가요소별로 비교해야 한다. 다음 단계에서는 기준직무들에 대해 시장가격과 비교를 통하여 각 평가요소에 대한 금전적 가치를 부여한다. 마지막 단계에서는 모든 다른 직무를 기준직무와 비교하여 평가를 하게 된다. 이 기법은 개별 기업에 적합하에 설계된 직무평가 시스템을 구축할 수 있다는 장점이 있지만, 복잡하고 어렵다는 단점이 있다.

〈표 5-6〉 요소비교법

직무	임금	평가요소			
		숙련	노력	책임	직무조건
직무 A	8000	3000	3000	500	1500
직무 B	6000	500	2000	500	2000
직무 C	5000	1500	1000	2000	500
직무 D	4500	900	900	1500	1200

요소비교법의 장점으로는 직무평가 결과가 바로 임금책정과 연결되어

임금의 공정성 확보에 상당히 기여할 수 있다는 점이다. 또한 직무평가의 과정이 다른 평가방법에 비해 매우 정교하게 짜여 있어 평가의 타당도 및 신뢰도 확보 면에서 우월하다. 반면 단점으로는 대표 직무들의 평가요소들에 대한 서열을 매길 때 주관적 판단을 배제하기가 어려우며, 개별직무의 임금을 평가요소에 배분하는 과정에 주관적 판단이 개입될 소지가 높다는 점이다.

(2) 직무설계

직무설계와 관련해서 직무순환, 직무확대 그리고 직무충실화의 개념이 있다. 직무순환이란 순환보직이라고도 하며, 종업원의 폭넓은 경험 및 능력개발을 목적으로 여러 직무에 순환시킴으로써 직무환경을 이해하고 능력발휘의 기회를 제공하기 위한 것이다. 직무확대란 중심과업과 함께 관련과업을 동시에 수행하도록 하여 개인의 직무를 중심과업으로부터 보다 넓게 확대하는 것이다. 직무충실화는 직무뿐만 아니라 계획과 통제 등 관리기능의 일부를 종업원에게 위임하여 생산성을 향상시키고자 하는 것에 목표를 두고 있다.

2) 인적 자원의 선발 및 배치

직무명세서 중심 또는 경력 중심으로 인적 자원을 선발하며, 선발도구가 갖추어야 할 속성으로는 신뢰성, 타당성, 난이도, 객관성을 들 수 있다.

〈표 5-7〉 선발도구의 합리성

선발도구의 속성	내용
신뢰성	시험방법이 능력측정수단으로서 정확해야 한다는 기준임. 언제, 누가 측정하든지 동일한 결과를 가져오는 것으로 안정성 또는 일관성이라고 함
타당성	시험에서 측정하고자 하는 내용 또는 대상을 정확히 검정할 수 있어야 함
난이도	응시자의 우열을 구분할 수 있는 선발도구이어야 함
객관성	선발도구는 올바른 인원을 선발하기 위해 객관적이어야 함

선발도구가 갖추어야 할 타당성으로는 크게 기준타당성과 내용 및 구성

타당성을 들 수 있다. 먼저 기준타당성이란 성과를 예측하는 기준치가 실제로 성과를 얼마나 잘 예측하는지를 말해 주는 것으로서 경험타당성이라고도 한다. 두 번째로 내용타당성은 선발도구가 측정대상의 주체를 어느 정도 충족시키고 있는지를 평가하는 것을 말하며, 구성타당성은 선발도구가 측정하고자 하는 특성을 얼마나 잘 측정하고 있는지를 나타내는 개념이다.

3) 교육훈련

교육훈련이 필요한 이유로는 업무가 다양화·고도화되고 있으며, 기업 간 경쟁이 격화되고 노동력의 부족과 무력화가 진행되고 있다는 점과 인사관리시스템 자체가 변화되는 데 그 이유가 있다.

교육훈련의 종류로는 일을 수행하는 중에 직속상사로부터 직무훈련을 받는 직장 내 교육훈련(On the Job Training: OJT)과 피훈련자로 하여금 편지나 전화호출에 응답하게 함으로써 교육훈련하는 방법인 인바스켓 기법 등이 있다.

〈표 5-8〉 교육훈련의 목적

목적	적용방식	적용예
지식형성	제시방식	강의
태도개발	참가방식	사례연구, 역할연기, 비즈니스 게임, 인바스켓 기법
기술숙련훈련	실습방식	대역, 코치법, 직무순환

4) 성과관리와 보상관리

직원에 대한 평가와 보상시스템은 직무분석과 직부평가를 토대로 이루어져야 하며, 인사고과의 방법으로는 서열법, 강제할당법, 평정척도법 등이 있다.

〈표 5-9〉 직원에 대한 평가와 보상시스템

직무분석	▷	직무기술서 직무명세서	▷	직무평가	▷	인사고과
• 일의 내용 • 일의 요건				• 직무 간 상대적 가치 • 직무급의 기초자료		• 종업원 간 상대적 가치 • 업적평가의 기초자료

인사고과의 방법별로 평가상의 특징과 내용을 정리하면 다음과 같다.

〈표 5-10〉 인사고과방법

방법	특징	방법	내용
서열법	선발 · 승진후보자의 결정 · 임금관리에서 유용	중요사건기술법	중요사건을 토대로 평가
강제할당법	일정비율에 맞추어 강제 할당	자기신고법	피고과자 스스로 점수부여
평정척도법	가장 오래되고 가장 널리 사용되는 방법	목표에 의한 관리법	공동으로 단기목표설정 → 중간피드백 → 기말평가의 시행
대조법	고과자는 평가항목 일람표가 미리 설정된 장소에 체크만 하고 그에 대한 평가는 인사과에서 함	행위기준고과법	중요사건서술법을 보다 정교하게 계량적으로 수정한 기법
기록법	객관적인 기준에 의거	평가센터법	특별히 훈련된 라인관리자들이 평가센터에서 복수의 피평가자들을 동시에 평가

일반적으로 인사고과 시 나타나는 평정오류는 다음과 같이 정리할 수 있다.

〈표 5-11〉 인사고과의 오류

오류	내용
관대화 경향	실제의 능력이나 실적보다 더 높게 평가하려는 경향
근접오류, 나중효과	최근의 실적·능력을 중심으로 평가함에 의한 오류
중심화 경향	평가의 결과가 평가상 중간으로 나타나는 경향
현혹효과	개인의 특정인상으로 여러 특성을 전반적으로 평가하려는 경향
중심화 경향	부분적인 정보만을 받아들여 전체에 대해 판단하는 것

직원에 대한 평가는 임금이나 승진과 연계되며, 임금관리의 주요내용으로는 임금수준, 임금체계 그리고 임금형태로 구분할 수 있다.

〈표 5-12〉 임금관리의 내용

<table>
<tr><th>구분</th><th>의의</th><th colspan="2">내용</th><th>적용원리</th></tr>
<tr><td>임금수준</td><td>종업원에게 지급하는 임금의 평균수준
기업의 지불능력
• 생산성(매출액, 부가가치)
• 수익성(손익분기법, 원가구성, 매출이익) 생계비보장: 생계비, 근로자의 라이프사이클</td><td colspan="2">승급
승격
베이스업</td><td>적정성</td></tr>
<tr><td rowspan="2">임금체계</td><td rowspan="2">• 각 종업원에게 임금을 배분하는 구성내용
• 직무급: 동일직무에 대해 동일임금지급
• 연공급: 근속연수기준</td><td>기준 내 임금</td><td>연공급
직무급
직능급
자격급</td><td rowspan="2">공정성</td></tr>
<tr><td colspan="2">기준 외 임금</td></tr>
<tr><td>임금형태</td><td>임금의 계산 및 지급방식에 관한 것</td><td colspan="2">시간급
성과급
특수임금형태</td><td>합리성</td></tr>
</table>

기준임금체계는 연공급, 직무급, 직능급, 자격급으로 구분할 수 있으며, 기준임금체계의 내용과 장·단점은 다음과 같이 정리할 수 있다.

〈표 5-13〉 기준임금체계의 비교

구분	의의	장점	단점
연공급	근속연수에 따라 임금을 결정하는 속인급	• 귀속의식의 제고 • 주직무가 불분명한 조직에 적용가능 • 상위직에 적용이 용이, 인사관리에 융통성 부여	• 전문인력확보의 어려움 • 소극적·종속적인 근무태도 야기
직무급	직무의 상대적 가치에 의해서 임금 결정	• 불합리한 노무비의 상승방지 • 노동생산성 및 작업능률 향상에 의한 인건비효율 증대 • 유능한 인재확보 가능	• 직무가치에 대한 객관적 평가기준 설정 곤란 • 인사관리의 융통성 결여
직능급	직무급+ 연공급	• 능력위주의 인사풍토조성 • 능력상승 = 임금상승 • 능력자극으로 유능한 인재확보 가능	• 무사안일한 임금결정가능성 • 직무표준화와 직무분류가 가능하지 않는 경우에는 적용이 곤란
자격급	직능급 발전	• 적재적소의 인력관리 • 근로의욕과 자기개발의욕 자극	• 형식적 자격취득 • 공동체의식 저해

5) 경력개발계획과 직능자격제도

경력개발계획이란 기업이 종업원의 경력을 개발하여 경력을 쌓게 함으로써 인적자원을 개발하려는 일종의 승진관리제도를 의미한다.

실/전/문/제

01 빌딩행정과 관련한 테일러의 과학적 관리법의 5대 기본원리로서 틀린 것은?

① 각 노동자에게 명확하고 용이하게 달성할 수 있는 1일 과업을 부여할 것
② 요소별 시간과 동작연구
③ 엽무표준화의 강조
④ 표준화에 의한 노동자의 교육
⑤ 성과급의 지급

02 다음 설명이 의미하는 것은 무엇인가?

기존의 업무방식을 근본적으로 재고려하여 과격하게 비즈니스 시스템 전체를 재구성하는 것으로 프로세스를 근본단위로 업무, 조직, 기업문화까지 전 부문에 대하여 대폭적으로 성취도를 증가시키는 것

① 아웃소싱
② 리엔지니어링
③ 벤치마킹
④ 전략적 제휴
⑤ 균형성과표

03 다음 설명 중 자원기반관점에서 주장하고 있는 논리와 가장 부합하는 것은 무엇인가?

① 작업방식을 면밀히 분석하여 가장 합리적 방법을 찾는다.
② 상사, 동료와의 관계, 집단 내의 분위기, 비공식 집단이 기업의 생산성을 좌우한다.
③ 기업은 외부환경과 상호작용하는 시스템이다.
④ 회사의 규모나 시장상황, 사용기술이나 전략에 따라 경영관리 방식은 달라져야 한다.
⑤ 기업의 진정한 경쟁력은 기업이 보유한 내부자원에서 나온다.

04 다음 중 아웃소싱에 대한 설명으로 가장 적절하지 않은 것은?

① 기업이 필요한 재화나 서비스를 외부화하는 것을 의미한다.
② 아웃소싱은 일반적으로 외부화에 비해 내부화의 비용이 클 때 사용한다.
③ 핵심역량이 될 수 있는 활동은 적극적으로 아웃소싱하는 것이 좋다.
④ 아웃소싱을 실시한 활동에 대한 통제력은 약화된다.
⑤ 네트워크 조직은 필요한 활동을 아웃소싱에 의존한다.

05 다음 설명이 의미하는 것은 무엇인가?

> 조직의 업적향상을 위해 최고수준에 있는 다른 조직의 제품, 서비스, 업무방식 등을 서로 비교하여 새로운 아이디어를 얻고 경쟁력을 확보해 나가는 체계적이고 지속적인 개선활동 과정을 말한다. 즉 최고의 경쟁력을 가진 상대를 정해서 전체 또는 부분적으로 비교하여 상대의 강점을 파악하고 최고와 비교함으로써 동등 이상이 되기 위한 경영혁신 기법이다.

① 아웃소싱
② 벤치마킹
③ 리엔지니어링
④ 전략적 제휴
⑤ 균형성과표

06 커뮤니케이션 네트워크 유형의 특징에 대한 다음 설명 중 옳지 않은 것은?

① 사슬형은 의사결정속도가 빠르다.
② 완전연결형은 구성원의 만족도가 낮다.
③ 원형은 태스크포스나 위원회에 많이 사용된다.
④ 수레바퀴형은 복잡한 과업인 경우 커뮤니케이션의 정확성이 떨어진다.
⑤ Y자형은 비교적 집단을 대표할 수 있는 인물이 있는 경우에 나타난다.

07 다음 유기적 조직의 특징에 해당하지 않는 것은?

① 낮은 공식화 ② 높은 분권화
③ 낮은 전문화 ④ 네트워크 조직
⑤ 효율성 극대화

08 다음의 특성을 가지고 있는 조직구조는 무엇인가?

> 핵심프로세스를 중심으로 조직화하는 구조이다. 즉 고객을 위한 가치창출을 위해 투입물을 산출물로 변환시키는 과정에서 공동으로 작업하는 과업이나 활동으로 조직화된 조직구조이다. 이 조직구조는 고객에 대한 유연하고 신속한 대응이 가능하다는 장점을 지닌다.

① 기능조직 ② 사업부 조직
③ 매트릭스 조직 ④ 수평적 조직
⑤ 네크워크 조직

09 다음 중 직무분석의 방법에 해당하지 않는 것은?

① 요소비교법 ② 질문지법
③ 종업원기록법 ④ 인터뷰
⑤ 관찰법

10 직무설계에 관한 설명으로 가장 적절하지 않은 것은?

① 직무순환은 생산성 향상보다는 동기부여를 목적으로 한다.
② 직무충실화는 기술다양성과 과업정체성을 증가시킨다.
③ 직무확대는 개인이 수행하는 과업의 수와 다양성을 증가시키는 방법이다.
④ 유연시간 근무제를 실시하면 근로자의 일과 생활의 균형을 확보하는 데 도움이 된다.
⑤ 해크만과 올드햄(Hackman & Oldham)의 직무특성이론에서 동기잠재력 지수가 높은 직무는 성장욕구 수준이 높은 사람에게 적합하다.

정답 및 해설

01 정답 ①

해설 테일러의 과학적 관리법에서 부여하는 과업은 노동자가 용이하게 달성할 수 있는 과업은 아니다.

02 정답 ②

03 정답 ⑤

04 정답 ③

해설 핵심역량은 아웃소싱하지 않는 것이 바람직하다.

05 정답 ②

해설 보기는 벤치마킹에 대한 설명이다.

06 정답 ②

해설
- 사슬형: 공식적인 명령과 지휘계통에 따라 수직적인 경로를 통해 정보전달이 이뤄지는 형태이며 조직의 라인이 대표적인 예다.
- 바퀴형: 집단구성원 간 대부분의 정보가 중심인물에게 집중되는 유형이다. 중심인물이 구성원 각각에게 정보를 교류하여 구성원 개인 간 커뮤니케이션은 일어나지 않는다.
- 완전연결형: 구성원 전체가 정보를 교환하는 형태로 자유롭게 의견교환이 이루어지며, 창의적인 아이디어 산출이 가능하며, 브레인스토밍 과정에서 사용될 수 있다. 완전연결형의 경우 구성원의 만족도가 높게 된다.

07 정답 ③

해설 유기적 조직은 높은 전문화가 특징이다.

08 정답 ④

해설 보기에서 설명하는 조직은 수평적 조직구조에 대한 내용이다.

09 정답 ①

해설 직무분석의 방법으로는 질문지법, 종업원기록법, 면접법, 관찰법이 있다.

10 정답 ②

해설 직무확대란 중심과업과 함께 관련과업을 동시에 수행하도록 하여 개인의 직무를 중심과업으로부터 보다 넓게 확대하는 것이고, 직무충실화란 직무뿐만 아니라 계획과 통제 등 관리기능의 일부를 종업원에게 위임하여 생산성을 향상시키고자 하는 것이다.

06 재무·회계관리

1. 재무관리

1) 재무관리의 기초

재무관리는 기업이 필요로 하는 자금을 조달하고, 조달한 자금을 운용하는 것과 관련된 의사결정을 효율적으로 수행할 수 있도록 하기 위한 이론과 기법을 연구하는 학문이다. 기업의 재무담당자는 금융시장에서 사채나 주식을 발행하여 자금을 조달하고, 조달한 자금을 재화나 용역을 생산·판매하는 데 필요한 자산에 투자하는 활동을 한다. 그리고 투자를 통하여 벌어들인 이익을 주주에게 지급할 배당금과 재투자를 위한 유보이익으로 나누는 활동을 한다.

재무관리의 목표를 이익의 극대화나 기업가치의 극대화 또는 자기자본가치의 극대화로 볼 수 있다. 이 중에서 이익의 극대화는 회계적 이익을 극대화하는 것이 재무관리의 목표가 되어야 한다는 주장이다. 하지만 이러한 주장이 갖고 있는 단점으로는 개념이 모호하고, 회계처리방법에 따라 값이 달라지며, 화폐의 시간가치와 미래의 불확실성을 무시한다는 문제점이 있다. 그런 점에서 전통적인 목표인 이익의 극대화는 재무관리의 목표로 적절치 못하고, 기업가치의 극대화가 보다 적절한 재무관리의 목표로 받아들여지고 있다.

재무상태표의 차변 측면에서 보면 기업가치는 기업이 보유하고 있는 자산의 가치를 의미한다. 따라서 기업가치(V)는 기업이 보유하고 있는 자산으로부터 얻게 될 미래의 현금흐름을 현금흐름의 위험이 반영된 적절한 할인율로 할인해서 현재가치로 환산한 값이다.

$$V = \sum_{t=1}^{\infty} \frac{C_t}{(1+k)^t}$$

단, C_t = t시점에서 얻게 될 현금흐름

k = 현금흐름의 위험이 적절히 반영된 할인율

위 공식에 따르면, 분자에 있는 미래의 현금흐름은 기업이 보유하고 있는 자산의 수익성을 나타내는 값으로, 어떤 자산에 투자하느냐에 따라 달라진다. 따라서 수익성을 결정하는 것은 투자결정이다. 또한 분모에 있는 할인율(또는 자본비용: k)은 미래의 현금흐름이 내포하고 있는 위험에 따라 그 크기가 달라진다. 기업의 현금흐름이 내포하는 위험에는 영업위험과 재무위험이 있다. 영업위험은 그 기업이 하고 있는 사업의 위험을 말한다. 따라서 영업위험의 크기를 결정하는 것은 투자결정이다. 재무위험은 이자비용의 부담정도에 따라 달라진다. 따라서 재무위험을 결정하는 것은 자본조달의사결정이다.

기업가치는 부채가치와 자기자본가치의 합에 해당하므로, 기업가치의 극대화는 채권자와 주주 모두를 기업의 소유자로 보는 셈이다. 그러나 기업의 진정한 주인은 주주이므로, 주주의 몫인 자기자본가치를 극대화하는 것이 재무관리의 목표가 되어야 한다는 주장이 자기자본가치의 극대화이다. 기업의 자산에 대해서는 채권자가 우선청구권을 갖고 주주는 잔여청구권을 갖기 때문에, 자기자본가치는 기업가치에서 부채가치를 뺀 값이다. 따라서 부채가치가 기업가치와 관계없이 일정하다면 기업가치가 증가하는 만큼 자기자본가치가 증가하게 되므로, 자기자본가치의 극대화가 기업가치의 극대화와 같은 의미가 된다.

투자안의 경제성 분석

투자안으로부터 예상되는 현금흐름을 추정하고 나면 해당 투자안이 경제성이 있는지를 분석하여야 한다. 투자안의 경제성을 분석하는 기법은 크게 화폐의 시간가치를 고려하지 않는 비할인현금흐름법과 화폐의 시간가치를 고려하는 할인현금흐름법으로 나눌 수 있다.

비할인현금흐름법으로는 회수기간법과 회계적 이익률법이 있다. 회수기간법은 투자안에서 발생하는 현금유입액으로 투자원금을 회수하는 데 걸리는 시간을 의미한다. 회계적 이익률법에서 회계적 이익률은 투자안으로부터 얻게 될 연평균 순이익을 연평균 투자액으로 나눈 값을 말하며, 평균이익률이라고도 한다.

$$\text{회계적 이익률} = \frac{\text{연평균 순이익}}{\text{연평균 투자액}}$$

회수기간법에서 투자안의 선택은 회수기간이 가장 짧은 투자안을 선택하게 되며, 회계적 이익률법에서는 회계적 이익률이 가장 큰 투자안을 선택하게 된다.

이에 반해 화폐의 시간가치를 고려하는 할인현금흐름법으로는 순현재가치법, 내부수익률법 그리고 수익성지수법의 3가지를 들 수 있다.

순현재가치법(NPV)에서 순현재가치는 투자로부터 얻게 될 현금유입액의 현재가치에서 현금유출액의 현재가치(또는 투자원금)를 뺀 값을 말한다.

$$\begin{aligned} NPV &= \text{현금유입액의 현재가치} - \text{현금유출액의 현재가치} \\ &= \sum_{i=1}^{n} \frac{C_t}{(1+k)^t} - C_0 \end{aligned}$$

$C_t =$ t시점의 현금유입액
$C_0 =$ 0시점의 현금유출액(투자원금)
$k =$ 현금흐름의 위험이 반영된 할인율(자본비용)

내부수익률법은 투자로부터 얻게 될 현금유입액의 현재가치가 현금유출액의 현재가치와 같게 해주는 할인율을 의미한다.

$$\sum_{i=1}^{n} \frac{C_t}{(1+IRR)^t} = C_0$$

수익성지수법은(probability index: PI)은 현금유입액의 현재가치를 현금유출액의 현재가치로 나눈 값을 말한다.

$$\Pi = \frac{\sum_{i=1}^{n} \frac{C_t}{(1+k)^t}}{C_0}$$

화폐의 시간적 가치를 고려하는 경제성 분석방법의 경우 해당 수치가 가장 큰 투자안을 선택하는 것이 타당한 의사결정 기준이 된다.

경제성 분석기법의 장점과 단점을 정리하면 다음과 같다.

〈표 6-1〉 경제성 분석기법의 장·단점

평가방법	장점	단점
회수 기간법	• 회수기간은 투자안의 위험을 나타내는 지표가 된다. • 회수기간이 짧은 투자안을 선택하면 유동성 측면에서 유리한 투자안을 선택할 수 있다. • 방법이 간단하여 시간과 비용이 적게 든다.	• 회수기간 이후에 발생하는 현금흐름은 무시한다. • 화폐의 시간가치를 고려하지 않는다. • 목표회수기간의 설정이 자의적이다.
회계적 이익률법	• 간단하여 이해가 쉽다. • 자료수집이 용이하다(추정 재무제표를 사용함).	• 현금흐름이 아닌 회계적 이익에 기초한다. • 화폐의 시간가치를 고려하지 않는다. • 목표이익률의 설정이 자의적이다.
순현재 가치법	• 내용연수 동안의 모든 현금흐름을 고려한다. • 적절한 할인율을 사용하여 화폐의 시간가치를 고려한다. • 기업가치 극대화 목표에도 부합한다. • 가치가산의 원리가 성립한다. • 평가기준이 객관적이다.	실무적으로 적절한 할인율(자본비용)을 구하기가 어렵다.

내부 수익률법	• 내용연수 동안의 모든 현금흐름을 고려할 수 있다. • 화폐의 시간가치를 고려한다.	• 계산이 어렵다. • 기업가치를 극대화하는 선택이 이루어지지 않을 수 있다. • 가치가산의 원리가 성립하지 않는다. • 평가기준이 현금흐름의 형태에 따라 달라진다. • 투자기간 동안 자본비용이 변하는 경우에는 적용하기 어렵다.
수익성 지수법	• 내용연수 동안의 모든 현금흐름을 고려한다. • 적절한 할인율을 사용하여 화폐의 시간가치를 고려한다.	• 기업가치를 극대화하는 선택이 이루어지지 않을 수 있다. • 가치가산의 원리가 성립하지 않는다.

2) 예산

세입세출 분류의 유형으로는 품목별 분류, 기능별 분류, 조직별 분류 그리고 경제성질별 분류로 구분할 수 있다.

품목별 분류의 의의는 예산의 내용을 지출대상, 즉 구입하고자 하는 재화와 서비스의 종류에 따라 예산내용을 분류하는 방법이다. 우리나라의 예산과목 중 '목'에 해당하는 것으로서 여비, 복리후생비, 감가상각비, 시설비 등으로 분류하는 방식이다. 품목별 분류는 각국에서 가장 널리 이용되고 있는 방법으로 세출예산의 집행에 대한 엄격한 통제를 그 목적으로 하고 있다. 장점으로는 정부지출을 통제하고 공무원의 재량권 남용을 방지하는 데 효과적이며, 예산집행에 있어서 유용이나 부정을 방지하며 회계책임을 명확히 할 수 있다. 그리고 '인건비' 항목을 통하여 제공되는 정원 및 현원에 대한 정보는 인사행정에 유용하다. 단점으로는 지출대상의 세부적 용도에 관심을 둠으로써 정부사업의 전모를 알기 어렵고, 지출목적 및 사업의 우선순위를 파악하기 어렵다는 점과 재량권을 지나치게 억제함으로써 예산집행의 신축성을 저해할 우려가 있다.

기능별 분류는 국가의 주요 기능에 따라 예산을 분류하는 것을 의미한다. 기능별 분류는 행정부가 정책·기획을 수립하고, 이를 바탕으로 예산을 배분하는 형식의 분류방법이라 하겠다. 장점으로는 행정부의 사업계획수립을 용이하게 하며, 입법부의 예산심의를 용이하게 한다. 행정부의 예산집행에 신축성이 있으며, 따라서 예산지출의 효율성을 높일 수 있다. 또한 시민들이 국가에서 하고자 하는 사업에 대해서 이해하기가 쉽다. 이러한 의미에서 예산의 기능별 분류는 시민을 위한 분류라고도 불린다. 마지막으로 국가가 수행하는 사업의 우선순위가 명백하여 국가의 중점시책을 쉽게 파악할 수 있다는 장점이 있다. 단점으로는 정부예산의 유통과정을 쉽게 파악하기가 어렵다. 회계책임이 명백하지 못하며, 예산에 대한 입법부의 효율적인 통제가 어렵다. 또한 기능별 분류의 대항목은 기관 또는 부처를 포괄적으로 망라하고 있으며, 부서의 책임소재가 불명확하다. 공공사업을 별개의 범주로 삼지 않으며, 따라서 공공사업 자체는 정부기획과 관련시켜야만 의의를 지닌다. 일반행정부의 비중이 클 경우 분류가 무의미해진다. 정부의 활동이나 사업은 2개 이상의 기능에 중복되는 경우가 있다.

세입세출 분류의 조직별 분류는 예산을 편성하고 집행하는 주체에 따라서 분류하는 것을 의미한다. 예산이 부처별·기관별·소관별로 분류될 뿐만 아니라, 예산의 편성, 사정, 심의, 집행 및 회계검사 등도 조직단계별로 이루어진다. 장점으로는 예산의 유통과정을 쉽게 파악할 수 있으며, 행정부에 대한 입법부의 통제를 용이하게 하고 회계책임을 명확히 할 수 있다는 점이다. 단점으로는 국가사업의 우선순위가 명백하지 못하고 국가경제동향을 파악하기 어려우며 경비의 내용과 목적을 밝히기 어렵다는 점이다.

경제성질별 분류로는 예산의 지출이 국민경제에 어떠한 영향력을 미치는가를 기준으로 한 분류방법으로 국민경제활동을 쉽게 파악할 수 있고 경제안정을 기할 수 있고 경제성장을 촉진시킬 수 있으며, 경제분석을 가능하게 하고 국민경제구조를 이해하기가 용이하다는 점이다. 단점으로는 예산의 유통과정을 쉽게 파악할 수 없으며, 예산지출에 대한 통제가 어렵고 회계책임이 명확하지 못하다는 점이다.

2. 회계관리

1) 회계의 기초

회계는 경제단위의 경영활동을 측정하고 요약하고, 보고서를 만들고, 경제단위의 이해관계자들에게 정보를 제공하는 기능을 수행하는 시스템을 말한다. 회계의 목적은 기업의 이해관계자들의 의사결정에 유용한 회계적 정보를 제공하는 것이며, 회계적 정보는 특정 기업의 재정상태나 영업성과 및 현금의 흐름상태에 관한 것을 말한다.

회계는 크게 재무회계, 관리회계 그리고 세무회계로 구분할 수 있다. 재무회계란 투자자, 채권자 등 외부정보이용자들에게 기업의 재무상태와 경영성과를 나타내는 회계정보를 제공하는 목적으로 하는 회계를 말한다. 이에 반해 관리회계란 경영자가 경영활동에 필요로 하는 모든 회계정보를 생산하고 이를 분석하는 목적으로 하는 내부보고용 회계를 말한다. 세무회계란 세무신고를 위한 회계를 의미한다. 기업은 여러 종류의 과세, 즉 법인세, 부가가치세, 관세, 지방세 등에 대한 세무신고를 해야 하며, 세무신고는 관련 법규가 정하는 바에 따라 작성되어야 한다.

기업의 회계를 이해하기 위해서는 재무제표에 대한 이해가 필요하며, 재무제표란 기업의 재무상태와 경영성과 및 재무상태의 변동을 표시하는 일정한 형식의 여러 가지 회계보고서를 의미한다. 재무제표는 재무상태표, 포괄손익계산서, 현금흐름표, 자본변동표 등의 4가지로 구성된다.

(1) 재무상태표

재무상태표는 특정시점에서 기업의 재무상태를 표시하는 회계보고서를 말한다. 여기서 재무상태란 결산일 현재 기업이 보유하고 있는 자산, 부채, 자본의 구성상태를 의미한다. 재무상태표 작성 시 가장 핵심이 되는 원리는 왼쪽에는 자산을 표시하고, 오른쪽에는 부채와 자본을 표시한다는 것이다.

자산이란 유동자산과 비유동자산으로 구분되며, 부채의 경우에도 유동부채와 비유동부채로 구분된다. 여기서 유동부채와 비유동부채의 기준이 되는 기간은 1년을 기준으로 한다. 유동부채의 경우 단기금융부채, 선수금, 예수금, 미지급비용, 미지급법인세, 선수수익 등을 말하며, 비유동부채는 사채, 장기차입금, 장기제품충당부채, 장기성매입채무, 이연법인세부채, 장기미지급 등을 의미한다.

자본이란 자산에서 부채를 차감한 후의 남은 잔여지분을 말하며 자본금, 자본잉여금, 자본조정, 기타포괄손익누계액, 이익잉여금으로 구분할 있다. 회계에서 자본은 자산에서 부채를 차감한 후의 남은 잔여지분을 말한다. 기업이 보유한 자산에서 채권자에게 귀속될 채권자지분인 부채를 차감하고 남은 잔액은 소유자(주주)에게 귀속될 지분이고, 이 소유자 지분을 회계에서는 자본이라고 한다.

(2) 포괄손익계산서

포괄손익계산서는 일정한 회계기간 동안의 영업성과를 집약적으로 표시한 회계보고서이다. 기업의 경영성과를 나타내는 가장 중요한 지표는 포괄이익이라 할 수 있으며, 포괄이익이란 영업을 통해 창출하는 모든 수익에서 모든 비용을 차감한 금액을 말한다. 그런데 수익과 비용 중에서 순이익에 포함되지 않고 자본으로 보고되는 기타포괄손익 항목이 존재한다.

수익이란 기업이 일정기간 동안에 고객에게 재화나 용역을 제공함으로써 받은 경제적 효익의 유입액을 말하며, 매출액과 영업외손익으로 구성된다. 한편 비용이란 수익(revenue)을 얻기 위해 유출되거나 소비된 경제적 효익을 의미하며, ① 매출원가, ② 판매비와 일반관리비, ③ 영업외비용, ④ 법인세비용을 말한다.

(3) 기타 재무제표

현금흐름표는 기업의 영업활동과 재무활동 그리고 투자활동에 대하여 발생되는 현금흐름의 특징이나 변동원인에 대한 정보를 제공하는 회계보고서이다. 기업의 경제활동은 영업활동, 투자활동 그리고 재무활동의 3가지로 요약된다.

자본변동표란 회계기간 동안 소유자지분(자본)의 변동을 구성항목별로 구분하여 보고하는 회계보고서로 자본을 구성하고 있는 자본금, 자본잉여금, 자본조정, 기타포괄손익누계액, 이익잉여금의 변동에 대한 포괄적인 정보를 제공한다. 회계원칙으로는 역사적 원가원칙, 발생주의 원칙, 수익실현의 원칙 그리고 수익·비용 대응의 원칙의 4가지를 채택하고 있다.

회계에서는 회계기록의 대상이 되는 모든 경제적 활동과 사건을 거래라고 하며, 회계상 거래에 해당하는 사건과 회계상 거래가 아닌 사건을 구분할 필요가 있다. 기본적으로 회계상 거래로 인식되기 위해서는 기업의 자산, 부채, 자본의 변화를 가져오게 되는 경우에 회계기록의 대상이 된다.

회계상 거래에 해당하는 사건의 경우 예를 들면 화재로 창고에 있던 상품 일부가 소실된 경우, 상품을 외상으로 구입하거나 기계장치를 1년 동안 사용하는 경우를 들 수 있다. 회계상 거래가 아닌 사건으로는 사무실로 사용하기 위해 건물주와 건물임대차조건을 협의하거나 신입사원을 채용하는 등의 사건은 회계상 거래에 포함되지 않는다.

분개란 기업에서 매일매일 발생하는 거래를 식별하여 이를 기록할 금액과 계정과목을 결정하고, 해당 계정의 차변 또는 대변에 기록하는 절차를 말한다. 분개를 하기 위해 거래를 분석하여 보면 어떤 거래든지 반드시 차변에 미치는 요인과 대변에 미치는 요인으로 분리되며, 동시에 각 계정의 차변에 미치는 영향과 대변에 미치는 영향이 똑같게 된다. 이를 분개의 법칙이라고 한다.

회계기간을 한 단위로 하여 기간마다 반복적으로 행해지는 회계절차를 회계의 순환과정이라고 한다. 일상적 회계절차와 결산절차를 순서대로 정리해 보면 가장 먼저 회계거래 인지를 식별하고 측정하며, 회계거래를 분개하여 분개장에 기록한 후 분개된 기록을 원장에 전기하게 된다. 원장의 각 계정을 임시로 마감하여 합계액과 잔액을 계산하여 수정전시산표를 작성하고, 정확한 회계기간의 손익을 계산하기 위해 필요한 수정분개를 하고, 손익계정의 마감을 위한 마감분개를 한다. 수정분개 및 마감분개 내용을 원장에 전기하고 계정을 마감하며, 수정후시산표, 재무제표를 작성하게 된다.

기업은 주로 재무제표의 자료를 이용하여 재무비율을 계산하고, 이 재무비율을 표준과 비교하여 기업의 재무상태와 경영성과를 평가한다.

재무비율의 종류로는 유동성 비율, 안정성비율 등을 들 수 있으며, 각각의 재무비율의 목적과 세부비율 지표에 따라 다음과 같이 분류할 수 있다.

〈표 6-2〉 재무비율의 종류와 의의

비율의 종류	목적	세부비율
유동성비율	기업의 단기 지급능력 평가	유동비율, 당좌비율
안정성비율	기업의 장기 지급능력 평가	부채비율, 자기자본비율, 고정비율
수익성비율	수익성 평가	매출액이익률, 총자산이익률
활동성비율	자산운용과 영업활동의 효율성 평가	매출채권회전율, 재고자산회전율, 총자산회전율
주가관련비율	주가의 평가	주당순이익, 주가수익률, 배당수익률

유동성 비율의 경우 유동비율과 당좌비율로 구성되며, 다음의 유동비율과 당좌비율 지표를 들 수 있다.

$$유동비율 = \frac{유동자산}{유동부채} \qquad 당좌비율 = \frac{당좌자산}{유동부채}$$

안정성비율은 부채비율, 자기자본비율, 고정비율, 이자보상비율 그리고 고정장기적합률로 구성된다.

〈표 6-3〉 안정성 비율 관련 지표

	산식	내용
부채비율	$\frac{부채}{자본}$	부채비율이 낮은 것이 바람직
자기자본비율	$\frac{자본}{자산}$	자기자본비율이 높은 경우 원금이나 이자보상에 대한 안전도가 높음
고정비율	$\frac{비유동자산}{자본}$	값이 낮으면 비유동자산의 자본화 정도가 낮으며 기업의 장기적인 안정성이 높다는 의미
이자보상비율	$\frac{영업이익}{이자비용}$	비율이 높을수록 안정성이 높음
고정장기적합률	$\frac{비유동자산}{자기자본+비유동부채}$	비율이 낮을수록 안정성이 높음

수익성 비율은 회계기간 중에 어느 정도의 경영성과를 거두었는가를 측정하는 비율로 매출액이익률, 총자산이익률 등 4개 지표를 들 수 있다. 모든 지표 값들이 높을수록 수익성이 높다고 해석할 수 있으나 총자산이익률의 경우 지나치게 단기적인 관점을 갖지 않도록 할 필요가 있다.

〈표 6-4〉 수익성 비율 관련 지표

	산식	내용
매출액이익률	$\frac{당기순이익}{매출액}$	원가관리면에서 중요한 비율임
총자산이익률	$\frac{당기순이익}{평균총자산}$	총자산이익률은 높을수록 좋으나 지나치게 단기적인 관점을 갖지 않도록 할 필요
총자본순이익률	$\frac{당기순이익}{평균총자본}$	높을수록 수익률이 높음
자기자본수익률	$\frac{당기순이익}{평균자기자본}$	높을수록 수익률이 높음

활동성비율이란 기업이 보유하고 있는 자산을 얼마나 효율적으로 운용하고 있는가를 측정하는 비율로 매출채권회전율, 재고자산회전율 등으로 구성된다. 매출채권회전율은 매출채권의 회수가 얼마나 잘되고 있는가를 나타내는 비율이다.

〈표 6-5〉 활동성비율 지표

	산식	내용
매출채권회전율	$\frac{매출액}{평균매출채권}$	매출 채권의 현금화 속도를 측정하는 지표
재고자산회전율	$\frac{매출원가}{평균재고자산}$	재고자산이 현금화되는 속도를 측정하는 비율임
총자산회전율	$\frac{매출액}{평균총자산}$	기업이 자산투자의 효율성을 측정
자기자본회전율	$\frac{매출액}{평균자기자본}$	자기자본 한단위에 대한 매출액의 크기를 측정하여 자기자본의 효율성을 나타냄

주가관련 비율은 현재 유통되고 있는 보통주식의 시가와 관련되는 비율로서, 보통주 1주당 시가에 대한 순이익이나 배당액을 측정하는 것이다.

〈표 6-6〉 주식관련 재무비율

	산식	내용
주당순이익	$\frac{\text{당기순이익}}{\text{보통주식총수}}$	증권시장에서 기업의 주가를 평가하고 예측하는 데 널리 활용
주가수익률	$\frac{\text{보통주1주당시가}}{\text{주당순이익}(EPS)}$	주가수익률이 낮은 저PER주식은 가격이 상승할 가능성이 크다고 볼 수 있음
주가장부금액비율	$\frac{\text{보통주1주당시가}}{\text{주당순자산장부금액}}$	기업의 미래이익에 대한 전망이 좋을수록 이 비율은 증가하는 경향
배당수익률	$\frac{\text{보통주1주당 현금배당액}}{\text{보통1주당시가}}$	보통주 1주당 배당액을 시장가격으로 나눈 비율
배당성향	$\frac{\text{배당총액}}{\text{당기순이익}} = \frac{\text{주당배당액}}{\text{주당순이익}}$	기업의 배당정책을 판단하는 지표

3. 빌딩관련 재무·회계관리

1) 관리비용의 의의

관리비란 상업용건물을 유지하고 관리하는 데 소요되는 비용을 의미한다. 다시 말하면 관리비란 자산관리 전문회사나 관리 종사자들의 관리 서비스에 대한 대가를 의미하는 것으로 상업용건물의 관리를 위하여 제공되는 일반관리, 관리용역, 에너지 사용, 청소, 경비 등에 대하여 지불되는 비용을 의미한다. 건물을 직영 관리하는 경우는 관리비의 성격이 유지비의 성격을 띠게 되나 건물이 수익성 건물인 경우에는 추상적인 관리 서비스 제공에 대한 대가성의 성격을 띠게 된다. 관리비는 넓은 의미의 임대료 범주에 포함되나 좁은 의미의 임대료에는 제외되는 것으로 적정한 관리비 산정이 요구된다.

오피스빌딩의 경우 관리비 구성내역과 각 비목별 세부내역은 다음과 같다.

〈표 6-7〉 빌딩 관리비 구성내역

비목	구성내역	비고
일반관리비	직원인건비, 여비교통비, 복리후생비, 접대비, 교육훈련비, 식대, 차량유지비, 소모품비, 지급수수료, 광고선전비, 기타 일반관리비 항목	
수선유지비	각종 기계정비, 보수, 기계수리, 기타 건물유지관리비용	
특별수선충당금	중장기 건물수선 특별적립비용	준공 1년 후부터 발생
건물관리도급비	시설관리, 청소, 경비보안, 주차관리도급비	
외주용역비	통신시설, 방역, 조경, 승강기, 정화조, 전문 아웃소싱 용역비	
전기료	전기기본료, 전체공용전기료, 층별공용전기료, 개별사용 전기료	
가스료	공동가스료, 개별 가스사용료(개별 검침 후)	
수도료	공동수도료, 개별 수도사용로(개별 검침 후)	
냉동기(방축열)	냉동전기 소모비용	

2) 관리비용의 분류

관리비는 부담방법, 정산방식, 성격 등에 의하여 다음과 같이 분류된다.

(1) 관리비 부담징수방법에 의한 분류

부담징수방법에 따른 관리비는 고정관리비, 실비관리비, 혼합관리비 등으로 분류되어 있다. 고정관리비는 정액제 관리비라고도 하는데 건물 유지관리에 있어서 발생될 비용의 총액을 미리 예상하고 산정하여 이를 연면적으로 나눠 평당 관리비를 징수하는 것을 말한다. 일반적으로 넓은 의미의 임대료 범주에 포함되는 관리비의 성격을 지니고 있다. 실비관리비는 실비정산제 관리비라고도 하며, 매월 말일 현재 발생된 관리비용의 총비용에 각 임차인별 실제 사용량과 면적을 계산하여 산정하고 징수하는 관리비를 말한다.

혼합 관리비는 건물의 일반적인 관리항목은 고정관리비(정액제 관리비)

로 하고, 검침이 가능한 전기·가스·수도 등은 사용량만큼 부담하는 실비관리비를 혼용하는 관리비를 말한다. 공평부담 원칙과 사용자부담 원칙을 함께 적용한 관리비라 할 수 있으며, 정액 실비정산제 관리비라고도 한다.

(2) 관리비 정산방식에 의한 분류

정산방식에 의한 분류는 공동주택 관리비인 경우에 적용되는 방식이며, 이 경우 사용자 부담원칙과 공평부담 원칙에 따라 사용자가 세대별 면적에 따라 공평하게 부담하는 관리비이다. 공동주택의 관리비는 정산방식에 따라 연간 예산제와 월별 정산제로 분류된다. 연간 예산제 관리비란 1년간 지출이 예상되는 관리비용의 총액을 추정하고, 이를 12개월로 배분한 후 다시 면적으로 배분하여 산출된 금액을 매월 일정하게 고지 징수하는 관리비를 말한다.

월별 정산제 관리비란 매월 실제로 전월에 사용한 비율을 각 항목별로 계산하고 총액을 산출하여 연면적으로 배분하고 산출된 금액을 고지 징수하는 관리비를 말한다.

(3) 관리비 성격에 의한 분류

관리비 성격에 따라 직접관리비와 간접관리비로 구분된다. 직접관리비는 건물의 관리에 직접 사용되는 관리비로서 건물의 유지관리에 소요되는 에너지 사용비용, 인건비, 용역비, 재료비, 원료비, 수선비 등이 해당된다.

간접관리비는 건물의 유지관리에 간접적으로 필요한 관리비용으로서 예컨대 제세공과금, 보험료, 회의비용, 광고비, 사무용품비 등이 해당된다.

(4) 건물 사용면적의 전용·공용에 따른 분류

건물 사용면적의 전용 또는 공용에 따라 전용관리비와 공용관리비로 구분되며, 전용관리비는 임차인이 독립적으로 사용하는 면적에 대해 발생되는 관리비용을 의미한다. 예컨대 독립적으로 사용하는 면적의 수도요금, 가스요금, 전기요금 등이 여기에 해당한다. 공용관리비는 공동 소유 형태의 면적이나 시설 등의 관리에 소요되는 유지관리 비용을 말한다. 예컨대 공동전기료,

엘리베이터 유지보수비, 난방비, 공동수도료 등이 이에 해당된다.

3) 관리비용의 구성항목

(1) 인건비

인건비란 상업용건물관리의 필요에 따라 고용된 각 분야별 전문성을 지닌 직원의 인건비용을 말한다. 부동산 자산을 관리하기 위해서는 각 분야별, 직급별로 직원을 고용해야 한다.

대부분 고용된 직원으로는 관련분야 자격을 보유한 관리소장, 분야별 팀장(관리, 회계, 경리, 커뮤니티기계, 전기, 설비 방재, 미화, 경비 등), 담당직원 등이 있다. 이렇게 구성된 직원들의 인건비는 다음과 같은 항목들로 구성된다.

① 기본급여: 인건비 중 기본 급여를 말한다.
② 상여금 및 퇴직금: 기본급여 외에 정기상여금 또는 특별상여금이 있다.
③ 기본 4대 보험: 산재보험, 고용보험, 국민연금, 건강보험
④ 기타: 수당, 복리후생비, 업무추진비, 기타 잡비 등

(2) 일반관리비

상업용건물을 관리하기 위해 고용된 분야별, 직급별 직원들에게 소요되는 인건비 외의 일반적인 관리부분에 소요되는 비용을 일반관리비라고 한다. 즉 일반관리비는 상업용건물을 관리하는 데 필요한 직접경비가 아닌 간접경비라고도 할 수 있다. 일반관리비에는 다음과 같은 항목들로 구성된다.

① 제세공과금: 전기료, 통신료, 우편료, 기타 제세공과금
② 차량유지비: 연료비, 차량수리비, 자동차보험료, 차량검사비
③ 관리용품비: 관리에 필요한 각종 공구 및 기구
④ 기타: 소모품비, 여비, 교통비, 도서인쇄비, 교육비 등

(3) 건물관리비

상업용건물을 관리하는 데 필요한 직접적인 비용을 건물관리비라고 한다. 건물관리비의 경우 소유자가 부담하는 것이 원칙이나 임차인이 있을 경우에는 임차인이 부담하며, 구분소유자일 경우에는 각 구분소유자가 부담한다. 또한 건물관리비는 전유부분과 공유부분에 대한 것을 지분별로 계산하여 부담하게 된다. 건물관리비 항목에는 수도광열비, 청소비, 경비비, 소독비, 승강기유지비, 네트워크 설비 유지비, 수선유지비, 시설유지비, 건물보험료, 정화조오물수수료, 생활폐기물 수수료 등이 있다.

(4) 위탁관리 수수료

상업용건물의 관리방식에는 소유자가 직접 관리하는 자가관리, 부동산 전체를 위탁하여 관리하는 위탁관리, 2가지 방식을 혼합하여 관리하는 혼합관리 등이 있다. 위탁관리 수수료란 부동산을 전물 부동산관리회사에 위탁하여 관리할 경우 위탁전문 부동산관리회사에 지급하는 수수료 비용을 말한다. 도급비용이라고 표현하기도 하며, 일반관리비, 청소비, 보안경비비 등으로 구분하여 계약하기도 한다.

(5) 관리비용 세부내역

상업용건물의 관리비 구성내역은 건물 소유자별로 상이하나 자산관리업계에서 보편적으로 사용되는 내역은 <표 6-8>과 같다. <표 6-8>의 구성항목 중 'PM fee'의 내역은 인건비와 세금과 공과비로 나뉘어 직접 관리비안에 포함된다. 이는 자산관리 업무 중 일부 시설관리를 전문적인 위탁관리회사에 위임하는 혼합관리 방식을 취하고 있으며, 상업용건물을 직접 소유·관리하는 형태로 운영되기 때문이다.

〈표 6-8〉 상업용건물의 관리비 구성항목

<table>
<tr><th colspan="3">관리비 항목</th><th>구성내역</th></tr>
<tr><td colspan="3">PM fee</td><td>PM인력 인건비, 건물 재산세 등 제세공과금</td></tr>
<tr><td rowspan="17">직접관리비</td><td rowspan="5">인건비</td><td>급료</td><td>해당건물 관리인력 급여, 지부(본사 제외) 간접비</td></tr>
<tr><td>제수당</td><td>휴가보상비, 시간외 수당, 당·숙직 수당 등</td></tr>
<tr><td>상여금</td><td>상여금</td></tr>
<tr><td>기타급료</td><td>자녀장학금, 개인연금지원, 자가운전 보조비, 포상비</td></tr>
<tr><td>퇴직급여</td><td>퇴직급여충당금</td></tr>
<tr><td colspan="2">복리후생비</td><td>업무추진비, 체육진흥비, 근무복제작비, 직원독려비, 야근근무지원비, 경조금 등</td></tr>
<tr><td rowspan="5">외주 용역비</td><td>청소용역비</td><td>청소용역비, 방역용역비, 일반폐기물수거용역비, 청소위생소모품비</td></tr>
<tr><td>경비용역비</td><td>경비용역비</td></tr>
<tr><td>기타용역비</td><td>소방위탁관리비 등</td></tr>
<tr><td>시설유지비</td><td>시설물유지보수용역비</td></tr>
<tr><td>조경관리비</td><td>조경관리비, 조경관리위탁용역비, 수목보식비</td></tr>
<tr><td colspan="2">수선비</td><td>건물의 유지보수를 위한 제반공사비, 팬코일청소, 급수조·냉온수기·보일러 세관 청소</td></tr>
<tr><td colspan="2">자재비</td><td>자재비</td></tr>
<tr><td colspan="2">수도광열비</td><td>수도료, 전기료, 유류비, 가스비</td></tr>
<tr><td colspan="2">일반관리비</td><td>통신비, 감가상각비, 광고선전비, 교육훈련비, 조사연구비, 소모품비, 인쇄비 등</td></tr>
</table>

출처: 양영준(2010), 「오피스건물의 관리비용 결정요인 연구」.

4) 빌딩관련 조세

(1) 취득세

취득세란 부동산 등을 취득한 경우에 취득사실을 전제로 하여 부과되던 종전의 취득세와 취득재산에 대한 소유권 취득에 대해서 공부상 등기·등록을 할 경우 과세되면 종전의 등록세 일부를 취득세에 통합하여 2011년부터 시행되는 조세이다.

취득세란 지방세법에서 열거하고 있는 토지·건축물·차량 등 특정의 유형·무형의 재산을 취득하는 경우 그 취득이라는 사실 자체를 납세의무의 성립요건으로 하여 지방자치단체에서 부과하는 조세로서 과세대상 물건의 소유권이 이전되는 거래단계마다 과세되는 유통세이며, 그 취득행위가 있는 자에게 과세되는 행위세로, 부과 근거는 특정자산의 취득행위 사실에 과세하는 조세이다. 취득세는 지방세, 보통세, 물세, 종가세의 특징을 가지고 있으며, 납세의무자가 과세관청에 과세표준과 세액을 신고함으로써 확정된다.

취득세의 과세표준은 취득 당시의 가액으로 연부로 취득한 경우에는 매회 연부금액으로 한다. 취득세 세율은 일반세율과 중과세율로 구분할 수 있고, 일반세율은 표준세율과 특례세율로 구분된다. 상가빌딩의 취득세는 부동산취득세 세율 4%를 적용한다.

〈표 6-9〉 취득세 세율

<table>
<tr><th colspan="2" rowspan="2">구분</th><th colspan="2">세율</th></tr>
<tr><th>원칙</th><th>예외로서 농지의 경우</th></tr>
<tr><td colspan="2">부동산 취득세 세율</td><td>4%</td><td>3%</td></tr>
<tr><td rowspan="3">무상취득</td><td>상속</td><td>2.8%</td><td>2.3%</td></tr>
<tr><td>상속 외의 무상취득</td><td colspan="2">3.5%</td></tr>
<tr><td>상속 외의 무상취득 중 대통령령으로 정하는 비영리사업자의 취득</td><td colspan="2">2.8%</td></tr>
<tr><td rowspan="2">분할로 인한 취득</td><td>공유물의 분할 또는 부동산 실권리자명의 등기에 관한 법률 제2조 제1호 나목에서 규정하고 있는 부동산의 공유권 해소를 위한 지분이전으로 인한 취득(등기부등본상 본인 지분을 초과하는 부분의 경우에는 제외한다)</td><td colspan="2" rowspan="2">2.3%</td></tr>
<tr><td>합유물 및 총유물의 분할로 인한 취득</td></tr>
<tr><td rowspan="3">주택유상 취득</td><td>6억 원 이하인 주택을 취득하는 경우</td><td colspan="2">1%</td></tr>
<tr><td>6억 원 초과 9억 원 이하의 주택을 취득하는 경우</td><td colspan="2">2%</td></tr>
<tr><td>9억 원 초과 주택을 취득하는 경우</td><td colspan="2">3%</td></tr>
<tr><td colspan="2">원시취득</td><td colspan="2">2.8%</td></tr>
</table>

(2) 보유세

상가빌딩과 관련된 보유세로는 재산세가 있다. 상가건물의 경우 종합부동산세 대상에서는 제외된다. 재산세는 토지·건축물·주택·선박·항공기 보유에 대하여 정기적으로 부과하는 지방세이다. 그리고 도시지역 안의 부동산에 대하여 재산세와 별개로 과세하던 도시계획세가 재산세 도시지역분으로 2011년부터 재산세와 통합하여 부과된다.

재산세는 지방세이며, 시·군·구세·특별자치시세·특별자치도세이며, 보통세이고 물세·인세의 특징을 갖는다. 재산세는 과세기준일인 매년 6월 1일부터 재산세 과세대장에 등재된 토지, 건축물, 주택, 선박 및 항공기를 과세대상으로 한다.

① 토지

재산세의 과세대상 중 토지는 공간정보의 구축 및 관리 등에 관한 법률에 따라 지적공부의 등록대상이 되는 토지와 그 밖에 사용되고 있는 사실상의 토지를 말한다. 따라서 지적공부에 등재되었는지 여부를 불문하고 재산세 과세대상이 된다. 다만, 주택에 딸린 토지는 주택으로 과세하기 때문에 토지에 대한 과세대상 범위에서 제외한다.

토지에 대한 재산세 과세대상은 토지의 사용용도 등에 따라서 종합합산과세대상 토지, 별도합산과세대상과 분리과세대상 토지로 구분한다.

〈표 6-10〉 재산세 과세대상 토지유형

유형	구체 대상 토지
종합합산과세대상	별도합산과세대상 또는 분리과세대상이 되는 토지를 제외한 토지
별도합산과세대상	경제활동에 사용하는 일반 사업용 건축물의 부속 토지, 차고용 토지, 보세창고용 토지, 시험·연구·검사용 토지 등
분리과세대상	공장용지·전·답·과수원 및 목장용지로서 대통령령이 정하는 토지, 산림이 보호육성을 위하여 필요한 임야 및 종중소유 임야, 골프장용 토지와 고급오락장용 토지 등

② 건축물

재산세 과세대상이 되는 건축물은 건축법 규정에 의한 건축물과 시설로 구분할 수 있다. 건축법 규정에 이한 건축물로는 토지에 정착하는 공작물 중 지붕과 벽 또는 기둥이 있는 것과 이에 딸린 시설물, 지하 또는 고가의 공작물에 설치하는 사무소·공연장·점포·차고·차고, 그 밖의 것을 말한다.

③ 세율

토지에 대한 세율은 합산과세대상 토지는 초과누진세율, 분리과세대상은 비례세율로 되어 있으며, 토지에 대한 재산세 표준세율은 표 6－11과 같다.

〈표 6–11〉 토지에 대한 재산세 세율

<table>
<tr><th></th><th>과세표준액</th><th colspan="2">세율</th></tr>
<tr><td rowspan="3">종합합산 과세대상</td><td>5,000만 원 이하</td><td>1,000분의 2</td><td rowspan="3">3단계 초과 누진세율</td></tr>
<tr><td>5,000만 원 초과 1억 원 이하</td><td>10만 원+5,000만 원 초과금액의 1,000분의 3</td></tr>
<tr><td>1억 원 초과</td><td>25만 원+1억 원 초과금액의 1,000분의 5</td></tr>
<tr><td rowspan="3">별도합산 과세대상</td><td>2억 원 이하</td><td>1,000분의 2</td><td rowspan="3">3단계 초과누진세율</td></tr>
<tr><td>2억 원 초과 10억 원 이하</td><td>40만 원+2억 원 초과금액의 1,000분의3</td></tr>
<tr><td>10억 원 초과</td><td>280만 원+10억 원 초과금액의 1,000분의 4</td></tr>
<tr><td rowspan="3">분리과세 대상</td><td>전·답·과수원·목장용지·임야</td><td>과세표준의 1,000분의 0.7</td><td rowspan="3">비례세율</td></tr>
<tr><td>입지지역 안 공장용 토지, 산업용토지 등</td><td>과세표준의 1,000분의2</td></tr>
<tr><td>골프장 및 고급오락장용토지</td><td>과세표준의 1,000분의 40</td></tr>
</table>

건축물에 대한 재산세는 건축물별로 다음의 세율로 한다(지방세법 제111조 제1항 제2호). 일반건축물 중 다음의 시 이상 지역의 주거지역 등 안의 공장용건축물과 사치성 건축물을 제외하고 일반건축물, 즉 상가·공장·시설 기

타용도에 속하는 것은 과세표준의 1,000분의 2.5로 한다.

3) 양도소득세

양도소득세는 토지·건물 등 소득세법에 열거된 국내 및 국외자산의 일시적 양도로 인하여 발생하는 양도소득을 과세대상으로 한다. 따라서 양도소득이란 토지·건물 또는 주식 등의 보유에 따른 보유이익이 양도라는 유상 이전과정을 거쳐 실현된 양도소득을 과세대상으로 하여 부과되는 세금이다.

양도소득세는 국세, 수득세이며, 원칙적으로 납세의무자가 스스로 신고함으로써 조세채권이 확정되는 신고주의 조세이다.

〈표 6-12〉 양도소득세 세율

<table>
<tr><th colspan="3">자산</th><th>2016년
1월 1일~</th><th>2017년
1월 1일~</th><th>2018년
1월 1일 ~</th><th>2018년
4월 1일 ~</th></tr>
<tr><td rowspan="8">토지·건물·
부동산에 관한
권리</td><td rowspan="3">보유기간</td><td>1년 미만</td><td colspan="4">50%[1)2)]</td></tr>
<tr><td>2년 미만</td><td colspan="4">40%[1)3)]</td></tr>
<tr><td>2년 이상</td><td colspan="4">기본세율</td></tr>
<tr><td colspan="2">조정대상지역 내
주택분양권[4)]</td><td colspan="2">기본세율</td><td colspan="2">50%</td></tr>
<tr><td colspan="2">1세대2주택
(조합원입주권 포함)</td><td colspan="3">기본세율</td><td>기본세율
(단, 조정대상지역은
10% 가산)</td></tr>
<tr><td colspan="2">1세대3주택
(조합원입주권 포함)
이상</td><td colspan="3">기본세율(단, 지정지역[5)]은 10% 가산)</td><td>기본세율
(단, 조정대상지역은
20% 가산)</td></tr>
<tr><td colspan="2">비사업용토지</td><td colspan="2">기본세율+10%</td><td colspan="2">기본세율+10%6)</td></tr>
<tr><td colspan="2">미등기양도자산</td><td colspan="4">70%</td></tr>
</table>

1) 하나의 자산이 둘 이상에 해당할 때에는 해당 세율을 적용하여 계산한 산출세액 중 큰 것으로 함
2) 주택 및 조합원입주권은 40%
3) 주택 및 조합원입주권은 기본세율

4) 무주택세대로서 양도 당시 다른 분양권이 없고 30세 이상(30세 미만으로서 배우자가 있거나 배우자가 사망·이혼한 경우 포함) 및 조정대상지역 공고 전 매매계약하고 계약금을 받은 사실이 증빙서류에 의해 확인되는 경우 기본세율 적용(2018년 8월 28일 이후 양도분부터)
5) 2017년 8월 3일부터 2018년 3월 31일까지의 양도분만 10% 가산됨
6) 지정지역 내 비사업용토지는 추가 10% 가산되나, 2019년 2월 현재 지정지역 없음

〈표 6-13〉 소득세법 기본세율

과세표준	기본세율	누진공제
1,200만 원 이하	6%	-
1,200만 원 초과~4,600만 원 이하	15%	108만 원
4,600만 원 초과~8,800만 원 이하	24%	522만 원
9,800만 원 초과~1억 5,000만 원 이하	35%	1,490만 원
1억 5,000만 원 초과~3억 원 이하	38%	1,940만 원
3억 원 초과~5억 원 이하	40%	2,540만 원
5억 원 초과	42%	3,540만 원

실/전/문/제

01 예산의 분류에 있어서 기능별 분류에 관한 기술 중 잘못된 것은?

① 행정수반의 정책수립이 용이하다.
② 입법부의 예산심의의 편의를 제공한다.
③ 정부활동에 대해 시민이 이해하기가 쉽다.
④ 일반행정비는 가능한 한 많이 책정되어야 한다.
⑤ 회계책임이 명확하지 못하다.

02 취득세에 대한 설명으로 가장 올바른 것은?

① 일정한 사항을 공부에 등기 또는 등록하는 경우에 부과되는 조세를 말한다.
② 일정한 재산에 대하여 부과되는 조세를 말한다.
③ 상가빌딩의 매매, 교환, 상속, 증여 등과 기타 이와 비슷한 취득으로서의 원시취득, 승계취득 또는 유무상을 불문한 일체의 취득을 할 때 납부하는 세금을 말한다.
④ 사망에 의하여 무상으로 이전되는 재산에 대하여 부과되는 조세를 말한다.
⑤ 증여에 의하여 재산이 무상으로 이전되는 경우에 부과되는 조세를 말한다.

03 다음 설명들 중 잘못된 것은?

① 부기란 장부기업의 줄인 말로서 거래사실을 요약·정리하여 장부에 기록하는 단순한 기술을 뜻한다.
② 회계란 빌딩경영기업의 경제적 활동을 일정한 시스템에 의하여 식별·측정하고 그 결과를 정보화하여 이해관계자에게 전달해 주는 일련이 과정이다.
③ 회계의 기능을 측정기능과 전달기능으로 나눌 수 있다.
④ 회계기능 중 측정기능이란 외부로부터 재화나 용역을 취득하고 제공한 경제활동에 대해 측정하는 것을 말한다.
⑤ 회계기능 중 전달기능은 측정된 회계를 빌딩경영기업의 내부이용자에게만 전달하는 기능을 말한다.

04 다음 중 회계와 관련된 개념에 대한 설명으로 잘못된 것은?

① 부기란 장부기업의 줄인 말로서 거래사실을 요약·정리하여 장부에 기록하는 단순한 기술을 뜻한다.

② 전표란 거래를 조직적·계속적으로 기록·계산하기 위하여 지편을 합철한 것을 말한다.

③ 회계의 대상이 되는 것은 빌딩경영기업의 경제적 활동이다.

④ 회계장부는 주요부와 보조부로 구분한다.

⑤ 경제적 활동과 관련된 내용을 측정하고 계산하는 것이 회계라고 할 수 있다.

05 밑줄 친 곳에 들어갈 단어로 가장 적절한 것은?

> ___________(이)란 거래사실을 요약·정리하여 장부에 기록하는 단순한 기술을 뜻한다.

① 부기　　② 회계

③ 추산　　④ 대차대조

⑤ 재무

정답 및 해설

01 정답 ④

02 정답 ③

03 정답 ⑤

해설 회계의 기능은 측정기능과 전달기능으로 나눌 수 있는데, 측정기능이란 외부로부터 재화나 용역을 취득하고 제공한 경제활동에 대해서 측정하는 것을 말한다. 전달기능이란 측정된 회계를 빌딩경영기업의 내부 또는 외부의 이해관계자들에게 제공하는 기능을 말한다.

04 정답 ②

해설 거래를 조직적·계속적으로 기록·계산하기 위하여 지편을 합철한 것은 회계장부이고 전표란 거래의 내용과 분개, 증거서류의 검토와 결재과정이 표시된 지편을 말한다.

05 정답 ①

CHAPTER

03

제도편

빌딩관리의 실무에서 적용되는 공법적 규제로는 건축법, 시설물의 안전관리에 대한 특별법, 소방기본법, 소방시설의 설치 유지 및 안전관리에 대한 법, 경비업법 등이 있으며, 기타 환경관련법령 등 다수의 부수된 적용법령으로서의 행정법령이 있다. 또한 빌딩관리의 실무에서 적용되는 사법적 규제로는 민법상의 임대차규정, 주택임대차보호법, 상가임대차보호법, 집합건물의 소유 및 관리에 관한 법 등이 있다.

의무관리 대상으로서 공동주택의 경우 관리에 있어서 주택법과 동시행령, 동시행규칙이 하나의 공동주택관리기본법의 체계를 갖추고 관리방법과 관리기준, 절차, 관리비, 업무범위 및 불이행시 벌칙 등을 규정해 놓음으로써 공동주택 유지관리는 비교적 효율적으로 추진되고 있다. 반면에 상업용 빌딩의 경우 총체적인 유지관리기본법이 아닌 개별 단행법에서 부분적으로 규율되고 있다. 즉 우리나라는 상업용 일반건물에 대한 유지관리기본법은 없으며, 전기, 가스, 환경, 통신, 청소, 위생, 먹는 물 등의 관리를 위해서 부처별, 소관사항별로 관리에 필요한 관계법령이 40여 종에 달하여 산발적으로 적용되고 있다.

더불어 국유재산의 관리는 국유재산법에서, 임대주택의 관리는 임대주택법에서, 그리고 1종 시설물과 2종 시설물의 안전관리는 시설물의 안전관리에 관한 특별법에서, 집합건물의 관리는 집합건물의 소유 및 관리에 관한 법률에서 관리되도록 규정하고 있으며, 안전, 환경, 위생, 설비 등의 관리는 관리관계법령에서 부분적으로 필요한 규제와 지도 규정을 두고 있다.

07 민법과 민사특별법[1)]

1. 민법총칙

1) 법률행위

법률행위는 일정한 법률효과의 발생을 목적으로 하는 한 개 또는 수 개의 의사표시를 불가결한 구성요소로 하는 법률요건이다. 법률행위는 법률요건이기 때문에 법률효과를 발생시키는 데 필요하고도 충분한 법률사실이 모두 포함되어야 한다. 법률행위는 의사표시를 불가결의 구성요소로 한다는 점에서 다른 법률요건과 구별된다. 물론 법률행위가 의사표시만으로 구성되는 것은 아니다. 법률행위가 성립하기 위해서는 의사표시 이외에도 당사자·목적과 같은 것이 필요하다. 그러나 법률행위라고 하기 위해서는 하나 또는 둘 이상의 의사표시가 반드시 있어야 한다는 점에서 의사표시 없는 법률행위는 있을 수 없는 것이다.

법률행위의 목적이란 법률행위를 하는 자가 그 법률행위에 의하여 발생시키려고 하는 법률효과를 말한다. 법률행위가 효력을 갖기 위해서는 그 목적이 정당해야 한다. 즉, 법률행위에 의하여 표의자가 의욕한 법률효과를 발생시키기 위해서는 법률행위의 목적이 확정될 수 있을 것, 실현될 수 있을 것, 그리고 그 목적이 법질서에 의해 허용될 것이 필요하다.

법률행위의 해석이라 함은 법률행위의 내용 또는 목적을 명확하게 하는 것을 말한다. 법률행위란 당사자의 의사대로 법률효과를 주는 것을 본질로

---

1) 채희대, 해커스 공인중개사시험연구소, 『2019 해커스 공인중개사 기본서1차 민법 및 민사특별법 ①, ②』, 해커스패스, 2018의 내용을 토대로 요약 정리하였음.

하기 때문에 법률행위 해석의 기본목표는 당사자의 의사를 밝히는 것이다. 법률행위의 해석이란 당사자의 내심적 의사와는 관계없이 당사자가 그 표시행위에 부여한 객관적 의미를 명백하게 확정하는 것이다. 표의자의 내심적 의사를 탐구하는 자연적 해석은 사적 자치의 원칙에 비추어 제1차적 해석방법이 된다. 그 다음에 표의자의 내심적 의사가 불명확한 경우에는 제2차적으로 상대방의 입장에서 규범적 해석을 하고, 마지막으로 법률행위의 내용에 흠결이 있는 경우에는 제3자의 입장에서 보충적 해석을 하게 된다.

2) 의사표시

의사표시는 일정한 법률효과의 발생을 목적으로 의사를 표시하는 행위로서 의사적 요소와 표시적 요소로 구성된다. 심리적 분석에 의한 의사표시의 표시과정을 보면 의사표시를 하고자 하는 사람은 어떠한 동기에 의하여 내심적으로 일정한 법률효과의 발생을 의욕하고(효과의사), 이 의욕을 외부에 표시하려는 의사(표시의사)를 매개로 하여 효과의사를 외부에 표시하는 행위(표시행위)를 함으로써 의사표시를 완성시킨다. 통설은 효과의사와 표시행위를 심리적으로 매개하는 의사, 즉 표시의사는 의사표시의 요소가 아니라고 한다.

(1) 의사와 표시가 일치하지 않은 의사표시

의사와 표시가 일치하지 않은 의사표시로는 비진의표시, 통정허위표시, 착오에 의한 의사표시가 있다.

비진의표시는 표의자가 내심의 효과의사(진의)와 표시가 일치하지 않는다는 것을 스스로 알면서 진의를 감추고 하는 의사표시를 말한다. 민법 제107조 제1항 본문은 의사표시는 표의자가 진의 아님을 알고 한 것이라도 그 효력이 있다고 규정하고 있다. 따라서 진의 아닌 의사표시라도 원칙적으로 표시주의에 의해 유효하며, 그 효력이 발생한다. 민법 제107조 제1항 단서에서 상대방이 표의자가 진의 아님을 알았거나 알 수 있었을 경우에는 무효라고 규정하고 있다. 여기서 상대방이 알았다는 것(악의)과 알 수 있었을 것(과실)은 그 표시의 무효를 주장하는 자가 입증하여야 한다.

통정허위표시는 상대방과 통정하여서 하는 진의 아닌 허위의 의사표시를 말한다(가장행위, 은닉행위). 통정허위표시의 요건으로는 의사표시가 있을 것, 의사와 표시가 일치하지 않을 것, 표시와 진의가 일치하지 않음을 표의자가 알고 있을 것 그리고 진의와 다른 의사표시를 하는 데 관하여 상대방과 통정하였을 것이다. 통정허위표시의 효과로는 당사자 사이에는 무효이다. 상대방과 통정한 허위의 의사표시는 항상 무효이다. 따라서 아직 이행하지 않은 것은 이행할 필요가 없고, 이미 이행한 것은 부당이득반환의 대상이 된다. 제3자에 대한 효력으로는 원칙적으로 무효이나 선의의 제3자에게는 무효를 주장하지 못한다.

착오에 의한 의사표시란 표시행위로부터 추단되는 의사(표시상의 효과의사)와 진의(내심적 효과의사)가 일치하지 않는 것으로 표의자 자신이 그 불일치 사실을 알지 못하는 것이다. 법률행위 내용의 중요 부분에 착오가 있는 경우에는 그 의사표시를 취소할 수 있다. 아무리 중요 부분에 착오가 있더라도 표의자에게 중대한 과실이 있으면 착오에 의한 의사표시라 하더라도 취소할 수 없다. 표의자에게 중대한 과실이 있었다는 입증책임은 표의자의 상대방이 부담한다. 착오에 의한 법률행위의 취소가 되는 경우에도 그 취소는 선의의 제3자에게 대항할 수 없다.

(2) 하자 있는 의사표시

하자 있는 의사표시로는 사기에 의한 의사표시와 강박에 의한 의사표시가 있다. 전자의 경우 표의자가 타인의 기망행위로 말미암아 착오에 빠지게 되어 한 의사표시를 말한다. 사기에 의한 의사표시는 타인의 기망행위에 의하여 착오에 빠지고 있으므로 보통의 착오와 달리 표의자는 법률행위의 내용의 중요부분에 착오가 있더라도 취소할 수 있다.

표의자가 타인의 강박행위에 의하여 공포심을 갖게 되고, 그 해악을 피하기 위하여 마음에 없이 행한 진의 아닌 의사표시를 강박에 의한 의사표시라고 한다. 판례에 의하면 상대방 또는 제3자의 강박에 의하여 의사결정의 자유가 완전히 박탈된 상태에서 이루어진 의사표시는 효과의사에 대응하는 내심의 의사가 결여된 것이므로 무효이다. 그러나 강박이 의사결정의 자유를 완전히 박탈하는 정도에 이르지 아니하고 이를 제한하는 정도에 그친 경우에는 취소할 수 있음에 그치고 무효는 아니라고 하고 있다.

(3) 의사표시의 효력발생

우리 민법은 제11조 제1항에 상대방 있는 의사표시는 그 통지가 상대방에 도달한 때로부터 그 효력이 생긴다고 규정함으로써 도달주의의 원칙을 취하고 있으며, 위에서 보는 바와 같이 예외적으로 발신주의를 가미하고 있다. 여기서 도달이란 의사표시가 상대방의 지배권 내에 들어가 사회통념상 알 수 있는 상태가 생겼다고 인정되는 것을 말한다. 예를 들면 우편이 상대방의 수신함에 투입되었을 때 또는 동거하는 친족·가족 또는 고용인이 수령한 때 도달되었다고 하는 것이다.

3) 법률행위의 대리

대리라 함은 타인이 본인의 이름으로 법률행위를 하거나 또는 의사표시를 수령함으로써 그 법률효과가 직접 본인에 관하여 생기는 제도를 말한다. 원칙적으로 법률행위의 효과는 그것을 행한 자에게 귀속된다. 그런데 대리제도는 법률행위의 표의자에의 귀속이라는 원칙에 대하여 중대한 예외가 된다.

(1) 대리의 종류

대리는 대리인의 대리권이 어떻게 발생하는에 따라 법정대리와 임의대리로 나누어지는데 본인의 임의의 의사에 의해 대리권이 주어지는 것이 임의대리이다. 대리행위의 형태에 따른 분류로서 본인에 갈음하여 제3자에 대하여 의사표시를 하는 대리가 능동대리이고, 본인에 갈음하여 제3자의 의사표시를 수령하는 대리가 수동대리이다. 대리인으로서 행동하는 자가 정당한 대리권을 갖고 있느냐에 따른 분류로서 유권대리와 무권대리가 있다. 대리인이 그의 권한 내의 행위를 행하게 하기 위하여 대리인 자신의 이름으로 본인의 대리인을 선임하여 본인을 대리하는 것을 말한다.

(2) 대리행위

대리인의 의사표시가 대리행위로서의 효과가 생기려면 그 의사표시 속에 본인을 위한 것임을 표시하여야 하는데, 이를 현명주의라 한다. 대리인이 본인의 이익에 반하여 대리권의 범위 내에서 자기이익을 위해 대리권을 악용하는 경우에 발생한다. 대리권의 남용의 효과에 관하여 제107조 제1항 단서의 유추적용설, 대리권남용설과 신의칙설이 있다. 다수설과 판례는 제107조 제1항 단서를 유추적용하여 그 대리행위는 무효가 된다고 본다.

(3) 복대리

복대리인이라 함은 대리인이 그의 권한 내의 행위를 행하게 하기 위하여 대리인 자신의 이름으로 선임한 본인의 대리인이다. 복대리인을 선임할 수 있는 권한을 대리인의 복임권이라 하고, 복대리인의 선임행위를 복임행위라 한다. 복대리와 관련해서 법정대리인은 그 책임으로 복대리인을 선임할 수 있다.

(4) 무권대리

무권대리라 함은 대리권 없이 행한 대리행위, 즉 대리행위의 다른 요건을 모두 갖추고 있으나 대리권만 없는 행위를 가리킨다. 표현대리라 함은 대리인에게 대리권이 없음에도 불구하고 마치 그것이 있는 것과 같은 외관이 있고, 또한 그러한 외관의 발생에 관하여 본인이 어느 정도의 원인을 주고 있는 경우에, 그 무권대리행위에 대하여 본인이 책임을 지게 함으로써 그러한 외관을 신뢰한 선의·무과실의 제3자를 보호하고 거래의 안전을 보장하며, 나아가서는 대리제도의 신용을 유지하려는 것이 표현대리제도이다. 민법은 외관의 존재형태에 따라서 3가지 유형, 즉 대리권을 수여하였다는 뜻을 본인이 상대방에게 표시하였으나, 사실은 대리권을 수여하지 않은 경우, 대리인이 권한 밖의 행위를 한 때, 대리권이 소멸한 때의 경우 등을 규정하고 있다. 협의의 무권대리란 대리인이 대리권 없이 대리행위를 한 경우에 표현대리라고 볼 수 있는 특별한 사정이 존재하지 않는 경우의 무권대리를 말한다.

4) 무효와 취소

어떤 구체적 행위가 무효 또는 취소의 양쪽 원인을 포함하는 경우, 당사자는 각각 그중 어느 한 요건을 증명하여 무효나 혹은 취소를 주장할 수 있다.

〈표 7-1〉 무효와 취소의 비교

무효	① 특정인의 주장을 필요로 하지 않으며 당연무효. ② 처음부터 효력이 없으므로 누구든지 무효를 주장할 수 있고 누구에게나 무효를 주장할 수 있다. ③ 시간이 경과할지라도 여전히 무효이다.
취소	① 특정인의 주장이 있어야 비로소 무효가 된다. ② 취소를 할때까지는 일응 효력이 있는 것으로 다루어진다. 그러나 취소가 되면 소급하여 효력을 상실한다. ③ 취소권을 행사하지 않고 방치한 채 일정한 시간이 경과하면 취소권은 소멸하고 유효한 것으로 된다.

5) 법률행위의 부관

법률행위의 부관이란 법률행위의 당사자가 법률행위로부터 생기는 효과의 발생·소멸을 스스로 제한하기 위하여 법률행위 자체에 부과하는 약관을 말한다.

(1) 조건

조건이란 법률행위의 효력의 발생 또는 소멸을 장래의 불확실한 사실의 성부에 의존하게 하는 법률행위의 부관을 말한다.

정지조건은 장래에 조건의 성취에 의해 효력이 발생하는 것인 반면 해제조건은 장래에 조건의 성취에 의해 효력이 소멸하는 것을 말한다. 적극조건은 현재 사실의 변경을 조건의 내용으로 하는 것이며, 소극조건은 현재 사실의 불변경을 조건의 내용으로 하는 것이다.

가장조건은 외관상으로나 형식상으로는 조건의 형태를 하고 있지만, 실질적으로는 조건으로서의 효력이 인정되지 않는 것을 말한다.

법정조건은 법률의 규정에 의해 부과된 조건을 말한다.

기성조건은 조건의 성부가 법률행위 당시에 이미 확정되어 있는 경우로, 정지조건인 경우에는 조건 없는 법률행위가 되고, 해제조건이면 효력이 무효가 된다.

불법조건은 조건이 선량한 풍속 기타 사회질서에 위반한 것인 경우의 조건을 말하며, 무효이다.

불능조건은 실현이 불가능한 사실을 내용으로 하는 조건을 말한다.

(2) 기한

기한은 법률행위의 효력의 발생, 소멸 또는 채무의 이행을 장래 도래할 것이 확실한 사실의 발생에 의존시키는 법률행위의 부관이다.

기한의 종류로는 시기·종기가 있으며, 확정기한·불확정기한이 있다. 시기는 법률행위의 효력의 발생, 개시, 채무이행의 시기를 장래의 확정적 사실의 발생에 의존케 하는 기한이다. 종기는 법률행위의 효력의 종결, 소멸을 그에 의존케 하는 기한이다.

확정기한의 경우 발생하는 시기가 확정되어 있는 기한인 반면 불확정기한은 발생하는 시기가 확정되어 있지 않고 불확정적인 기한이다.

기한을 붙일 수 없는 법률행위로는 가족법상의 행위, 상계 그리고 어음·수표행위가 있다.

기한의 이익이란 기한이 아직 도래하지 않음으로써 그동안 당사자가 받는 이익을 말한다. 기한이익의 상실하는 사유로는 채무자가 담보를 손상·감소 또는 멸실하게 한 때, 채무자가 담보제공의 의무를 이행하지 않은 때 혹은 채무자가 파산한 때를 말한다.

2. 물권법

1) 물권법 서론

(1) 물권의 의의와 성질

물권은 '특정의 물건을 직접 지배하여 이익을 얻는 배타적인 권리'이다. 물권의 객체인 물건은 그 양이 한정되어 있으므로 물권은 타인에 의하여 침해받을 소지가 많다. 따라서 물건을 각 개인에게 분배하여 귀속시켜 놓고, 그 안에서 그로 하여금 이를 완벽하게 지배하도록 하며, 다른 사람들이 그것을 침해하지 않도록 하는 장치가 요청된다.

물권의 성질로는 지배성, 절대권성, 배타성 그리고 양도성을 들 수 있다. 여기서 물권의 절대권성이란, 물권은 누구에게나 주장할 수 있는 절대권이고, 채권은 원칙적으로 상대방(채무자)에게만 청구할 수 있는 상대권에 속한다는 의미이다. 그리고 물권의 배타성은 물권은 물건에 대한 직접적인 지배를 그 내용으로 하므로 하나의 물건에 대하여 어떤 자의 지배가 성립하면, 그 물적 이익에 관하여는 다른 사람의 지배를 인정할 수 없다는 것을 의미한다.

일물일권주의란 하나의 물건 위에 동일한 종류·내용·순위의 물권은 동시에 성립할 수 없다는 것을 말한다. 이 의미는 하나의 물건 위라고 하더라도 다른 종류·내용·순위의 물권이라면 동시에 복수의 물권이 존재할 수 있다는 것을 의미한다.

(2) 물권의 종류

① 물권법정주의

물권은 법률 또는 관습법에 의하는 외에는 임의로 창설하지 못한다는 것이다. 물권의 종류와 내용을 미리 법률로서 확정하는 까닭은 물권관계를 단순·명료하게 정형화하여 공시의 원칙을 관철함으로써 거래의 안전과 원활을 꾀하려는 데 있다. 여기서 '임의로 창설하지 못한다'는 의미는 법률 또는 관습법이 인정하지 않는 새로운 종류의 물권을 만들지 못하다는 것이고(종류강제), 다른 하나는 법률 또는 관습법이 인정하는 내용과는 다른 내용을 부여하지 못하다는 것이다(내용강제).

② 물권의 종류

현행법에서 인정되고 있는 물권으로는 점유권·소유권·지상권·지역권·전세권·유치권·질권·저당권 등 8가지를 규정하고 있다.

그림 7-1 민법에서 인정하는 물권

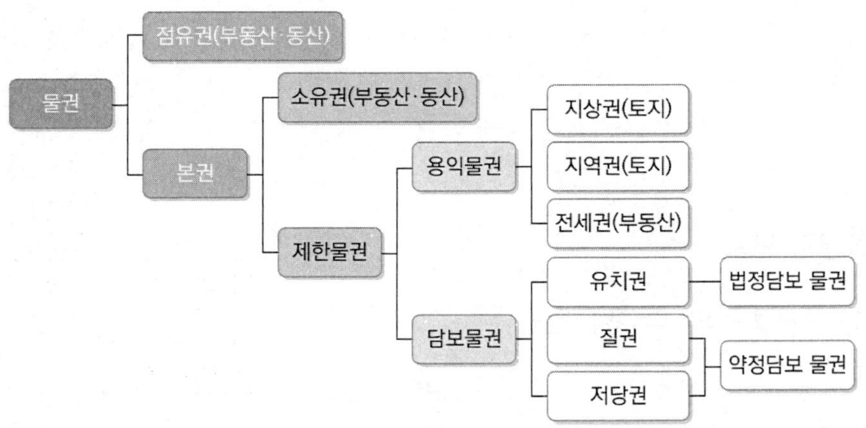

③ 물권의 효력

우선적 효력이란 다른 종류 또는 동종의 물권이 동일한 물권 위에 2개 이상 성립하는 경우 그들 상호간에 있어서 먼저 성립한 물권이 후에 성립한 물권에 우선한다.

물권은 원칙적으로 채권에 우선하는 효력을 가진다. 예외적으로 채권이 물권에 우선하는 경우로는 주택임대차보호법상 소액임차인의 보증금 중 일정액과 상가건물 임대차보호법상 소액임차인의 보증금 중 일정액에 관하여 임차인은 다른 담보물권자보다 우선하여 변제를 받을 권리가 있다.

이외에도 대항력을 갖춘 임차권이나 가등기된 채권은 후순위된 물권에 우선하게 된다.

④ 물권적 청구권

물권내용의 실현이 어떤 사정으로 인하여 방해당하고 있거나 또는 방해당할 염려가 있을 경우에 그 방해의 제거 또는 예방에 필요한 일정한 행위를 청구할 수 있는 권리를 물권적 청구권이라고 한다.

물권적 청구권의 종류로는 소유권에 기인한 물권적 청구권과 다른 물권에 기인한 물권적 청구권으로 구분할 수 있다. 전자의 경우 소유물반환청구권, 소유물방해제거청구권 그리고 소유물방해예방청구권으로 구분된다. 소유권에 관하여 3가지의 물권적 청구권을 규정하고, 이를 다른 제한물권, 즉 지상권·지역권·전세권·저당권 등에 준용하고 있다. 여기서 기억해야 할 점은 지역권과 저당권에 기인한 물권적 청구권에 있어서는 반환청구권은 인정되지 않으며, 유치권 자체에 기한 물권적 청구권을 행사할 수는 없다는 점이다.

2) 물권의 변동

(1) 물권변동의 의의와 원인

물권의 발생은 절대적 발생(원시취득)과 상대적 발생(승계취득)으로 구분할 수 있으며, 물권이 그 동일성을 잃지 않으면서 그 주체·내용·작용에 변경이 생기는 것을 물권변동이라고 한다.

물권변동의 원인으로는 법률행위와 법률의 규정이 있으며, 전자의 경우 이를 공시하여야 하는데, 부동산물권변동은 등기를, 동산물권변동은 인도를 하여야 효력이 발생한다. 당사자의 의사에 의하지 않고 물권변동이 생기는 모든 경우를 법률의 규정에 의한 물권변동이라고 부른다. 이 경우 물권변동은 등기나 인도 없이도 효력이 발생한다.

(2) 부동산물권변동

민법 제186조에서는 부동산에 관한 법률행위로 인한 물권의 득실변경은 등기하여야 그 효력이 생긴다고 규정하고 있으며, 제187조에서는 상속·공용징수·판결·경매 기타 법률의 규정에 의한 부동산에 관한 물권의 취득은 등기를 요하지 아니한다고 규정한다. 그러나 등기를 하지 아니하면 이를 처분하지 못한다.

제186조의 적용범위와 관련하여 채권행위에는 실효원인이 있으나 물권행위는 유효한 때 판례는 계약(채권행위)이 해제되면 그 계약의 이행으로 변동이 생겼던 물권은 당연히 그 계약이 없었던 원상태로 복귀한다고 한다. 재단법인의 설립을 위하여 출연한 부동산의 귀속과 관련하여 출연재산은 출연자와의 법인의 관계에 있어서 법인 성립 시에 법인에 귀속되어 법인의 재산이 된다고 한다. 그러나 제3자에 대한 관계에 있어서는 법인 성립 외에 등기를 필요로 한다고 보았다.

부동산물권변동을 완성시키는 등기는 물권행위의 내용과 합치하여야 하며, 부동산등기법이 정하는 절차상의 요건을 갖춰서 적법하게 이루어져야 한다. 등기가 물권행위와 합치하여야 하는데 불합치가 발생하는 경우 내용적 불합치와 시간적 불합치로 나누어진다. 내용적 불합치의 대표적인 사례는 중간생략등기로, 판례는 중간생략등기가 이루어진 이상, 중간생략등기에 관한 합의가 없었다는 사유만으로는 그 소유권이전등기를 무효라고 할 수는 없다고 하였다. 다만, 토지거래허가구역 내에서 중간생략등기가 경료된 경우에는 무효라고 한다. 이때 3자 합의가 있는 경우 최종 양수인이 최초양도인에게 그 소유권 이전등기청구권을 행사할 수 있으며, 3자 합의가 없는 경우에는 부동산의 전전매수인은 매도인을 대위하여 그 전매도인이 등기명의자에게 매도인 앞으로의 소유권이전등기를 구할 수 있다.

시간적 불합치는 물권행위 후에 등기신청이 있기까지 당사자가 사망하거나 제한능력자가 되거나 처분권을 상실하게 된 경우 등의 문제이다. 이 경우 중에서 당사자 처분권을 상실한 경우에는 등기를 신청할 수 없고, 새로운 처분권자와 물권행위를 다시 하여야 한다.

(3) 부동산물권의 공시방법

부동산등기란 등기관이 법정절차에 따라 등기부에 부동산의 표시와 부동산에 관한 일정한 권리관계에 관한 정보를 기록하는 것을 말한다.

등기의 종류로는 내용에 따른 구분으로 기입등기, 경정등기, 변경등기, 말소등기, 말소회복등기 그리고 멸실등기가 있다. 기입등기란 새로운 등기원인에 의하여 어떤 사항을 등기부에 새로이 기입하는 등기이다. 소유권보존등기·소유권이전등기·제한물권 설정등기 등은 모두 기입등기이다. 경정등기는 어떤 등기를 하였는데 그 절차상 착오 또는 오류가 있어서 원시적으로 등기와 실체관계 사이에 불일치가 생긴 경우에 이를 시정하기 위하여 하는 등기이다. 변경등기는 등기가 행해진 후에 등기된 사항에 변경이 생겨서 후발적으로 등기와 실체관계 사이에 불일치가 생긴 경우에 그 불일치를 시정하기 위하여 하는 등기이다. 말소등기는 등기에 대응하는 실체관계가 존재하지 않는 경우에 기존의 등기사항 전부를 말소하는 등기이다. 말소회복등기는 어떤 등기가 부적절하게 말소된 경우에 그 말소된 등기를 회복함으로써 처음부터 그러한 말소가 없었던 것과 같은 효력을 보유하게 할 목적으로 행해지는 등기이다. 멸실등기는 부동산이 전부멸실되었을 때 행해지는 등기이다.

등기절차로는 원칙적으로 등기는 법원의 명령 또는 등기관의 직권으로 행해지기도 하나, 관공서의 촉탁 또는 등기권리자와 등기의무자의 공동신청에 의하여 실행하는 것이 원칙이다. 예외적으로 등기의 진정성이 보장되거나, 등기의무자가 없는 경우에는 등기권리자가 단독으로 신청할 수 있다.

등기는 등기권리자와 등기의무자의 공동신청으로 하는 것이 원칙이다. 등기권리자에게는 등기의무자에 대하여 등기신청에 협력할 것을 요구하는 권리를 인정하는 것이 필요하며, 이러한 권리를 등기청구권이라고 한다.

등기청구권의 성질은 개별적인 사정에 따라 채권적일 수도 있고, 물권적일 수도 있다. 일반적으로 법률행위로 인한 경우나 취득시효 완성을 원인으로 하는 등기청구권은 채권적 성질을 가지며, 법률규정에 의한 경우에는 이미 물권이 취득되어 있는 상태에서의 등기청구권이므로 물권적 성질을 가지게 된다.

등기의 효력으로는 물권변동적 효력, 순위확정적 효력, 대항적 효력, 점유적 효력 그리고 추정적 효력이 있다. 여기서 대항적 효력이란 부동산 제한물권과 부동산 임차권·환매권에 있어서 그 존속기간·지료·이자와 지급시기 등에 대하여 등기한 때에는 당사자 이외의 제3자에 대해서도 효력이 있음을 의미한다. 그리고 소유권이전등기가 경료되어 있는 경우에는 그 등기명의인은 제3자에 대해서 뿐만 아니라, 직전명의인에 대하여도 적법한 등기원인에 의하여 소유권을 취득한 것으로 추정된다.

(4) 물권의 소멸

물권에 공통되는 소멸원인으로는 목적물의 멸실·소멸시효·포기·공용징수·혼동·몰수 등이 있다.

목적물이 멸실하면 그것을 목적으로 하는 물권도 소멸한다. 이때 멸실의 여부는 사회통념에 따라 결정된다. 다만, 목적물이 멸실되어도 물상대위가 인정되는 범위에서는 물권은 소멸하지 않는다. 물권 중 소멸시효에 걸리는 것은 용익물권이며, 20년의 소멸시효에 걸린다.

혼동이란 서로 대립되는 2개의 법률상 지위가 동일인에게 귀속하는 것을 말한다. 이 경우에 양립시킬 만한 가치가 없는 권리를 존속시키는 것은 무가치하므로 한쪽에 흡수되어 소멸하게 된다. 동일한 물건에 대한 소유권과 다른 물권이 동일한 사람에게 귀속한 때에는 다른 물권은 소멸한다. 예외적으로 혼동으로 소멸할 물권이 제3자의 권리의 목적이 된 때에는 소멸하지 않는다. 또한 제한물권과 그 제한물권을 목적으로 하는 다른 권리가 동일한 사람에게 귀속한 경우에 다른 권리는 혼동으로 소멸한다. 예를 들어 지상권 위에 저당권을 가지는 자가 그 지상권을 취득하면 저당권은 원칙적으로 소멸한다. 반면 혼동으로 소멸하지 않는 권리로는 점유권이 있다. 점유권은 소유권 기타 다른 물권과 양립이 가능하므로 점유권에 관하여는 성질상 혼동으로 인한 소멸이 적용되지 않는다.

3) 점유권

물건을 사실상 지배하는 경우에 그 지배를 정당화시켜 주는 권리(본권)가 있는지 여부를 묻지 않고서 현재 그 사실상의 지배상태에 대하여 일정한 법률효과를 부여하려는 것이 점유제도이다.

점유는 물건에 대한 사실상의 지배이나, 예외적으로 물건에 대하여 사실상의 지배를 가지고 있으면서도 점유가 인정되지 않는 경우(점유보조자)도 있고, 반대로 사실상 지배가 없는데도 점유가 인정되는 경우(간접점유, 상속인의 점유)도 있다. 이와 같이 점유의 개념이 사실상의 지배상태와 분리되는 모습을 '점유의 관념화'라고 한다.

(1) 점유보조자

점유보조자는 점유자가 아니므로 점유권의 효력이 인정되지 않는다. 따라서 점유보조자는 방해자에 대하여 점유보호청구권을 행사할 수 없으며, 점유보호청구권의 상대방이 되지도 않는다.

(2) 간접점유

간접점유란 일정한 법률관계에 기하여 타인을 매개로 하여 물권을 점유하는 것을 말한다. 예를 들어 임대차에 있어서는 현실적으로 물건을 지배하는 것은 임차인이지만, 사회통념상 그 물건이 완전히 임대인의 지배로부터 벗어났다고 할 수 없고, 임대인의 이익도 보호할 필요가 있으므로 임대인에게 간접점유권을 인정하는 것이다.

간접점유자도 점유권을 가진다. 따라서 간접점유자도 점유보호청구권의 주체가 되며, 상대방이 될 수도 있다. 직접점유자가 그 점유를 침탈하거나 방해당하고 있는 경우에 간접점유자는 그 물건을 직접점유자에게 반환할 것을 청구할 수 있고, 직접점유자가 그 물건의 반환을 받을 수 없거나 이를 원하지 아니하는 때에는 자기에게 반환할 것을 청구할 수 있다.

(3) 상속인의 점유

점유권은 상속인에게 이전한다. 따라서 피상속인의 사망으로 상속이 개시되면 피상속인이 점유하고 있었던 물건은 사실상 지배 없이도 당연히 상속인의 점유가 되고, 상속인의 상속의 개시를 알 것을 요구하지도 않는다.

4) 소유권

(1) 서론

소유자는 법률의 범위 내에서 그 소유물을 사용·수익·처분할 권리가 있다. 소유권은 물건에 대한 포괄적인 지배권으로서 소유자가 법률의 범위 내에서 물건에 대한 자유로운 사용·수익·처분을 내용으로 하는 권리이다. 그 객체는 물건에 한정하며, 법률의 범위 내에서 인정되는 것이지 무제한 허용하는 것은 아니다. 소유권의 성질로는 관념성, 전면성, 혼일성, 탄력성 그리고 항구성을 가진다. 관념성이란 물건에 대한 현실적 지배와 결합되어 있지 않으며, 현실적 지배와는 분리되어 물건을 지배할 수 있는 관념적인 물적 지배의 권능을 말한다. 혼일성이란 물건의 사용·수익·처분 등 모든 권능을 가지고 있는데, 소유권은 이러한 권능의 원천이며 이러한 권능을 하나로 통합한 지배권이라는 의미이다.

(2) 부동산소유권의 범위

토지의 소유권은 정당한 이익이 있는 범위 내에서 토지의 상황에 미친다. 따라서 토지의 지표면뿐만 아니라 정당한 이익이 있는 범위 내에서 지상의 공간이나 지하에도 소유권의 효력이 미친다.

토지의 소유권과 관련해서 상린관계란 인접하고 있는 부동산의 소유자 상호간에 이용을 조절하기 위하여 그들 사이의 권리관계를 규정한 것을 말한다. 상린관계로부터 발생하는 권리를 상린권이라 하며, 이는 독립한 물권이 아니고 소유권의 내용 자체이다. 민법 제219조에서는 상린관계 중의 하나로 주위토지통행권을 인정하고 있다. 즉 어느 토지와 공로 사이에 그 토지의 용도에 필요한 통로가 없는 경우에 그 토지소유자는 토지를 통행 또는 통로로 하지 아니하면 공로에 출입할 수 없거나 과다한 비용을 요하는 때에는 그 주위의 토지를 통행할 수 있고, 필요한 경우에는 통로를 개설할 수 있다고 규정한다. 그러나 이로 인한 손해가 가장 적은 장소와 방법을 선택하여야 한다. 그리고 전항의 통행권자는 통행지소유자의 손해를 보상하여야 한다. 판례는 주위토지통행권의 배타적인 권리가 아니라고 부정하고 있다.

통행권자가 통행지를 통행함에 그치지 아니하고 이를 배타적으로 점유하고 있다면, 통행지소유자는 통행권자에 대하여 그 인도를 청구할 수 있다(대판 1993.8.24., 93다25479). 또한 판례에서는 주위토지통행권의 인정범위는 현재 토지의 용법에 따른 이용의 범위에서 인정되는 것이지 장차의 이용상황까지 미리 대비하여 인정해 주지는 않고 있다.

(3) 소유권의 취득

물권변동의 원칙에 의한 소유권의 취득과는 별도로 취득시효·선의취득·무주물선점·습득·발견·부합·혼화·가공 등 소유권의 특수한 취득원인에 대하여 규정하고 있다.

취득시효란 물건 또는 권리를 점유하는 사실상태가 일정한 기간 계속되는 경우에 그것이 진실한 권리관계와 일치하는가의 여부를 묻지 않고 권리취득의 효과가 생기는 것으로 하는 제도이다. 점유취득시효는 20년간 소유의 의사로 평온·공연하게 부동산을 점유하는 자는 등기함으로써 그 소유권을 취득한다. 점유취득시효의 요건으로는 평온·공연하게 점유하여야 하며, 20년간 점유를 계속하여야 하며, 점유는 간접점유라도 상관없다. 취득시효 완성을 원인으로 점유자가 소유자에 대하여 가지는 소유권이전등기청구권은 채권적 청구권으로서의 성질을 갖는다.

취득시효 완성 전에 등기명의인이 변경된 경우 취득시효기간 만료 전에 등기명의를 넘겨받은 시효 완성 당시의 등기명의자에 대하여 등기를 청구할 수 있다. 취득시효 완성 후에 등기명의인이 변경된 경우 취득시효 완성 후에 소유자가 목적물을 제3자에게 처분한 경우에는 양수인을 상대로 취득시효를 원인으로 하여 소유권이전등기를 청구할 수 없다. 이때 어떤 사유로 소유권이 원소유자에게 복귀되면 원소유자에게 등기를 청구할 수 있다.

① 첨부

부합·혼화·가공의 3가지를 총칭하여 첨부라고 하는 바, 이들은 소유자가 각기 다른 2개 이상의 물건이 결합하여 사회통념상 하나의 물건으로 된 때 또는 가공에 의하여 물건과 이에 가해진 노력이 결합하였을 때 그것을 원상으로 회복하는 것이 불가능하거나 또는 물리적으로는 가능하더라도 사회경제상 매우 불이익이 있는 경우에 1개의 물건으로서 어느 한편의 소유에 귀속시키려고 하는 제도이다.

부합이란 소유자를 각각 달리하는 수 개의 물건이 결합하여 1개의 물건으로 되는 것이다. 부동산의 소유자가 그의 부동산에 부합한 물권의 소유권을 취득한다. 이 경우 부합하는 물건의 가격이 부동산의 가격을 초과하더라도 부동산소유권에 부합한다. 민법에서는 부동산에의 부합과 동산간의 부합에 관하여 규정하고 있다.

부동산소유자는 그 부동산에 부합한 물건의 소유권을 취득한다. 예외적으로 권원자가 설치한 독립성 있는 물건의 경우에는 그러지 아니한다. 판례에서는 주유소의 지하 유류저장탱크가 토지에 부합되었다고 보고 있다. 그 내용으로는 주유소 지하에 매설된 유류저장탱크를 토지로부터 분리하는 데에는 과다한 비용이 들고, 지하에 매설된 유류저장탱크를 분리하여 발굴할 경우 그 경제적 가치가 현저히 감소할 것임이 경험칙상 분명하므로 유류저장탱크는 토지에 부합된다고 보았다. 건물의 부합과 관련해서 문제가 되는 부분은 증축부분의 부합여부에 대한 것이다. 이 경우 증축되는 부분을 소유자가 구분등기하는 경우에는 독립성이 있는 것으로 보아서 기존 건물과 부합하지 않는 것으로 보게 되며, 건물주가 증축한 부분을 포함해서 건물표시변경등기를 경료한 때에는 증축부분이 기존 건물에 부합하는 것으로 보게 된다. 또한 부합된 물건은 저당권 설정 전에 부합되었는지, 저당권 설정 후에 부합되었는지를 불문하고 저당권의 효력이 미친다.

두 번째 동산 간의 부합의 경우 그 합성물의 소유권은 주된 동산의 소유자에게 속한다. 부합한 동산의 주종을 구별할 수 없을 때에는 동산의 소유자는 부합 당시의 가액의 비율로 합성물을 공유한다.

혼화에는 곡물·금전과 같은 혼합과 술·기름과 같은 융합의 두 종류가 있다. 어느 것이나 서로 쉽게 섞어져서 원물을 식별할 수 없게 된다는 특성이 있다. 가공의 경우 타인의 동산에 가공한 때에는 그 물건의 소유권은 원재료의 소유자에게 속한다. 그러나 가공으로 인한 가액의 증가가 원재료의 가액보다 현저히 다액인 때에는 가공자의 소유로 한다.

(4) 소유권에 기한 물권적 청구권

민법은 소유권에 기한 물권적 청구권으로서 소유물반환청구권·소유물방해제거청구권·소유물방해예방청구권의 세가지를 규정하고, 이를 각종 제한물권에 준용한다.

소유물반환청구권의 주체는 소유자이며, 청구권의 상대방은 직접점유자와 간접점유자이고, 점유보조자는 반환청구의 상대방이 되지 않는다. 또한 상대방인 점유자가 자기의 점유를 정당하게 하는 권리를 가지고 있지 않아야 한다. 따라서 미등기매수인으로서 점유하고 있는 자, 취득시효 완성 후 점유하고 있는 자 임차인, 전세권자, 유치권자 등은 점유할 권리가 있으므로 소유자는 이들에게 반환을 청구하지 못한다.

(5) 공동소유

2인 이상이 1개의 소유권을 공동으로 소유하는 관계를 '공동소유'라고 한다. 공동소유에는 그 주체 사이의 법률관계 여하에 따라 공유·합유·총유의 3가지 형태가 있다.

① 공유

물건이 지분에 의하여 수인의 소유로 된 때에 이를 공유하고 한다. 공유는 법률행위 또는 법률규정에 의하여 성립한다. 법률행위에 의한 공유관계가 성립하기 위해서는 당사자의 의사가 합치되고 등기하여야 한다. 법률규정에 의한 성립으로는 수인 공동의 무주물선점·유실물 습득·매장물 발견, 공유물의 과실 등이 있다.

공유자의 지분은 균등한 것으로 추정하며, 공유자는 그 지분을 처분할 수 있고, 공유물 전부를 지분의 비율로 사용·수익할 수 있다. 공유자 사이의 관계와 관련하여 공유자는 다른 공유자의 동의 없이 공유물을 처분하거나 변경하지 못한다. 공유자 1인이 매수인 앞으로 공유물 전부의 이전등기를 해주었다면 무권리자의 처분행위가 되어 무효가 된다. 공유물의 관리·보존과 관련해서 공유물의 관리에 관한 사항은 공유자의 지분의 과반수로써 결정한다. 공유물의 관리란 처분이나 변경에 이르지 않는 정도의 이용·개량행위를 말한다. 판례는 과반수지분권자가 나대지상에 건물을 신축하는 것이 관리행위에 속한지에 대해 부정하고 있다. 과반수의 지분을 가진 공유자가 그 공유물의 특정부분을 배타적으로 사용·수익하기로 정하는 것은 공유물의 관리방법으로서 적절하다. 그러나 다수지분권자라 하여 나대지에 새로운 건물을 건축한다든지 하는 것은 '관리'의 범위를 넘는 것이 된다고 한다.

그림 7-2 **공유지분권자의 권리**

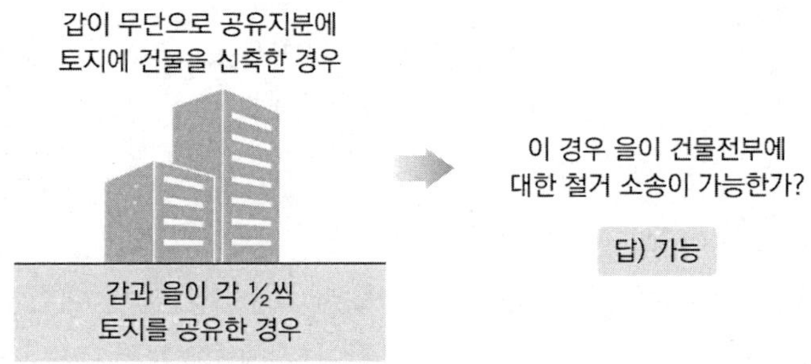

② 합유

법률의 규정 또는 계약에 의하여 수인이 조합체로서 물건을 소유하는 때에는 합유로 한다. 합유자의 권리는 합유물 전부에 미친다. 수인의 동업자가 조합체로서 물건을 소유하는 때에 그 공동소유를 '합유'라고 한다. 합유물을 처분 또는 변경함에는 합유자 전원의 동의가 있어야 하나 보존행위는 각자가 할 수 있다. 합유자는 전원의 동의 없이 합유물에 대한 지분을 처분하지 못한다. 합유자는 전체로서의 조합재산에 대하여 지분을 가지며, 지분은 합유물 전부에 미친다.

③ 총유

법인이 아닌 사단의 사원이 집합체로서 물건을 소유할 때에는 총유로 한다. 총유는 법인이 아닌 사단의 사원이 집합체로서 소유하는 형태이다. 총유에는 공유나 합유에 있어서와 같은 지분이란 있을 수 없다. 총유물에 관한 사원의 권리·의무는 사원의 지위를 취득·상실함으로써 취득·상실된다.

5) 용익물권

(1) 지상권

지상권자는 타인의 토지에 건물 기타 공작물이나 수목을 소유하기 위하여 그 토지를 사용하는 권리가 있다. 토지를 사용하는 물권이므로 현재 토지 위에 지상물이 없더라도 지상권은 유효하게 성립한다. 또한 지상물이 멸실하더라도 지상권은 그대로 존속한다. 토지사용의 대가인 지료의 지급은 지상권의 성립요소가 아니다. 지상권은 물권으로서 토지소유자에 대한 권리가 아니라 직접 그 객체인 토지를 지배하는 권리이다. 따라서 토지소유자의 변경은 지상권에 영향을 미치지 아니한다.

지상권과 토지임차권 간에는 대항력의 차이가 있다. 지상권은 물권이므로 제3자에게도 효력이 있으나, 토지임차권은 채권으로서 대항력을 가지지 못하는 것이 보통이다. 따라서 토지소유자가 변경되어도 지상권은 그 영향을 받지 않지만 대항력을 갖추지 못한 임차인은 토지의 양수인이 인도를 청구할 경우 거절할 수 없게 된다. 즉, 매매는 임대차를 깨트린다.

지상권은 배타성을 가지며 직접 토지를 지배할 수 있는 물권임에 비하여, 토지임차권은 임대인에 대하여 토지를 사용·수익하게 할 것을 청구할 수 있는 채권에 지나지 않는다. 지상권은 자유로이 양도 또는 임대하거나 담보로 제공할 수 있으나, 임차인은 임대인의 동의 없이 임차권을 양도 또는 임차물을 전대하지 못한다. 존속기간에 대하여 지상권은 최장기간의 제한은 없고 최단기간의 제한이 있으나, 임차권은 기간제한규정이 없다. 지상권에서는 지료가 요소가 아니지만 임차권에서는 차임이 요소가 된다. 또한 지상권에 있어서는 2년 이상 지료의 지급이 연체된 때에는 설정자가 소멸을 청구할 수 있으나, 임대차에 있어서는 임차인이 2기의 차임액에 달하도록 연체하면 임대인은 계약을 해지할 수 있다. 투자자본의 회수를 위하여 지상권자는 지상물을 수거할 수 있고 계약갱신을 청구할 수 있으며, 이를 거절당한 경우에는 지상물매수를 청구할 수 있다. 이러한 권리는 토지임대차에서도 인정된다는 점에서 유사성을 지닌다.

① 지상권의 취득

지상권은 원칙적으로 당사자 간의 지상권 설정계약과 그 등기에 의해 성립한다. 법률행위에 의한 것이므로 계약뿐 아니라 등기까지 하여야 성립한다. 그러나 지상권은 상속·공용징수·판결·경매 기타 법률의 규정에 의하여 취득될 수 있으며, 이 경우에는 그 등기 없이도 지상권을 취득한다. 또한 일정한 요건하에 건물 또는 입목을 위하여 법률상 당연히 성립하는 법정지상권의 경우에도 법률규정에 의한 것이므로 등기를 요하지 않는다.

② 지상권의 존속기간

계약으로 지상권의 존속기간을 정하는 경우에는 그 기간은 다음 연한보다 단축하지 못한다. 석조·석회조·연와조 또는 이와 유사한 견고한 건물이나 수목의 소유를 목적으로 하는 때에는 30년, 건물의 소유를 목적으로 하는 때에는 15년, 건물 이외의 공작물의 소유를 목적으로 하는 때에는 5년이다.

지상권의 존속기간을 설정행위로써 정하는 경우에 민법은 지상권자를 보호하기 위하여 최단존속기간을 제한하고 있다. 따라서 지상권 설정계약에서 존속기간을 존속기간보다 짧게 정한 경우에는 그 약정은 효력이 없으며 최단기간까지 연장된다.

③ 지상권자의 갱신청구권과 매수청구권

지상권이 소멸한 경우에 건물 기타 공작물이나 수목이 현존한 때에는 지상권자는 계약의 갱신을 청구할 수 있다. 지상권설정자가 계약의 갱신을 원하지 아니하는 때에는 지상권자는 상당한 가액으로 전항의 공작물이나 수목의 매수를 청구할 수 있다. 매수청구권에 관한 규정은 강행규정이므로 당사자 사이의 건물철거특약은 특별한 사정이 없는 한 무효이며, 지상물매수청구권은 형성권으로서 그 형성권 행사에 의하여 매수의 효력이 즉시 발생하며, 설정자의 승낙은 필요하지 않다.

지상권자는 설정행위로써 정하여진 목적의 범위 내에서 토지를 사용할 권리를 갖는다. 따라서 인접토지와의 이용조절을 목적으로 하는 상린관계의 규정을 준용하고, 지상권의 내용 실현이 방해된 때에는 물권적 청구권이 생긴다.

지상권자는 지상권을 양도할 수 있고 또한 존속기간 내에서 그 토지를 임대할 수 있다. 지상권의 양도성은 절대적이며, 이는 강행규정으로 양도 또는 임대를 금지하는 특약은 무효이다. 지료의 지급은 지상권의 요소는 아니며, 지료지급의 약정이 있다고 하더라도 지료는 반드시 금전에 한정하지 않는다. 지료가 토지에 관한 조세 기타 부담의 증감이나 지가의 변동으로 인하여 상당하지 아니하게 된 때에는 당사자는 그 증감을 청구할 수 있다. 지상권자가 2년 이상의 지료를 지급하지 아니한 때에는 지상권설정자는 지상권의 소멸을 청구할 수 있다.

④ 지상권의 소멸

지상권은 물권의 공통적 소멸사유인 토지의 멸실, 존속기간의 만료, 혼동, 토지수용 등으로 소멸하는 외에도 지료체납으로 인한 지상권설정자의 소멸청구, 지상권의 포기, 확정소멸사유의 발생 등으로도 소멸한다.

지상권이 저당권의 목적으로 되어 있는 경우 또는 그 토지 위에 있는 건물이나 수목이 저당권의 목적으로 되어 있는 경우에 지상권설정자의 소멸청구는 저당권자에게 그것을 통지한 후 상당한 기간이 경과함으로써 비로소 그 효력이 발생한다. 지상권이 소멸한 때에는 지상권자는 건물 기타 공작물이나 수목을 수거하여 토지를 원상에 회복하여야 한다. 지상권자의 유익비 상환청구권에 대한 명문의 규정은 없으나, 해석상 이를 인정한다. 즉 지상권자가 유익비를 지출한 경우에는 지상권의 소멸 시에 토지소유자의 선택에 따라 지상권자가 그 토지에 지출한 금액 또는 증가액의 상환을 청구할 수 있다.

⑤ 특수지상권

특수지상권으로는 분묘기지권, 구분지상권 그리고 법정지상권을 들 수 있다. 타인의 토지에 분묘를 설치한 자는 일정한 요건하에 그 분묘기지에 대하여 지상권에 유사한 관습법상의 물권을 취득하는데 이를 분묘기지권이라고 한다. 구분지상권은 타인의 토지의 지하 또는 지상의 공간에 상하의 범위를 정하여 건물 기타 공작물을 소유하기 위한 권리를 말한다. 구분지상권도 보통의 지상권 설정과 마찬가지로 당사자 사이의 설정계약과 등기에 의하여 설정된다. 법정지상권이란 토지와 함께 건물도 소유하고 있다가 일정한 사유로 토지와 건물의 소유자가 다르게 되었을 때 일정한 요건 아래 건물소유자에게 법정지상권을 인정한다. 토지에 이용권한을 갖지 않고 건물 등을 신축한 경우에는 토지소유자에 의해서 건물이 철거될 운명에 처하게 된다. 법정지상권은 경매가 실행되어 갑자기 소유자가 변경되어 설정계약을 체결한 시간적 여유가 없었다든지 또는 설정계약이 없었다 하더라도 건물철거가 부당하다고 판단되는 경우에는 건물의 철거를 막을 필요가 생기는데, 이를 위하여 법률이 인정하는 것을 법정지상권이라고 한다. 주로 논의되는 법정지상권은 제305조의 법정지상권, 관습법상의 법정지상권, 제366조의 법정지상권이다.

제305조의 법정지상권은 대지와 건물이 동일한 소유자에 속한 경우에 건물에 전세권을 설정한 때에는 그 대지소유권의 특별승계인은 전세권설정자에 대하여 지상권을 설정한 것으로 본다.

두 번째 관습법상 법정지상권은 동일인에게 속하고 있었던 토지와 건물 중 어느 한쪽이 매매 기타의 원인으로 인하여 그 소유자를 달리하게 될 경우, 당사자 사이에 특약이 없는 한 건물소유자는 당연히 지상권을 취득하게 된다는 것이 관습법상 인정되고 있다. 요건으로는 토지와 건물을 동일인이 소유하였어야 하며, 매매 기타의 원인에 의하여 소유자가 변동되었어야 하며, 건물철거특약이 존재하지 않아야 한다는 점이다. 관습상의 지상권은 등기를 필요로 하지 않는다.

세 번째 제366조의 법정지상권은 저당권의 실행으로 토지·지상건물이 경매되어 각각 소유자를 달리하게 되는 경우에는 건물소유자에게 대지의 이용권원이 없기 때문에 건물을 철거하여야 할 위험에 빠지게 된다. 이러한 결과는 사회·경제적으로 큰 손실을 야기하게 되므로 이를 방지하기 위한 공익적 목적에서 인정되는 것이 법정지상권이다. 요건으로는 저당권 설정 당시 건물이 존재해야 한다. 나대지 상태에서 저당권이 설정된 후에 신축된 건물에 대해서는 법정지상권이 인정될 수 없다. 저당권 설정 당시에 토지와 건물이 동일인 소유여야 하며, 토지와 건물 어느 한쪽이나 양쪽에 저당권이 설정되어야 하며, 경매로 토지와 건물의 소유자가 달라져야 한다. 이때 저당목적물인 토지에 대하여 법정지상권을 배제하는 약정을 하더라도 그 특약은 효력이 없다.

(2) 지역권

지역권이란 어느 토지의 편익을 위하여 타인의 토지를 이용하는 용익물권의 일종이다. 따라서 지역권이 성립하기 위해서는 요역지가 있어야 하며, 요역지가 없는 지역권은 존재할 수 없다.

① 성질

지역권은 지상권이나 전세권과 같은 용익물권이지만, 다음과 같은 차이가 있다. 지상권이나 전세권은 토지의 사용목적이 법률에 의하여 한정되어 있지만, 지역권에서 토지사용목적은 강행법규에 반하지 않는 한 제한이 없다. 지역권은 요역지소유권에 부종하여 이전하며 또는 요역지에 대한 소유권 이외의 권리의 목적이 된다. 지역권은 요역지와 분리하여 양도하거나 다른 권리의 목적으로 하지 못한다. 지역권의 불가분성은 토지공유자의 1인은 지분에 관하여 그 토지를 위한 지역권 또는 그 토지가 부담한 지역권을 소멸하게 하지 못한다.

② 지역권의 효력

지역권자는 설정행위에서 정해진 목적에 따라 승역지를 자기 토지의 편익을 위하여 사용할 수 있다. 또한 지역권이 설정된 토지의 임차권자나 지상권자 등도 당연히 그 지역권을 행사할 수 있다.

승역지소유자는 승역지가 요역지의 편익에 이용되는 범위에서 지역권자의 행위를 인용하고 일정한 이용을 하지 않을 부작위의무를 부담한다.

지역권자는 자신이 편익을 얻는 것에 대한 방해가 있는 경우에는 방해제거청구권 또는 방해예방청구권의 물권적 청구권을 행사할 수 있다. 다만 지역권자는 승역지를 점유할 권능이 없으므로 반환청구권은 인정되지 않는다.

(3) 전세권

전세권자는 전세금을 지급하고 타인의 부동산을 점유하여 그 부동산의 용도에 좇아 사용·수익하며, 그 부동산 전부에 대하여 후순위권리자 기타 채권자보다 전세금의 우선변제를 받을 권리가 있다. 전세권은 용익물권이면서 담보물권으로서의 성질도 함께 가지고 있는 특수한 물권인 것이다. 전세권은 목적부동산을 점유하여 그 부동산의 용도에 좇아 사용·수익하는 용익물권이다. 전세권자는 그 부동산 전부에 관하여 후순위 권리자 기타 채권자보다 전세금의 우선변제를 받을 권리가 있다. 즉 전세권은 담보물권의 성질을 가지기 때문에 경매를 청구할 수 있으며, 우선변제를 받을 권리가 인정된다.

① 전세권의 취득과 존속기간

전세권설정계약과 전세권설정등기를 함으로써 전세권을 취득한다. 전세금의 지급은 전세권의 성립요소이다. 다만 반드시 현실로 수수될 필요는 없으며, 기존의 채권으로 갈음할 수 있다. 반면 목적물의 인도는 전세권의 성립요소가 아니다.

전세권의 존속기간은 10년을 넘지 못한다. 당사자의 약정기간이 10년을 넘는 때에는 이를 10년으로 단축한다. 전세권의 설정은 당사자 간의 약정으로 이를 갱신할 수 있다.

② 전세권의 효력

타인의 토지에 있는 건물에 전세권을 설정한 때에는 전세권의 효력은 그 건물의 소유를 목적으로 한 지상권 또는 임차권에 미친다. 이 경우 전세권설정자는 전세권자의 동의 없이 지상권 또는 임차권을 소멸하게 하는 행위를 하지 못한다.

전세권자는 부동산을 점유하며, 그 부동산의 용도에 좇아 사용·수익할 권리를 가진다. 전세권자가 용도에 위반한 사용·수익을 하는 경우 전세권설정자는 전세권의 소멸을 청구할 수 있으며, 이 경우에 전세권설정자는 전세권자에 대하여 원상회복 또는 손해배상을 청구할 수 있다.

6) 담보물권

채권담보란 채권에 대하여 충분한 만족을 얻기 위하여 설정된 특별한 담보수단을 말한다. 채무자가 임의로 이행하지 않을 경우, 채권자는 채무자의 일반재산에 대하여 강제집행을 함으로써 변제를 받는 것이 원칙이다. 그런데 채무자의 재산은 증감·변동하고 고정되어 있는 것이 아니므로 자신의 채권에 대한 불안감이 생길 수밖에 없다. 이런 이유로 강력한 변제수단의 확보가 요구되는데, 이러한 요구에 응하기 위하여 마련된 제도가 채권담보제도이다.

담보물권은 물건이 갖는 교환가치를 직접 지배하는 권리로서 물권의 성질을 갖는다. 즉 담보물권도 물권으로서의 배타성과 우선적 효력을 갖추고 있으며, 공시의 원칙이 관철된다는 점에서 다른 물권과 동일한 성질을 갖는다. 담보물권은 부종성, 수반성, 불가분성 그리고 물상대위성을 갖는다. 부종성이란 담보물권이 피담보채권에 의존하는 성질을 말한다. 담보물권은 채권의 담보를 목적으로 하는 권리이므로 담보되어야 할 채권, 즉 피담보채권 없이 단독으로 존재할 수 없음이 원칙이다. 수반성은 피담보채권이 그 동일성을 유지하면서 이전하게 되면 담보물권도 역시 그에 따라 이전하는 성질을 말한다. 불가분성이란 담보물권을 가진 자는 피담보채권의 전부를 변제받을 때까지 목적물의 전부에 관하여 담보물권을 행사할 수 있다. 그리고 물상대위성이란 담보물권의 목적물이 멸실·훼손·공용징수되어 그 목적물에 갈음하는 금전 기타의 물건으로 변한 경우에, 담보물권이 목적물의 가치변형물 위에 존속하는 성질을 말한다.

(1) 유치권

유치권은 타인의 물건 또는 유가증권을 점유하는 자가 그 물건이나 유가증권에 관하여 생긴 채권이 변제기에 있는 경우에, 변제를 받을 때까지 그 물건 또는 유가증권을 유치하여 채무이행을 간접적으로 강제하는 법정담보물권이다.

① 유치권의 성립요건

유치권이 성립하기 위해서는 유치권의 목적물이 타인의 물건이어야 하며, 채권과 목적물의 견련관계가 있어야 한다. 채권과 목적물의 견련관계는 채권이 목적물 자체로부터 발생한 경우이거나 채권이 목적물의 반환청구권과 동일한 법률관계 또는 동일한 사실관계로부터 발생한 경우 그리고 채권과 목적물의 점유와의 견련관계로 나누어 볼 수 있다. 첫째, 채권이 목적물 자체로부터 발생한 경우란 목적물에 지출한 비용상환청구권, 목적물로부터 받은 손해배상청구권, 수급인이 목적물에 들인 공사금채권 등은 목적물 그 자체로부터 발생한 것으로서 견련성이 인정된다.

유치권이 인정되지 않는 경우

1. 임차보증반환청구권
2. 권리금의 반환을 약정한 경우
3. 매매계약에 따른 매매대금채권
4. 임대인의 의무위반으로 인한 손해배상채권
5. 지상물매수·부속물매수를 위한 대금채권

둘째, 매매계약이 취소된 경우에 부당이득에 의한 매매대금의 반환청구권과 목적물의 반환의무는 매매계약의 취소라는 동일한 법률관계에서 생긴 것이므로 서로 견련관계를 가지게 되며, 매수인은 목적물에 대하여 유치권을 행사하게 된다. 셋째, 점유 중에 발생한 채권에 한정하지 않으며, 채권이 먼저 발생하고 후에 점유를 취득한 경우에도 유치권은 성립한다.

유치권의 다른 성립요건으로는 채권변제기가 도래해야 한다는 것이며, 목적물의 적법한 점유가 있어야 한다는 점이다. 이때 유치권자의 점유는 직접점유이든 간접점유이든 관계가 없다. 또한 유치권 배제특약이 존재하지 않아야 한다.

② 유치권의 효력

유치권자는 변제를 받을 때까지 목적물을 유치할 권리가 있으며 유치권을 가지고 경락인에게도 인도를 거절할 수 있다. 다만 경락인에게 채무의 변제를 청구할 수는 없다. 또한 유치권자는 채권의 변제를 받기 위하여 유치물을 경매할 수 있으며, 유치물의 과실을 수취하여 다른 채권보다 먼저 그 채권의 변제에 충당할 수 있다. 유치권자는 유치물에 관하여 필요비를 지출한 때에는 소유자에게 그 상환을 청구할 수 있다.

유치권자는 유치물을 자기재산과 동일한 주의의무가 아닌 선량한 관리자의 주의로 점유하여야 할 의무가 있다. 유치권자는 채무자의 승낙 없이 사용·대여·담보제공을 할 수 없다.

③ 유치권의 소멸

유치권의 행사는 채권의 소멸시효의 진행에 영향을 미치지 아니한다. 유치권도 물권이므로 물권의 일반적 소멸사유인 목적물의 멸실·혼동·포기·토지수용으로 소멸하고, 또한 담보물권의 소멸사유인 피담보채권의 소멸 등으로 소멸한다.

유치권의 특별한 소멸사유로는 유치권자가 그의 의무에 위반한 경우 채무자는 유치권의 소멸을 청구할 수 있으며, 이 경우 유치권은 당연히 소멸한다. 채무자가 상당한 담보를 제공하고 유치권의 소멸을 청구할 수 있도록 하고 있으며, 점유는 유치권의 성립요건이자 존속요건이므로 점유를 상실하면 유치권은 당연히 소멸한다.

(2) 저당권

저당권은 채무자 또는 제3자가 채무의 담보로 제공한 부동산 또는 부동산물권을 채권자가 인도받지 않고서 그 목적물을 관념상으로만 지배하여 채무의 변제가 없는 경우에 그 목적물로부터 우선변제를 받는 약정담보물권이다. 저당권은 타인 소유의 부동산을 목적으로 하고 목적물로부터 다른 채권자에 앞서서 우선변제를 받는 것을 그 본질로 하고 있다. 또한 점유를 수반하지 않으며 담보물권으로서의 성질은 부종성, 수반성, 불가분성 그리고 물상대위성의 특징을 갖는다.

① 저당권의 성립

저당권은 당사자의 합의로 성립하는 약정담보물권이므로 저당권설정계약과 설정등기로써 성립하는 것이 원칙이다. 물권변동의 일반원칙에 따라 저당권의 설정은 저당권설정계약 외에 등기를 하여야 한다. 등기는 효력발생요건이지 효력존속요건이 아니므로 저당권등기가 불법말소되어도 저당권은 존속한다. 따라서 말소회복을 요구할 수 있으며, 말소회복등기는 말소 당시 소유자를 상대로 청구한다.

② 저당권의 효력

저당권은 목적물을 점유하지 않으므로 목적물의 보존비용과 목적물의 하자로 인한 손해배상이 담보되지 않는다는 점에서 목적물을 점유하는 질권과 차이가 있다. 저당권의 피담보채권의 범위는 원본, 이자, 위약금 그리고 지연배상이다. 채무불이행으로 인한 손해배상, 즉 지연배상은 등기하지 않아도 원본의 이행기일을 경과한 후의 1년분에 한하여 저당권에 의하여 담보된다.

저당권의 효력은 저당부동산에 부합된 물건과 종물에 미친다. 저당부동산의 과실에는 원칙적으로 저당권의 효력이 미치지 않는다. 그러나 저당부동산에 대한 압류가 있은 후에는 저당권설정자가 수취하는 과실 또는 수취할 수 있는 과실에 대하여 저당권의 효력이 미친다. 토지를 저당권의 목적으로 하는 경우에는 독립한 부동산인 건물에는 당연히 저당권의 효력이 미치지 않는다. 그러나 저당권설정자가 저당권을 설정한 후 저당목적물인 토지상에 건물을 축조하게 되면 저당권의 실행으로 건물이 철거되어야 하며, 저당목적물의 담보가치는 하락하게 되는데, 이를 방지할 필요성이 있으므로 일괄경매를 규정한다.

저당권은 목적물에 대한 교환가치를 파악하여 그 채권의 담보를 목적으로 하는 것이므로 교환가치를 감소시키는 것은 저당권에 대한 침해가 된다. 예를 들어 저당산림의 부당한 벌채, 종물의 부동산 분리, 저당건물에 대한 붕괴행위 등은 저당권의 침해가 된다. 저당권자는 물권적 청구권으로서 침해행위의 제거·예방청구를 할 수 있다. 또한 저당권설정자의 책임 있는 사유로 인해 저당물의 가액이 현저히 감소된 때에는 저당권자는 저당권설정자에 대하여 그 원상회복 또는 상당한 담보제공을 청구할 수 있다. 채무자가 담보를 손상·감소·멸실하게 한 때에는 기한의 이익을 잃는다. 따라서 저당권자는 곧 변제를 청구하거나 저당권을 실행할 수 있다.

③ 저당권의 처분과 소멸

저당권은 그 담보한 채권과 분리하여 타인에게 양도하거나 다른 채권의 담보로 하지 못한다. 그리고 저당권으로 담보한 채권이 시효의 완성 기타 사유로 인하여 소멸한 때에는 저당권도 소멸한다.

④ 특수저당권

공동저당은 동일한 채권의 담보로서 수 개의 각 목적물 위에 저당권이 설정되는 경우이다. 동일한 채권의 담보로 수 개의 부동산에 저당권을 설정한 경우에 그 부동산의 경매대가를 동시에 배당하는 때에는 각 부동산의 경매대가에 비례하여 그 채권의 분담을 정한다. 만약 3억 원의 채권액이 있는 갑이 X, Y, Z 건물을 동시에 배당하는 때에는 경매대가에 비례하여 배당액을 정한다. X, Y, Z의 경매대가가 각각 3억 원, 2억 원, 1억 원이라고 하면 갑은 X 건물에서 자신의 채권액 3억 원의 6분의 3인 1억 5,000만 원을 배당받고, Y건물에서는 2억 원, Z건물에서는 5,000만 원을 배당받는다.

부동산의 경매대가를 동시에 배당하는 앞의 내용은 다음과 같이 물상보증인이 있는 경우에는 적용되지 않는다. 이 경우 채무자 소유 부동산의 경매대가에서 공동저당권자에게 우선적으로 배당을 하고, 부족분이 있는 경우에 한하여 물상보증인 소유 부동산의 경매대가에서 추가로 배당을 하여야 한다. 물상보증인이란 다른 사람의 채무를 위해 자신의 소유로 되어 있는 재산을 담보로 제공하는 자를 말하는 법률용어이다. 일반적인 보증인과 달리 자신이 담보로 제공한 재산의 범위 내에서 책임을 지기 때문에 유한책임이다.

그림 7-3

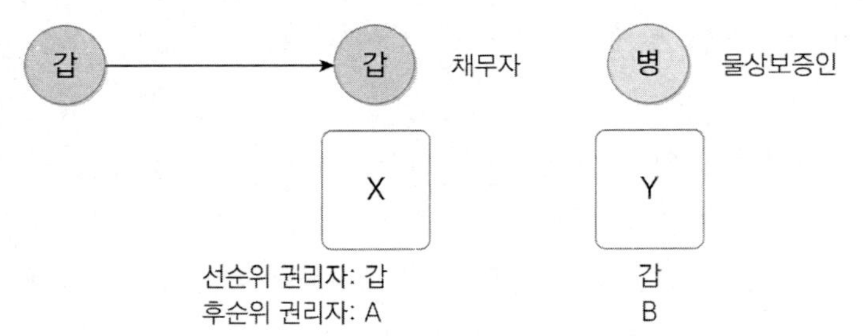

특수저당권의 두 번째 예는 근저당이다. 근저당권이란 계속적인 거래관계로부터 발생하는 불특정한 장래의 채권을 일정한 한도액까지 담보하기 위하여 설정하는 저당권이다. 근저당권설정계약의 당사자는 근저당권자와 근저당권설정자이다. 근저당권설정등기에는 등기원인이 근저당권설정이라는 취지와 채권의 최고액 및 채무자를 기재하여야 한다.

3. 계약법

1) 계약법 서론

계약이란 2인 이상의 당사자가 서로 대립하는 의사표시의 합치에 의하여 성립하는 법률행위를 말한다. 계약의 종류로는 쌍무계약과 편무계약, 유상계약과 무상계약, 낙성계약과 요물계약 그리고 계속적 계약과 일시적 계약이 있다. 쌍무계약이란 당사자의 쌍방이 서로 대가적 의미를 가지는 채무를 부담하는 계약을 말하며, 낙성계약은 당사자의 합의만으로 성립하는 계약이며, 요물계약은 당사자의 합의 이외에 물건의 인도 기타의 급부를 하여야만 성립하는 계약이다.

2) 계약의 성립

계약이 성립하려면 당사자의 서로 대립하는 의사표시인 청약과 승낙의 합치, 즉 '합의'가 있어야만 한다. 청약은 승낙과 결합하여 계약을 성립시킬 것을 목적으로 하는 일방적·확정적 의사표시로서 법률사실이다. 청약은 원칙적으로 도달에 의하여 효력을 발생한다. 청약자가 청약을 발신한 후 그것이 상대방에게 도달하기 전에 사망하거나 또는 행위 능력이 제한되더라도 청약의 효력에는 영향을 미치지 아니한다. 계약의 성립 시기는 대화자 간의 승낙에는 도달주의 원칙에 따라 승낙이 청약자에게 도달한 때에 그 효력이 발생하고 계약도 성립하게 된다. 반면 격지자 간의 계약은 승낙의 통지를 발송한 때 성립한다.

3) 쌍무계약의 효력

(1) 동시이행항변권

쌍무계약으로부터 생기는 2개의 채무는 서로 대가적 의의를 가지므로 각 채무 사이에는 특수한 견련관계가 인정되고 있다. 쌍무계약의 당사자 일방은 상대방이 그 채무의 이행을 제공할 때까지 자기의 채무이행을 거절할 수 있다. 성립요건은 양 채무가 서로 대가적 의미를 가지고 있고, 상대방의 채무가 변제기에 있어야 하며, 상대방이 이행 또는 이행의 제공을 하지 않아야 한다. 동시이행항변권의 효력으로는 이행거절의 권능과 이행지체책임의 면제와 소송상의 효력 그리고 상계의 문제가 있다.

(2) 위험부담

위험부담은 쌍무계약으로부터 생기는 양 채무의 '존속상의 견련관계'를 정하는 제도이다. 쌍무계약의 당사자 일방의 채무가 당사자 쌍방의 책임 없는 사유로 이행할 수 없게 된 때에는 채무자는 상대방의 이행을 청구하지 못한다. 반면 쌍무계약의 당사자 일방의 채무가 채권자의 책임 있는 사유로 이행할 수 없게 된 때에는 채무자는 상대방의 이행을 청구할 수 있다.

(3) 제3자를 위한 계약

계약 당사자의 일방이 제3자, 즉 계약당사자 이외의 자에게 직접 채무를 부담할 것을 내용으로 하는 계약을 말한다. 예를 들어 갑·을 간의 계약으로 갑이 을에 대하여 그 소유의 부동산을 이전하는 채무를 지고 을이 그 대가로서 지급하는 대금을 직접 병에 대하여 부담하는 경우이다. 이때 갑을 요약자, 을을 낙약자, 병을 수익자라고 한다.

제3자를 위한 계약은 요약자와 낙약자의 의사표시로써 성립하며, 제3자는 계약 당시에 특정·현존하지 않아도 된다. 그리고 제3자에게 새로운 권리를 직접 취득하게 하는 약정이 있어야 한다.

제3자를 위한 계약을 체결함으로써 제3자가 낙약자에게 권리를 취득하는 데에는 보상관계와 대가관계가 성립한다. 보상관계란 낙약자가 제3자에게 급부함으로써 입는 재산상의 손실은 요약자와의 원인관계에 의하여 보상된다는 것이다. 따라서 보상관계의 흠결이나 하자는 제3자를 위한 계약에 직접 영향을 미치게 된다. 대가관계는 요약자가 자기가 취득할 권리를 제3자에게 귀속시키는 이유이다. 대가관계는 계약내용이 되지 않으므로 대가관계에 흠결이 있더라도 제3자를 위한 계약에 영향을 미치지 않는다.

4. 상가임대차보호법

임대차는 당사자 일반이 상대방에게 목적물을 사용·수익하게 할 것을 약정하고 상대방이 이에 대하여 차임을 지급할 것을 약정함으로써 그 효력이 생긴다(민법 제618조).

1) 임차인의 권리

임차인의 권리로는 임차권과 등기청구권, 건물등기 있는 차지권의 대항력을 가지게 되며, 비용상환청구권을 가진다. 이외에도 부속물매수청구건과 토지임차인의 지상물매수청구권 그리고 차임감액청구권을 가진다.

① 임차권

임차인은 계약 또는 그 목적물의 성질에 의하여 정하여진 용법으로 임차물을 사용·수익하여야 한다. 또한 임차인은 임대인의 승낙 없이 임차물을 타인에게 용익하게 할 수 없으며, 임차인이 이와 같은 임차권의 범위에 위반하는 사용·수익을 하는 때에는 임대인은 계약을 해지할 수도 있다.

② 등기청구권과 건물등기 있는 차지권의 대항력

임대차의 등기와 관련해서 부동산임차인은 당사자 간에 반대약정이 없으면 임대인에 대하여 그 임대차등기절차에 협력할 것을 청구할 수 있도록 하고 있다. 건물의 소유를 목적으로 한 토지임대차는 이를 등기하지 아니한 경우에도 임차인이 그 지상건물을 등기한 때에는 제3자에 대하여 임대차의 효력이 생긴다. 예를 들어 갑의 토지에 을이 임차권을 설정하고 건물을 축조하였으나 갑이 임차권등기를 거절하더라도 을이 축조한 건물의 보존등기를 하게 되면 그 이후의 토지물권자에게 대항할 수 있다. 다만 판례에서는 임차인이 그 지상건물을 등기하기 전에 제3자가 그 토지에 관하여 물권 취득의 등기를 한 때에는 임차인이 그 지상건물을 등기하더라도 그 제3자에 대하여 임대차의 효력이 생기지 아니한다고 하였다(대판 2003.2.26., 200다65802).

③ 비용상환청구권

임차인이 임차물의 보존에 관한 필요비를 지출한 때에는, 임대차의 종료를 기다리지 않고서 즉시 그 상환을 청구할 수 있다. 임차인이 유익비를 지출한 경우에는 그 가액의 증가가 현존한 때에 한하여 임대차 종료 시에 그 상환을 청구할 수 있다. 필요비 및 유익비의 상환청구권은 임대인이 목적물을 반환받은 날로부터 6개월 내에 행사하여야 한다. 임차인의 비용상환청구권은 임의규정에 해당하므로 당사자 간의 약정으로 이를 포기할 수 있다.

④ 부속물매수청구권

건물 기타 공작물의 임차인이 그 사용의 편익을 위하여 임대인의 동의를 얻어 이에 부속한 물건이 있는 때에는 임대차의 종료 시에 임대인에 대하여 그 부속물의 매수를 청구할 수 있다. 임차인의 부속물매수청구권에 관한 규정은 강행규정에 해당한다. 그러나 부속된 물건이 오로지 임차인의 특수목적에 사용하기 위하여 부속된 것일 때에는 이에 해당하지 않는다.

⑤ 토지임차인의 지상물매수청구권

건물 기타 공작물의 소유 또는 식목·채염·목축을 목적으로 한 토지임대차의 기간이 만료한 경우에 건물·수목 기타 지상시설이 현존한 때에 토지임차인은 1차적으로 계약의 갱신을 청구하고, 임대인이 그에 응하지 않을 때에 2차적으로 그 지상물의 매수를 청구할 수 있다. 임차인의 지상물매수청구권은 형성권이어서 임차인이 이를 행사하면 그 즉시 지상물에 대한 매매가 성립하는 것이지 임대인의 승낙이 있어야 성립하는 것은 아니다. 임차인의 지상물매수청구권에 관한 규정은 강행규정이다. 임대인이 임차인의 채무불이행을 이유로 임대차계약을 해지하였을 경우에는 임차인이 지상물매수청구권을 행사할 수 없다.

⑥ 차임감액청구권

임차물의 일부가 임차인이 과실 없이 멸실 기타 사유로 인하여 사용·수익할 수 없을 때에는 임차인의 그 부분의 비율에 의한 차임의 감액을 청구할 수 있다. 주의할 점은 당연히 감액되는 것이 아니라 감액청구를 하여야 감액된다는 것이다.

2) 임차인의 의무

건물 기타 공작물의 임대차에는 임차인의 차임연체액이 2기의 차임액에 달하는 때에는 임대인은 계약을 해지할 수 있다. 임차인은 임차물 반환 시에는 원상에 회복하여야 한다. 임차인의 임대차목적물 반환의무가 이행불능이 된 경우 임차인이 그 이행불능으로 인한 손해배상책임을 면하려면 그 이행불능이 임차인의 귀책사유로 말미암은 것이 아님을 입증할 책임이 있다.

3) 임차권의 양도와 전대

임차인은 임대인의 동의 없이 그 권리를 양도하거나 임차물을 전대하지 못한다. 그러나 임차건물의 소부분을 타인에게 사용케 하는 경우에는 임대인의 동의를 필요로 하지는 않는다. 임대인의 동의 없는 양도·전대의 경우 임대인은 전차인에 대해 소유권에 기하여 임차물을 반환할 것을 청구할 수 있다. 다만, 임대인이 임차인과의 임대차계약을 해지하기 전에는 직접점유자인 임차인에게 반환할 것을 청구할 수 있고, 해지한 후에는 직접 자신에게 반환할 것을 청구할 수 있다. 즉 임대인은 해지하기 전에는 전차인에 대하여 손해배상을 청구하지 못한다.

임대인의 동의 있는 임차물의 전대 시 전차인은 직접 임대인에 대하여 의무를 부담한다. 이 경우에 변제기 전에 전차인은 전대인에 대한 차임의 지급으로써 임대인에게 대항하지 못한다. 전차인 보호를 위한 특별규정으로는 임차인이 임대인의 동의를 얻어 임차물을 전대한 경우에는 임대인과 임차인의 합의로 계약을 종료한 때에도 전차인의 권리는 소멸하지 아니한다.

4) 상가임대차보호법

주택임대차보호법이 시행된 이후에 주택의 임차인은 보호를 받을 수 있었으나 이외의 임차인은 여전히 민법에 의해 규율되었으므로 불리한 지위에 있을 수밖에 없는 상황이었다. 특히 상가건물의 임대차는 많은 영세상인들이 존재하므로 이에 대한 보호의 필요성이 커지게 되어 상가건물 임대차보호법이 제정되어 2003년 1월부터 시행되고 있다.

사업자등록의 대상이 되는 상가건물의 임대차라 하더라도 대통령령이 정하는 보증금액을 초과하는 임대차에 대하여는 적용하지 않는다. 상가임대차보호법의 대상이 되는 보증금액은 서울특별시는 6억 1,000만 원, 수도권정비계획법에 따른 수도권 중 과밀억제권역(서울특별시 제외) 및 부산광역시는 5억 원, 광역시(수도권정비계획법에 따른 과밀억제권역에 포함된 지역과 군지역, 부산광역시는 제외), 세종특별시, 파주시, 화성시, 안산시, 용인시, 김포시 및 광주시는 3억 9,000만 원이며 그 밖의 지역은 2억 7,000만 원이다.

보증금 외에 차임이 있는 경우에는 그 차임액에 은행법에 의한 금융기관의 대출금리 등을 감안하여 대통령령이 정하는 비율(연 1할2푼)을 곱하여 환산한 금액을 포함하여야 한다.

(1) 대항력과 보증금의 회수

임대차는 그 등기가 없는 경우에도 임차인이 건물의 인도와 부가가치세법 제8조, 소득세법 제168조, 또는 법인세법 제111조에 따른 사업자등록을 신청하면 그 다음날부터 제3자에 대하여 효력이 생긴다.

대항요건을 갖추고 관할 세무서장으로부터 임대차계약서상의 확정일자를 받은 임차인은 민사집행법에 의한 경매 또는 국세징수법에 의한 공매 시 임차건물의 환가대금에서 후순위 권리자 그 밖의 채권자보다 우선하여 보증금을 변제받을 권리가 있다.

상가임차인이 소액보증금의 최우선변제를 받기 위해서는 경매신청의 등기 전에 대항요건을 갖추어야 한다. 보증금 중 일정액을 최우선변제받을 임차인의 범위와 보증금의 범위는 다음과 같다.

- 서울특별시: 6,500만 원 이하인 경우 2,200만 원
- 수도권정비계획법에 따른 과밀억제권역(서울특별시는 제외): 5,500만 원 이하인 경우 1,900만 원
- 광역시(수도권정비계획법에 따른 과밀억제권역에 포함된 지역과 군지역은 제외), 안산시, 용인시, 김포시 및 광주시: 3,800만 원 이하인 경우 1,300만 원
- 그 밖의 지역: 3,000만 원 이하인 경우 1,000만 원

이때 우선변제를 받을 임차인 및 보증금 중 일정액의 범위와 기준은 임대건물가액의 2분의 1의 범위 안에서 정한다.

(2) 임대차기간

기간을 정하지 아니하거나 기간을 1년 미만으로 정한 임대차는 그 기간을 1년으로 본다. 다만, 임차인은 1년 미만으로 정한 기간이 유효함을 주장할 수 있다. 임대인이 임대차기간 만료 전 6월부터 1월까지 임차인에 대하여 갱신거절의 통지 또는 조건의 변경에 대한 통지를 하지 아니한 경우에는 그 기간이 만료된 때에 전 임대차와 동일한 조건으로 다시 임대차한 것으로 본다. 이 경우에 임대차의 존속기간은 1년으로 본다.

(3) 계약갱신요구권

임대인은 임차인이 임대차기간 만료 전 6월부터 1월까지 사이에 행하는 계약갱신 요구에 대하여 정당한 사유 없이 이를 거절하지 못한다. 다만, 다음의 경우에는 갱신요구를 거절할 수 있다.

임차인이 3기의 차임액에 해당하는 금액에 이르도록 차임을 연체한 사실이 있는 경우나 임차인이 거짓이나 그 밖의 부정한 방법으로 임차한 경우 등을 말한다.

(4) 권리금의 회수기회 보호

임대인은 임대차기간이 끝나기 6개월 전부터 임대차 종료 시까지 다음의 어느 하나에 해당하는 행위를 함으로써 임차인이 권리금을 지급받는 것을 방해하여서는 아니된다. 임대인이 권리금의 회수기회 보호를 위반하여 임차인에게 손해를 발생하게 한 때에는 그 손해를 배상할 책임이 있다.

다음의 어느 하나에 해당하는 경우에는 신규임차인과의 임대차계약의 체결을 거절할 수 있다.

① 임차인이 주선한 신규임차인이 되려는 자가 보증금 또는 차임을 지급할 자력이 없는 경우
② 임차인이 주선한 신규임차인이 되려는 자가 임차인으로서의 의무를 위반할 우려가 있거나
③ 그 밖에 임대차를 유지하기 어려운 상당한 사유가 있는 경우
④ 임대차목적물인 상가건물을 1년 6개월 이상 영리목적으로 사용하지 아니한 경우

5. 집합건물의 소유 및 관리에 관한 법률

1) 집합건물의 개념

집합건물은 건축물대장상 1개 건물 동에 2명 이상의 소유자가 있는 건물이다. 아파트, 연립주택, 다세대주택, 주상복합, 상가, 오피스텔, 지식산업센터 등 종류와 범위가 다양하다. 다만, 아파트는 300세대 이상이거나, 150세대 이상일 경우 중앙난방과 승강기가 있으면 공동주택관리법에 따라 관리되는 의무관리대상으로 분류된다. 서울시내 전체 건축물 61만 9,000동 중 20%에 해당하는 약 12만 동(2018.6 기준)이 집합건물이다(openab.seoul.go.kr).

집합건물의 소유 및 관리에 관한 법률(이하 집합건물법) 제1조는 집합건물의 정의는 1동의 건물 중 구조상 구분된 여러 개의 부분이 독립한 건물로서 사용될 때, 그 각 부분이 각각의 소유권의 목적이 된다고 규정하고 있다.

집합건물법에 따르면 구분소유권의 목적물이 되기 위해서는 해당 전유부분이 다른 건물부분과 구조상·이용상 독립되어 있을 것을 요하므로(법제1조), 전유부분 사이에 경계벽이 없는 경우에는 원칙적으로 구분소유권이 성립할 수 없다.

〈표 7-2〉 집합건물법의 적용범위

용도	주거용	상업용	업무용	산업용	근린 생활	복합용도
종류	공동주택 (아파트, 연립주택, 다세대주택)	상가, 대규모 점포	오피 스텔	지식 산업센터	학원, 병원, 은행	주상복합아파트 등, 아파트+상가, 오피스텔+상가, 아파트+오피스텔 +상가
소규모(50세대 미만 또는 3,000㎡ 미만	집합건물법	집합 건물법	집합 건물법	집합 건물법+ 산업 집적법	집합 건물법	집합건물법
중규모(50세대 이상~150세대 미만 또는 3,000㎡ 이상~10,000㎡ 미만)	집합건물법	유통 산업 발전법	집합 건물법	집합 건물법+ 산업 집적법	집합 건물법	집합건물법
대규모(150세대 이상 또는 10,000㎡ 이상)	공동주택 관리법 (의무관리대 상아파트)	유통 산업 발전법	집합 건물법	집합 건물법+ 산업 집적법	집합 건물법	집합건물법

집합건물은 여러 사람이 함께 이용하고 공동으로 관리하여야 하므로 구분소유자의 대표인 관리인을 투표로 선임해야 한다. 구분소유자의 대표인 관리인은 구분소유자가 10인 이상일 때에 선임하여야 한다(법 제24조). 이렇게 선임된 관리인은 구분소유자일 필요는 없으며, 관리단을 대표하고 관리단의 사무를 집행하는 역할을 한다. 임기는 2년의 범위에서 관리규약으로 정해진다.

관리인은 관리단집회에서 구분소유자의 과반수 및 의결권의 과반수의 의결로 선임된다. 관리단 집회가 개최되는 것이 쉽지 않기 때문에 관리규약의 정함이 있다면 관리위원회에서 관리인을 선임할 수 있다(법 제24조 제3항 단서). 해임할 때에도 선임할 때와 동일하게 구분소유자의 과반수 및 의결권 과반수의 의결로 해임된다. 만약 관리인이 부정한 행위나 집합건물 관리를 수행하기에 적합하지 않으면 각 구분소유자가 관리인의 해임을 법원에 청구할 수 있다.

선임된 관리인은 집합건물의 관리에 관한 모든 사항에 대해 책임을 진다. 법 제25조에서는 관리인이 수행해야 할 사항을 열거하고 있는데, 구체적인 내용은 아래와 같다.

① 고용부분의 보존, 관리 및 변경
② 관리단이 사무 집행을 위한 분담금액과 비용을 각 구분소유자에게 청구 및 수령하고, 그 금원을 관리
③ 관리단의 사업 시행과 관련하여 관리단을 대표
④ 그 밖에 규약에 정해진 행위

우리 주변에서 쉽게 볼 수 있는 아파트, 아파트형공장, 오피스텔, 연립주택, 다세대주택, 주상복합 형태의 건물들이 모두 집합건물이다.

아파트 및 주택 등의 주거형태뿐만 아니라 상가, 점포, 오피스 등 비주거형태에 사회적 공동체 의미를 부여한 모든 건축물을 말하며, 구조상 독립적으로 구분되어 각각이 소유권을 가지게 된다. 다만, 큰 아파트(150세대 또는 300세대 이상) 단지의 경우에는 다수의 입주자가 거주하여 공적관리 필요성이 높기 때문에 특별법적 성격을 갖는 공동주택관리법의 별도 적용을 받는다. 이는 국토부 의무관리 대상 공동주택으로서 의무적으로 정보공개 대상이 되고 있다. 150세대 미만의 건축물은 집합건물법이 적용된다. 이 법률 기준에 따라 집합건물 구분소유자들의 동의에 의해 관리규약 및 관리단집회를 소집할 수 있다.

2) 건물의 구분소유

1동의 건물 중 구조상 구분된 여러 개의 부분이 독립한 건물로서 사용될 수 있을 때에는 그 각 부분은 이 법이 정하는 바에 따라 각각 소유권의 목적으로 할 수 있다(집합건물의 소유 및 관리에 관한 법률). 구분소유권의 목적인 건물부분을 전유부분이라 한다. 구분소유권이 성립하기 위해서는 구조

상·이용상의 독립성이 있어야 하며, 소유자의 구분행위가 있어야 한다.

전유부분 이외의 건물부분, 즉 전유부분에 속하지 아니하는 건물의 부속물 및 규약 및 공정증서에 의하여 공용부분으로 된 부속의 건물을 말한다. 공용부문에는 구조상 공용부분과 규약상 공용부분 2가지가 있다. 민법에서는 공용부분을 지분의 비율로 사용함으로 규정하고 있으나, 집합건물에서는 각 공유자는 공용부분을 그 용도에 따라 사용할 수 있으며, 각 공유자의 지분은 그가 가지는 전유부분 면적의 비율에 따른다.

전유부분과 공용부분에 대한 지분의 일체성이 있어서 공용부분은 전유부분과 당연히 함께 이전하므로 공용부분에 관한 물권의 득실변경은 등기가 필요하지 아니하다.

공용부분의 변경에 관한 사항은 구분소유자 및 의결권의 각 4분의 3 이상의 다수에 의한 집회의 결의로써 결정한다. 즉, 공용부분의 변경을 위해서는 원칙적으로 구분소유자 4분의 3 이상과 전유부분 면적비율에 의한 의결권 4분의 3 이상의 결의를 얻어야 한다. 다만 공용부분의 개량을 위한 것으로서 과다한 비용이 들지 않거나 휴양 콘도미니엄업의 운영을 위한 휴양 콘도미니엄의 공용부분 변경에 관한 사항일 경우 통상의 집회결의로써 결정할 수 있다.

공용부분의 부담·수익과 관련해서 판례는 아파트의 특별승계인은 전 입주자의 체납관리비 중 공용부분에 관하여는 이를 승계하여야 한다고 하였다. 또한 집합건물 구분소유권의 특별승계인이 구분소유권을 다시 제3자에게 이전한 경우에도, 여전히 자신의 전 구분소유자의 공용부분에 대한 체납관리비를 지급할 책임이 있다.

전유부분이 속하는 1동의 건물이 소재하는 토지를 법정대지라고 하며 대지사용권이란 구분소유자가 그의 전유부분을 소유하기 위하여 건물의 대지에 대하여 가지는 권리를 말한다. 구분소유자는 규약으로써 달리 정하는 경우가 아니라면 그가 가지는 전유부분과 분리하여 대지사용권을 처분할 수 없다. 다만, 이러한 분리처분금지는 그 취지를 등가하지 아니하면 선의로 물권을 취득한 제3자에 대항 대항하지 못한다. 구분소유자가 그의 전유부분과 분리하여 그의 대지사용권을 처분할 수 있다는 규약이 있는 경우에는, 그 규약은 유효하므로 분리하여 처분할 수 있다. 이 경우 대지소유권이 없는 구분소유자가 발생할 수 있어서 대지소유권이 있어서 전유부분의 철거를 구할 권리를 가진 자에게 그 구분소유자에 대하여 구분소유권을 시가로 매도할 것을 청구할 수 있다고 규정하고 있다.

3) 관리단 및 관리인

집합건물법 제23조에서는 건물에 대하여 구분소유관계가 성립되면 구분소유자 전원을 구성원으로 하여 건물과 그 대지 및 부속시설의 관리에 관한 사업의 시행을 목적으로 하는 관리단이 설립된다. 관리단은 어떠한 조직행위를 거쳐야 비로소 성립되는 단체가 아니라 구분소유관계가 성립하는 건물이 있는 경우 당연히 그 구분소유자 전원을 구성원으로 하여 성립되는 단체이다.

관리단은 구분소유자 전원을 구성원으로 하여 성립되며, 전세권자나 임차인은 구성원이 아니다. 판례는 집합건물의 분양이 개시되고 입주가 이루어져서 공동관리의 필요가 생긴 때에는 그 당시의 미분양된 전유부분의 구분소유자도 관리단의 구성원이 되며, 분양대금을 완납하였음에도 분양자 측의 사정으로 소유권이전등기를 경료받지 못한 수분양자도 관리단의 구성원이 되어 의결권을 행사할 수 있다고 한다.

구분소유자가 10인 이상일 때에는 관리단을 대표하고 관리단의 사무를 집행할 관리인을 선임하여야 한다. 또한 관리인은 구분소유자일 필요가 없으며, 그 임기는 2년의 범위에서 규약으로 정한다. 관리인은 공용부분의 보존·관리 및 변경을 위한 행위 등 규약상에서 정한 관리행위를 할 수 있으며, 대내적으로 집합건물의 관리업무를 총괄하고, 대외적으로는 관리단을 대표하는 업무집행기관이다.

4) 규약 및 집회

규약이란 구분소유자 및 점유자 상호간의 관계를 규율하기 위한 관리단의 자치법규로서 법인의 정관과 유사한 성질을 지닌다. 집합건물의 소유 및 관리에 관한 법률은 건물과 대지 또는 부속시설의 관리 또는 사용에 관한 구분소유자 상호간의 사항 중 이 법에서 규정하지 아니한 사항은 규약으로써 정할 수 있도록 하고 있다.

관리단집회는 관리단에 있어서 최고의 의사결정기관이다. 관리단의 사무는 이 법 또는 규약으로 관리인에게 위임한 사항 외에는 관리단집회의 결의에 따라 수행한다. 집회의 종류로는 정기관리단집회와 임시관리단집회로 구분된다. 일반적으로 관리단집회를 소집하려면 집회 1주일 전에 회의의 목적사항을 구체적으로 밝혀 각 구분소유자에게 통지하여야 한다. 그러나 구분소유자 전원이 동의하면 소집절차를 거치지 아니하고 소집할 수 있다. 관리단집회는 소집통지를 할 때에 명시한 사항에 관하여서만 결의할 수 있으며, 각 구분소유자의 의결권은 규약에 특별한 규정이 없는 경우에는 전유부분 면적의 지분비율에 의한다. 전유부분을 여럿이 공유하는 경우에 공유자는 관리단집회에서 의결권을 행사할 1인을 정한다. 이때에 의결권 행사자 1인을 정한다는 이 규정은 강행규정에 해당한다. 의결권은 서면이나 전자적 방법으로 또는 대리인을 통하여 행사할 수 있다.

그림 7-4 서울특별시 집합건물 통합정보마당(서울시 집합건물 정보마당)

의결정속수는 집회에서 의결하고자 하는 내용에 따라 달라지며, 주요한 의결정족수 내용은 다음과 같다.

〈표 7-3〉 의결정족수 정리

5분의 1 이상	4분의 3 이상	5분의 4 이상
임시관리단집회의 소집	• 공용부분의 변경 • 규약의 설정·변경·폐지 • 의무위반자에 대한 조치(사용금지청구·경매명령청구·해제 및 인도청구)	• 재건축결의 • 재건축결의 내용의 변경 • 건물가격의 2분의 1을 초과하는 일부멸실 시 공용부분의 복구 • 서면 또는 전자적 방법에 의한 결의(관리단집회의 결의와 동일한 효력)

5) 의무위반에 대한 조치

구분소유자는 건물의 보존에 해로운 행위나 그 밖에 건물의 관리 및 사용에 관하여 구분소유자 공동의 이익에 어긋나는 행위를 하여서는 아니된다.

의무를 위반한 구분소유자에 대한 조치로는 공동의 이익에 어긋나는 행위의 정지 등의 청구, 전유부분의 사용금지청구 그리고 경매명령청구가 있다. 구분소유자가 제5조 제1항의 행위를 한 경우 또는 그 행위를 할 우려가 있는 경우에 관리인 또는 관리단집회의 결의로 지정된 구분소유자는 구분소유자 공동의 이익을 위하여 그 행위를 정지하거나 그 행위의 결과를 제거하거나 그 행위의 예방에 필요한 조치를 할 것을 청구할 수 있다. 제43조 제1항의 경우에 제5조 제1항에 규정된 행위로 구분소유자의 공동생활상의 장해가 현저하여 제43조 제1항에 규정된 청구로는 그 장해를 제거하여 공용부분의 이용 확보나 구분소유자의 공동생활 유지를 도모함이 매우 곤란할 때에는 관리인 또는 관리단집회의 결의로 지정된 구분소유자는 관리단집회의 결의에 근거하여 소로써 적정한 기간 동안 해당 구분소유자의 전유부분 사용금지를 청구할 수 있다. 구분소유자가 제5조 제1항 및 제2항을 위반하거나 규약에서 정한 의무를 현저히 위반한 결과 공동생활을 유지하기 매우 곤란하게 된 경우에는 관리인 또는 관리단집회의 결의로 지정된 구분소유자는 해당 구분소유자의 전유부분 및 대지사용권의 경매를 명할 것을 법원에 청구할 수 있다. 경매를 명할 것을 법원에 청구하기 위하여는 구분소유자의 4분의 3 이상 및 의결권의 4분의 3 이상으로 결정하여야 하며, 결의를 할 때에는 미리 해당 구분소유자에게 변명할 기회를 주어야 한다.

의무를 위반한 점유자에 대한 조치로는 공동의 이익에 어긋나는 행위의 정지 등의 청구와 계약의 해제 및 인도청구가 있다. 점유자가 제45조 제1항에 따른 의무위반을 한 결과 공동생활을 유지하기 매우 곤란하게 된 경우에는 관리인 또는 관리단집회의 결의로 지정된 구분소유자는 그 전유부분을 목적으로 하는 계약의 해제 및 그 전유부분의 인도를 청구할 수 있다.

6. 가등기담보 등에 관한 법률

1) 비전형담보의 의의와 유형

민법이 예정하는 전형적인 담보제도는 질권과 저당권이라 할 수 있다. 거래관계에서는 질권과 저당권 이외 다른 담보제도를 활용하여 왔는데, 그 대표적인 것이 가등기담보·양도담보·매도담보 3가지이다. 이러한 담보를 전형담보인 질권·저당권에 대비하여 비전형담보라고 부른다.

비전형담보가 활용되는 이유는 다음과 같다. 첫째, 전형담보가 가지는 문제점을 보완하는 면이 있다. 예를 들어 동산을 담보로 하려면 질권을 설정하여야 하는데, 채무자가 실제로 점유하여 사용할 필요가 있는 동산, 즉 공장의 기계나 농기계 등은 질권을 이용하는 것이 불편하다. 질권에서는 설정자로 하여금 목적물을 점유하게 하지 못하기 때문이다. 여기서 채무자가 목적물을 점유하면서 채권자에게 채권담보의 목적으로 소유권 이전을 해주는 쪽으로 고안된 것이 양도담보이다. 둘째, 채권자들의 현행 경매제도에 대한 불만과 욕구이다. 채권자들은 경매를 통하지 않고 사적으로 목적물을 처분하여 신속히 자기 채권의 변제에 충당하여 더 큰 이득을 누리고자 한다.

비전형담보는 여러 관점에서 그 분류가 가능하지만, 자금획득방법과 소유권 이전이라는 2가지 점을 기준으로 나누어 보면 자금을 매매에 의하여 얻는 것과 자금을 소비대차에 의하여 얻는 것으로 구분 가능하다. 후자의 경우 양도담보와 가등기담보로 다시 구분할 수 있다.

2) 가등기담보 등에 관한 법률

1980년대 초에 이르러 금전채권의 담보로서 부동산에 대하여 대물변제의 예약을 하고, 이를 보전하기 위하여 가등기를 하는 소위 가등기담보가 비금융권에서 상당히 많이 활용되었다. 다만, 그 담보실행과정에서 폭리를 취하는 등 여러 문제가 발생하였다. 즉, 변제기가 지나면 곧바로 채권자는 목적물을 처분할 수 있고, 제3자는 유효하게 소유권을 취득하므로 채무자는 이제는 더 이상 목적물을 회수할 수 없게 되며, 또한 채권자로부터 정산금을 실제로 받는 것도 보장되지 않는다. 그래서 이러한 문제들을 종합적으로 규제하기 위하여 특별법 제정의 필요성이 대두되었고, 그 결과로서 가등기담보 등에 관한 법률이 제정되었다.

이 법이 적용되는 범위는 소비대차에 부수하여 대물변제예약을 하고 비전형담보를 설정한 경우에 한한다. 따라서 소비대차가 아닌 매매대금채권·공사대금채권 등을 담보하기 위하여 가등기 또는 소유권이전등기가 된 경우에는 적용되지 아니한다. 담보부동산에 대한 예약 당시 가액이 차용액과 이에 붙인 이자를 합산한 액수에 미치지 못하는 경우에는 가등기담보 등에 관한 법률이 적용되지 않는다.

3) 가등기담보의 실행

가등기담보권의 실행에는 경매에 의한 시행과 권리취득에 의한 실행의 2가지 방법이 있고, 가등기담보권자는 둘 중 하나를 임의로 선택할 수 있다. 가등기담보권이 경료된 부동산에 대하여 경매가 개시된 경우에는 가등기담보권자는 다른 채권자보다 자기채권의 우선변제를 받을 권리가 있다. 가등기담보권자는 자신이 목적부동산의 소유권을 취득하는 소위 귀속청산의 방식을 통하여 담보권을 실행할 수 있다. 비전형담보의 사적 실행에 따른 청산방식으로는, 채권자가 가액에서 채권을 공제한 나머지를 반환하고 그 목적물의 소유권을 취득하는 귀속청산과 제3자에게 목적물을 처분하여 그 환가대금에서 자기채권의 만족을 취하는 처분청산의 두 방식이 있는데, 동법은 이 중 귀속청산의 방식만을 인정한다.

피담보채권의 변제기가 도래하였음에도 불구하고 채무자가 이행하지 않은 경우에, 채권자는 피담보채권을 변제받기 위하여 가등기에 기하여 본등기를 함으로써 소유권을 취득하게 된다. 그러나 채권자는 그에 앞서 채무자 등에게 실행통지를 하여야 하며, 통지 후 2개월의 청산기간이 경과하였을 때에 청산금의 지급과 동시이행으로 본등기와 인도를 받음으로써 소유권을 취득하도록 규정하고 있다.

청산금액은 실행통지 당시 목적부동산의 가액에서 그 시점의 피담보채권액을 뺀 차액이다. 목적부동산의 가액에서 공제할 것은 피담보채권액뿐만 아니라 선순위 담보권자의 채권과 선순위 대항력 있는 임차권의 보증금도 공제한다. 청산금의 청구권자로는 채무자, 물상보증인, 제3취득자, 후순위 권리자 등이다.

채무자 등은 청산금채권을 변제받을 때까지 그 채무액을 채권자에게 지급하고 그 채권담보의 목적으로 마친 소유권이전등기나 가등기의 말소를 청구할 수 있다. 다만, 그 채무의 변제기가 지난 때부터 10년이 지나거나 선의의 제3자가 소유권을 취득한 경우에는 말소를 청구할 수 없다.

양도담보권자는 담보의 목적으로 이미 소유권이전등기가 경료되어 있는 상태이므로 청산기간 경과 후 청산금을 지급하거나 또는 청산금이 압류되거나 가압류된 경우에는 청산금을 공탁함으로써 소유권을 취득한다.

가등기담보의 경우 청산금이 없는 경우에는 채권자는 청산기간이 경과한 후 즉시 가등기에 기한 본등기를 청구할 수 있다. 청산금이 있는 경우에는 목적물의 가액이 채권액을 초과하여 청산금이 있는 경우에 채권자는 청산기간이 경과한 후에 청산금을 그 청구권자에게 지급하거나, 청산금이 압류되거나 가압류된 경우에는 청산금을 공탁함으로써 가등기에 기한 본등기를 청구할 수 있다.

7. 부동산 실권리자명의 등기에 관한 법률

1) 의의

명의신탁약정은 부동산에 관한 소유권 기타 물권을 보유한 자 또는 사실상 취득하거나 취득하려고 하는 자(실권리자)와 타인 사이에서 대내적으로 실권리자가 부동산에 관한 물권을 보유하거나 보유하기로 하고, 그에 관한 등기는 그 타인의 명의로 하기로 하는 약정을 말한다.

명의신탁이 투기와 탈세의 목적으로 이용되어 많은 문제점이 나타나게 되었다. 결국 투기·탈세·탈법행위 등 반사회적 행위를 방지하고 부동산거래의 정상화와 부동산가격의 안정을 도모하여 국민경제의 건전한 발전에 이바지함을 목적으로 하는 부동산 실권리자명의 등기에 관한 법률이 제정되었다.

2) 무효인 명의신탁

신탁자가 자기 명의로 되어 있는 부동산을 명의신탁약정에 의해 수탁자에게 소유권이전등기를 하여 주는 경우이다. 이 경우 명의신탁약정과 수탁자 명의의 이전등기는 무효이다.

중간생략형 명의신탁은 신탁자(갑)가 매도인(병)으로부터 부동산을 매수하면서 자신 앞으로 등기를 이전하지 않고 약정한 대로 수탁자(을)에게로의 이전등기를 매도인에게 부탁하여 매도인에서 직접 수탁자에게로 이전등기가 경료되는 것이다. 이 경우 갑과 을의 명의신탁약정은 무효이고, 갑과 병의 매매계약 자체는 유효하다. 병에서 을로의 소유권이전등기는 실체관계 없이 이전된 것으로 무효이므로 소유권은 여전히 병에게 있다. 결국 갑은 자신 명의로 등기를 받아와야 하는데, 갑은 병을 대위하여 을의 등기를 말소하고 이어서 병에게 매매를 원인으로 한 이전등기를 청구하여 자신 앞으로 등기를 하게 된다.

계약명의신탁(위임형 명의신탁)은 신탁자(갑)가 수탁자(을)에게 명의신탁약정을 하고 매수자금을 지급한 후에 수탁자(을)가 자신의 이름으로 매도인(병)과 매매계약을 하고 이전등기를 하는 경우이다. 매도인이 악의인 경우 물권변동이 무효로 되어 을 앞으로의 등기는 무효이다. 매도인이 선의인 경우 갑과 을의 명의신탁약정은 무효이나 을 앞으로의 이전등기는 유효하다.

3) 적용의 배제와 특례

명의신탁약정으로 보지 않는 경우는 다음의 3가지이다. 첫째, 채무의 변제를 담보하기 위하여 채권자가 부동산에 관한 물권을 이전받거나 가등기하는 경우이다. 둘째, 부동산의 위치와 면적을 특정하여 2인 이상이 구분소유하기로 하는 약정을 하고 그 구분소유자의 공유로 등기하는 경우이다. 셋째, 신탁법 또는 자본시장과 금융투자업에 관한 법률에 의한 신탁재산이니 사실을 등기하는 경우이다.

적용의 특례로는 종중재산의 명의신탁과 부부간의 명의신탁 그리고 종교단체의 명의신탁에 있어서는 그것이 조세포탈, 강제집행의 면탈 또는 법령상 제한의 회피를 목적으로 하지 않는 경우에는 명의신탁약정의 무효·과징금·이행강제금·벌칙 등에 관한 규정을 적용하지 아니한다.

01 다음 중 조건이 성취되면 법률행위의 효력이 소멸하는 것은?

① 수의조건
② 비수의조건
③ 정지조건
④ 소극조건
⑤ 해제조건

02 조건부법률행위의 효력에 관한 다음 설명 중 틀린 것은?

① 우성조건이나 혼성조건을 붙인 법률행위는 유효하다.
② 해제조건이 법률행위상에 이미 성취되어 있는 때에는 그 법률행위는 무효로 한다.
③ 불능의 해제조건을 붙인 법률행위는 조건 없는 법률행위로 된다.
④ 순수수의조건을 붙인 법률행위는 무효이다.
⑤ 해제조건이 법률행위 당시에 이미 성취되어 있는 때에는 그 법률행위는 유효로 한다.

03 조건부 권리에 관한 다음 설명 중 틀린 것은?

① 조건부 권리를 침해하는 법률행위(처분행위)는 무효가 된다.
② 조건의 성취가 미정인 권리도 담보로 제공할 수 있다.
③ 조건부 권리를 침해한 경우에도 조건의 성부가 확정되기 전에는 손해배상의 담보청구권을 발생할 수 없다.
④ 조건성취의 효력은 원칙적으로 소급하지 않는다.
⑤ 조건 있는 법률행위의 당사자는 조건의 성부가 미정인 동안에 조건의 성취로 인하여 생길 상대방의 이익을 해하지 못한다.

04 다음 중 기한의 이익을 갖지 못하는 자는?

① 이자부 소비대차계약의 소비대주
② 이자부 소비대차계약의 소비차주
③ 무이자 소비대차계약의 소비대주
④ 사용대차계약의 사용차주
⑤ 무상임차계약의 임차인

05 다음 중 기한을 붙일 수 있으나 조건을 붙일 수 없는 행위는?

① 상계
② 혼인
③ 채무의 면제
④ 상속의 승인포기
⑤ 어음행위

06 다음 중 채무자가 기한의 이익을 상실하는 경우가 아닌 것은?

① 채무자가 파산선고를 받은 경우
② 채무자가 성년후견인선고를 받은 경우
③ 채무자가 저당 잡힌 가옥을 멸실시킨 경우
④ 채무자가 보증인을 살해한 경우
⑤ 채무자가 담보를 제공하지 않은 경우

07 기한에 관한 설명 중 틀린 것은?

① 기한부 권리는 기한 도래 전에도 처분할 수 있다.
② 기한부 권리의 침해도 손해배상책임의 원인이 된다.
③ 기한은 당사자의 특약이 있는 때에는 소급효가 인정된다.
④ 기한은 채무자의 이익을 위한 것으로 추정함이 원칙이다.
⑤ 상대방의 이익을 해하지 않는 한 기한의 이익을 포기할 수 있다.

08 물권과 채권의 차에 관한 다음 설명 중 옳지 않은 것은?

① 물권은 임의법규성이 강하나 채권은 강행법규성이 강하다.
② 채권은 특정인의 행위를 객체로 하나 물권은 물건을 객체로 하는 재산권이다.
③ 물권은 법률 또는 관습법에 의하지 않고는 임의로 창설할 수 없으나 채권은 그러하지 아니하다.
④ 물권에는 배타성이 있으나 채권에는 이것이 없다.
⑤ 물권은 절대권이고 채권은 상대권이다.

09 물권법정주의에 관한 다음 설명 중 옳지 않은 것은?

① 물권법정주의에 위반하는 법률행위는 무효이다.
② 물권법정주의는 물권의 내용에 관하여는 인정되지 않는다.
③ 물권법정주의는 관습법에 의한 물권의 발생을 배제하는 것은 아니다.
④ 물권법정주의는 계약자유의 원칙을 배제하고 있는 것이다.
⑤ 물권의 종류와 내용도 법률로써 정한다.

10 물권변동에 관한 기술로서 타당한 것은?

① 공시의 원칙은 오로지 물권에 한한다.
② 공신의 원칙을 채택하면 거래의 안전은 꾀할 수 있으나 진정한 권리자가 희생되는 경우가 있게 된다.
③ 공시의 원칙과 공신의 원칙은 별개의 제도이므로 아무 관련이 없다.
④ 공신의 원칙은 의사주의하에서는 인정되지 않는다.
⑤ 우리 민법은 동산·부동산을 분별하지 않고 인도를 그 공시방법으로 한다.

11 물권변동에 관한 설명 중 옳은 것은?

① 저당권의 설정은 법률의 규정에 의한 물권변동의 일례이다.
② 부동산의 물권변동은 인도에 의하여 공시된다.
③ 우리 민법은 점유의 공신력은 인정하나, 등기의 공신력은 인정하지 않는다.

④ 공신의 원칙이라 함은 권리의 변동은 언제나 외부에서 인식할 수 있는 표상을 갖추어야 한다는 원칙이다.

⑤ 공신의 원칙을 채택하면 진정한 권리자의 보호는 꾀할 수 있으나, 거래의 안전을 해치는 수가 있게 된다.

12 갑은 을에게 부동산을 증여하면서 증여세의 부과를 회피할 목적으로 을과 통모하여 매매계약을 한 것처럼 가장하여 매매를 원인으로 한 소유권이전등기를 경료하였다. 이러한 사정을 모드는 병은 을로부터 위 부동산을 매수하여 정에게 전매하였는데, 정은 이러한 사정을 잘 알고 있었다. 다음 중 틀린 것은?

① 정은 악의의 제3자이므로 위 부동산의 소유권을 취득할 수 없다.

② 갑과 을 사이의 증여계약은 증여에 대한 진정한 합의가 있는 이상 유효하다.

③ 을과 병 사이의 매매계약은 유효하므로 병은 위 부동산의 소유권을 취득한다.

④ 만약 병이 악의였다면 병은 위 부동산의 소유권을 취득할 수 없다.

⑤ 정은 전득자로서 선의·악의와 관계없이 부동산의 소유권을 취득할 수 있다.

13 등기에 관한 기술 중 틀린 것은?

① 법률행위로 인한 부동산물권 변동은 당사자가 등기를 신청한 때가 아니라, 등기관이 등기부에 등기사항을 기재한 때에 그 효력이 발생한다.

② 등기된 부동산에도 점유의 추정력이 인정된다.

③ 등기에는 실체적 권리관계에 대한 추정력이 인정된다.

④ 가등기에 기한 본등기가 행해지더라도 물권변동의 시기가 가등기까지 소급하는 것은 아니다.

⑤ 가등기는 가등기의무자의 승낙서와 가처분명령의 정본을 첨부하여 가등기권리자가 단독으로 신청할 수 있다.

14 다음 중 법률행위로 인한 권리변동이 아닌 것은?

① 증여를 원인으로 한 소유권 이전
② 지상권 설정
③ 전세권 설정
④ 상속으로 인한 소유권 취득
⑤ 재단법인 설립으로 인한 소유권 이전

15 등기의 내용에 관한 다음 설명 중 옳은 것은?

① 소유권 이전등기는 전소유자의 소유권을 제거하는 것이므로 말소등기에 해당한다.
② 저당권 설정등기는 소유권의 내용에 변경을 가하는 것으로 변경등기이다.
③ 토지의 일부가 멸실한 경우에는 멸실등기가 행해진다.
④ 등기부가 멸실한 경우에 행해지는 것은 멸실회복등기이다.
⑤ 채권의 변제로 저당권이 소멸한 때에는 그 취지를 기재하는 기입등기를 행한다.

16 혼동으로 인한 물권의 소멸에 관한 다음 설명 중 옳지 않은 것은?

① 갑 토지의 저당권을 가진 자가 후에 그 토지의 소유권을 취득하면 그 저당권은 소멸한다.
② 갑토지에 A가 1번 저당권을, B가 2번 저당권을 가졌을 경우, B가 갑 토지의 소유권을 취득하면 B이 2번 저당권은 소멸하지 않는다.
③ 갑토지의 지상권자가 동시에 그 지상권 위의 저당권을 취득하면 저당권은 혼동으로 소멸한다.
④ 갑토지의 지상권자가 상속으로 소유권을 취득하였더라도 그 지상권이 타인의 저당권의 목적이 되었을 때에는 혼동으로 소멸하지 않는다.
⑤ 지역권자가 승역지의 소유권을 취득한 경우 지역권을 소멸한다.

17 부동산소유권의 시효취득에 관한 내용으로 틀린 것은?

① 우리 민법은 부동산소유권의 취득시효 제도로서 점유취득시효와 등기부취득시효제도를 두고 있다.

② 점유취득 시효나 등기부취득시효는 모두 평온, 공연, 선의, 무과실에 의한 점유이어야 한다.

③ 점유취득시효나 등기부취득시효 모두는 점유자가 자주점유이어야 한다.

④ 점유취득시효기간은 20년, 등기부취득시효는 10년간이다.

⑤ 점유취득시효에 의한 소유권 취득은 원시취득이고, 등기는 소유권이전등기에 의한다.

18 다음 중 유치권의 성립요건으로 옳지 않은 것은?

① 유치권의 목적은 물건이나 유가증권이다.

② 유치물에 관하여 생긴 것이어야 한다.

③ 유치물의 점유는 직접점유이어야 한다.

④ 채권이 변제기에 있는 것이어야 한다.

⑤ 유치물의 점유가 불법행위에 의하여 시작된 것이 아니어야 한다.

19 우리 민법상 계약상의 과실책임에 관한 설명으로 틀린 것은?

① 우리 민법은 원시적 불능의 경우에 대한 계약체결상의 과실책임을 규정하고 있다.

② 계약 체결상의 과실을 이유로 한 신뢰이익의 손해배상은 계약이 유효함으로 인하여 생길 이익액을 넘지 못한다.

③ 계약 체결상의 과실책임은 원시적 불능을 알지 못한 데 대한 상대방의 선의를 요하나 무과실까지 요하지는 않는다.

④ 부동산매매에 있어서 실제 면적이 계약 면적에 미달하는 경우 그 미달부분이 원시적 불능임을 이유로 계약 체결상의 과실책임을 물을 수 없다.

⑤ 건축공사의 대가로서 임야사용권을 부여하기로 약정하였으나 그 임야사용권이 원시적 이행불능이라면, 계약 체결상의 이유로 손해배상책임이 인정된다.

20 상가건물임대차보호법에 대한 설명으로 틀린 것은?

① 일정한 보증금액을 초과하지 않는 범위 내의 사업자등록의 대상이 되는 상가건물의 임대차에 대하여 적용된다.
② 건물의 인도와 부가가치세법 등에 의한 사업자등록을 신청한 다음날부터 대항력이 발생한다.
③ 기간을 정하지 아니하거나 기간을 2년 미만으로 정한 임대차는 그 기간을 2년으로 본다.
④ 차임 또는 보증금의 증액청구는 청구 당시의 차임 또는 보증금의 100분의 9의 금액을 초과하지 못한다.
⑤ 증액청구는 임대차계약 또는 약정한 차임 등의 증액이 있은 후 1년 이내에는 하지 못한다.

21 집합건물의 소유 및 관리에 관한 법률에 있어서 의무위반자에 대한 조치가 아닌 것은?

① 공동의 이익에 반하는 행위의 정지청구
② 사용금지의 청구
③ 구분소유권의 양도
④ 구분소유권의 경매
⑤ 전유부분의 점유자에 대한 인도청구

22 집합건물의 공용부분에 관한 설명 중 옳지 않은 것은?

① 1동의 건물 중 구분소유권의 객체로 되어 있는 전유부분 이외의 건물의 부분은 공용부분이다.
② 전유부분에 속하지 않는 건물의 부속물은 공용부분이다.
③ 전유부분이지만 규약에 의하여 공용부분으로 된 부속의 건물도 공용부분이다.
④ 일부의 구분소유자만의 공용에 제공되는 공용부분이라도 구분소유자 전원의 공유에 속한다.

⑤ 공용부분에 대한 각 공유자의 지분은 그가 가지는 전유부분의 면적의 비율에 의한다.

23 가등기담보에 대한 설명으로 가장 적당한 것은?

① 저당권의 피담보채권의 범위와 다르다.
② 대물변제의 예약이라는 형식에 의해서만 가능하다.
③ 채무불이행이 있으면 곧바로 담보권을 실행할 수 있다.
④ 양도담보권자가 매각하면 매수인은 유효한 소유권을 취득한다.
⑤ 가등기담보의 실행은 경매뿐만 아니라 취득청산형의 실행방법이 있다.

24 가등기담보 등에 관한 법률에 관한 설명으로 틀린 것은?

① 공사대금채권을 담보하기 위한 가등기에는 이 법이 적용되지 않는다.
② 등기나 등록할 수 없는 주식이나 동산은 가등기담보권의 목적물이 될 수 없다.
③ 대물변제예약 당시의 담보물의 가액이 차용액 및 이에 붙인 이자의 합산액에 미치지 못하는 경우에는 이 법이 적용되지 않는다.
④ 청산금의 평가액을 통지한 후에라도 채권자는 청산금의 평가액 자체가 불합리하게 산정되었음을 증명하여 액수를 다툴 수 있다.
⑤ 채권자가 담보권을 실행하여 담보목적물의 소유권을 취득하기 위해서는 청산금의 평가액을 채무자, 담보가등기 목적 부동산의 물상보증인, 담보가등기 후 소유권을 취득한 제3자에게 통지하여야 한다.

정답 및 해설

01 정답 ⑤

해설 정지조건이란 법률행위의 효력의 발생을 장래의 불확실한 사실의 성취 여부에 의존하게 하는 조건이다. 즉, 효력이 없다가 조건이 성취되면 비로소 효력이 발생하는 조건을 말한다. 예를 들어 "시험에 합격하면 사무실을 주겠다"라는 것은 정지조건을 의미한다. 해제조건이란 법률행위의 효력의 소멸을 장래의 불확실한 사실의 성취 여부에 의존하게 하는 조건이다. 즉, 효력이 일단 발생하였으나 조건이 성취되면 효력이 소멸하는 조건을 말한다. 예를 들어 "취업할 때까지 생활비를 지급해 주겠다"라는 것은 해제조건을 의미한다.

02 정답 ⑤

해설 조건이 법률행위의 당시 이미 성취한 것인 경우에는 그 조건이 정지조건이면 조건 없는 법률행위로 하고, 해제조건이면 그 법률행위는 무효로 한다.

03 정답 ③

04 정답 ⑤

해설 기한의 이익이란 기한이 아직 도래하지 않음으로써 그동안 당사자가 받는 이익을 말한다. 무상임차계약에서는 채권자만이 기한의 이익을 누린다.

05 정답 ②

해설 조건을 붙일 수 없는 행위로는 가족법상의 행위를 말한다.

06 정답 ②

해설 기한이익의 상실사유로는 채무자가 담보를 손상·감소 또는 멸실하게 한 때, 채무자가 담보제공의 의무를 이행하지 않은 때와 채무자가 파산한 때이다.

07 정답 ③

해설 조건과 기한은 모두 소급효과 없음이 원칙이나 조건은 특약으로 소급효과가 인정될 수 있다. 그러나 기한은 절대로 소급효과가 인정되지 않는다.

08 정답 ①

해설 물권법정주의에 근거한 물권은 대체로 강행성을 가지며, 계약자유를 원칙으로 하는 채권은 임의규정이 많다.

09 정답 ②

해설 물권법정주의 내용은 종류와 내용을 강제하고 있다.

10 정답 ②

11 정답 ①

해설 물권변동의 원인인 법률행위는 물권변동을 원하는 당사자의 의사표시에 의한 경우이다.

12 정답 ①

해설 허위표시의 무효는 선의의 제3자에게 대항하지 못한다. 따라서 선의의 제3자로부터 다시 권리를 취득한 자는 선의·악의를 불문하고 당연히 보호된다.

13 정답 ②

해설 점유자가 점유물에 행사하는 권리는 적법하게 보유한 것으로 추정하는데, 점유의 추정력은 동산에만 인정되는 것이 원칙이고 등기된 부동산에는 인정되지 않는다.

14 정답 ④

해설 상속으로 인한 소유권 취득은 법률의 규정에 의한 물권 변동이다.

15 정답 ④

해설 등기부의 전부 또는 일부가 멸실한 경우에 그로 인하여 소멸된 등기의 회복을 목적으로 하는 등기로서 회복등기의 일종이다.

16 정답 ⑤

해설 지역권은 요역지 또는 승역지의 멸실, 존속기간의 만료, 지역권자의 포기, 소멸시효, 혼동, 약정소멸사유의 발생 등으로 소멸한다.

17 정답 ②

해설 점유취득시효의 요건은 소유의 의사로 평온·공연하게 점유하였어야 한다고 규정하고 있으며, 선의·무과실은 요구되지 않는다.

18 정답 ③

해설 유치물의 점유는 간접점유도 가능하다.

19 정답 ③

해설 계약체결상의 과실책임은 원시적 불능을 알지 못한 데 대한 상대방의 선의를 요할 뿐만 아니라 무과실까지 요한다.

20 정답 ③

21 정답 ③

22 정답 ④

해설 일부의 구분소유자의 공용에 제공되는 것임이 명백한 공용부분은 그들 구분소유자의 공유에 속한다. 예를 들어 주상복합건물에서 별도로 주민들만이 사용하는 승강기가 있다면 그 승강기는 주민들만의 공유에 속하게 된다.

23 정답 ⑤

24 정답 ④

해설 채권자는 그가 통지한 청산금의 금액에 관하여 다툴 수 없다(제9조).

08 건축법[2)]

1. 총칙

1) 용어 정의

건축법의 목적은 건축물의 대지·설비기준 및 용도 등을 정하여 건축물의 안전·기능·환경 및 미관을 향상시킴으로써 공공복리의 증진에 이바지하는 것을 목적으로 한다.

건축법에서 사용하는 주요 용어를 정리하면 다음과 같다.

대지는 측량·수로조사 및 지적에 관한 법률에 의하여 각 필지로 구획된 토지를 말하며, 예외적으로 2 이상의 필지를 하나의 대지로 할 수 있는 토지와 1 이상의 필지의 일부를 하나의 대지로 할 수 있는 토지가 있다.

건축물이란 토지에 정착하는 공작물 중 지붕과 기둥 또는 벽이 있는 것, 건축물에 딸린 시설물(담장, 대문 등), 지하 또는 고가의 공작물에 설치하는 점포, 차고, 창고, 공연장, 사무소와 기타 대통령령으로 정하는 공작물을 말한다.

지하층이란 건축물의 바닥이 아래에 있는 층으로서 그 바닥으로부터 지표면까지의 평균높이가 당해 층 높이의 1/2 이상인 것을 지하층이라 한다. 거실이란 건축물 안에서 거주, 집무, 작업, 오락 등의 용도로 사용하는 방을 말하며, 거실은 장시간 지속적으로 머무는 곳으로서 위생 방화 및 피난 등 관련법의 규제가 강화된다. 주요구조부란 내력벽, 기둥, 바닥, 보, 지붕틀 및 주계단을 말한다.

---

2) 박종철, 박상민, 박후서, 『2017 EBS 공인중개사 2차기본서 부동산공법』, ㈜ 에스티유니타스, 2016의 내용 중 건축법의 내용을 참조함.

건물의 건축과 관련해서 다음의 5가지 개념을 정리할 필요가 있다.

〈표 8-1〉 건축의 개념

	주요 내용
신축	• 건축물이 없는 대지에 새로운 건축물을 축조하는 행위 • 부속건축물만 있는 대지에 새로운 주된 건축물을 축조하는 행위
증축	기존 건축물이 있는 대지 안에 건축물의 건축면적, 연면적, 층수 또는 높이를 증가시키는 것을 말한다.
개축	기존 건축물의 전부 또는 일부(내력벽, 기둥, 보, 지붕틀 중 3개 이상이 포함되는 경우를 말함)를 철거하고 그 대지 안에 종전과 동일한 규모의 범위 안에서 건축물을 다시 축조하는 것
재축	천재지변 등의 재해에 의하여 멸실된 경우에 종전과 동일한 규모의 범위 안에서 건축물을 다시 축조하는 것
이전	건축물은 그 주요 구조부를 해체하지 아니하고 동일한 대지 안의 다른 위치로 옮기는 것

도로는 원칙적으로 보행과 자동차 통행이 가능한 너비 4m 이상의 도로로서 다음에 해당하는 도로 또는 그 예정도로를 말한다. 국토의 계획 및 이용에 관한 법률, 도로법, 사도법 관계법령에 의해 신설 또는 변경에 관한 고시가 된 도로이거나 건축허가, 건축신고 때 시·도지사, 시장·군수·구청장이 그 위치를 지정 공고한 도로를 말한다.

리모델링이란 건축물의 노후와 억제 또는 기능향상 등을 위하여 대수선 또는 일부 증축하는 행위를 말한다. 이때 용적률·건축물의 높이 및 일조 등의 확보를 위한 건축물의 높이 제한의 기준을 120/100 범위로 완화하여 적용할 수 있다.

건축법에서 말하는 고층 건축물이란 층수가 30층 이상이거나 높이가 120m 이상인 건축물을 말하며, 초고층 건축물은 층수가 50층 이상이거나 높이가 200m 이상인 건축물을 말한다.

한옥이란 기둥 및 보가 목구조방식이고 한식지붕틀로 된 구조로서 한식기와, 볏집, 목재, 흙 등 자연재료로 마감된 우리나라 전통양식이 반영된 건축물 및 그 부속건축물을 말한다.

부속건축물이란 동일한 대지 안에서 주된 건축물과 분리된 부속용도의 건축물로서 주된 건축물의 이용 또는 관리에 필요한 건축물을 말한다.

건축물의 유지·관리란 건축물의 소유자나 관리자가 사용 승인된 건축물의 대지·구조·설비 및 용도 등을 지속적으로 유지하기 위하여 건축물이 멸실될 때까지 관리하는 행위를 말한다.

2) 건축법의 적용

건축법을 적용하지 않는 건축물로는 문화재보호법에 의한 지정, 가지정 문화재와 철도, 궤도의 선로부지 안에 있는 시설이나 기타대통령령이 정하는 시설을 말한다.

건축법의 적용과 완화와 관련해서는 건축주, 설계자, 공사시공자, 공사감리자는 업무수행 시 건축법 기준을 완화하여 적용할 것을 허가권자에게 요청할 수 있다.

완화적용대상으로는 수면 위에 건축하는 건축물 등 대지의 범위를 설정하기 곤란한 경우, 거실이 없는 통신시설 및 기계, 설비시설인 경우, 31층 이상 건축물(공동주택 제외), 발전소, 제철소, 운동시설 등의 특수용인 경우 등을 포함한다.

3) 용도별 건축물의 종류

건축법시행령 별표에서는 건축물의 종류를 규정하고 있으며, 단독주택 공동주택, 제1종 근린생활시설과 제2종 근린생활시설 등 29가지 유형으로 구분하고 있다. 주택의 유형으로는 다중주택과 다가구주택을 포함한 단독주택과 아파트, 연립주택, 다세대주택, 기숙사를 포함한 공동주택이 있다.

주거지 인근에서 주민들이 생활하면서 자주 이용하는 생활편의시설의 경우 제1종 근린생활시설과 제2종 근린생활시설로 구분할 수 있다. 제1종 근린생활시설로는 식품·잡화·의류·완구·서적·건축자재·의약품·의료기기 등 일용품을 판매하는 소매점으로서 같은 건축물과 휴게음식점, 제과점 등 음료·차·음식 등을 조리하거나 제조하여 판매하는 시설 등이 포함된다. 제2종 근린생활시설로는 바닥면적의 합계가 500㎡ 미만인 공연장이나 종교집회장, 자동차영업소(바닥면적의 합계가 1,000㎡ 미만인 것), 서점 등이 포함된다.

〈표 8-2〉 용도별 건축물의 종류

용도	건축물의 종류	용도	건축물의 종류
1. 단독주택	단독주택, 다중주택, 다가구주택, 공관	16. 위락시설	단란주점, 유흥주점 등
2. 공동주택	아파트, 연립주택, 다세대주택, 기숙사	17. 공장	물품의 제조·가공 또는 수리에 계속적으로 이용되는 건축물
3. 제1종 근린생활시설	일용품점, 휴게음식점, 이용원, 의원, 탁구장, 체육도장, 마을회관, 변전소, 금융업소 등	18. 창고시설	창고, 하역장 등
4. 제2종 근린생활시설	공연장, 종교집회장, 자동차영업소, 서점, 사진관, 휴게음식점, 일반음식점, 독서실, 테니스장 등	19. 위험물저장 및 처리시설	주유소, 액화석유가스 충전소 등
5. 문화 및 집회시설	공연장(제2종 근린생활시설에 해당하지 않는 것), 집회장, 관람장 등	20. 자동차 관련 시설	주차장, 세차장, 폐차장 등
6. 종교시설	종교집회장	21. 동물 및 식물 관련시설	축사, 가축시설 등
7. 판매시설	도매시장, 소매시장, 상점 등	22. 자원순환 관련시설	하수 등 처리시설, 고물상 등
8. 운수시설	여객자동차터미널, 철도역사 등	23. 교정 및 군사 시설	교정시설, 갱생보호시설 등
9. 의료시설	병원, 격리병원	24. 방송통신시설	방송국, 전신전화국 등
10. 교육연구 시설	학교, 교육원, 직업훈련소 등	25. 발전시설	발전소
11. 노유자시설	아동관련시설, 노인복지시설	26. 묘지관련시설	화장시설, 봉안당 등
12. 수련시설	생활권 수련시설, 자연권 수련시설 등	27 관광휴게시설	야외음악당, 야외극장 등
13. 운동시설	탁구장, 체육도장, 운동장 등	28. 장례식장	
14. 업무시설	공공업무시설, 일반업무시설	29. 야영장시설	관광진흥법에 따른 야영장 시설로서 관리동, 화장실, 샤워실, 등의 용도로 쓰는 바닥면적의 합계가 300㎡ 미만
15. 숙박시설	일반숙박시설 및 생활숙박시설, 관광숙박시설		

2. 건축물의 건축

1) 건축 관련 입지와 규모의 사전결정

건축허가 대상 건축물을 건축하려는 자는 건축허가를 신청하기 전에 허가권자에게 그 건축물의 건축에 관한 다음 각 호의 사항에 대한 사전결정을 신청할 수 있다.

① 해당 대지에 건축하는 것이 이 법이나 관계 법령에서 허용되는지 여부
② 이 법 또는 관계법령에 따른 건축기준 및 건축제한, 그 완화에 관한 사항 등을 고려하여 해당 대지에 건축 가능한 건축물의 규모
③ 건축허가를 받기 위하여 신청자가 고려하여야 할 사항

사전결정신청자는 건축위원회 심의와 도시교통정비촉진법에 따른 교통영향분석·개선대책의 검토를 동시에 신청할 수 있다. 허가권자는 신청을 받으면 입지, 건축물의 규모, 용도 등을 사전결정한 후 사전결정 신청자에게 알려야 한다.

사전결정 통지를 받은 경우에는 다음의 허가를 받거나 신고 또는 협의를 한 것으로 본다.

① 국토의 계획 및 이용에 관한 법률에 따른 개발행위허가
② 산지관리법에 따른 산지전용허가와 산지전용신고, 산지일시사용허가·신고. 다만, 보전산지인 경우에는 도시지역만 해당된다.
③ 농지법에 따른 농지전용허가·신고 및 협의
④ 하천법에 따른 하천점용허가

사전결정신청자는 사전결정을 통지받은 날부터 2년 이내에 건축허가를 신청하여야 하며, 이 기간에 건축허가를 신청하지 아니하면 사전결정의 효력이 상실된다.

2) 건축허가

건축물을 건축하거나 대수선하려는 자는 특별자치시장·특별자치도지사

또는 시장·군수·구청장의 허가를 받아야 한다.

특별시장이나 광역시장의 허가대상인 건축물은 층수가 21층 이상의 건축물이거나 연면적의 합계가 10만㎡ 이상으로 되는 경우의 증축을 포함한다. 다만, 공장, 창고이거나 지방건축위원회의 심의를 거친 건축물은 제외한다(특별시 또는 광역시의 건축조례로 정하는 바에 따라 해당 지방건축위원회의 심의사항으로 할 수 있는 건축물에 한정하며, 초고층 건축물은 제외한다).

건축허가가 취소되는 경우는 허가를 받은 날부터 2년(산업집적활성화 및 공장설립에 관한 법률에 따라 공장의 신설·증설 또는 업종변경의 승인을 받은 공장은 3년) 이내에 공사에 착수하지 않는 경우, 허가를 받은 날부터 2년 이내에 공사에 착수하였으나 공사의 완료가 불가능하다고 인정되거나 착공신고 전에 경매 또는 공매 등으로 건축주가 대지의 소유권을 상실한 때부터 6개월이 경과한 이후 공사의 착수가 불가능하다고 판단되는 경우이다.

3) 건축신고

건축신고의 대상은 바닥면적 합계가 85㎡ 이내의 증축·개축·재축 다만, 3층 이상 건축물인 경우에는 증축·개축 또는 재축하려는 부분의 바닥면적의 합계가 건축물 연면적의 10분의 1 이내인 경우로 한정한다.

국토의 계획 및 이용에 관한 법률에 의한 관리지역·농림지역 또는 자연환경보전지역에서 연면적 200㎡ 미만이고 3층 미만인 건축물의 건축, 다만, 지구단위계획구역이나 방재지구 등 재해취약지역으로서 대통령령으로 정하는 구역은 제외한다. 연면적 200㎡ 미만이고 3층 미만인 건축물의 대수선, 주요구조부의 해체가 없는 대수선, 그 밖에 소규모 건축물로서 특정조건에 해당하는 경우 건축신고를 하면 건축허가를 받은 것으로 본다.

4) 용도변경

건축물의 용도변경은 변경하려는 용도의 건축기준에 맞게 하여야 한다. 사용승인을 받은 건축물의 용도를 변경하려는 자는 다음의 구분에 따라 국토교통부령으로 정하는 바에 따라 특별시장·특별자치도지사 또는 시장·군수·구청장의 허가를 받거나 신고를 하여야 한다.

허가대상으로는 시설군에 속하는 건축물의 용도를 상위군(시설군 각 호의 번호가 용도변경하려는 건축물이 속하는 시설군보다 작은 시설군을 말한다)에 해당하는 용도로 변경하는 경우이다. 신고대상으로는 시설군에 속하는 건축물의 용도를 하위군(시설군 각 호의 번호가 용도변경하려는 건축물이 속하는 시설군보다 큰 시설군을 말한다)에 해당하는 용도로 변경하는 경우이다.[3)]

시설군 중 같은 시설군 안에서 용도를 변경하려는 자는 국토교통부령으로 정하는 바에 따라 특별자치시장·특별자치도지사 또는 시장·군수·구청장에게 건축물대장 기재내용의 변경을 신청하여야 한다. 다만, 대통령령으로 정하는 변경의 경우에는 그러하지 아니하다. 여기서 대통령령으로 정하는 경우란 건축법 시행령 별표1의 같은 호에 속하는 건축물 상호간의 용도변경이거나 국토의 계획 및 이용에 관한 법률이나 그 밖의 관계법령에서 정하는 용도제한에 적합한 범위에서 제1종 근린생활시설과 제2종 근린생활시설 상호간의 용도변경을 말한다.

건축물의 시설군은 다음과 같고, 각 시설군에 속하는 건축물의 세부 용도는 대통령령으로 정한다.

〈표 8-3〉 건축물의 시설군 현황

시설군	세부 유형
1. 자동차 관련 시설군	자동차 관련 시설
2. 산업 등의 시설군	운수시설, 창고시설, 공장, 위험물저장 및 처리시설, 자원순환 관련 시설, 묘지관련 시설, 장례식장
3. 전기통신시설군	방송통신시설, 발전시설
4. 문화 및 집회시설군	문화 및 집회시설, 종교시설, 위락시설, 관광휴게시설
5. 영업시설군	판매시설, 운동시설, 숙박시설, 제2종 근린생활시설 중 다중생활시설
6. 교육 및 복지시설군	의료시설, 교육연구시설, 노유자시설, 수련시설, 야영장시설
7. 근린생활시설군	제1종 근린생활시설, 제2종 근린생활시설(다중생활시설은 제외)
8. 주거업무시설군	단독주택, 공동주택, 업무시설, 교정 및 군사시설
9. 그 밖의 시설군	동물 및 식물 관련시설

3) 예를 들어 자동차 관련 시설군에 속한 건축물을 산업 등의 시설군으로 용도변경하는 경우는 상위군에서 하위군으로 변경하는 경우이다.

5) 가설건축물

도시·군계획시설 및 도시·군계획시설예정지에서 가설건축물을 건축하려는 자는 특별자치시장·특별자치도지사 또는 시장·군수·구청장의 허가를 받아야 한다. 특별자치시장·특별자치도지사 또는 시장·군수·구청장은 해당 가설건축물의 건축이 다음의 어느 하나에 해당하는 경우가 아니면 허가를 하여야 한다.

① 국토의 계획 및 이용에 관한 법률 제64조에 위배되는 경우
② 4층 이상인 경우
③ 구조, 존치기간, 설치목적 및 다른 시설 설치 필요성 등에 관하여 대통령령으로 정하는 기준의 범위에서 조례로 정하는 바에 따르지 아니한 경우
④ 그 밖에 이 법 또는 다른 법령에 따른 제한규정을 위반하는 경우

재해복구, 흥행, 전람회, 공사용 가설건축물 등 대통령령으로 정하는 용도의 가설건축물을 축조하려는 자는 대통령령으로 정하는 존치기간, 설치기준 및 절차에 따라 특별자치시장·특별자치도지사 또는 시장·군수·구청장에게 신고한 후 착공하여야 한다

6) 건축물의 사용승인

건축주가 허가를 받았거나 신고를 한 건축물의 건축공사를 완료(하나의 대지에 둘 이상의 건축물을 건축하는 경우 동별 공사를 완료한 경우를 포함한다)한 후 그 건축물을 사용하려면 공사감리자가 작성한 감리완료보고서와 국토교통부령으로 정하는 공사완료도서를 첨부하여 허가권자에게 사용승인을 신청하여야 한다.

허가권자는 사용승인신청을 받은 경우 국토교통부령으로 정하는 기간에 다음의 사항에 대한 검사를 실시하고, 검사에 합격된 건축물에 대하여는 사용승인서를 내주어야 한다. 다만, 해당 지방자치단체의 조례로 정하는 건축물은

사용승인을 위한 검사를 실시하지 아니하고 사용승인서를 내줄 수 있다.

① 사용승인을 신청한 건축물이 이 법에 따라 허가 또는 신고한 설계도서대로 시공되었는지의 여부
② 감리완료보고서, 공사완료도서 등의 서류 및 도서가 적합하게 작성되었는지 여부

건축주는 사용승인을 받은 후가 아니면 건축물을 사용하거나 사용하게 할 수 없다. 다만, 다음의 어느 하나에 해당하는 경우에는 그러하지 아니하다.

① 허가권자가 사용승인 기간 내에 사용승인서를 교부하지 아니한 경우
② 사용승인서를 교부받기 전에 공사가 완료된 부분이 건폐율, 용적률, 설비, 피난·방화 등 국토교통부령으로 정하는 기준에 적합한 경우로서 기간을 정하여 대통령령으로 정하는 바에 따라 임시로 사용의 승인을 한 경우

건축주가 사용승인을 받은 경우에는 다음에 따른 사용승인·준공검사 또는 등록신청 등을 받거나 한 것으로 보며, 공장건축물의 경우에는 산업집적활성화 및 공장설립에 관한 법률에 따라 관련 법률의 검사 등을 받은 것으로 본다.

① 하수도법에 따른 배수설비의 준공검사 및 개인하수처리시설의 준공검사
② 공간정보의 구축 및 관리 등에 관한 법률에 따른 지적공부의 변동사항 등록신청
③ 승강기시설 안전관리법에 따른 승강기 설치검사
④ 에너지이용합리화법에 따른 보일러 설치검사
⑤ 전기사업법에 따른 전기설비의 사용전검사
⑥ 정보통신공사업법에 따른 정보통신공사의 사용전검사

⑦ 도로법에 따른 도로점용 공사의 준공확인

⑧ 국토의 계획 및 이용에 관한 법률에 따른 개발행위의 준공검사

⑨ 국토의 계획 및 이용에 관한 법률에 따른 도시·군계획시설사업의 준공검사

⑩ 물환경보전법에 따른 수질오염물질 배출시설의 가동개시의 신고

⑪ 대기환경보전법에 따른 대기오염물질 배출시설의 가동개시의 신고

3. 건축물의 대지 및 도로

1) 대지의 안전 등

대지는 이와 인접하는 도로면보다 낮아서는 안 된다(제외: 대지 안의 배수에 지장이 없거나 용도상의 방습의 필요가 없는 경우).

습한 토지, 쓰레기, 기타 이와 유사한 것으로 매립된 토지에 건축물을 건축하는 경우에는 성토, 지반의 개량, 기타 필요한 조치를 하여야 한다.

손괴의 우려가 있는 토지에 대지를 조성하고자 하는 경우에는 국토교통부령이 정하는 바에 의하여 옹벽을 설치하거나 기타 필요한 조치를 해야 한다.

2) 대지 안의 조경

건축주는 면적 200㎡ 이상 대지에 건축을 하는 경우에 조경을 의무적으로 설치해야 하며, 용도지역 및 건축물의 규모에 따라 지방자치단체 조례에 의한다. 조경의 제외대상으로는 녹지지역에 건축하는 건축물과 면적 5,000㎡ 미만인 대지에 건축하는 공장 등을 포함한다.

건축물의 대지는 2m 이상을 도로에 접하여야 하며 연면적의 합계가 2,000㎡ 이상(공장 3,000㎡ 이상)인 건축물의 대지는 너비 6m 이상의 도로에 4m 이상 접하여야 한다.

허가권자가 도로의 위치를 지정·공고하고자 할 때에는 당해 도로에 대한 이해관계자의 동의를 얻어야 한다. 이해관계자의 동의를 얻지 않고 건축

위원회의 심의를 거쳐 지정하는 경우는 이해관계인이 해외에 거주하는 등 이해관계인의 동의를 얻기가 곤란하다고 허가권자가 인정하는 경우나 주민이 장기간 통행로로 이용하고 있는 사실상의 통로로서 당해 지방자치단체의 조례로 정하는 경우이다.

건축선은 「건축법」에 의해 도로와 접한 부분에서 건축행위를 하는 경우, 도로와 건축물 사이의 여유 공간의 확보를 위해 정의되는 건축물을 건축할 수 있는 경계선이다.

일반적으로 건축선은 도로와 대지의 경계선으로 볼 수 있지만, 도로 폭이 4m 미만일 경우에는 도로중심선에서 2m 후퇴한 선이 건축선이 되며, 도로반대쪽에 경사지·하천·철도 등이 있는 경우에는 그쪽의 도로경계선에서 4m를 후퇴한 수평거리의 선이 건축선이 된다. 도로의 모퉁이에서는 교차각, 도로의 너비 등을 고려하여 건축선을 정한다.

가각전제는 도로의 너비가 4~8m 미만으로 교차된 2개의 도로 각도가 120도 미만인 경우, 모서리에서 후퇴한 두 점을 연결한 면적을 대지면적에서 제외한다.

〈표 8-4〉 도로 모퉁이에서의 건축선

도로의 교차각	6m 이상 8m 미만	4m 이상 6m 미만	교차되는 도로의 너비
90도 미만	4m	3m	6m 이상 8m 미만
	3m	2m	4m 이상 6m 미만
90도 이상~120도 미만	3m	2m	6m 이상 8m 미만
	2m	2m	4m 이상 6m 미만

그림 8-1 **도로모퉁이에서의 건축선**

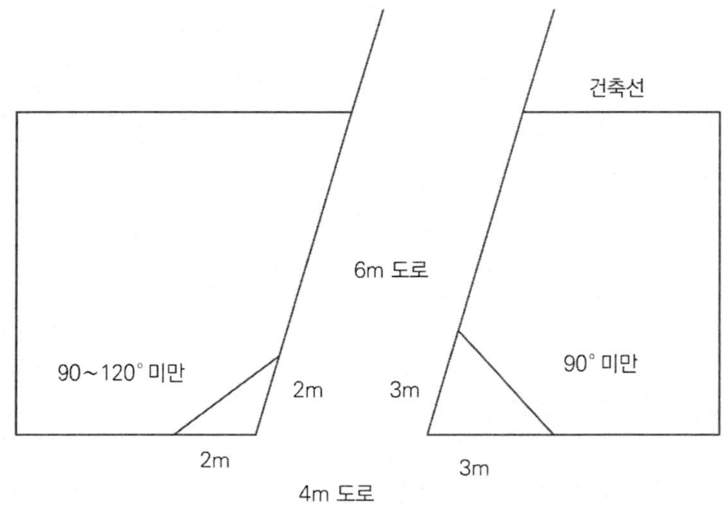

특별자치도지사, 시장·군수·구청장은 시가지 안에 있어서의 건축물의 위치를 정비하거나 환경을 정비하기 위하여 필요하다고 인정하는 경우 도시지역 안에서 4m 이하의 범위 안에서 건축선을 따로 지정할 수 있다.

건축물 및 담장은 건축선의 수직선을 넘어서는 안 된다. 또한 도로면의 높이 4.5m 이하에 있는 출입문, 창문, 기타 이와 유사한 구조물의 개폐 시에 건축선의 수직면을 넘는 구조로 하여서는 안 된다.

3) 공개공지

공개공지의 대상지역 및 대상건축물은 다음과 같다. 대상지역은 일반주거지역, 준주거지역, 상업지역, 준공업지역 그리고 시장·군수·구청장이 도시화의 가능성이 크다고 하여 지정·공고하는 지역이다. 대상건축물로는 연면적 합계 5,000㎡ 이상의 문화 및 집회시설, 판매시설(농수산유통시설 제외), 종교시설, 운수시설(여객용 시설만), 업무시설, 숙박시설과 기타 다중이 이용하는 시설로서 건축조례가 정하는 건축물이다.

공개공지의 확보면적은 대지면적의 10%의 범위 안에서 건축조례로 정하고 있다. 이 경우 조경면적을 공개공지 또는 공개공간의 면적으로 할 수 있으며, 공개공지는 필로티의 구조로 설치할 수 있다. 공개공지 설치 시 건축규제를 완화하는데 용적률과 건축물의 높이제한 기준의 1.2배 이하로 정하고 있다. 공개공지 적용대상 건축물 외의 건축물에 공개공지를 확보할 경우 완화적용되는 내용은 다음과 같다. 바닥면적 합계가 5,000㎡ 이상인 건축물로 공개공지 또는 공개공간이 설치대상이 아닌 건축물로서 공개공지 등을 설치한 경우에도 상기 규정에 의한 법의 완화를 적용받는다.

4. 건축물의 구조 및 재료

건축주가 건축허가를 받거나 대수선을 할 경우에 구조계산에 의한 지진 및 구조안전 확인대상 건축물은 다음과 같다.

① 층수가 2층(목구조 건축물의 경우 3층) 이상인 건축물
② 연면적이 200㎡(목구조 건축물의 경우에는 500㎡) 이상인 건축물. 다만, 창고, 축사, 작물 재배사는 제외한다.
③ 높이가 13m 이상인 건축물
④ 처마높이가 9m 이상인 건축물
⑤ 기둥과 기둥 사이의 거리가 10m 이상인 건축물
⑥ 건축물의 용도 및 규모를 고려한 중요도가 높은 건축물로서 국토교통부령으로 정하는 건축물,
⑦ 국가적 문화유산으로 보존할 가치가 있는 건축물로서 국토교통부령으로 정하는 것
⑧ 특수구조 건축물 중 일정요건에 해당하는 건축물
⑨ 단독주택 및 공동주택

방화에 관한 규정으로는 방화에 장애가 되는 용도를 제한하고 있다. 같은 건축물 안에는 "1"란의 용도와 "2"란의 용도를 함께 설치할 수 없도록 한다.

〈표 8-5〉 방화에 장애가 되는 용도의 제한

	1	2
원칙	① 의료시설 ② 공동주택 ③ 노유자시설(아동관련시설, 노인복지시설) ④ 장례식장	① 위락시설 ② 위험물 저장 및 처리시설 ③ 공장 ④ 자동차관련 시설(정비공장)
예외	① 기숙사와 공장이 같은 건축물 안에 있는 경우 ② 중심, 일반, 근린상업지역 안에서 도시 및 주거환경정비법에 의한 정비사업을 시행 시 ③ 공동주택과 위락시설이 같은 초고층 건축물에 있는 경우	

〈표 8-6〉 방화에 장애가 되는 용도의 제한

1	2
노유자시설(아동관련시설, 노인복지시설)	판매시설(도매시장 및 소매시장)
단독주택(다중주택, 다가구주택에 한정), 공동주택, 제1종 근린생활시설 중 조산원 또는 산후조리원	제2종 근린생활시설 중 다중생활시설

공동주택 중 아파트로서 4층 이상의 층의 각 세대가 2개 이상의 직통계단을 사용할 수 없는 경우에는 발코니에 인접세대와 공동으로 또는 각 세대별로 다음의 요건을 모두 갖춘 대피공간을 하나 이상 설치하여야 한다. 이 경우 인접세대와 공동으로 설치하는 대피공간은 인접세대를 통하여 2개 이상의 직통계단을 사용할 수 있는 위치에 우선 설치되어야 한다.

대피공간의 요건

1. 대피공간을 바깥의 공기와 접할 것
2. 대피공간은 실내의 다른 부분과 방화구획으로 구획될 것
3. 대피공간의 바닥면적은 인접세대와 공동으로 설치하는 경우에는 3㎡이상, 각 세대별로 설치하는 경우에는 2㎡ 이상일 것

5. 지역 및 지구 안의 건축물

대지가 지역·구역에 걸친 경우 원칙은 그 건축물 및 대지의 전부에 대하여 그 대지의 과반이 속하는 지역, 지구 또는 구역 안의 건축물 및 대지 등에 관한 규정을 적용한다. 예외적으로 건축물이 미관지구에 걸치는 경우에는 건축물 및 대지의 전부에 대하여 미관지구 안의 건축물 및 대지에 관한 규정을 적용한다. 하나의 건축물이 방화지구와 그 밖의 구역에 걸치는 경우에는 그 전부에 대하여 방화지구 안의 건축물에 관한 규정을 적용한다. 또한 대지가 녹지지역과 그 밖의 지역, 지구 또는 구역에 걸치는 경우에는 각 지역·지구 또는 구역 안의 건축물 대지에 관한 규정을 적용한다. 다만, 녹지지역 안의 건축물이 방화지구에 걸치는 경우에는 하나의 건축물이 방화지구와 그 밖의 구역에 걸치는 경우와 동일한 적용을 받는다.

1) 건축물의 면적 산정

대지면적은 대지의 수평투영면적으로 한다(대지의 전면도로 폭이 소요너비 이상이거나 시장 등이 필요에 의해 별도의 건축선을 따로 지정한 경우에는 대지면적에 포함).

건축면적이란 건축물의 외벽의 중심선으로 둘러싸인 부분의 수평투영면적으로 산정하며, 바닥면적이란 건축물의 각층 또는 그 일부로서 벽, 기둥 등의 구획의 중심선으로 둘러싸인 부분의 수평투영면적으로 한다. 연면적은 하나의 건축물의 각층 바닥면적 합계로 하며 용적률 산정 시 제외하는 대상은 지하층 면적이나 지상층의 주차장 등은 제외한다.

건축물이 있는 대지는 다음이 정하는 범위 안에서 당해 지방자치단체의 조례가 정하는 면적에 미달되게 분할할 수 없다. 주거지역은 60㎡, 상업지역과 공업지역은 150㎡, 녹지지역은 200㎡이며 기타지역은 60㎡이상으로 한다.

2) 건축물의 높이제한

건축물의 층수 및 높이 산정과 관련해서 일반적인 높이 산정은 지표면으로부터 건축물 상단까지의 높이로 한다.

건축물의 높이 제한과 관련하여 최고높이 제한은 가로구역별 건축물의 최고높이를 지정·공고할 수 있다. 허가권자는 건축물의 용도 및 형태에 따라 동일한 가로구역 안에서의 건축물의 높이를 다르게 정할 수 있다. 최고높이가 정해지지 아니한 가로구역의 경우에는 건축물의 각 부분의 높이는 그 부분으로부터 전면도로의 반대쪽 경계선까지 수평거리에 1.5배를 초과할 수 없다.

일조 등의 확보를 위해 전용주거지역이나 일반주거지역 안에서는 건축물의 높이를 제한하고 있다. 전용주거지역이나 일반주거지역에서 건축물을 건축하는 경우에는 건축물의 각 부분을 정북(正北) 방향으로의 인접대지경계선으로부터 다음의 거리 이상을 띄어 건축하여야 한다.

〈표 8-7〉 건축물의 높이에 따른 인접대지경계선으로부터의 거리

건축물의 높이	인접대지경계선으로부터 띄우는 거리
높이 9m 이하인 부분	1.5m 이상
높이 9m를 초과하는 부분	해당 건축물 각 부분 높이의 2분의 1 이상

다음 각 호의 어느 하나에 해당하는 경우에는 앞의 조항을 적용하지 않는다.

1. 다음 각 목의 어느 하나에 해당하는 구역 안의 대지 상호간에 건축하는 건축물로서 해당 대지가 너비 20m 이상의 도로(자동차·보행자·자전거 전용도로를 포함하며, 도로에 공공공지, 녹지, 광장, 그 밖에 건축미관에 지장이 없는 도시·군계획시설이 접한 경우 해당 시설을 포함한다)에 접한 경우
   ① 「국토의 계획 및 이용에 관한 법률」 제51조에 따른 지구단위계획구역, 같은 법 제37조 제1항 제1호에 따른 경관지구
   ② 「경관법」 제9조 제1항 제4호에 따른 중점경관관리구역
   ③ 법 제77조의 2 제1항에 따른 특별가로구역
   ④ 도시미관 향상을 위하여 허가권자가 지정·공고하는 구역

2. 건축협정구역 안에서 대지 상호간에 건축하는 건축물(법 제77조의 4 제1항에 따른 건축협정에 일정 거리 이상을 띄워 건축하는 내용이 포함된 경우만 해당한다)의 경우
3. 건축물의 정북방향의 인접 대지가 전용주거지역이나 일반주거지역이 아닌 용도지역에 해당하는 경우

건축물의 높이를 대통령령으로 정하는 높이 이하로 할 수 있는 경우

① 택지개발예정지구
② 대지조성사업지구
③ 복합단지, 광역개발권역
④ 개발촉진지구
⑤ 국가산업단지, 일반산업단지 및 도시첨단산업단지, 농공단지
⑥ 도시개발구역
⑦ 정비구역
⑧ 정북방향으로 도로, 공원, 하천 등 건축이 금지된 공지에 접하는 대지
⑨ 정북방향으로 접하고 있는 대지의 소유자와 합의한 경우

공동주택의 일조 등 확보를 위한 높이제한(중심상업지역 및 일반상업지역 제외)

① 채광을 위한 창문 등이 향하는 방향의 높이 제한(기숙사 제외): 채광을 위한 창문 등이 있는 벽면에서 직각방향으로 인접대지경계선까지의 수평거리의 2배(근린상업지역·준주거지역 안의 건축물 및 다세대주택은 4배) 이하의 높이로 할 것
② 동일대지 내에서 2동 이상의 건축물이 있는 경우(9시에서 15시 사이에 2시간 이상)
　㉠ 채광을 위한 창문 등이 벽면으로부터 직각 방향으로 건축물 각 부분의 높이의 0.5배 이상
　㉡ 채광창(창넓이 0.5m 이상의 창)이 없는 벽면과 측벽이 마주보는 경우: 8m
　㉢ 측벽과 측벽이 마주보는 경우: 4m 이상

그리고 일반 상업용 빌딩의 경우 기본적으로 역할을 해야 할 건축법이 건물관리에 대한 선언적 규정 외에 구체적으로 유지관리에 관한 아무런 절차나 구체적인 기존절차의 정함이 없이 필요한 경우에만 관리규정을 제정할 수 있다고 포괄적·추상적으로만 규정함으로써 구체적인 일반 상업용 빌딩의 관리에 법적인 공백을 초래하고 있다.

이와 같은 실정으로 인하여 상업용 빌딩의 관리 실무에서는 갑(갑)의 지위에 있는 건물소유자를 통제할 법적·제도적 장치가 충분치 않은 실정이다. 이로 인해 건물소유자의 생각이나 방침에 쫓아 관리가 이행되는 임의관리제도에 의존함으로써 관리주체가 사용주체의 관리권 행사에 여러 가지 제약요소로 작용하고 있을 뿐 아니라 체계적이고 효율적인 관리가 이루어지지 않고 있는 실정이다(김일효, 2007, 149).

실 / 전 / 문 / 제

01 다음 중 건축법에 규정되어 있는 내용에 포함되지 않은 것은?

① 건축물의 대지에 관한 기준
② 건축물의 설비에 관한 기준
③ 건축물의 용도에 관한 기준
④ 건축물의 철거에 관한 기준
⑤ 건축물의 구조에 관한 기준

02 건축법령상 제1종 근린생활시설에 해당되는 시설은?(단, 동일한 건축물 안에서 당해 용도에 쓰이는 바닥면적의 합계는 400㎡임)

① 테니스장
② 부동산중개업소
③ 골프연습장
④ 일반음식점
⑤ 일용품점

03 건축법령상 건축물의 사용승인에 관한 설명으로 옳은 것은?

① 건축주가 건축공사 완료 후 그 건축물을 사용하려면 건축공사 완료 이전에 공사감리자에게 그 건축물 전체의 사용승인을 신청하여야 한다.
② 건축주가 사용승인을 받은 경우에는 대기환경보전법에 따른 대기오염물질 배출시설의 가동개시 신고를 한 것으로 본다.
③ 허가권자가 법령이 정한 기간 내에 사용승인서를 교부하지 않은 경우 건축주는 그 건축물을 사용하거나 사용하게 할 수 없다.
④ 건축물의 사용승인 신청을 위해서는 공사시공자가 작성한 감리중간보고서와 공사예정도서를 첨부하여야 한다.
⑤ 사용승인서의 교부 전에 공사가 완료된 부분이 건폐율, 용적률 등의 법정 기준에 적합한 경우 허가권자는 직권으로 임시사용승인을 할 수 있으며, 그 기간은 1년 이내로 하여야 한다.

04 다음 중 건축물이 있는 대지의 분할 제한 금지 규모가 잘못 연결된 것은?

① 주거지역 – 60㎡ ② 상업지역 – 200㎡
③ 공업지역 – 150㎡ ④ 녹지지역 – 200㎡
⑤ 미지정지역 – 60㎡

05 다음 중 건축법상 각종 면적에 대한 설명으로 틀린 것은?

① 대지면적은 대지의 수평투영면적으로 한다.
② 건축면적은 건축물의 외벽의 중심선으로 둘러싸인 부분의 수평투영면적으로 한다.
③ 바닥면적은 건축물의 각층 또는 그 일부로서 벽·기둥 그 밖에 이와 비슷한 구획의 중심선으로 둘러싸인 부분의 수평투영면적으로 한다.
④ 연면적은 하나의 건축물의 각층 바닥면적의 합계이며, 지하층의 바닥면적은 제외한다.
⑤ 소요너비에 미달하여 건축선이 지정된 경우에 도로와 건축선 사이의 면적은 대지면적에 산입되지 않는다.

정답 및 해설

01 정답 ④

해설 건축법에는 건축물의 철거에 관한 내용은 들어 있지 않다.

02 정답 ⑤

해설 일용품점은 1종 근린생활시설이다.

03 정답 ②

해설 건축주가 사용승인을 받은 경우 대기환경보전법에 따른 대기오염물질 배출시설의 가동개시의 신고 등 11가지 사항이 의제처리된다.

04 정답 ②

해설 상업지역의 경우 분할제한의 면적은 150㎡이다.

05 정답 ④

해설 지하층의 바닥면적은 용적률 산정 시는 제외하지만 연면적 산정 시에는 포함한다.

09 안전관리 관련 법

1. 유지관리 분야

건축물의 유지관리와 관련된 법제는 그림 9－1과 같이 분류할 수 있으며, 이번 장에서는 주로 유지관리분야와 방재·안전관리분야를 중심으로 관련 법령을 정리해 보고자 한다.

그림 9-1 건축물의 유지관리 관련 법제

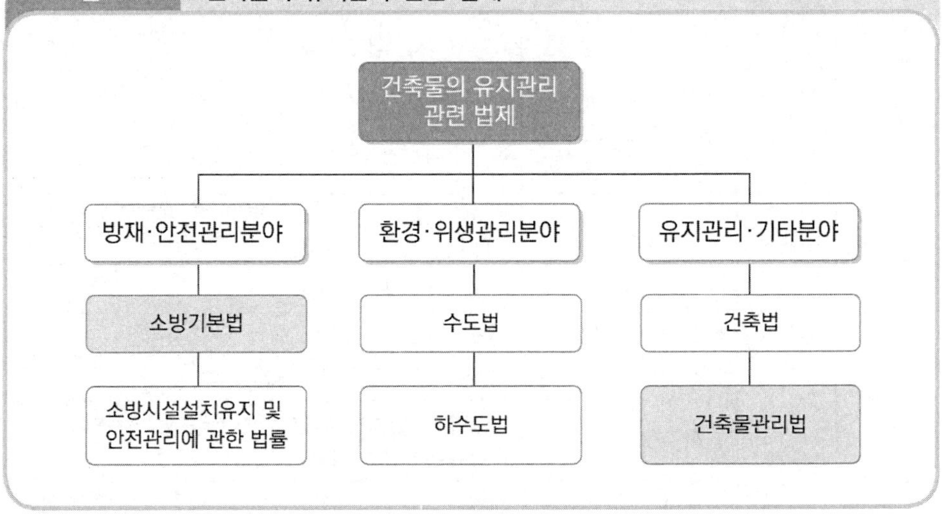

1) 건축법4)

〈표 9-1〉 건축법에 의한 건축물 유지관리 점검사항(1)

대항목	해당 조항	소항목	점검세부항목
대지	제40조	대지의 안전 등	• 옹벽과 건축물과의 안전 확인 • 지반침하 여부
	제42조	대지의 조경	• 조경면적 확보여부 • 조경시설 성능 유지 여부
	제43조	공개공지 등의 확보	• 공개공지 성능 유지 여부 • 공개공지 면적확보 여부
	제44조	대지와 도로의 관계	대지가 도로와 접하고 있는지 여부
	제47조	건축선에 따른 건축 제한	건축물, 캐노피, 발코니, 노대 및 담장의 건축선 내 유지 여부
높이 및 형태	제55조	건폐율	건폐율 유지 여부
	제56조	용적률	용적률 유지 여부
	제58조	대지 안의 공지	• 공지의 폭 유지 여부 • 공지성능 유지 여부
	제60조	높이 제한	높이제한 유지 여부
	제61조	일조 등의 확보를 위한 높이 제한	지붕변경, 증축으로 인한 일조권 유지 여부
구조안전	제48조	구조내력 등	• 주요구조부 변형 및 균열여부(육안측정 가능부분) • 옥상의 구조적 안전부분 • 내진설계 적용 여부
화재안전	제49조	복도·계단·출입구	복도, 계단, 출입구의 성능 유지 여부
		옥상광장	옥상광장의 피난성능 유지 여부
		방화구획	• 방화문, 방화셔터 등의 성능 유지 여부 • 방화구획 적합여부
		경계벽·칸막이벽	경계벽 및 칸막이벽의 변경 등 방화성능 유지 여부
		그 밖의 피난설비	배연설비의 성능 유지 여부
	제50조	내화구조	내화구조의 성능 유지 여부
		방화벽	방화벽의 성능 유지 여부

4) 유광흠 외, 『건축물 유지관리 및 해체 등에 관한 법령 정비방안』, 건축도시공간연구소, 2017

기존 건축법에서 규정하고 있던 건축물의 유지관련 규정 중 일부는 2019년 새로 제정된 건축물관리법의 관리규정에서 정하고 있어서 건축법 35조와 35조의 2 등의 내용은 건축법에서 제외되었다. 새로 제정되어 2020년 6월 시행된 건축물관리법에서는 기존 건축법에서 규정한 건축물의 정기점검이나 수시점검의 내용과 기간을 새롭게 규정한 바 있다.

〈표 9–2〉 건축법에 의한 건축물 유지관리 점검사항(2)

대항목	해당항목	소항목	점검세부항목
화재안전	제51조	방화지구안의 건축물	• 외벽의 성능 유지 여부 • 창호의 성능 유지 여부
	제52조	내부 마감재료	• 내부마감의 방화성능 유지 여부
		외벽 마감재료	• 외부마감의 노후화 및 마감재 탈락 여부
	제53조	지하층	• 지하층의 소방설비 성능 유지 여부 • 지하층의 피난구, 피난계단의 성능 유지 여부
건축설비	제62조	급수설비	• 급수설비 성능 유지 여부
		배수설비	• 배수설비 성능 유지 여부
		냉방설비	• 냉방설비 성능 유지 여부
		난방설비	• 난방설비 성능 유지 여부
		환기설비	• 환기설비 외관 유지 여부 • 환기설비 성능 유지 여부 • 공기조화설비 외관 유지 여부
		피뢰설비	• 피뢰설비 성능 유지 여부
		방송수신설비	• 방송설비 성능 유지 여부
		전기설비 설치공간	• 전기설비 설치공간 확보 여부
	제64조	승강기	• 승강기 성능 유지 여부
에너지 및 친환경 관리 등	제64조의 2	열손실 방지	• 단열성능 유지 여부 • 결로 발생여부 • 창호 기밀성 성능 유지 여부
	제16조	녹색건축 인증	
	제66조의 2	지능형 건축물 인증	• 지능형 건축물 인증의 유지 여부
	제17조	에너지효율등급 인정	• 에너지효율등급 인증의 유지 여부

건축법에서 규정하고 있는 건축물의 유지관리 점검사항은 크게 대지, 높이 및 형태, 구조안전, 화재안전, 건축설비 그리고 에너지 및 친환경관리에 관한 내용들이다.

건축물의 유지관리와 관련해서 주로 점검해야 하는 사항은 해당 시설들이 기존의 성능을 유지하는지 여부에 대한 분석이라고 할 수 있다. 대지의 경우 대지의 안전이나 조경, 공개공지 등의 확보가 법에서 규정하고 있는 기준을 준수하고 있는지와 이들 시설들이 성능을 유지하고 있는지를 주요 점검사항으로 하고 있다.

2. 건축물 관리법

모든 건축물에 대한 유지관리+집합건축물에 대한 운영관리 체계를 구축하게 된다. 현재는 중대형 건축물과 대형단지 등 전체의 3.3%의 건축물에 한정되어 있다.

건축물관리법은 건축물의 전 생애에 걸쳐 체계적인 관리를 위해 2019년 제정되었으며, 2020년 6월 시행되었다. 주요 내용으로는 실태조사, 건축물 생애이력 정보체계 구축 등 건축물관리 기반 구축에 필요한 사항을 정하고, 정기점검, 긴급점검 등의 대상, 방법, 절차 등 건축물관리점검 및 조치를 위하여 필요한 사항을 정하고 있다. 그 밖에 건축물 해체 시 허가 절차와 건축물관리 지원, 빈 건축물 정비, 공공건축물 재난예방 등 건축물의 안전을 확보하고 그 사용가치를 유지·향상하기 위하여 필요한 사항을 정하고 있다.

건축물의 건축주는 사용승인을 받고자 하는 건축물에 대해 건축물관리계획을 수립하여 사용승인 신청 시 특별자치시장·특별자치도지사 또는 시장·군수·구청장에게 제출하도록 하고 있다. 건축물관리계획의 대상에서 제외되는 건축물로는 동물 및 식물관련 시설, 교정 및 군사시설, 공동주택관리법에 따른 의무관리대상 공동주택과 대통령령으로 정하는 건축물이다.

〈표 9-3〉 10년 이상 경과한 16층 미만 주요 건축물의 용도별 연면적 현황

구분		3,000㎡ 미만	3,000㎡ 이상 5,000㎡ 미만	5,000㎡ 이상 3,0000㎡ 미만	3,0000㎡ 이상 5,0000㎡ 미만	50000 ㎡ 이상	계
단독주택		3201124	34	17	2	4	3201181
공동주택	300세대 이상	4548	2064	20644	92	101	27449
	150~300 미만	2848	2427	5377	31	24	10707
	150세대 미만	218087	8655	6725	79	25	233571
제1종 근린 생활 시설	집합○	10281	974	1098	7	2	12362
	집합×	373630	1279	575	9	8	375501
제2종 근린 생활 시설	집합○	6134	802	849	15	1	7801
	집합×	357272	1023	330	7	3	358635

주) 색칠한 부분은 시설물의 안전관리에 관한 특별법, 건축법 등의 적용을 받는 건축물을 말함
자료: 유광흠, 「건축물관리법(안)」의 제정방향 및 주요내용, 건축물관리법(안) 제정방향 설정을 위한 공청회, 2017, p.13

건축물관리계획 수립 시 건축물의 현황이나 건축주, 설계자, 시공자, 감리자에 관한 사항 그리고 건축물 마감재 및 건축물에 부착된 제품에 관한 사항 등을 포함하도록 하고 있다. 또한 관리자는 건축물관리계획을 3년마다 검토하고, 필요한 경우 이를 국토교통부령으로 정하는 바에 따라 조정하여야 하며, 수립 또는 조정된 건축물관리계획에 따라 주요시설을 교체하거나 보수하여야 한다.

〈표 9-4〉 건축물 관리법의 주요 내용

	주요 법조항	주요 내용
건축물관리 기반 구축	건축물 생애이력 정보체계 구축	정보체계의 내용은 건축물관리 관련 정보, 정기점검 결과, 긴급점검 결과 등임 국토교통부장관은 정보체계구축에 필요한 자료요청 권한을 가짐
	건축물 생애이력 정보의 공개 및 활용	건축물생애이력 정보를 건축물생애이력관리시스템에 공개
	건축물 생애관리대장	건축물 생애관리대장에 건축물관리 현황에 관한 정보의 작성 및 보관의무
건축물관리 점검 및 조치	건축물 관리계획의 수립	건축주는 사용승인 요청 시 관리계획의 수립제출 의무화
	건축물의 유지관리	건축주는 건축법에 따른 관리의무를 수행
	정기점검	대지, 높이 및 형태, 구조안전, 화재안전, 건축설비 등을 점검(최초 사용승인일로부터 5년, 3년마다 시행)
	긴급점검	특별히 점검이 필요하다고 요청되는 경우
건축물의 해체 및 멸실	건축물 해체의 허가	관리자는 건축물 해체 시 허가 또는 신고를 해야 함
	건축물의 멸실신고	멸실신고서 제출의무(멸실된 날부터 30일 이내)
건축물 관리지원	건축물관리에 관한 기술자의 육성	건축물관리산업의 발전을 촉진하기 위하여 관련 사업자에 게 행정적·재정적 지원
	건축물관리지원센터의 지정	건축물관리를 위한 정책과 기술의 연구·개발 및 보급 등을 효율적으로 추진하기 위한 센터의 지정
보칙	빈 건축물 정비	빈 건축물 소유자에게 건물 해체 요청

(1) 건축물관리계획 수립

건설산업기본법 제41조에 따라 건설업자가 시공하여야 하는 건축물의 경우 건축주나 관리자는 효율적인 건축물 관리와 관련 정책의 추진동력 확보를 위해 건축물관리계획을 수립해야 한다. 또한 관리자는 건축물관리계획에 대한 검토사항 및 건축물의 주요 부분을 교체·보수 등 실시한 경우 건축물 생애이력 정보체계에 등록해야 한다.

(2) 건축물관리점검제도의 개선

그림 9-2 건축물관리법상의 건축물관리점검제도

	점검대상	점검종류	점검주기	점검항목
현행 건축법	다중이용건축물 연면적 3,000㎡ 이상 집합건축물 다중이용업 건축물 준다중이용건축물 중 특수구조건축물	정기점검 수시점검	(정기점검) 사용승인 10년 경과 후 2년/1회 (수시점검) 필요시	대지/높이 및 형태 구조안전/화재안전 건축설비 에너지 및 친환경관리 등
현행 시특법	(1종 시설물) 21층 이상/연면적 5만㎡ 이상 공동주택 외 건축물 (2종 시설물) 16층 이상 공동주택 연면적 3만㎡ 이상 건축물	정기점검 긴급점검 정밀점검 정밀안전진단	(정기점검)반기/1회 (긴급점검)필요시 (정밀점검) 2~4년/1회 (정밀안전진단) 4~6년/1회	구조내력 및 안전에 관한 사항
건축물 관리법(안)	다중이용건축물 연면적 3,000㎡ 이상 집합건축물, 다중이용업 건축물 준다중이용건축물 중 특수구조전축물	정기점검 긴급점검 안전진단 소규모 노후건축물 등	(정기점검) 사용승인 5년 경과후 3년/1회 (긴급/안전진단) 필요시	건축기준안전(필수) 건축기준 (정기/긴급점검) 건축기준(소규모) 성능개선제안

자료: 유광흠, 2017, p.22

건축물관리법에서 건축물의 점검종류는 정기점검, 긴급점검, 안전진단 그리고 소규모 노후건축물 등 점검으로 구분된다. 점검의 주기는 사용승인 5년 경과 후 최초 시행하며, 이후 3년마다 정기점검을 시행하게 된다. 점검항목은 정기점검의 경우 대지, 높이 및 형태, 구조안전 등 건축물의 유지관리 전반에 대한 내용을 대상으로 하며 긴급점검은 구조 및 안전에 관한 사항을 주요 대상으로 한다.

(2) 건축물 해체안전 강화

건축물을 해체하는 경우 허가를 받거나 신고를 받아야 하는 경우로 나누어진다. 건축물 해체신고로 허가를 대신하는 경우는 주요 구조부 해체를 수반하지 않는 해체 또는 연면적 1,000m² 미만이고 높이 20m, 지상+지하층이 5층 이하 건축물의 해체인 경우이다.

건축물의 해체허가를 받아야 하는 경우에는 구조기술사, 건축사 등의 전문가 검토를 통해 건축물 해체 허가신청서를 제출하고 일정 규모 이상의 경우에는 시설안전공단의 검토를 받아야 한다.

3. 시설물의 안전관리에 관한 특별법의 유지관리 규정

시설물의 안전관리에 관한 특별법에서의 안전점검은 점검의 목적과 수준에 따라 정기점검, 긴급점검, 정밀점검과 정밀안전진단으로 구분된다. 시설물의 안전점검 및 정밀안전진단 시설 등에 관한 지침에 따르면, 정기점검은 경험과 기술을 갖춘 사람에 의한 세심한 외관조사 수준의 점검으로 시설물의 기능적 상태를 판단하고 시설물의 현재의 사용요건을 계속 만족시키고 있는지 확인하기 위한 관찰로 이루어지는 점검을 의미한다.

긴급점검은 관리주체가 필요하다고 판단한 때 또는 관계행정기관의 장이 필요하다고 판단하여 관리주체에게 요청한 때에 실시하는 정밀점검 수준의 안전점검으로, 실시목적에 따라 손상점검과 특별점검으로 구분하여 실시된다. 정밀점검은 시설물의 현 상태를 정확히 판단하고 최초 또는 이전에 기록된 상태로부터의 변화를 확인하며, 구조물이 현재의 사용요건을 계속 만족시키고 있는지 확인하기 위하여 면밀한 외관조사와 간단한 측정·시험장비로 필요한 측정 및 시험을 실시하는 점검이다. 정밀안전진단은 시설물의 물리적·기능적 결함을 발견하고 그에 대한 신속하고 적절한 조치를 하기 위해 구조적 안전성과 결함의 원인 등을 조사·측정·평가하여 보수·보상 등의 방법을 제시하는 행위까지 포함한다.

(1) 건축물 유지관리 관련 주요내용

점검의 종류로는 정기점검, 긴급점검, 정밀점검과 정밀안전진단으로 구분할 수 있다. 긴급점검의 경우 실시목적에 따라 손상점검과 특별점검으로 구분할 수 있다. 정기점검은 경험과 기술을 갖춘 사람에 의한 세심한 외관조사 수준의 점검으로서 시설물의 기능적 상태를 판단하고 시설물이 현재의 사용요건을 계속 만족시키고 있는지 확인하기 위한 관찰로 이루어지는 점검이다. 긴급점검은 관리주체가 필요하다고 판단한 때 또는 관계행정기관의 장이 필요하다고 판단하여 관리주체에게 요청한 때에 실시하는 정밀점검 수준의 안전점검으로, 실시목적에 따라 손상점검과 특별점검으로 구분할 수 있다.

손상점검의 경우 재해나 사고에 의해 비롯된 구조적 손상 등에 대하여 긴급히 시행하는 점검이며 특별점검은 기초침하 또는 세굴과 같은 결함이 의심되는 경우나, 사용제한 중인 시설물의 사용여부 등을 판단하기 위해 실시하는 점검으로 결함의 심각성을 고려하여 점검시기를 결정한다.

정밀점검은 시설물의 현 상태를 정확히 판단하고 최초 또는 이전에 기록된 상태로부터의 변화를 확인하며, 구조물이 현재의 사용요건을 계속 만족시키고 있는지 확인하기 위하여 면밀한 외관조사와 간단한 측정 시험장비로 필요한 측정 및 시험을 실시하는 점검이다.

정밀안전진단은 시설물의 물리적·기능적 결함을 발견하고, 그에 대한 신속하고 적절한 조치를 하기 위하여 구조적 안전성과 결함의 원인 등을 조사·측정·평가하여 보수보강의 방법을 제시하는 행위이다.

(2) 점검대상

법의 적용대상 시설물은 1종 시설물과 2종 시설물 그리고 3종 시설물로 구분된다. 시설물의 안전관리에 관한 특별법에서 점검대상 시설물들은 사회기반시설의 성격을 가지고 있거나 일정 규모 이상의 시설물을 그 대상으로 하고 있다.

〈표 9-5〉 시설물안전관리법상의 시설물의 종류

유형	구체시설
제1종 시설물	가. 고속철도 교량, 연장 500m 이상의 도로 및 철도 교량 나. 고속철도 및 도시철도 터널, 연장 1,000m 이상의 도로 및 철도 터널 다. 갑문시설 및 연장 1000m 이상의 방파제 라. 다목적댐, 발전용댐, 홍수전용댐 및 총저수용량 1,000만 톤 이상의 용수전용댐 마. 21층 이상 또는 연면적 5만㎡ 이상의 건축물 바. 하구둑, 포용저수량 8,000만 톤 이상의 방조제 사. 광역상수도, 공업용수도, 1일 공급능력 3만 톤 이상의 지방상수도
제2종 시설물	가. 연장 100m 이상의 도로 및 철도 교량 나. 고속국도, 일반국도, 특별시도 및 광역시도 도로터널 및 특별시 또는 광역시에 있는 철도터널 다. 연장 500m 이상의 방파제 라. 지방상수도 전용댐 및 총저수용량 100만 톤 이상의 용수전용댐 마. 16층 이상 또는 연면적 3만㎡ 이상의 건축물 바. 포용저수량 1,000만 톤 이상의 방조제 사. 1일 공급능력 3만 톤 미만의 지방상수도
제3종 시설물	제1종 시설물 및 제2종 시설물 외에 안전관리가 필요한 소규모 시설물로서 제8조에 따라 지정·고시된 시설물

(3) 관리주체 및 점검주체

법 제2조에 따르면, 관리주체는 관계법령에 따라 시설물의 관리자로 규정된 자나 시설물의 소유자이다. 점검주체는 건설기술 진흥법에 따른 건설기술자 중 초급·중급·고급기술자와 건축사로서 연면적 5,000㎡ 이상의 건축물에 대한 설계 또는 감리실적이 있는 자로, 점검종류에 따라 자격조건이 상이하다. 또한 안전점검 또는 정밀안전진단을 자신의 책임하에 실시할 수 있는 사람은 시행규칙 제4조에 따른 교육기관에서 시행하는 해당분야의 교육을 이수해야 한다.

그림 9-3 시설물의 안전관리에 관한 특별법에서의 안전점검절차

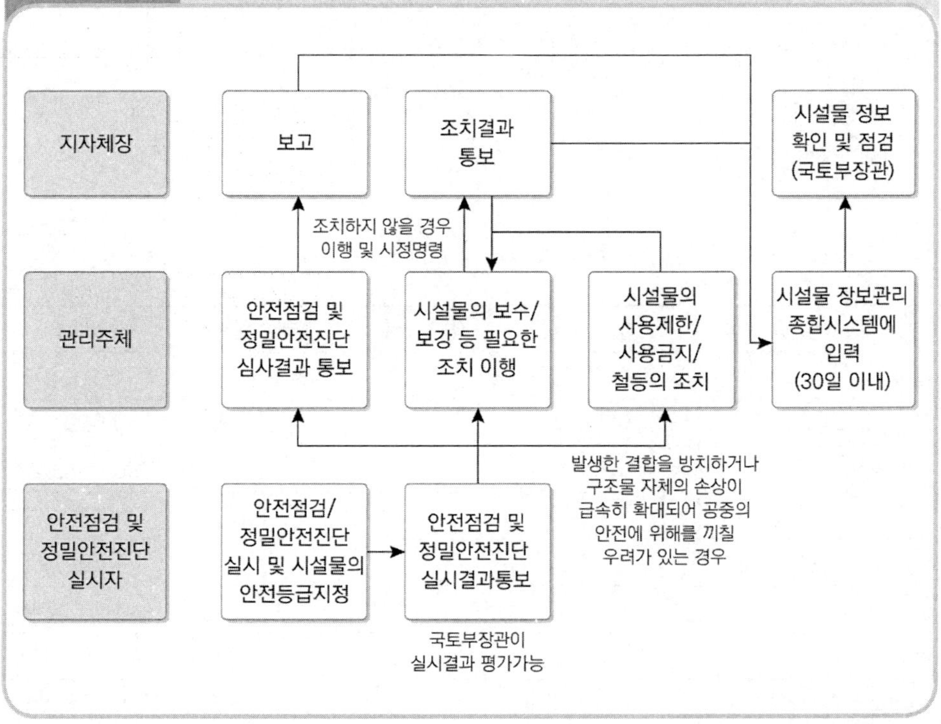

자료: 유광흠 외, 『건축물 유지관리 및 해제 등에 관한 법령 정비방안』, 건축도시공간연구소, 2017, p.47

4. 소방 관련 법

건축물 화재건수는 2013년 이후 증가추세에 있으며, 2017년 발생한 건축물 화재건수는 총 27,714건(주거 11,765건, 비주거 15,949건)으로 전체 화재건수의 62.7%를 차지한다.

〈표 9-6〉 연도별 건축물 화재건수

년도	2013년	2014년	2015년	2106년	2017년
화재건수	25,632	25,821	26,303	27,298	27,714

자료: e-나라지표(www.index.go.kr) 화재발생현황

건축물 화재로 인한 피해는 사망자 281명, 부상자 1,519명, 재산피해 4,457억 원으로 차량화재, 선박화재, 임야화재 등 여러 화재 유형 중 인명·재산피해 규모가 가장 크다.

〈표 9-7〉 화재 유형별 화재현황(2017년 기준)

(단위: 건 명, 천 원)

화재유형	화재	사망	부상	재산피해
합계	44,178	345	1,852	50,691,3578
건축물(주거)	11,765	201	790	59,689,113
건축물(비주거)	15,979	80	729	386,032,929
자동차, 철도차량	4,971	31	1,374	33,175,706
위험물, 가스제조 등	31	2	4	1,699,560
선박, 항공기	80	1	4	1,772,646
임야	3,267	20	93	14,065,041
기타(쓰레기 화재 등)	8,115	10	95	9,938,583

자료: 소방청 국가화재정보센터 E-화재통계

소방 관련 법령은 주로 소방시설에 관한 내용으로 건축물 조성 후 화재 사전 예방과 사후 대응책 모색을 위한 스프링클러 설치, 유도등, 피난 기구 설치 등을 규정하고 있다. 주요 법령으로는 「소방기본법」, 「소방시설공사업법」, 「화재예방, 소방시설 설치·유지 및 안전관리에 관한 법률」, 「위험물 안전관리법」 등이 있다.

1) 소방기본법

화재를 예방·경계하거나 진압하고 화재, 재난·재해 그 밖의 위급한 상황에서의 구조·구급활동 등을 통하여 국민의 생명·신체 및 재산을 보호함으로써 공공의 안녕질서 유지와 복리증진에 이바지함을 목적으로 한다.

〈표 9-8〉 용어의 정의

용어	내용
소방대상물	건축물, 차량, 선박, 선박구조물, 산림, 그 밖의 공작물 또는 물건
관계지역	소방대상물이 있는 장소 및 그 이웃지역으로서 화재의 예방·경계·진압, 구조·구급 등의 활동에 필요한 지역
관계인	소방대상물의 소유자·관리자 또는 점유자
소방본부장	특별시·광역시·도 또는 특별자치도에서 화재의 예방·경계·진압.조사 및 구조·구급 등의 업무를 담당하는 부서의 장
소방대	화재를 진압하고 화재, 재난·재해 그 밖의 위급한 상황에서의 구조·구급활동 등을 하기 위하여 다음의 자로 구성된 조직체
소방대장	소방본부장 또는 소방서장 등 화재, 재난·재해 그 밖의 위급한 상황이 발생한 현장에서 소방대를 지휘하는 자

(2) 소방업무에 관한 종합계획의 수립·시행 등

소방청장은 화재, 재난·재해, 그 밖의 위급한 상황으로부터 국민의 생명·신체 및 재산을 보호하기 위하여 소방업무에 관한 종합계획을 5년마다 수립·시행하여야 하고, 이에 필요한 재원을 확보하도록 노력하여야 한다. 종합계획에는 다음 각 호의 사항이 포함되어야 한다.

① 소방서비스의 질 향상을 위한 정책의 기본방향
② 소방업무에 필요한 체계의 구축, 소방기술의 연구·개발 및 보급
③ 소방업무에 필요한 장비의 구비
④ 소방전문인력 양성
⑤ 소방업무에 필요한 기반조성
⑥ 소방업무의 교육 및 홍보(제21조에 따른 소방자동차의 우선통행 등에 관한 홍보를 포함한다)
⑦ 그 밖에 소방업무의 효율적 수행을 위하여 필요한 사항으로서 대통령령이 정하는 사항

(3) 화재경계지구의 지정

시·도지사는 시장지역, 목조건물이 밀집한 지역 등 화재가 발생할 우려가 높거나 화재가 발생하는 경우 그로 인하여 피해가 클 것으로 예상되는 일정한 구역으로서 대통령령이 정하는 지역을 화재경계지구로 지정할 수 있다. 소방본부장이나 소방서장은 대통령령이 정하는 바에 따라 화재경계지구 안의 소방대상물의 위치·구조 및 설비 등에 대하여 화재예방, 소방시설설치유지 및 안전관리에 관한 법률에 따른 소방특별조사를 하여야 한다. 소방본부장이나 소방서장은 소방특별조사를 한 결과 화재의 예방과 경계를 위하여 필요하다고 인정하는 때에는 관계인에 대하여 소방용수시설·소화기구, 그 밖에 소방에 필요한 설비의 설치를 명할 수 있다. 소방본부장이나 소방서장은 화재경계지구 안이 관계인에 대하여 대통령령이 정하는 바에 따라 소방에 필요한 훈련 및 교육을 실시할 수 있다.

〈표 9-9〉 전국의 화재경계지구 현황

구 분	합계 (개소)	시장 지역	공장 창고 밀집 지역	목조 건물 밀집 지역	위험물 제조소 밀집 지역	석유화 학제품 공장 지역	산업 단지	소방 출동로 등 없는 지역	소방 관서장 지정
합 계 (%)	121	88 (72.7)	4 (3.3)	18 (14.9)	1 (0.8)	3 (2.5)			7 (5.8)
서 울	21	8	2	11					
부 산	3	2							1
대 구	6	4		1					1
인 천	9	7	1	1					
광 주	3	2		1					
대 전	5	5							
울 산	1					1			
세 종	0								
경기북부	6	4	1						1
경기남부	11	9			1				1
강 원	14	13		1					
충 북	4	4							
충 남	19	18				1			
전 북	8	6		1					1
전 남	1					1			
경 북	6	2		2					2
경 남	0								
창 원	1	1							
제 주	3	3							

(4) 생활안전활동

소방청장·소방본부장 또는 소방서장은 신고가 접수된 생활안전 및 위험제거 활동(화재, 재난·재해, 그 밖의 위급한 상황에 해당하는 것은 제외한다)에 대응하기 위하여 소방대를 출동시켜 다음의 생활안전활동을 하게 하여야 한다.

① 붕괴, 낙하 등이 우려되는 고드름, 나무, 위험구조물 등의 제거활동
② 위해동물, 벌 등의 포획 및 퇴치활동
③ 끼임, 고립 등에 따른 위험제거 및 구출활동
④ 단전사고 시 비상전원 또는 조명의 공급
⑤ 그 밖에 방치하면 급박해질 우려가 있는 위험을 예방하기 위한 활동

(5) 소방교육·훈련

소방청장, 소방본부장 또는 소방서장은 소방업무를 전문적이고 효과적으로 수행하기 위하여 소방대원에게 필요한 교육·훈련을 실시하여야 한다. 소방청장, 소방본부장 또는 소방서장은 화재를 예방하고 화재 발생 시 인명과 재산피해를 최소화하기 위하여 다음에 해당하는 사람을 대상으로 행정안전부령으로 정하는 바에 따라 소방안전에 관한 교육과 훈련을 실시할 수 있다. 이 경우 소방청장, 소방본부장 또는 소방서장은 해당 어린이집·유치원·학교의 장과 교육일정 등에 관하여 협의하여야 한다.

① 영유아보육법에 따른 어린이집의 영유아
② 유아교육법에 따른 유치원의 유아
③ 초·중등교육법에 따른 학교의 학생

소방청장, 소방본부장 또는 소방서장은 국민의 안전의식을 높이기 위하여 화재발생 시 피난 및 행동방법 등을 홍보하여야 한다.

소방기본법에서 화재의 예방·경계와 진압 등과 관련해서 규정하고 있는 내용들과 행위주체를 전체적으로 정리하면 다음과 같다.

〈표 9-10〉 소방기본법상의 관련 규정 내용

	주요 내용	행위주체
소방업무에 관한 종합계획의 수립·시행	소방업무에 관한 종합계획으로 5년마다 수립·시행	소방청장
화재경계지구의 지정	화재 발생 우려가 높거나 화재발생 시 큰 피해가 예상되는 지역을 지정	지정: 시·도지사 소방특별조사: 소방본부장, 소방서장
소방지원활동	산불에 대한 예방·진압 등, 집회·공연 등 각종 행사 사고에 대비한 지원활동 등	소방청장·소방본부장 또는 소방서장
생활안전활동	신고가 접수된 생활안전 및 위험제거 활동 등	소방청장·소방본부장 또는 소방서장
소방교육·훈련	소방대원에게 필요한 교육·훈련, 영유아, 유아 및 학생에 대한 교육	소방청장·소방본부장 또는 소방서장
강제처분	소방대상물 및 토지의 일시적 사용제한 또는 처분	소방본부장 또는 소방서장
피난명령	일정한 구역을 지정하여 그 구역 밖으로 피난할 것을 명함	소방본부장 또는 소방서장
위험시설 등에 대한 긴급조치	소방용수 외에 댐·저수지 등의 물을 사용	소방본부장 또는 소방서장

2) 화재예방, 소방시설 설치유지 및 안전관리에 관한 법률

화재와 재난·재해, 그 밖의 위급한 상황으로부터 국민의 생명·신체 및 재산을 보호하기 위하여 화재의 예방 및 안전관리에 관한 국가와 지방자치단체의 책무와 소방시설 등의 설치·유지 및 소방대상물의 안전관리에 관하여 필요한 사항을 정한 법률이다.

화재예방, 소방시설 설치유지 및 안전관리에 관한 법률(소방시설법)의 주요한 내용은 국가의 화재안전정책기본계획 수립과 소방특별조사와 소방시설의 설치 및 유지·관리 및 소방대상물의 안전관리 등을 규정하고 있다.

〈표 9-11〉 소방시설법의 주요내용

주요 항목	내용
총칙	• 국가 및 지방자치단체의 책무 • 화재안전정책기본계획 등의 수립·시행
소방특별조사 등	• 소방특별조사에의 전문가 참여 • 소방특별조사의 방법, 절차 등 • 소방특별조사결과에 따른 조치명령 • 손실보상
소방시설의 설치 및 유지·관리 등	• 건축허가 등의 동의 • 특정소방대상물에 설치하는 소방시설 등의 유지·관리 등 • 방염
소방대상물의 안전관리	• 특정소방대상물의 소방안전관리 • 소방안전 특별관리시설물의 안전관리 • 공동소방 안전관리 등
소방시설 관리사 및 소방시설관리업	• 소방시설관리사 • 소방시설관리업
소방용품의 품질관리	• 소방용품의 형식승인 등 • 소방용품의 성능인증

(1) 용어의 정의

① 소방시설: 소화설비, 경보설비, 피난구조설비, 소화용수설비, 그 밖에 소화활동설비로서 대통령령으로 정하는 것을 말한다.

② 소방시설 등: 소방시설과 비상구, 그 밖에 관련 시설로서 대통령령이 정하는 것(방화문 및 방화셔터)을 말한다.

③ 특정소방대상물: 소방시설을 설치하여야 하는 소방대상물로서 대통령령으로 정하는 것을 말한다. 특정소방대상물에는 건축법에서 정한 대부분의 건축물 용도가 포함되나 건축물용도에는 포함되지 않으나 특정소방대상물에는 포함되는 경우가 있고, 반대로 건축물용도 중 단독주택의 경우 특정소방대상물에는 포함되지 않는다.

④ 소방용품: 소방시설 등을 구성하거나 소방용으로 사용되는 제품 또는 기기로서 대통령령으로 정하는 것을 말한다.

(2) 소방특별조사

소방청장, 소방본부방 또는 소방서장은 관할구역에 있는 소방대상물, 관계지역 또는 관계인에 대하여 소방시설 등이 이법 또는 소방관계법령에 적합하게 설치·유지·관리되고 있는지, 소방대상물에 화재, 재난·재해 등의 발생위험이 있는지 등을 확인하기 위하여 관계공무원으로 하여금 소방안전관리에 관한 특별조사를 하게 할 수 있다.

소방청장, 소방본부장 또는 소방서장은 객관적이고 공정한 기준에 따라 소방특별조사의 대상을 선정하여야 하며, 소방본부장은 소방특별조사의 대상을 객관적이고 공정하게 선정하기 위하여 필요하면 소방특별조사위원회를 구성하여 소방특별조사의 대상을 선정할 수 있다. 소방특별조사는 소방특별조사의 대상을 선정하고 그 결과에 따른 조치명령을 하게 되며 조치명령에 따른 손실보상의 내용으로 구성된다.

〈표 9-12〉 소방특별조사의 주요내용

[주요절차]	[주요내용]	[명령권자]
소방특별조사시행	실태점검 혹은 위험도를 기준으로 판단	소방청장 등 → 관계공무원
⇩		
소방특별조사의 대상 산정	소방특별조사위원회를 통해 선정가능	소방청장 등
⇩		
소방특별조사 결과에 따른 조치명령	필요한조치를 명함(개수·이전·제거 및 사용금지 등)	소방청장 등 → 관계인
⇩		
손실보상	조치명령으로 손실을 입은 자에 대한 보상	소방청장 등 → 손실을 입은 자

소방청장, 소방본부장 또는 소방서장은 소방특별조사 결과 소방대상물의 위치·구조·설비 또는 관리의 상황이 화재나 재난·재해 예방을 위하여

보완될 필요가 있거나 화재가 발생하면 인명 또는 재산의 피해가 클 것으로 예상되는 때에는 행정안전부령으로 정하는 바에 따라 관계인에게 그 소방대상물의 개수·이전·제거, 사용의 금지 또는 제한, 사용폐쇄, 공사의 정지 또는 중지, 그 밖의 필요한 조치를 명할 수 있다.

소방청장, 소방본부장 또는 소방서장은 소방특별조사 결과 소방대상물이 법령을 위반하여 건축 또는 설비되었거나 소방시설 등, 피난시설·방화구획, 방화시설 등이 법령에 적합하게 설치·유지·관리되고 있지 아니한 경우에는 관계인에게 제1항에 따른 조치를 명하거나 관계 행정기관의 장에게 필요한 조치를 하여 줄 것을 요청할 수 있다.

소방청장, 소방본부장 또는 소방서장은 관계인이 제1항 및 제2항에 따른 조치명령을 받고도 이를 이행하지 아니한 때에는 그 위반사실을 인터넷 등에 공개할 수 있다. 제3항에 따른 위반사실 등의 공개절차, 공개기간, 공개방법 등 필요한 사항은 대통령령으로 정한다. 소방특별조사에 따른 조치명령에 따른 손실을 입은 자가 있는 경우에는 대통령령으로 정하는 바에 따라 보상하여야 한다.

(2) 소방시설의 설치 및 유지관리

소방본부장이나 소방서장은 건축물의 신축 등 건축허가 등의 동의권한을 가진다. 건축물 등의 신축·증축·개축·재축·이전·용도변경 또는 대수선의 허가·협의 및 사용승인의 권한이 있는 행정기관은 건축허가 등을 할 때 그 건축물 등의 시공지 또는 소재지를 관할하는 소방본부장이나 소방서장의 동의를 받아야 한다. 시행령 제12조에서 정한 건축허가 등의 동의대상물의 범위는 다음과 같다. 연면적이 400㎡ 이상인 건축물, 차고·주차장 또는 주차용도로 사용되는 시설로서 차고·주차장으로 사용되는 층 중 바닥면적이 200㎡ 이상인 층이 있는 건축물이나 주차시설이나 승강기 등 기계장치에 의한 주차시설로서 자동차 20대 이상을 주차할 수 있는 시설, 항공기격납고, 관망탑, 항공관제탑, 방송용송수신탑, 지하층 또는 무창층이 있는 건축물로서 바닥면적이 150㎡ 이상인 층이 있는 것, 특정소방대상물 중 위험물 저장 및 처리시설, 지하구를 말한다.

소방시설의 설치와 유지관리를 위해 공사시공자 등에게 화재를 예방하기 위한 사전적 조치를 취하게 하고 있다. 예를 들어 특정소방대상물의 건축·대수선·용도변경 또는 설치 등을 위한 공사를 시공하는 자는 공사 현장에서 인화성(引火性) 물품을 취급하는 작업 등 대통령령으로 정하는 작업을 하기 전에 설치 및 철거가 쉬운 화재대비시설(임시소방시설을 설치하고 유지·관리하도록 규정하고 있다(법 제10조의 2))을 설치하고 유지·관리하여야 한다.

(3) 소방대상물의 안전관리

특정소방대상물의 관계인은 소방안전관리 업무를 수행하기 위하여 대통령령으로 정하는 자를 행정안전부령으로 정하는 바에 따라 소방안전관리자 및 소방안전관리보조자로 선임하여야 한다.

소방청장은 화재 등 재난이 발생할 경우 사회·경제적으로 피해가 큰 시설들을 소방안전 특별관리시설물로 정해서 소방안전 특별관리를 해야 한다.

〈표 9-13〉 소방시설 등의 자체점검의 구분과 그 대상·점검자의 자격·점검방법 횟수 및 시기

점검구분	대상	점검자의 자격	점검방법	점검횟수 및 시기
작동기능 점검	특정소방대상물	해당 특정 소방대상물의 관계인·소방안전관리자 또는 소방시설관리업자	방수압력측정계, 절연저항계, 전류전압측정계, 열감지기시험기, 연기감지기시험기 등을 이용하여 점검	• 연 1회 이상 실시 • 종합정밀대상: 종합정밀점검을 받은 달부터 6월이 되는 달에 실시 • 그 밖의 대상: 연중실시
종합정밀 점검	스프링클러설비 또는 물분무 등 소화설비가 설치된 연면적 5,000㎡ 이상인 특정소방대상물로 하되, 아파트의 경우에는 연면적이 5,000㎡ 이상이고 층수가 11층 이상인 것	소방시설관리업자 또는 소방안전관리자로 선임된 소방시설관리사·소방기술사	소방시설별 장비를 이용하여 점검	• 횟수: 연 1회 이상 • 시기: 건축물 사용승인일이 속하는 달까지 실시. 다만 소방시설완공검사증명서를 발급받은 신축 건축물의 경우에는 다음 연도부터 실시

이들 시설들에는 공항시설, 철도시설, 도시철도시설 등 사회기반시설이나 초고층건축물이나 수용인원 1,000명 이상인 영화관 등이 해당한다.

동법 제25조에서는 소방시설 등의 자체점검의 구분과 대상 그리고 점자의 자격 등에 대해 규정하고 있다.

01 소본법상 용어의 정의 중 관계인이란?

① 소방대상물의 소유자, 관리자 또는 점유자를 말한다.
② 소방대상물이 있는 장소의 건물주를 말한다.
③ 대통령령이 정하는 위험물 시설주를 말한다.
④ 소방대상물의 이웃지역을 말한다.
⑤ 소방대상물의 방화관리자를 말한다.

02 다음 중 화재예방, 소방시설설치유지 및 안전관리에 관한 법률상 건축허가 등의 권한이 있는 행정기관이 미리 소방본부장 또는 소방서장의 동의를 받아야 하는 건축물 등의 범위에 해당되지 않는 것은?

① 특정소방대상물 중 위험물 저장 및 처리시설, 지하구
② 수련시설 및 노유자시설을 건축하고자 하는 경우 연면적이 100㎡ 이상인 건축물
③ 지하층 또는 무창층이 있는 건축물로서 바닥면적이 150㎡ 이상인 층이 있는 것
④ 차고·주차장으로 사용되는 층 중 바닥면적이 200㎡ 이상인 층이 있는 시설
⑤ 방송용 송·수신탑

03 다음 중 특정소방대상물에 대한 소방안전관리업무의 수행에 대한 설명으로 옳지 않은 것은?

① 특정소방대상물의 관계인은 대통령령이 정하는 자를 소방안전관리자로 선임할 수 있다.
② 특정소방대상물의 관계인은 그 장소에 대한 소방안전관리업무를 수행한다.
③ 특정소방대상물의 관계인은 소방안전관리자를 지휘·감독하여야 한다.
④ 특정소방대상물의 관계인은 그 장소에 상시 근무하는 사람에 대하여 소화·피난의 필요한 교육을 실시하여야 한다.
⑤ 시·도지사는 특정소방대상물의 관계인에 대하여 화재 예방상 필요한 때에는 소방안전교육을 실시할 수 있다.

04 소방기본법에 대한 내용으로 틀린 것은?

① 소방업무를 수행하는 소방본부장 또는 소방서장은 그 소재지를 관할하는 특별시장·광역시장·특별자치시장·도지사 또는 특별자치도지사의 지휘와 감독을 받는다.
② 소방본부장이나 소방서장은 위험물 또는 물건을 보관하는 경우에는 그 날부터 14일 동안 소방본부 또는 소방서의 게시판에 그 시설을 공고하여야 한다.
③ 소방본부장은 관할 지역의 특성을 고려하여 종합계획의 시행에 필요한 세부계획을 매년 수립하여 소방청장에게 제출하여야 하며, 세부계획에 따른 소방업무를 성실히 수행하여야 한다.
④ 국가는 소방장비의 구입 등 시·도의 소방업무에 필요한 경비의 일부를 보조한다.
⑤ 소방본부장 또는 소방서장은 화재의 예방상 위험하다고 인정되는 행위를 하는 사람이나 소화활동에 지장이 있다고 인정되는 물건의 소유자·관리자 또는 점유자에 대하여 불장난, 모닥불, 흡연, 화기취급, 풍등 등 소형열기구 날리기, 그 밖에 화재예방상 위험하다고 인정되는 행위의 금지 또는 제한의 명령을 할 수 있다.

05 화재예방, 소방시설 설치유지 및 안전관리에 관한 법률상 소화시설의 종류가 아닌 것은?

① 소화설비
② 경보설비
③ 피난설비
④ 소화용수설비
⑤ 방제설비

06 다음 중 소방안전관리에 대한 내용으로 잘못된 것은?

① 특정소방대상물의 관계인은 대통령령으로 정하는 소방시설을 소방청장이 정하여 고시하는 화재안전기준에 따라 설치 또는 유지·관리하어야 한다.
② 소방본부장이나 소방서장은 소방시설이 화재안전기준에 따라 설치 또는 유지·관리되어 있지 아니할 때에는 그 특정소방대상물의 관계인에게 필요한 조치를 명할 수 있다.
③ 특정소방대상물의 관계인은 소방시설을 유지·관리할 때 소방시설의 기능과 성능에 지장을 초래하는 폐쇄·차단 등의 행위를 하여서는 아니된다. 다만, 소방시설의 점검·정비를 위하여 폐쇄·차단하는 경우에는 그러하지 아니한다.
④ 특정소방대상물의 관계인은 피난시설·방화구획 및 방화시설을 폐쇄하거나 훼손하는 등의 행위를 해서는 안 된다.
⑤ 시·도지사는 특정소방대상물의 관계인이 금지행위에 해당하는 행위를 한 때에는 피난시설·방화구획 및 방화시설의 유지·관리를 위하여 필요한 조치를 명할 수 있다.

정답 및 해설

01 정답 ①

02 정답 ②

03 정답 ⑤

04 정답 ①

05 정답 ⑤

06 정답 ⑤

CHAPTER

04

실무편

빌딩의 기술적 관리 분야 중에서 가장 핵심적인 분야의 하나는 건물의 유지관리 활동이라고 할 수 있다. 빌딩관련 법제에서 개별적으로 규정하고 있는 법정관리와 장기수선계획은 빌딩이 기능적으로나 경제적으로 최적의 운영을 할 수 있는 기반을 제공하고 있다.

빌딩관리자는 건축물의 구성부분에 따라 하자보수기간이 정해져 있으므로 하자발생 시 사업주체에게 하자보수를 요구해야 하며, 장기수선계획을 수립하고 시설물의 부위에 따른 수선주기를 고려하여 수선을 시행하게 된다. 공동주택의 경우 장기수선충당금이 그 재원으로 활용되며, 건축, 전기설비, 급배수설비, 공조설비, 방재설비의 수선주기를 적절히 설정할 필요가 있다.

빌딩관리자는 각종 시설물과 설비에 대한 점검과 정기검사와 수시검사를 통해 해당 시설물에서 발생할 수 있는 문제를 사전에 해결하도록 한다. 이를 위해서는 건물의 시설점검을 위한 각종 도면과 과거 점검실적을 토대로 건물의 사용안내서에 따라 건물의 유지관리 업무를 수행해야 한다. 빌딩관리의 실무영역은 건물주와의 계약, 임차인 모집과 관리, 건물이용자에 대한 관리 등 매우 광범위한 영역에 걸쳐 있으나 이 책에서는 주로 유지관리 분야를 중심으로 기술하고자 한다.

빌딩관리가 지속적으로 발전하기 위해서는 건축, 경영학, 도시분야 등 다양한 분야와의 연계를 통해 고부가가치화 산업으로 발전할 필요성이 있다. 이를 위해서는 빌딩관리 법제의 개선과 계약 제도를 개선하고 일원화된 빌딩관리 자격증제도의 도입이 필요할 것으로 판단된다.

10 빌딩관리 일반론

1. 빌딩관리내용 개관

비주거용 건물 특히, 상업용건물의 관리는 건물주가 관리를 위탁하는 경우를 가정할 때 다음 그림과 같은 관리의 흐름을 가진다고 볼 수 있다. 먼저 건물주와 관리자가 해당 건물과 관련된 관리계약을 체결하고 관리업체는 건물관리계획을 수립한 후 건물의 유지관리와 관련된 물리적 관리를 수행하

〈표 10-1〉 상업용건물의 관리절차

절차	내용
계약체결	건물주와 관리계약체결
계획수립	건물관리계획 수립
유지관리	건물의 물리적 관리 등
안전관리	비상시 관리 체계
임대관리	임차인과의 계약관리
고객관리	건물이용 고객 만족도관리
운영관리	임대수입과 지출을 관리
성과관리	건물관리의 성과분석

며, 화재 등 비상시에 안전관리를 수행하고 건물 내 임차인들과의 계약서 작성과 임대료 수납 등 계약관리를 수행한다. 또한 상업용건물의 경우 건물을 이용하는 고객의 만족도 역시 빌딩관리의 중요한 부분이 된다.

관리주체는 상업용건물의 임대료 수입과 지출을 전체적으로 관리하는 운영관리를 수행하며, 건물관리의 성과는 운영보고서와 시설물관리보고서의 작성을 통해 이루어진다.

〈표 10-2〉 상업용건물의 관리내용

구분	개념	필요자료
계약체결	관리대상건물을 분석하여 건물관리 방식의 문제점과 개선방안을 제안함	입지 및 상권분석
계획수립	위탁계약이 이루어진 상업용건물에 대한 수입과 지출 분석을 통해 예산을 수립하고, 운영계획과 경영계획을 수립함	• 자료수집 및 분석 • 경영관리 사례분석
유지관리	시설물관리, 협력업체관리, 건물경관관리, 장기수선관리를 통해 건물이 안정적이고 효율적으로 작동하도록 건물을 유지·관리함	건물안내서 및 도면자료수선실적 자료수집
안전관리	건물의 안전시설물 안전계획을 수립한 후, 안전훈련을 실시하며 안전시설물의 관리를 제고함	• 빌딩시설·설비현황서 • 빌딩설비도면 • 빌딩조사사항 • 빌딩사용검사(준공) 도면
임대관리	임대마케팅 전략을 수립함 임대계약체결과 임대관리를 수행함	• 국내외 시장환경 보고서 수집 • 임차인 분석시장 자료 수집 및 통계 분석
고객관리	• 방문고객과 임차인을 대상으로 불편사항과 만족도 평가를 실시함 • 건물이용자의 만족도 제고 및 건물관리 직원들을 교육하는 능력을 제고함	설문조사
운영관리	임대조건에 따른 임대수입과 지출비용을 관리하고, 재무제표를 작성·관리함	–
지속가능성 관리	오염물질관리, 에너지사용관리, 자원재생관리, 건물정보시스템관리, 건물의 커뮤니케이션관리 등을 학습함	–
성과관리	상업용건물의 운영보고서와 시설물관리보고서를 작성함	• 운영보고서 사례자료 수집 • 국내외 시설물관리보고서 사례

빌딩관리의 실무는 이처럼 다양한 분야를 포함하고 있으며, 넓은 의미에서 빌딩관리 실무라고 하면 상업용건물의 계약과 유지 및 운영 그리고 성과관리를 포함하는 개념이라 할 수 있다. 이 책의 경우 건물시설관리의 측면에 보다 초점을 두고 있다는 점을 고려해서 주로 유지관리의 측면에서 빌딩관리의 실무를 기술하고자 한다.

2. 빌딩관리 실무: 유지관리를 중심으로

1) 유지관리업무 개관

유지관리업무는 일반관리, 예방계획업무, 수선교체업무, 점검진단업무 그리고 정보관리업무로 구분할 수 있다. 일반관리는 건물의 일상적인 관리와 관련된 업무로 청소와 경비, 외주관리 그리고 회계와 보험업무로 나누어진

그림 10-1 상업용건물의 유지관리업무

다. 건물관리주체가 전기, 승강기 등 특정 시설분야의 전문적인 관리와 같은 경우에는 외주를 주게 되며, 건물의 관리비 처리나 관리직원들의 보험업무 처리 등은 모두 일반관리업무에 포함된다.

예방계획업무는 장기수선계획을 수립하고 일정기간마다 계획을 조정하며, 장기수선계획에 따른 유지관리계획을 수립하게 된다. 수선교체업무는 건물의 시설이나 설비를 수선하거나 교체하는 업무와 함께 하자관리업무를 포함한다. 점검진단업무는 건축법이나 건축물관리법 등 건물관리와 관련된 관련법에서 정한 점검을 수행하는 업무이며, 정보관리업무는 건물관리의 이력을 정리하고 관련 서류를 보관하거나 통계자료를 정리하는 업무이다.

2) 일반관리

빌딩관리에서 일반관리는 건물의 청소와 경비, 회계 및 보험업무 등 건물관리와 관련된 일상적인 관리를 말한다. 필요한 경우 관리주체는 전문적인 시설의 점검과 관련해서 외주를 주는 경우도 발생하게 된다. 빌딩관리의 회계업무의 경우 관리비의 징수와 회계적인 처리를 의미한다. 빌딩관리의 보험업무는 건물 화재보험가입이나 관리사무소직원들에 대한 건강보험, 국민건강보험, 국민연금 등 1인 이상을 고용하는 모든 사업장에서 사업장 단위로 의무적으로 가입해야 하는 보험을 의미한다.

3) 예방계획

(1) 하자담보책임

공동주택의 경우 공동주택관리법 제36조에 하자담보책임을 규정하고 있어서 사업주체는 공동주택의 하자에 대하여 분양에 따른 담보책임을 진다고 하였다. 담보책임의 기간은 하자의 중대성, 시설물 내구연한 및 교체 가능성 등을 고려하여 공동주택의 내력구조부별 시설공사별로 10년의 범위에서 대통령령으로 정한다. 하자는 공사상 잘못으로 인하여 균형·침하·파손·들뜸·누수 등이 발생하여 건축물 또는 시설물의 안전상·기능상 또는 미관상의 지장을 초래할 정도의 결함을 말한다.

〈표 10–3〉 시공공사별 담보책임기간(공동주택관리법 시행령 별표4)

시설공사	기간	시설공사	기간
마감공사	2년	지능형 홈네트워크설비공사	3년
옥외급수·위생관련공사	3년	소방시설공사	
난방·냉방·환기, 공기조화 설비공사		단열공사	
급·배수 및 위생설비공사		잡공사	
가스설비공사		대지조성공사	5년
목공사		철근콘크리트공사	
창호공사		조경공사	
조경공사		전기 및 전력설비공사	
전기 및 전력설비공사		지붕공사	
신재생에너지설비공사		방수공사	
정보통신공사			

〈표 10–4〉 하자보수절차

빌딩과 그 부대시설 및 복리시설에서 하자가 발생

⇩

입주자 또는 관리이사회가 사업주체 등에 대해 하자보수를 요구

⇩

사업주체 등은 보수요구일부터 3일 이내에 하자보수

⇩

사업주체 등이 하자보수불이행 시 관리주체는 사용검사권자에게 통보

⇩

통보를 받은 사용검사권자는 사업주체에게 과태료 부과

⇩ 사업주체 등이 하자보수요구일부터 3일 이내에 이를 보수하거나 보수일정이 명시된 계획서를 관리이사회에 제출하여야 한다. 위반 시에는 500만 원 이하의 과태료 처분을 한다.

사업주체 등이 하자보수를 이행하지 아니한 때에는 관리이사회가 하자보수보증금으로 직접 보수하거나 제3자에게 대행시킬 수 있고, 이 경우 관리이사회는 하자보수보증금의 사용내역을 사업주체 등에게 통보하여야 한다.

공동주택관리법 시행령 별표4에 의하면 시설공사별 종류에 따라 21개 공사에 대해 담보책임기간을 2년에서 5년까지로 정하고 있다.

또한 시장·군수·구청장은 공동주택의 구조안전에 중대한 하자가 있다고 인정하는 경우에는 한국건설기술원·한국시설안전공단 등의 기관에 해당 공동주택의 안전진단을 의뢰할 수 있다(공동주택관리법 시행령 제40조 내력구조부 안전진단).

(2) 장기수선계획

300세대 이상의 공동주택이나 승강기가 설치된 공동주택 등을 건설·공급하는 사업주체 또는 리모델링을 하는 자 공동주택의 공용부분에 대한 장기수선계획을 수립하여 사용검사를 신청할 때에 사용검사권자에게 제출하고, 사용검사권자는 이를 그 공동주택의 관리주체에게 인계하도록 하고 있다. 이 경우 사용검사권자는 사업주체 또는 리모델링을 하는 자에게 장기수선계획의 보완을 요구할 수 있다.

입주자대표회의와 관리주체는 장기수선계획을 3년마다 검토하고, 필요한 경우 이를 국토교통부령으로 정하는 바에 따라 조정하여야 하며, 수립 또는 조정된 장기수선계획에 따라 주요시설을 교체하거나 보수하여야 한다. 이 경우 입주자대표회의와 관리주체는 장기수선계획에 대한 검토사항을 기록하고 보관하여야 한다.

입주자대표회의와 관리주체는 주요시설을 신설하는 등 관리여건상 필요하여 전체 입주자 과반수의 서면동의를 받은 경우에는 3년이 경과하기 전에 장기수선계획을 조정할 수 있다.

관리주체는 장기수선계획을 검토하기 전에 공동주택의 관리사무소장으로 하여금 국토교통부령으로 정하는 바에 따라 시·도지사가 실시하는 장기수선계획의 비용산출 및 공사방법 등에 관한 교육을 받게 할 수 있다.

장기수선계획과 관련해서 시행령 제30조에 장기수선계획의 수립의무, 시행령 제31조에 장기수선충당금의 적립 등을 규정하고 있다. 장기수선충당금의 적립은 최소 적립금액의 기준을 정하여 고시하는 경우에는 그에 맞아야 하며, 장기수선충당금 사용계획서는 장기수선계획에 따라 작성해야 한다.

장기수선계획과 관련해서 주요한 용어를 정리하면 다음과 같다. 우선 수선은 경년열화된 부위나 기구의 성능을 원상회복시키거나, 또는 사용상 지장이 없는 수준에까지 수리하는 일을 의미한다. 부품의 교체는 포함되지만, 본체의 교체까지는 포함되지 않는다. 그리고 수선율이란 수선시기가 도래한 시점에서 실제에 고장이나 문제가 발생할 확률을 말하며, 수선 실시율이라고도 한다. 이에 관해서는 참고가 될 만한 데이터는 공표되어 있지 않으며, 빌딩 관리회사가 각각 축적한 관리 데이터로부터 찾아내야 한다.

〈표 10-5〉 건물의 내용연수

구조 또는 용도	세부항목	내용연수
철골철근 콘크리트조 또는 철근콘크리트조	사무소용 또는 미술관용 또는 하기 이외의 것	50
	주택용, 기숙사용, 숙박소용, 학교용 또는 체육관용	47
	• 음식점용, 임대용 회의장, 극장용, 연주장용, 영화관용 또는 무도용 • 음식점용 또는 임대용 회의장이기 때문에 연면적의 목조내장부분 면적이 3할을 넘는 것 • 기타	34 41
	여관용 또는 호텔용 연면적의 목조내장부분의 면적이 3할을 넘는 것 기타	 31 39
	점포용	39
	병원	39
	공장(작업소를 포함), 창고	21~38
금속조(골격재의 두께가 4mm를 넘는 것에 한한다)	사무소용 또는 미술관용	38
	점포용, 주택용, 기숙사용, 숙박소용, 학교용 또는 체육관용	34
	음식점용, 회의장, 극장용, 연주장용, 영화관용 또는 무도장용	31
	여관용, 호텔용 또는 병원용	29
	공장(작업소를 포함), 창고	19~31

출처: 빌딩문화 편집부, 『빌딩문화』, 13권 9호, 2004, p.143.

〈표 10-6〉 건물 부속설비의 내용연수

구조 또는 용도	세부항목	내용연수
전기설비 (조명설비를 포함)	축전지 전원설비	6
	기타	15
급배수 또는 위생설비 및 가스설비		15
냉방, 난방, 통풍 또는 보일러설비	냉난방설비(냉동기의 출력이 22킬로와트 이하의 것), 기타	13 15
승강기설비	엘리베이터, 에스컬레이터	17 15
소화, 배연 또는 재해 통지설비 및 격납식 피난설비		8
에어커튼 또는 도어 자동개폐설비		12
아케이드 또는 차양설비	주로 금속성의 것, 기타	15 8
점포용 간이 장비		3
이동 파티션	간이	3
	기타	5

출처: 빌딩문화 편집부, 『빌딩문화』, 13권 9호, 2004, p.14.

장기수선계획을 수립하는 순서는 다음과 같다. 우선 건물부위·설비기기별로 수선주기(연단위)를 설정한다. 건물에 대한 조사진단 결과를 기초로 하여 건물의 부위별 열화도나 설비기기별 노후도를 일람표로 작성한다. 수선주기나 갱신주기를 어떻게 실태에 가깝게 설정하느냐가 중요하다. 법정 내용연수는 감가상각자산의 회계처리에 사용되는 것으로, 건물이나 설비기기의 실제 물리적인 내용연수와는 다르게 된다.

두 번째로는 건물부위·설비기기별로 수선율을 설정하고, 수선주기에서의 발생량을 상정한다. 건물부위나 설비기기별로 수선시기가 도래한 시점에서 실제 고장이나 문제가 발생할 확률을 산정한다. 수선율은 건물용도나 입지조건·기기의 사용상황이나 보전상황의 영향을 강하게 받으므로 이를 고려해야 한다.

세 번째, 건물부위·설비기기별로 갱신연도를 설정(법정 유용연수 등)한다. 건물부위나 설비기기별로 갱신연도를 설정하는 데 참고할 만한 자료로는 관련 기관에서 제시하는 법정 내용연수이며, 건물의 진단결과와 입지조건 등을 종합적으로 고려하여 이를 설정해야 된다.

〈표 10-7〉 장기수선계획(예) (△: 수선 ○: 갱신)

구분	항목	1년	2년	3년	4년	5년	6년	7년	8년	9년	10년	11년
건축	지붕											
	외벽											
전기설비	변압기										△	
	분전반류											
	감시반류										△	
	조명기구						△					
	배선재					△						
급배수설비	급수설비								△			
	배수설비						△					
	위생설비											
공조설비	온열원설비										△	
	냉열원설비							△				
방재설비	수신기											
	감지기											

출처: 빌딩문화 편집부, 『빌딩문화』, 13권 9호, 2004, p.144.

이상을 기초로 30년 정도의 장기 스케줄 표가 작성된다. 다시 이를 기초로 수선비를 적산한 스케줄 표를 작성한다. 수선비의 산정에서는 가능한 한 가격 변동률을 가미시키는 것이 바람직하다. 일차 작성한 장기수선계획은 수년마다 정기적으로 수정하여 실정에 합치하도록 적절히 변경하는 노력이 필요하다.

5) 점검진단

유지관리는 건축물의 각종 시설물 자산가치 유지 및 관리비용 최소화로 경제성을 제고하고, 건물 이용자에게 안전하고 쾌적한 근무환경 제공을 위한 총체적 관리활동이라 할 수 있다.

건축물을 비롯한 시설물의 유지관리는 건축 및 기계설비, 자동제어설비, 전기설비, 정보통신설비 등을 대상으로 하고 있다.

- 건축설비: 건축구조물, 마감재, 하드웨어 등
- 기계설비: 열원기기, 공조, 물탱크, 정화조, 가스, 배관, 펌프류, 위생설비 등
- 자동제어설비: 중앙감시반, 패널류, 센서류, 조작기기 등
- 전기설비: 수변전설비, 조명, 동력, 전열설비, 발전기, 운송설비, UPS, 항온항습기
- 정보통신설비: 교환기 및 부대설비, 전용선 네트워크, 방송설비(TV, CCTV) 등

(1) 유지관리 활동

건축물 및 시설물을 대상으로 하는 관리활동은 정상적인 운전·감시를 비롯하여 점검 및 보수활동으로 구분된다.

운전감시활동은 기계작동이 이루어지는 설비기기의 정상작동 여부를 감시하여 스케줄 ON－OFF 등의 필요한 조작을 행하여 그 상태를 지속적으로 기록한다. 각종 점검활동으로서 육안(외관) 점검, 기능 및 정밀점검 등 오감과 시험, 계측기 등을 통한 설비의 이상 유무를 정기적으로 확인하는 활동이 있다. 정비, 보수활동은 소모품 교체, 주유, 세정, 분해조립, 시험 등의 설비기기류의 기능 유지 및 회복을 위한 것이다. 주요 유지관리 활동 이외에도 대관업무, 장비 이력관리, 에너지관리, 공사기획 및 실행, 외주작업 및 안전관리, 안전관리자 선임, 법정점검, 법정교육 등의 사전적, 사후적 대응 활동 또한 무엇보다도 중요한 사항이라 할 수 있다. 결론적으로 앞으로의 유지관

리 활동은 시설의 효율적인 운영관리에 따른 품질서비스 향상, 운영 유지관리비용 절감, 에너지비용 절감 활동, 관리에 따른 환경대책 수립 등도 중요하게 요구된다.

(2) 법정 주요 관리대상

① 법정 선임 대상 및 해당 관청

건물 운영·유지관리를 위해서는 법에서 정한 자격자를 법적 근거에 의거 <표 10−8>과 같이 해당기관에 신고·등록(선임)하여야 하며, 위반 시 벌금 또는 과태료를 부과받게 된다. 외부의 일정 자격을 갖는 전문업체에 위탁/대행도 일부 자격에 대해서는 선임이 가능하다.

〈표 10-8〉 법정 선임자 및 해당 법규

구분	법적근거	대행 가능 여부	상벌관계(미선임 시)	해당관청
전기안전관리자	전기사업 시행규칙 제40조	용량별 가능	법 104조 의거 벌금 500만 원	전력기술인협회
특정가스안전관리자	도시가스사업법 시행령 제16조	불가	법 53조 의거 벌금 1,000만 원	관할 구청
고압가스안전관리자	고압가스안전관리법 시행령 13조	불가	법 42조 의거 벌금 500만 원	관할 구청
액화석유가스 안전관리자	액화석유가스 안전관리법 제15조	불가	법 41조 의거 벌금 500만 원	관할 구청
방화관리자	소방시설 설치유지 및 안전관리에 관한 법률 제20조	가능	법 53조 의거 과태료 200만 원	관할 소방서
위험물관리자	위험물안전관리법 제15조	가능	법 36조 의거 벌금 500만 원	관할 소방서
검사 대상기기 조종사	에너지이용 합리화법 제40조	불가	법 75조 의거 벌금 1,000만 원	에너지관리공단
오수정화조 관리자	하수도법 시행규칙 76조	가능	제80장 3항 의거 50만 원 이상	환경보전협회

승강기관리자	승강기안전관리법 제16조	불가	법 28조 2항 의거 300만 원 이하 과태료	승강기안전관리원
수도시설관리자	수도법 제36조	불가	법 87조 7항 의거 300만 원 이하 과태료	환경보전협회
실내공기질 관리자	실내공기질 측정관리법 제7조	불가	법 16조 의거 500만 원 이하 과태료	환경보전협회

② 법정교육

법정 선임대상자는 표와 같이 정해진 교육시기에 따라 관련 교육기관에서 해당 업무에 맞는 교육·훈련을 이수하여야 한다.

〈표 10-9〉 법정 교육대상 및 관계기관

구분	교육/훈련대상	교육시기	교육기관
전기안전관리자	전기안전관리사/관리원	1회/5년	한국전력기술인협회
특정가스 안전관리자	안전관리 책임자	선임 시 1회	가스안전교육원
고압가스 안전관리자	안전관리책임자(관리원)	선임 시 1회	가스안전교육원
방화관리자	방화관리자	1회/2년	소방안전협회
위험물 안전관리자	위험물 안전관리자	1회/2년	소방안전협회
검사대상기기 조정자	검사대상기기 조정자	선임 시 1회 기기변경 시	한국에너지기술인협회
정화조기술관리인	정화조기술관리인	선임 시 1회	환경보전협회
승강기운행관리자	승강기운행관리자	선임 시 1회	한국승강기안전관리원
수도시설관리자	수도시설관리자	선임 시 1회	환경보전협회
실내공기질관리자	실내공기질관리자	선임 시 1회 1회/3년	환경보전협회
에너지관리자	신규 에너지관리자	선임 시 1회	에너지관리공단

③ 법정 검사(점검)주기

건물운영 유지관리를 위한 부문별 건축, 설비, 전기, 소방 분야에 정해진 기간 내에(주기) 표와 같이 건물대상 시설별로 법정 정기검사를 받아야 한다.

〈표 10-10〉 부문별 법정 검사

부문		검사(점검) 내용	주기	대상시설
건축		건축물 정기점검	1회/6개월	1종, 2종 시설물
		건축물 정밀점검	1회/2~4년	1종, 2종 시설물
		건축물 정밀안전진단	1회/4~6년	완공후 10년 경과된 1종 시설물
설비		특정가스 정기검사	1회/년	특정가스 사용시설(2,000㎥/월 이상 사용)
		GAS정압실 정기검사	1회/3년	정압기 및 필터
		실내공기질 측정	1회/1~2년	실내공기질 측정대상건물(유지, 권고기준)
		정화조 방류수수질검사	1회/반기	일일 처리대상 인원 2,000인 이상
		저수조청소	2회/년	연면적 5,000㎡ 이상 건축물(주차장 면적 제외)
		보일러 계속사용검사	1회/년	용량이 1t/h(난방용 5t/h 이상)인 보일러
		검사대상기기 검사	1회/년	검사대상기기 설치자
		보일러세관	1회/년	정기검사대비
		COMP/압력용기 검사	1회/2년	사용압력 1, 2종 압력용기
		덕트청소	삭제	연면적 3,000㎡ 이상(업무시설/2,000㎡ 이상 복합건축물)
		정화조청소	1회/년	오수정화시설
		냉동제조시설 자율검사	1회/2년	냉동제조시설 인허가업체(50RT/D 이상)
		냉동제조시설 정기검사	1회/2년	건축물에 설치된 냉동제조시설
		검사대상기기 자체검사	삭제	검사대상기기 설치자
전기		전기, 발전기 정기검사	1회/2~3년	고압이상 수전설비/비상발전기
		승강기 정기검사	1회/년	승강기
		주차설비 정기검사	1회/2년	주차설비
소방	일반 건축물	작동기능점검(소방시설 등의 정상작동 여부 점검)	연1회이상	• 특정소방대상물(위험물 제조소 등과 소화기구만 설치 시 제외) * 방수압력측정계, 절연저항계, 전류전압측정계, 열·연기감지기시험기 등을 이용하여 점검
	공공 기관	종합정밀점검(대지 경계선 안에 2이상의 점검대상 건축물이 있는 경우에는 그 건축물 중 사용승인일이 가장 빠른 건축물의 사용승인일을 기준으로 함)	연 1회 이상	1. 연면적 5,000㎡ 이상으로서 스프링클러설비 또는 물분무 등 소화설비가 설치된 공공기관 2. 연면적 1,000㎡ 이상으로서 옥내소화전설비 또는 자동화재탐지설비가 설치된 공공기관
		자체점검(소방시설 자체 점검사항 등에 관한 고시 참조)	월 1회 이상	

(3) 시설물 관리의 내용

① 점검의 유형과 관련 개념

㉠ 점검: 건물의 노후화와 기능 상태를 면밀히 조사하여 하자의 발생을 미리 방지하는 행위

〈표 10-11〉 점검의 유형

	주요 내용	비고
수시점검	일상적인 유지관리 업무로 부정기점검	
일상점검	손상을 조기에 발견하기 위해 육안을 이용하여 정기적으로 실시하는 점검	
정기점검 (초기점검 포함)	시설물의 안전성을 확보하기 위해 관련 법규에서 정하는 대상 건축물에 대해 일정 기간마다 실시하는 정밀육안 점검 및 장비를 이용한 점검	
긴급점검	태풍, 집중호우, 폭설 등의 재해 발생 시, 긴급한 손상 등에 실시하는 모든 점검	
정밀안전점검	관련 법규에서 정하는 대상 건축물과 관리주체가 필요하다고 판단한 경우 실시	

㉡ 진단: 빌딩의 내력구조부나 외력구조부 등 하자가 발생할 경우 큰 사고를 발생할 수 있는 부분에 대하여 전문적인 지식이 요구될 때 실시하는 조사행위

- 일반진단: 측정기기를 사용하지 않고 이루어지는 조사방법
- 특별진단: 특정기기를 사용하여 하는 조사방법

㉢ 보수: 점검과정에서 발생한 불량 부품 등을 교체하여 사전에 피해를 방지하고자 하는 행위

- 정비: 정기점검을 실시할 때 실시하는 보수
- 수리: 부정기 점검 시 실시하는 보수
- 보수는 점검과 병행하여 이루어짐

㉣ 수선: 보수와 비슷한 개념이나 시설물이 열화·마모 등으로 인해 더 이상 그 기능을 발휘하기 곤란한 경우 원래의 기능을 회복하기 위한 행위로서 수선은 보수와 달리 비교적 장기간에 걸쳐 공사가 진행되고 장기수선충당금을 사용하여 이루어진다는 점에서 보수와 구별됨

- 개량수선: 생활수준의 향상, 사회 환경의 변화에 대응하기 위해 보수와 구별됨
- 특별수선: 예정에 없었던 특별한 하자가 발견된 경우 실시하는 방법
- 계획수선: 수선의 본래적인 의미

수선의 재정적 방법으로는 사업주체가 자신의 책임으로 하자를 보수하거나 관리주체가 하자를 보수하는 방법이 있다. 후자의 경우 장기수선계획에 의거하여 장기수선충당금을 이용하거나 단기간에 끝날 수 있는 보수와 같은 수선에 대해 관리비 등으로 이용하는 방법이 있다.

(4) 시설물 관리의 절차

상업용건물의 빌딩 시설물 항목은 '빌딩준공도서'의 '설비현황표' 또는 'FM운영보고서' 중 '빌딩시설물현황'에 나타나 있다. 시설물의 관리는 시설물의 '사용안내서'(사용매뉴얼)에 의하여 운전하고 주기적으로 점검하여 '시설물 점검이력표'에 기록하고, 시설물 관리대장에 최종 이상 유무를 기록하여 관리한다.

① 시설물 목록 파악

상업용건물의 시설물 항목은 크게 전기, 소방, 설비, 위생설비 및 탱크 그리고 모터 및 펌프로 구분할 수 있다. 시설물 목록을 파악할 때 확인할 사항으로는 각 장비의 수량과 설치일자 그리고 제조회사에 대한 확인이다. 또한 향후 시설물 점검 시 필요한 시설의 도면과 장비이력카드 등의 보관 장소를 확인해야 한다.

〈표 10-12〉 시설물 현황자료(예시)

	장비명	확인사항	비고
전기	변압기(유압식 및 건식), 정류기반, 발전기, 인승용승강기, 엘리베이터 감시반, 차량용승강기, 통신 MDF실	수량, 설치일자, 제조회사	
소방	스프링클러, 화재수신반, 제연설비, 비상콘센트, 연결송수관, 옥내소화전, 비상방송설비 등	수량, 설치일자, 제조회사	
설비	공조기, 보일러, 냉동기, 냉각탑, FCU, 온수탱크	수량, 설치일자, 제조회사	
위생설비 및 탱크	위생설비(세면기 등), 위험물탱크, 응축수탱크, 물탱크 등	수량, 설치일자, 제조회사	
모터 및 펌프	펌프, AHU, FAN 등	수량, 설치일자, 제조회사	

〈표 10-13〉 시설물 관련 도면(예시)

보관 장소	파 일 명	발생 연도	보존 연한	비고
B3F 기계실	건축도면	1979	영구	A1
"	구조도면	1979	"	A1
"	기계(설비)도면	1979	"	A1
"	전기(소방)도면	1979	"	A1
15F 관리사무실	건축도면	1979	"	A2
"	구조도면	1979	"	A2
"	기계(설비)도면	1979	"	A2
"	전기(소방)도면	1979	"	A2
"	리노베이션 건축도면	2002	"	A3
"	리노베이션 기계(설비)	2002	"	A3
"	리노베이션 전기(소방)도면	2002	"	A3
"	옥탑 간판 구조. 설치도면(2권)	2002	"	A3
B3F 전기실	수배전 설비 계통도면(1권)	1979	"	A4
관리실·CBRE	B1F 리노베이션 도면	2006	"	PC

② 사용안내서에 따른 점검과 관리

〈표 10-14〉 보일러 안전점검 체크리스트

<table>
<tr><th>점검항목</th><th>세부사항</th><th>점검주기</th></tr>
<tr><td>안전변</td><td>• 일반 분출검사: 상용압력에서 안전변의 분출 레버를 당겨서 분출확인
• 최고압 분출검사: 보일러의 최고 사용 압력하에서 분출시험
- 압력S W를 최고압에 설정하고 스팀압 상승시킴
- 최고압 10kg/㎠의 경우 10.3kg/㎠ 이하에서 분출확인
- 최고압 7kg/㎠의 경우 7.2kg/㎠ 이하에서 분출확인</td><td>월 1회 또는 점검 수리 후 연 2회</td></tr>
<tr><td>압력 차단 기능</td><td>• 압력차단 SW의 상용 설정압력에서 보일러 정지확인
• 정지압력 균일상태 확인: 정지압력 일정치 않을 경우 교환
• 누수 및 전선의 노화 과습 누전</td><td>매일 착화 직후 수시
수시, 3개월</td></tr>
<tr><td>본체 과열 방지 SW (SAC형 적용)</td><td>• 설정온도(포화온도 -5~10℃)에서 보일러 정기 확인
예) 스팀압 1kg/㎠으로 가동 시 약 120℃
• 감지센서의 결합상태 및 전선의 노화</td><td>월 1회 또는 점검 수리 후 3개월마다</td></tr>
<tr><td>수위조절 기능</td><td>• 정상위치에서 급수 Pump 가동 및 정지확인
• 저수위에서 경보음 발생 및 보일러
⇒ 정상수위에서 운전착화 후 스팀압 1~2kg/㎠ 상승 시 퇴수밸브를 열어 관수 방출:
- 수위변동 확인
- 급수기동 확인
- 저수위 경보 확인
- 연소차단기능 등 동시에 행할 수 있음
• 감지센서의 스케일 부착 확인 장소</td><td>매일 가동 전

(수질에 따라 월 1회~3개월)</td></tr>
<tr><td>관석 및 부유 물질퇴적</td><td>• 수면계와 본체의 연락관이 막혔는지 확인(관석, 부유물) (막힐 경우 보일러 내부의 수면과 수면계상 수위가 달라지므로 사고의 원인이 됨)
• 연락관 사이에 밸브가 설치된 기종은 담당자 외 조작을 금지시키고, 매일 가동 전 열려 있는지 확인
• 수주관 드레인 가동 전 매일 실시</td><td>월 1회

매일 가동 전

매일</td></tr>
<tr><td>연료차단 점검</td><td>• 가동 완료 후 연료공급 밸브는 닫아 놓았는지 확인
• 가동 직전 연료공급 밸브는 잠겨 있었는지 확인</td><td>매일</td></tr>
</table>

출처: 종합건축사사무소 동일건축 기술연구소, 『건축물 유지관리 실무』, 건설도서, 2015.

기계설비, 전기설비 등은 유지보수 관련 법규와 규정에서 이들 시설물의 관리와 유지와 관련된 사항들을 규정하고 있으며, 이들 규정에 의거한 관리가 이루어져야 하며, 관리자는 기본적인 제도들에 대한 이해가 필요하다. 시설의 세부유형에 따라서 정비주기는 차등적일 수 있으며, 점검의 방법과 점검기준을 준수할 필요가 있다.

해당 시설의 사용안내서는 시설의 특성을 감안한 운전과 검사 및 관리방법을 규정하고 있으므로 이들 사용안내서를 준수하는 시설의 운전과 관리가 이루어져야 한다. 시설물의 정상작동 여부는 건축법 시행규칙에서 제시된 건축설비의 점검기준에 의해서 확인할 수 있으며, 개별 건물의 특성에 따라서는 시설물의 사용안내서를 토대로 파악할 수 있다.

③ 점검결과에 따라 보수를 시행한다.

시급한 수선 및 보수가 필요한 시설물의 경우 구체적인 보수방법에 따라 보수의 시행주체를 결정한다.

첫째, 수선보수의 난이도가 낮은 경우 관리주체가 시행한다.

주기적인 부품의 교체가 필요한 경우나 수선보수의 난이도가 높지 않은 경우에는 관리주체가 직접 해당 시설물의 수선보수 업무를 수행한다.

둘째, 심각한 기능저하와 결함이 발견되는 경우 외부 전문업체에 수선을 위탁한다.

시설물의 심각한 기능저하와 설계 당시에 비해 심각한 변화가 일어나는 등 보다 정밀한 점검과 수선이 필요한 경우에는 외부의 전문업체에 수선보수를 의뢰한다.

그림 10-2 각종 시설물의 일상적인 유지관리·점검 확인절차

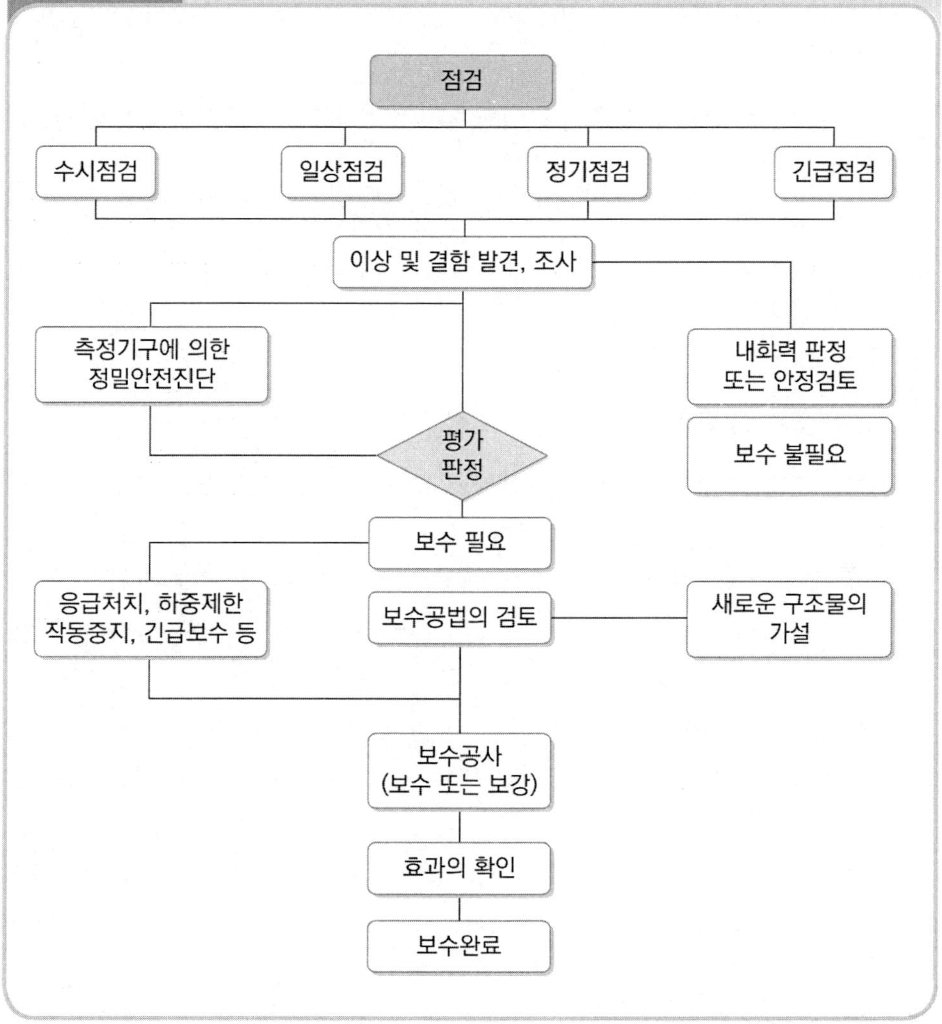

출처: ㈜종합건축사사무소 동일건축 기술연구소, 『건축물유지관리 실무』, p.50.

6) 정보관리업무

정보관리업무는 시설물의 점검과 수선과 관련된 기록을 정리하고 시설물 관련 문서나 도면 등 관련서류를 보관하는 업무를 말한다.

실 / 전 / 문 / 제

01 보수종류 중 생활수준의 향상과 사회 환경의 변화에 대응하기 위해 실시하는 방법을 무엇이라 하는가?

① 개량수선
② 특별수선
③ 계획수선
④ 내용수선
⑤ 전략수선

02 건축물의 노후화에 대한 설명으로 틀린 것은?

① 노후화란 장시간에 걸쳐 자연적·인위적인 요인들에 의해서 건축물의 성능이 저하되는 현상을 말한다.
② 물리적 노후화는 자연적 노후화와 인위적 노후화로 구분된다.
③ 기능적 노후화란 사용에는 아무런 지장은 없지만 시대에 뒤처지게 되어 더 이상 그 가치를 발휘하지 못하는 노후화를 말한다.
④ 경제적 노후화란 유지관리의 비용이 현재 재개발보다 더 적게 소요될 경우 빌딩의 입주자는 경제적 노후화로 인해 재건축을 고려하게 된다는 것을 말한다.
⑤ 시간의 경과 및 파손과 파괴 등으로 인하여 시설물의 가치가 감소하게 된 현상을 물리적 노후화라 한다.

03 다음 중 결로의 예방법이 아닌 것은?

① 실내 측 표면에 방습층을 설치
② 실내의 적정온도 유지
③ 실내 수증기 발생 억제
④ 2중의 유리를 사용
⑤ 차가운 공기를 막기 위해 환기 지양

04 콘크리트 내에 있는 수분이 기온의 변화로 인해 동결과 융해를 되풀이하게 되면 콘크리트 내부의 수분이 표층을 파괴해 파괴의 원인이 되는 현상을 무엇이라 하는가?

① 동해 ② 석화
③ 결로 ④ 누수
⑤ 동상

정답 및 해설

01 정답 ①

02 정답 ④

해설 경제적 노후화란 유지관리의 비용이 현재 재개발보다 더 크게 소요될 경우 빌딩의 입주자는 경제적 노후화로 인해 재건축을 고려하게 된다는 것을 말한다.

03 정답 ⑤

해설 결로를 막기 위해 환기를 시행한다.

04 정답 ①

11 설비관리 및 안전관리

1. 설비관리[5)]

건축설비란 건축물에 설치하는 전기·전화설비, 초고속정보통신설비, 가스·급수·배수·환기·난방·소화·배연 및 오물처리의 설비, 굴뚝, 승강기, 피뢰침, 우편함, 저수조, 그 밖에 국토해양부령이 정하는 설비를 말한다(건축법 제2조 제1항 제4호).

건축물 설비는 급수위생설비, 공기조화설비, 전기설비 그리고 운송설비로 구분해 볼 수 있으며, 각 설비의 종류는 다음과 같다.

그림 11-1 건축물 내 설비의 종류

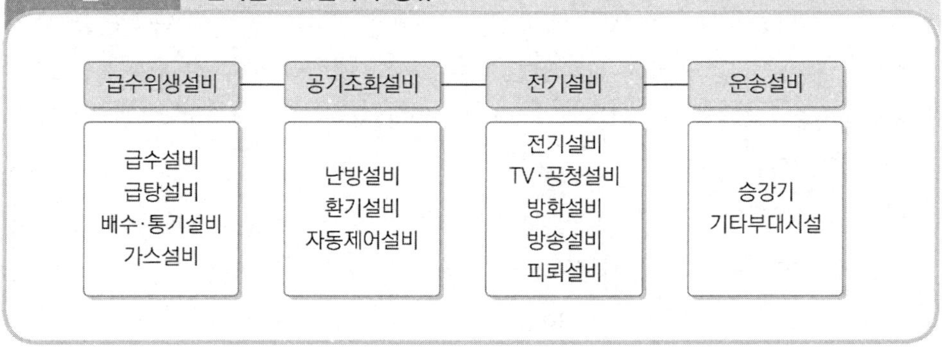

5) 김영곤, 에듀윌 교육출판연구소, 『2011 EBS 주택관리사 2차 기본서 공동주택관리실무』, 2011, pp.385~660의 내용과 한국부동산교육협회, 『빌딩경영관리실무』, 범론사, 2019의 내용을 참조하여 작성함.

1) 급수설비

급수설비란 수도사업자가 일반 수요자에게 원수나 정수를 공급하기 위하여 설치한 배수관으로부터 분기하여 설치된 급수관·계량기·저수조·수도꼭지, 그 밖에 급수를 위하여 필요한 기구를 말한다(수도법 제3조 제24호).

건물 내의 각종 급수기구는 그 기능과 사용목적에 따라 일정한 압력을 필요로 한다. 급수압력이 필요 이상 높은 경우 수격작용과 같은 소음·진동이 일어나며, 그 결과 수전의 패킹이나 와셔 등의 손상이 커지고 누수가 우려된다. 또 기구의 최저 필요 압력이 유지되지 않을 경우 그 기능이 충분히 발휘될 수 없다.

(1) 급수방식의 비교

수도직결식은 도로에 매설된 수도 본관 내의 수압을 이용하여 목적의 개소에 급수하는 방식이며, 수도 본관의 수압 및 관경에 제약되기 때문에 주로 2층 이하의 주택에 적합하다.

고가(옥상)탱크 방식은 우물물 또는 수돗물을 일단 지하 저수조에 받아 이것을 양수펌프에 의해 건물 옥상 또는 높은 곳에 가설한 탱크로 양수한 다음, 그 수위를 이용하여 탱크에서 밑으로 세운 급수관에 의해 급수하는 방식이다. 대규모 급수설비에 적합하고 수도공사나 정전 시에도 급수가 가능하며, 소화용수를 저장할 수 있으므로 대규모 건축물의 급수설비로서 적당하다.

압력탱크 방식은 수도본관에서 인입관 등에 의해 일단 저수조에 저수한 다음, 급수펌프로 압력탱크에 보내면 압력탱크에서 공기를 압축 가압하여 그 압력에 의해 물을 건물 내에 필요한 곳으로 급수하는 방식이다.

부스터 방식(펌프직송 방식)은 저수탱크의 물을 급수펌프의 압력으로 직접 필요한 곳에 공급하는 방식으로 규모가 큰 지역 급수나 공장 등에서 이용하고 있다.

급수배관 방식은 상향급수 배관법과 하향급수 배관법 그리고 혼용배관법으로 구분된다. 상향급수 배관법은 수도 본관 직결급수 방식 또는 압력탱크 방식의 경우에 사용하는 방식이며, 하향급수 배관법은 고가탱크 방식에 사용되는 배관법이다.

〈표 11-1〉 급수방식의 비교

급수방식 조건	수도직결방식	옥상탱크 방식	압력탱크 방식	탱크 없는 부스터 방식
수질오염의 가능성	매우 낮음	매우 높음	보통보다 높음	약간 낮음
급수압의 변동	수도 본관의 압력에 따라 변화	일정	변동의 큼	거의 일정(펌프의 가동과 정지 시 변동이 있음)
단수 시의 급수	매우 불리	매우 유리	약간 유리	약간 유리
	급수 불가능	저수조와 고가수조에 남아 있는 물을 이용	저수조의 물을 이용	저수조 내의 물을 이용
정전 시의 급수	급수가능	고가수조에 남아 있는 물을 이용	압력탱크 내의 압력범위 내에서 이용	급수 불가능
기계실 면적	(불필요)	거의 불필요	약간 필요	매우 필요
옥상탱크 면적	불필요	필요	불필요	불필요
설비비	매우 낮음	약간 높음	약간 낮음	매우 높음
유지관리비	매우 낮음	약간 낮음	매우 높음	약간 높음

(2) 급수설비의 오염방지

급수설비의 오염 원인에는 저수탱크에 유해물질 침입에 의한 발생, 배수의 급수설비로의 역류, 크로스커넥션,[6] 배관의 부식 등이 있다.

저수탱크에 유해물질 침입에 따른 오염방지를 위해서는 ① 건축 구조체의 이용을 피한다. ② 음료수 탱크는 완전히 밀폐하고, 맨홀 뚜껑을 통하여 다른 물이나 먼지 등이 들어가지 않도록 한다. ③ 음료수 탱크 내에는 다른 목적의 배관을 하지 않는다. ④ 음료수 탱크에 부착된 오버플로관은 철망을

6) 수돗물과 수돗물 이외의 물질이 혼입되어 오염시키는 것으로, 이와 같은 현상은 백플로(back flow)·수수탱크·고가탱크 등을 통하여 일어난다.

씌워 벌레 등의 침입을 막는다. ⑤ 콘크리트 제품은 완전한 방수시공을 기대할 수 없으므로 스테인리스강판, FRP 제품 및 강판제품을 사용한다. ⑥ 탱크의 재질, 보강재의 재질 및 사용 도료는 수질에 영향이 없는 것으로 한다. ⑦ 배수 및 우수의 영향을 받지 않도록 설치한다. ⑧ 탱크는 정기적으로 청소할 수 있는 구조로 한다.

배관의 부식은 물을 오염시킬 뿐만 아니라 원활한 물의 소통을 저해하므로 급수배관을 청소 관리하는 것이 필요하다. 급수배관의 세정방법으로는 물리적 방법으로는 스크레버법, 오가법, 초음파법, 고압수분사법, 폴픽법, 샌드법이 있으며, 화학적 방법으로는 순환법과 일과법이 있다.

(3) 급수설비의 위생관리

일반수도업자는 수도에 관하여 소독 및 수질검사, 그 밖의 위생에 필요한 조치를 하여야 한다. 소유자나 관리자는 급수설비에 대한 소득 등 위생조치를 하여야 한다. 다만, 저수조를 거치지 아니하고 수돗물을 공급하는 건축물이나 시설은 제외한다. 수도시설의 청소 및 위생관리 등에 관한 규칙 제6조에 의해 대형건축물 등의 소유자 또는 관리자 등은 저수조를 1회 이상 청소하고, 그 위생상태를 매월 1회 이상 점검하여야 한다.

2) 급탕설비

(1) 의의

급탕설비란 욕실·주방 등에 깨끗한 온수를 적당한 온도로 필요한 양을 지속적으로 공급하는 설비로서 수리학적으로는 급수설비의 원리와 대동소이하다. 그러나 설비구조 내를 순환하는 물은 가열된 상태이므로 물의 팽창이나 압력 상승에 의한 위험문제, 온도변화에 따른 배관계통의 신축·수질변화의 문제 및 전체 설비구조 내의 급탕온도의 균일성 유지문제 등을 유의해야 할 필요가 있다.

(2) 급탕방식의 종류

개별식 급탕법은 필요한 개소에 탕비기를 설치하여 소요장소에 온수를 공급하는 방법으로 소규모 급탕에 적합하다. 개별식 급탕법의 종류로는 순간온수기와 저탕형 탕비기 그리고 기수혼합식 탕비기가 있다. 순간온수기의 경우 급탕기구 수가 작고 급탕범위가 좁은 주택의 욕실, 부엌의 싱크, 이발소 등에 적합하다. 저탕형 탕비기는 일반용, 음료용이 있으며 기수혼합식 탕비기는 공장, 병원 등의 큰 욕조에 사용하는 방식이다.

중앙식 급탕방식은 중앙에서 보일러를 가동하여 각 세대로 온수를 공급하는 방식으로 주로 대규모 건축물, 즉 아파트·사무실·호텔 등에서 사용된다. 중앙식 급탕방식의 종류로는 직접가열식과 간접가열식이 있다.

(3) 급탕배관

배관방식으로는 단관식과 복관식이 있으며, 전자의 경우 공급관뿐인 배관방식으로, 순환관이 없어서 배관이 짧고 간단하여 설비비가 적게 들기 때문에 주택이나 소규모 건물에 많이 이용된다. 순환식은 저탕조를 중심으로 회로배관을 형성하고 탕물이 항상 순환하고 있으므로 급탕전을 열면 뜨거운 물이 나오는 장점이 있다.

순환방식으로는 중력식과 강제식이 있으며, 전자의 경우 급탕관과 순환관의 물의 온도차에 의한 대류작용으로 자연순환되는 방식으로 소규모 건물에 적합하다. 강제식은 순환펌프를 설치하여 이 펌프에 의해서 강제적으로 온수를 순환시키는 방식으로 중규모 이상 건물의 중앙식 급탕법에 적당하다.

온수의 공급방식으로는 상향 공급방식과 하향 공급방식 그리고 역환수 방식이 있다. 상향 공급방식은 온수가 위층으로 올라가면서 각 세대에 공급되는 방식으로 온수의 온도가 떨어지는 정도가 적어 널리 이용된다. 반면에 하향 공급방식은 온수가 옥상부분까지 일단 올라갔다가 내려오면서 공급되는 방식이며, 온수의 온도가 떨어지기 쉽다. 역환수방식은 하향식 배관방식에서 온수가 떨어지는 결점을 보완하기 위하여 반탕관을 거꾸로 회전시켜 보일러에 공급하는 방식을 말한다.

(4) 온수조의 점검과 보존

온수조의 성능검사 때와 자체검사 때는 온수조 내부에 들어가서 침전물이나 부착된 오물을 제거하고 부식상태를 점검한다. 온수조 설비에서 가장 중요한 것은 적당한 온도를 유지하는 일이다. 심야의 전력을 이용하는 전기온수기에서 85℃까지 높여서 사용하지만, 일반 온수계통에서는 보통 55~60℃로 공급하며, 항상 저수조 출구에서 이 온도가 유지되고 있는지를 확인하여 조정한다.

온수 수질관리를 위해 온수 저수조 중 제1종 압력용기는 1년 1회, 소관부서의 성능검사를 받아야 하며, 이때는 미리 압력용기를 냉각시키고 청소나 타 성능검사에 필요한 준비를 해야 한다. 온수조의 고장내용은 온수의 온도가 너무 올라가거나 온수의 온도가 오르지 않는 경우인데 해당 원인에 적절한 대책이 필요하다.

3) 배수·통기설비

배수설비란 함은 건물·시설 등에서 발생하는 하수를 공공하수도에 유입시키기 위하여 설치하는 배수관과 그 밖의 배수시설을 말한다.

(1) 배수시설 등의 설치기준

주택의 부엌, 욕실, 화장실 및 다용도실 등 물을 사용하는 곳과 발코니의 바닥에는 배수설비를 하여야 한다. 배수설비에는 악취 및 배수의 역류를 막을 수 있는 시설을 하여야 한다.

주택에 설치하는 급수·배수용 배관은 콘크리트구조체 안에 매설하여서는 아니된다. 다만, 그 배관이 주택의 바닥면 또는 벽면 등을 직각으로 관통하는 경우와 주택의 구조안전에 지장이 없는 범위 안에서 구조체 안에 덧관을 미리 매설하는 등 배관의 부식을 방지하고, 그 수선 및 교체가 쉽도록 하여 배관을 설치하는 경우에는 그러하지 아니하다.

건축물에 설치하는 배수 등의 용도로 쓰는 배관설비의 설치 및 구조는 배관설비를 콘크리트에 묻는 경우 부식의 우려가 있는 재료는 부식방지조치를 하고, 건축물의 주요 부분을 관통하여 배관하는 경우에는 건축물의 구조내력에 지장이 없도록 하는 등의 기준을 지켜야 한다.

(2) 하수법상 배수설비의 설치 등

공공하수도의 사용이 개시된 때에는 배수구역 안의 토지의 소유자·관리자 또는 국·공유시설물의 관리자는 그 배수구역의 하수를 공공하수도에 유입시켜야 하며, 이에 필요한 배수설비를 설치하여야 한다. 공공하수도관리청은 배수설비의 부실시공을 방지하기 위하여 필요한 경우에는 배수설비를 설치하여야 하는 자에게 그 배수설비의 시공을 대통령령이 정하는 요건을 갖춘 자로 하여금 대행하게 하도록 명할 수 있다.

배수설비를 설치하려는 자는 배수설비의 설치신고, 하수의 수질 등의 신고, 배수설비의 준공검사를 받을 의무와 배수설비의 유지관리 의무가 있다. 이때 하수의 수질 등의 신고는 다음에서 정하는 수질 또는 수량 이상이 하수를 공공하수도에 유입시키는 경우이다.

① 생물화학적 산소요구량이 수질 및 수생태계 보전에 관한 법률 제32조 제8항에 따라 환경부장관이 별도로 정하여 고시한 배출허용기준 이하이고 부유물질이 리터당 80mg 이상인 수질의 하수
② 하루에 내보내는 오수의 최대량이 100세제곱 이상인 하수

배수설비의 설치 및 구조에 관하여는 건축법 그 밖의 다른 법령의 규정에 따르는 것을 제외하고는 하수도법과 동법 시행규칙에서 정하는 기준에 따라야 한다.

(3) 배수 계통의 분류

배수는 사용목적, 사용 개소, 배수방식 그리고 배수처리방식에 따라 다음과 같이 분류할 수 있다.

〈표 11-2〉 배수 계통의 분류

	유형	내용
사용목적	오수	수세식 화장실로부터의 배수 중 오물을 포함하고 있는 대·소변기, 비데, 변기소독기 등에서의 배수
	잡배수	부엌 싱크, 세면기, 욕실 등에서의 배수
	우수배수	옥상이나 발코니 등의 루프 드레인에서의 배수
	간접배수	냉장고나 공조기에서의 응축수의 배수
	특수배수	공장 폐수 등과 같이 유해한 물질이나, 병원균·방사능 물질 등을 포함한 물의 배수
사용개소	옥내배수	건물 내의 배수 및 건물의 외벽에서 1.0m까지의 배수
	옥외배수	옥내 배수 이외의 배수
배수방식	중력식배수	자연 유하에 의해서 배수를 배출하는 방식으로, 지대가 공동하수관보다 높아야 한다
	기계식배수	배수펌프에 의해서 양수를 배제하는 방식으로, 지대가 낮은 경우 등에 사용한다
배수 처리방식	합류배수	오수와 잡배수를 한데 모아 하수종말처리장에서 처리한 다음 하천으로 방류
	분류배수	건물에서의 배수를 오수, 잡배수, 우수로 나누어 각 배출하는 방식으로 오수는 정화조에서 처리한 후 하천으로 방류

(4) 트랩

트랩의 역할은 하수 본관 및 가옥 배수관 내에서 발생한 하수 유해가스가 위생기구에서 배수가 안 될 때 빈 관 속을 통하여 실내에 침입하는 것을 방지하기 위해서이다. 배수 계통의 요소에는 트랩을 부착해야 한다. 트랩은 구조가 간단하고 배수 자체의 유수에 의하여 배수로를 세정하며 오물이 정체하지 않을 것, 봉수가 항상 유지될 수 있는 구조인 동시에 재질은 내식성 및 내구성이 우수해야 한다.

트랩의 종류로는 사이펀식 트랩, 비사이펀식 트랩 그리고 저집기형 트랩이 있다. 사이펀식 트랩은 S트랩, P트랩, U트랩이 있으며, 비사이펀식 트랩으로는 드럼트랩과 벨트랩이 있다. 저집기형 트랩으로는 그리스트랩, 가솔

린트랩, 샌드트랩, 헤어트랩, 플라스터트랩, 론더리트랩이 있다.

트랩의 봉수가 파괴되는 원인으로는 자기사이펀 작용, 유인사이퍼, 분출 작용이 있다. 이 경우에는 트랩부분에 통기관을 설치하는 것이 대책이 된다. 모세관 작용이 있는 경우 원인물질을 제거하며 증발하는 경우에는 기름 도포를 설치하고, 운동량에 의한 관성작용에 의한 경우에는 격자철물을 설치한다.

(5) 통기관의 설치

통기관을 설치하는 이유는 트랩의 봉수를 보호하고 배수관 내의 배수 흐름을 원활하게 하는 동시에 신선한 공기를 유통시켜 관내 청결을 유지하는 데 있다. 통기배관 방식은 1관식과 2관식으로 구분되며, 전자의 경우 가구수가 적고 낮은 건물에, 후자의 경우에는 가구수가 많은 고층 건물에 주로 사용되는 통기 배관 방식이다.

〈표 11-3〉 설치방식에 따른 통기관의 종류

	특 성
각개통기관	각 위생기구마다 통기관을 취함
루프통기관	2개 이상의 트랩을 보호하기 위하여 최상류 기구의 하류 배수 수평지관에서 통기관을 취하며, 이 통기관을 신정통기관에 접속
도피통기관	회로 통기관의 통기 능률을 촉진시키기 위해 설치
습식통기관	배수 수평지관 최상류 기구의 바로 아래에서 연결하는 통기관
공용통기관	2개의 위생기구가 같은 레벨로 설치되어 있을 때 배수관이 교점에서 접속되어 수직으로 세운 통기관
결합통기관	고층건물의 경우 배수수직주관과 통기수직주관을 접속하는 통기관
신정통기관	배수수직주관 끝을 관정으로 줄이지 않고 옥상으로 연장하여 통기관으로 사용하는 부분
특수통기관	소벤트방식과 섹스티아 방식으로 구분됨

(6) 위생기구 및 배관재료

① 위생기구

위생기구란 건축물에 있어서 급수, 급탕 및 배수를 필요로 하는 장소에 설치하는 기구를 총칭하여 위생기구라 한다. 위생기구의 재료는 도기·스테인리스강·플라스틱이 있고, 위생기구에 부속하여 장치되는 부속품으로는 급수철물·급탕철물·트랩 및 부설철물 등이 있다.

설비를 유닛화하는 것은 현장 작업의 공정을 최소한으로 줄일 수 있음과 동시에 공장제작의 단순화, 합리화로 공사 전체의 생산성·안전성 등을 향상시킬 수 있다. 현재 설비 유닛으로서 시공되고 실용화되어 있는 것에는 욕조 유닛, 주방 유닛, 설비코어 유닛 등이 있다.

② 배관재료

배관의 종류별 특징과 용도를 정리하면 다음과 같다.

〈표 11-4〉 배관의 종류별 특징과 용도

	특징	용도
주철관	• 재질은 값이 싸며 부식성이 적고 강도 및 내구성이 특히 우수하다. • 내압성·내식성은 강하나 충격·인장강도는 약하다.	내경 75㎜ 이상의 상수도용 습수관, 우수배수관, 가스 공급관, 통신용 케이블 매설관, 화학 공업용 배관 등으로 이용한다.
강관	• 배관 공사에서 가장 많이 사용하는 관으로, 연관이나 주철관에 비해 가볍고, 인장강도가 가장 크며, 주철관에 비하여 부식되기 쉽다. • 충격에 강하고 굴곡선이 좋다. • 관의 접합이 비교적 쉽다(시공이 용이).	• 1MPa 이하의 증기, 물, 기름, 가스, 공기 등을 사용하는 배관에 쓰인다. • 강관의 두께는 스케줄 번호로 나타내며 번호가 클수록 관의 두께가 두꺼워진다.
연관	• 부식성이 적고 굴곡이 용이하여, 점성이 좋아 가공이 쉽다. • 산에는 강하나 알칼리에 약하므로 콘크리트 속에 매설 시 방식 피복을 해야 한다.	가장 오래전부터 사용되고 있는 급수관이며, 굴곡이 많은 수도 인입관, 기구배수관, 가스배관, 화학 공업 배관 등에 쓰인다.

동관	• 배관 시공이 용이하다. • 염류, 산, 알칼리 등의 수용액이나 유기화학물에 대한 내식성이 높아 부식이 적다.	전기 및 열의 전도율이 좋아 전기재료, 열교환기, 급수관 등에 이용한다.
황동관	• 동 환금관으로 내외면에 주석도면을 한 것이다.	병원의 증류수, 멸균수 등의 극연수 송수관으로 사용한다.
경질비닐관 (PVC pipe)	• 가격이 싸고 내면이 평활해 마찰손실이 적다. • 가볍고 부식성이 적으나, 충격과 열에 약하다.	급탕관·증기관으로는 부적당하다.
콘크리트관	• 내식성이 강해서 해수수송관, 배수관, 모래운반관에 이용	콘크리트 제품으로 가격이 싸며 배수관에 사용되기도 한다.
라이닝관	• 라이닝이란 관이나 보일러 내부에 플라스틱이나 유리, 에폭시 등을 부착시켜 부식을 방지하는 것을 말함	내약품성이 있는 관에 사용하며, 강관·동관, 급수, gas 등에 사용한다.

(7) 오물처리설비

오물이란 오수와 분뇨를 통칭하는 개념이다. 오물처리방식은 합류배수방식과 분류배수방식이 있으며, 오물을 함께 처리하는지 여부에 따라 분류하는 방식이다. 오물정화시설의 정화방법으로는 생물학적 방법과 물리적 방법 그리고 화학적 방법으로 구분할 수 있다.

생물학적 방법은 호기성 처리방법과 혐기성 처리방법으로 나누어지며, 물리적 방법의 경우 전처리시설, 침천, 부상, 여과, 흡착으로 나눌 수 있다.

① 오수처리방법

생물학적 처리방법은 분뇨 및 처리과정 중에서 가장 중요한 작용을 하는 것이 생물학적 처리방식이며, 그 중요한 작용을 하는 것은 미생물이다. 호기성 처리방법에서 호기성 미생물이란 산소가 있는 장소에서 생존하고, 생존에 필요한 산소를 오수 중 혹은 공기 중에서 받아 증식하는 미생물을 말한다. 이 방법은 유기분해를 호기성 미생물에 의하여 처리함으로써 짧은 시간에 양호한 처리수를 얻을 수 있으며, 적은 공간을 차지하고 고급시설이다.

처리방법의 종류에는 활성슬러지법, 장기폭기법, 살수여과상법, 회전원판법, 산화지법이 있다. 혐기성 처리방법은 산소가 없는 장소에서 생존하는 혐기성 미생물에 의한 유기물 분해이므로 산소공급이 불필요하며, 유지비가 적게 소요된다. 악취발생의 문제가 있으며, 종류에는 혐기성 접촉법, 혐기성 산화지법, 혐기성 여과상법, 임호프탱크식 등이 있다.

물리적 처리방법으로는 스크린, 침전, 부상, 교반, 여과의 방법이 있다. 부상의 경우 물보다 가벼운 부유물질이 오·폐수 내에 많은 경우 입자의 표면에 공기방울을 접촉시켜 입자를 가라앉히는 대신에 떠오르게 하여 부유물질을 제거시키는 방법이다. 교반은 폭기조 등에서 공기를 혼입시키기 위해서 기계적으로 균일하게 섞이도록 하는 방법을 말한다.

화학적 처리방법으로는 오수의 수질이 산성이나 알칼리성이 강할 때 산성제나 알칼리제를 혼입하여 중화하는 방법과 소독제를 투입하여 소독처리하는 방법이다.

② 정화조

정화조의 구조는 정화조 구조물의 천장·바닥 및 주벽과 격벽은 내수 재료로 만들고, 방수 모르타르를 바르거나 방수제를 사용하여 누수가 없게 해야 한다. 또한 구조물의 부패조, 산화조, 소독조 윗부분에는 방수 재료로 만든 맨홀 뚜껑을 설치하여야 한다. 정화조의 구조물로는 부패조가 있으며, 혐기성균을 생육시켜 소화작용과 침전작용이 이루어져야 한다. 여과조는 오수 속의 부유물을 걸러 제거하는 탱크이다. 산화조는 부패조에서 1차 처리된 오수를 호기성균을 생육시켜 안정된 물질로 산화분해한다. 특히 산화를 촉진시키기 위해서는 공기와 유통이 잘되게 산소공급을 풍부하게 해야 한다. 소독조는 산화조에서 나오는 오수를 멸균시킨다.

〈표 11-5〉 정화조의 구조

구성 부분	구성 내용
부패조	• 2개 이상의 부패조와 예비여과조로 구성된다. • 제1·2 부패조와 예비여과조의 용적비는 4:2:1 또는 4:2:2이다. • 공기를 차단하여 혐기성균으로 하여금 오물을 소화시킨다. • 각 실의 유효 수심은 1-3m 이하여야 한다. • 부패조의 유효량은 유입오수량이 2일분 이상을 기준으로 한다.
여과조	• 부패조와 산화조 사이에 설치된다. • 오수는 하부에서 위로 흐르게 한다. • 오수 속의 부유물이 쇄석층에서 제거된다. • 쇄석층의 깊이는 수심의 1/2(또는 1/3)로 하고, 쇄석의 크기는 5-7㎝ 정도이며, 쇄석층 윗면은 오수면보다 10㎝ 낮다.
산화조	• 산소의 공급으로 호기성균에 의해 산화처리시킨다. • 살수홈통의 밑면과 쇄석층 윗면과의 거리는 10㎝ 이상, 쇄석층의 두께는 90㎝ 이상 2m 이내, 쇄석층의 밑면과 정화조 바닥과의 간격은 10㎝ 이상으로 한다. • 배기관의 높이는 지상 3m 이상으로 한다. • 산화조는 살수여상형으로 하고 배기관 및 송기구를 설치하여 통기설비를 갖춘다. • 산화조의 밑면은 소독조를 향해 1/100 정도로 내림구배로 한다. • 산화조의 용량은 부패조 용량의 1/2 이상으로 한다.
소독조	• 산화조에서 나오는 오수를 멸균시킨다. • 소독제로는 차아염소산나트륨, 차아염소산칼슘 등의 염소 계통을 쓴다. • 약액조의 용량은 25리터 이상(10일분 이상)으로 한다.

4) 가스설비

가스는 각종 유류·전기 및 원자력 등과 함께 현대 생활의 주에너지원이 되고 있다. 특히, 가스연료는 무게에 비해 열량이 크고, 연소 후 재나 그을음이 없어 공해를 일으키지 않으며, 보일러 등의 부식이 적은 편리함 때문에 최근 가스 사용이 다용도로 증가하는 추세에 있다.

가스의 종류로는 도시가스와 LPG가 있다. 가스설비의 경우 취급부주의로 폭발 또는 화재가 발생하는 경우 그 피해규모가 크기 때문에 안전점검이 매우 중요하다.

〈표 11-6〉 가스설비의 안전점검 규정

	LPG	도시가스
정기안전점검	2년마다 1회 이상 사용자시설의 안전점검을 받음	2년마다 1회 이상 사용자시설을 대상으로 실시
수시검사	공급 시마다 사용자시설의 누설검사 및 용품의 상태 점검	-
누설검사	집단공급자에 한해 6개월마다 1회 이상	6개월마다 1회 이상
계도물배포	6개월마다 1회 이상 가스사용시설의 안전관리에 관한 사항을 계도물로 작성배포	6개월마다 1회 이상 가스사용시설의 안전관리에 관한 사항을 계도물로 작성배포
관련법	액화석유가스의 안전 및 사업관리법	도시가스사업법

5) 소방설비

소방시설이라 함은 소화설비·경보설비·피난설비·소화용수설비 그 밖에 소화활동설비로서 대통령령이 정하는 것을 말한다(소방시설설치유지 및 안전관리에 관한 법률 제2조 제1호).

소방시설의 종류로는 소화설비, 경보설비, 피난설비, 소화용수설비 그리고 소화활동설비가 있다.

〈표 11-7〉 소방시설의 종류

	개념	종류
소화설비	물 그 밖의 소화약제를 사용하여 소화하는 기계·기구 또는 설비	소화기구, 옥내소화전설비, 스프링클러설비, 물분무소화설비, 옥외소화전설비
경보설비	화재발생 사실을 통보하는 기계. 기구 또는 설비	비상벨설비 및 자동식사이렌설비, 단독경보형감지기, 비상방송설비 등
피난설비	화재가 발생할 경우 피난하기 위하여 사용하는 기구 또는 설비	미끄럼대·피난사다리·구조대·완강기 등, 방열복·공기호흡기 및 인공소생기, 피난유도선, 유도등 및 유도표지, 비상조명 등 및 휴대용비사조명 등
소화용수설비	화재를 진압하는 데 필요한 물을 공급하거나 저장하는 설비	상수도소화용수설비, 소화수조·저수도 그 밖의 소화용수설비
소화활동설비	화재를 진압하거나 인명구조활동을 위하여 사용하는 설비	제연설비, 연결송수관설비, 연결살수설비 등

특정소방대상물의 관계인은 관련법에 의거하여(소방시설설치유지 및 안전관리에 관한 법률 제9조 제1항) 특정소방대상물의 규모·용도 및 수용인원 등을 고려하여 소방시설을 갖추어야 한다(소방시설설치유지 및 안전관리에 관한 법률 시행령 제154조 별표4).

특정소방대상물의 관계인은 그 특정소방대상물에 대하여 방화관리업무를 수행해야 한다. 방화관리자를 두어야 하는 특정소방대상물은 다음의 어느 하나에 해당하는 특정소방대상물로 한다.

① 1급 방화관리대상물: 특정소방대상물 중 다음에 해당하는 것으로서 아파트, 위험물제조소 등, 지하구, 철강 등 불연성물품을 저장·취급하는 창고 및 동식물원을 제외한 것

㉠ 연면적 1만 5,000㎡ 이상인 것

㉡ 위 ㉠에 해당되지 아니하는 특정소방대상물로서 층수가 11층 이상인 것

㉢ 가연성가스를 1,000톤 이상 저장·취급하는 시설

② 2급 방화관리대상물: 특정소방대상물 중 위 ①에 따른 특정소방대상물을 제외한 다음의 어느 하나에 해당하는 것

㉠ 별표4의 규정에 의하여 스프링클러설비·간이스프링클러설비 또는 물분무 등 소화설비를 설치하는 특정소방대상물

㉡ 위 ㉠에 해당되지 아니하는 특정소방대상물로서 별표4의 규정에 의하여 옥내소화전설비 또는 자동화재탐지설비를 설치하는 특정소방대상물

㉢ 가스제조설비를 갖추고 도시가스사업허가를 받아야 하는 시설 또는 가연성가스를 100톤 이상 1,000톤 미만 저장·취급하는 시설

㉣ 지하구

㉤ 주택법 시행령 제48조 각 호의 어느 하나에 해당하는 공동주택

㉥ 문화재보호법 제5조에 따라 국보 또는 보물로 지정된 목조건축물

〈표 11-8〉 소방시설의 제원

	구성	설치기준
소화기구	수동식 소화기	소방대상물로부터 수동식 소화기까지의 보행거리가 20m 이내, 대형수도식 소화기의 경우에는 30m 이내
	자동식 소화기	자동식 소화기의 가스차단장치는 주방배관의 개폐밸브로부터 2m 이하의 위치에 설치
옥내 소화전 설비	수원	옥내소화전의 설치개수가 가장 많은 층의 설치개수에 2.6㎥를 곱한 양 이상이 되도록 함
	가압송수장치	소화전의 노즐선단에서의 방수압력이 0.17MPa 이상이고, 방수량이 130l/min 이상이 되는 성능으로 할 것
	송수구	지면으로부터 0.5m 이상 1m 이하의 위치에 설치, 구경 65㎜의 쌍구형 또는 단구형으로 할 것
	방수구	호스는 구경 40㎜ 이상의 것
옥외 소화전 설비	수원	옥내소화전의 설치개수가 가장 많은 층의 설치개수에 7㎥를 곱한 양 이상이 되도록 함
	가압송수장치	소화전의 노즐선단에서의 방수압력이 0.25MPa 이상이고, 방수량이 350l/min 이상이 되는 성능으로 할 것
스프링클러	폐쇄형	습식과 건식, 준비작동식으로 나누어지며 습식이 가장 일반적으로 사용됨
	개방형	천장이 높고 화재가 급속도로 번질 가능성이 있는 곳에 설치
	수원의 확보	폐쇄형 스프링클러: 설치장소별 스프링클러헤드의 기준개수에 1.6㎥를 곱한 양 이상
	가압송수장치	정격토출압력은 하나의 헤드선단에 0.1MPa 이상 1.2MPa 이하
연결 송수관 설비	송수구	송수구는 연결송수관의 수직배관마다 1개 이상 설치
	배관	주배관의 구경은 100㎜ 이상
	방수구	소방대상물의 층마다 설치
자동화재 경보설비	감지기	정온식, 차동식, 보상식, 연기감지기로 나뉨
	발신기와 수신기	화재 발생 시 누름단추를 눌러 화재신호를 발신하고 수신기에 전달하는 장치
	전기화재경보기	목조 건축물에 설치
피난설비		비상조명등, 유도등, 비상전원으로 구성

1급 및 2급 방화관리대상물의 관계인은 일정자격을 갖춘 방화관리자를 선임하여야 하며, 특정소방대상물의 관계인은 방화관리자를 다음의 하나에 해당하는 날부터 30일 이내에 선임하여야 한다.

① 신축·증축·개축·재축·대수선 또는 용도변경으로 해당 특정소방대상물의 방화관리자를 신규로 신임하여야 하는 경우: 해당 특정소방대상물의 완공일
② 증축 또는 용도변경으로 인하여 특정소방대상물이 1급 방화관리대상물 또는 2급 방화관리대상물로 된 경우: 증축공사의 완공일 또는 용도변경 사실을 건축물관리대장에 기재한 날
③ 특정소방대상물을 양수하거나 민사집행법에 의한 경매, 채무자 회생 및 파산에 관한 법률에 의한 환가, 국세징수법·관세법 또는 지방세법에 의한 압류재산의 매각, 그 밖에 이에 준하는 절차에 의하여 관계인의 권리를 취득한 경우: 해당 권리를 취득한 날 또는 관할 소방서장으로부터 방화관리자 선임 안내를 받은 날
④ 소방시설설치유지 및 안전관리에 관한 법률 제21조의 규정에 의한 특정소방대상물의 경우: 소방본부장 또는 소방서장이 공동방화관리대상으로 지정한 날
⑤ 방화관리자를 해임한 경우: 방화관리자를 해임한 날

소방시설의 종류와 해당 시설별 설치기준은 다음과 같으며, 해당 시설들은 시설유형별로 위치, 구경, 압력 등이 차등적으로 설정되어 있다.

6) 난방설비

난방이란 실내의 온도를 적정하게 유지하게끔 열을 공급하는 것을 말한다. 이러한 난방관리는 개별난방, 중앙난방, 지역난방 등의 방식으로 이루어지는데, 무엇보다 보일러의 운용, 안전 및 화기문제를 합리적으로 해결할 필요가 있겠다.

〈표 11-9〉 난방방식의 종류

	특징	장점	단점
증기 난방	보일러에서 생산된 증기를 방열기로 보내 증기의 응축잠열을 이용하는 방식	• 증발잠열을 이용하기 때문에 열의 운반능력이 크다. • 예열시간이 온수난방에 비해 짧고 증기의 순환이 빠르다. • 방열면적을 온수난방보다 작게 할 수 있으며, 관경이 가늘어도 된다.	• 난방의 쾌감도가 낮다. • 난방부하의 변동에 따라 방열량 조절이 곤란하다. • 소음이 많이 난다. • 보일러 취급에 기술을 요한다.
온수 난방	현열을 이용한 난방으로, 보일러에서 가열된 온수를 복관식 또는 단관식의 배관을 통하여 방열기에 공급하여 난방의 목적 달성 가능	• 난방부하의 변동에 따라 온수온도와 온수의 순환수량을 쉽게 조절 가능 • 현열을 이용한 난방이므로 증기난방에 비해 쾌감도가 높다. • 방열기 표면온도가 낮으므로 표면에 부착한 먼지가 타서 냄새가 나는 일이 적다. • 난방을 정지하여도 난방효과가 지속된다. • 보일러 취급이 용이하고 안전하다.	• 예열시간이 길다. • 증기난방에 비해 방열면적과 배관의 관경이 커야 하므로 설비비가 많이 든다. • 열용량이 크기 때문에 온수순환시간이 길다. • 한랭 시 난방을 정지하였을 경우 동결이 우려된다.
복사 난방 (온수 온돌 난방)	방을 구성하는 바닥, 천장, 벽체에 배관을 매설하고 온수를 공급하여 그 복사열로 난방하는 방식	• 실내의 온도분포가 균등하고 쾌감도가 높다. • 방열기가 필요치 않으며 바닥면의 이용도가 높다. • 방이 개방된 상태에서도 난방효과가 있으며 평균온도가 낮기 때문에 동일 방열량에 대해서 손실 열량이 비교적 적다. • 대류가 적으므로 바닥면의 먼지가 상승하지 않는다.	• 열용량이 크기 때문에 외계 온도의 급변에 대해서 방열량 조절이 어렵다. • 가열코일을 매설하는 관계상 시공. 수리, 방의 모양을 바꿀 때 불편하며, 건축벽체의 특수 시공이 필요하므로 설비비가 많이 든다. • 회벽 표면에 균열이 생기기 쉽고 매설배관인 관계상 고장이 났을 때 발견하기 곤란 • 열손실을 막기 위한 단열층이 필요

온풍 난방	온풍로에서 가열한 공기를 직접 실내로 공급하는 방식.	• 열효율이 높고 연료비가 적게 든다. • 설비비가 싸고 설치면적이 작다.	• 소음이 크다. • 쾌감도가 좋지 않다(대류, 먼지). • 풍량이 작을 때 실내의 상하온도 분포가 나쁘다.
개별 식난 방법	열원기기를 실내에 직접 설치하여 열의 대류 및 복사에 의해 난방하는 것	• 시설의 초기 투자비용이 적다. • 개별제어가 가능하고 온도유지가 편리하다. • 유지관리비가 적고, 공사비가 저렴	• 보일러실의 설치로 건물의 유효면적비가 줄어든다.
중앙 식난 방법	특정 장소에 열원기기를 설치하여 각 방에 온수·증기·운풍	• 관리상의 이용이 편리하고 열효율이 높다. • 공급하는 장소가 많을수록 관리비가 적게 든다. • 보일러실이 필요없어 화재·소음·배기가스의 역류로부터 안전하다.	• 초기 공사비가 많이 들며, 추후 개보수가 번거롭고, 비용이 많이 든다. • 예열시간이 길다.
지역 난방	중앙식 보일러실에서 어떤 지역 내의 여러 건물에 증기 또는 고온수를 보내서 난방하는 방식	• 대규모이므로 관리가 쉽고 연료비, 인건비가 싸게 들며 열효율면에서 유리 • 24시간 난방수 및 급탕을 공급받을 수 있다.	• 배관 도중 열손실이 크다. • 향후 개보수가 번거롭고 비용이 많이 든다.
열 병합 발전 설비	화력발전소에 있어서 버려져 왔던 막대한 양의 배열을 회수 활용하고, 송전손실을 줄임으로써 전체 에너지 이용률을 높이려는 수단	• 발전 시의 폐열 이용에 따른 에너지를 절감할 수 있다. • 화재 등의 위험이 없다.	• 초기투자비가 비싸다. • 각 건물의 기계실 면적 감소 및 기기소음을 줄일 수 있다.

(1) 보일러

보일러란 밀폐된 강철제 동체·관 등 용기에 물을 넣고 이것을 가열하여 증기를 발생하는 장치로서 주철제 노통연관식, 수관식 보일러 등이 있다.

주철제 보일러는 주철제의 부재를 조합하여 관체를 구성한 보일러로 특징은 다음과 같다.

① 내식성이 우수하고 수명이 길다.
② 취급이 간편하고 분할 반입이 용이하다.
③ 섹션의 증감에 의해 보일러의 능력변경이 가능하다.
④ 가격이 싸다.
⑤ 내압력이 낮아 중소규모 건축의 난방, 급탕용, 증기보일러, 온수보일러로서 널리 사용된다.

노통 연관식 보일러는 강판제 보일러의 일종으로 강판으로 된 원통 속에 연소실이 있고, 연소가스는 수중의 연관을 2-3회 흐름 방향을 바꾸어 통과하여 물에 열을 주고 연돌로 흐른다. 특징은 다음과 같다.

① 보유수량이 많아 부하변동에 유리하다.
② 설치가 간단하나 수명이 짧고 가격이 고가이다.
③ 중·대규모 건축물 난방의 증기 및 온수 보일러로 채용되고 있다(아파트, 학교 등).

수관식 보일러는 드럼과 여러 개의 수관으로 구성된 보일러로서 종류에는 자연 순환 보일러, 강제 순환 보일러, 관류 보일러 등이 있다.

① 보유수량이 적어 증기발생속도가 빠르며 예열 시간이 짧다.
② 연소상태가 좋고 보일러의 열효율이 좋다.
③ 설치면적이 넓고 다른 보일러에 비해 고가이며, 급수처리가 까다롭다.
④ 고압·고온형에 알맞으며 고압증기를 대량으로 사용하는 대규모 건축물에 부합하다.

관류식 보일러는 긴 관을 코일 모양으로 만든 가열관을 설치하고, 순환펌프에 의해 관내를 흐르는 동안에 예열, 증발부, 과열부의 순서로 관류하면서 과열증기를 얻기 위한 것이며, 보유수량이 적기 때문에 가동시간이 짧고 부하변동에 따라 압력변동을 일으키므로 응답이 빠른 자동제어기기를 필요로 하나, 보일러의 보유량이 극히 적어도 되고 증기발생이 빨라 소형이라도 충분하기 때문에 난방용으로 널리 사용된다.

7) 배기 및 환기설비

환기는 실내의 공기정화 또는 온열환경조건의 개선 등의 명확한 환경개선을 목적으로 거주자가 의도적으로 실내외의 공기를 교체하는 행위를 나타내는 용어이다. 환기방식으로는 자연환기와 기계환기가 있으며, 자연환기의 경우 창문에 의하여 자연적으로 환기하는 것으로서, 환기량이 일정치 않다. 자연환기설비는 환기에 적합한 공기흡입구와 배기구를 갖추어야 한다. 원칙적으로 자연환기의 단점은 기계환기에 의해 보완되어질 수 있다. 송풍기에 위치에 따라 3가지 유형으로 나누어지는데 제1종 기계환기법은 급배기 모두 송풍기를 설치하는 방식이며, 제2종 기계환기법은 급기 송풍기만 설치하며 실내에 정압으로 유지하여 다른 실내에서의 먼지 침입이 없으므로 클린룸 등에 사용된다. 제3종 환기법은 배기 송풍기만 설치하며, 실내에 부압으로 유지하며 실내의 냄새나 유해물질을 다른 실로 흘려보내지 않으므로 주방, 화장실, 유해가스 발생장소 등에 사용된다.

〈표 11–10〉 환기의 종류

구분	내용
자연환기	자연의 풍향, 풍혹 및 건물 내외의 온도차에 의한 공기의 밀도차를 이용하는 환기이다.
기계환기	송풍기나 배풍기 등의 기계를 이용하여 실내공기를 바꾸어 주는 것이다. ① 제1종 환기: 기계배기+기계급기 ② 제2종 환기: 기계급기+자연배기 ③ 제3종 환기: 기계배기+자연급기

8) 전기설비

전기설비는 일반적으로 강전설비와 약전설비로 구분되며, 건축물에서의 전기설비를 용도에 따라 분류하면 다음과 같다.

〈표 11-11〉 전기설비의 종류

유형	구성
강전설비	① 배전설비 ② 동력설비 ③ 배선설비 ④ 피뢰침 ⑤ 수·변전설비 ⑥ 간설설비 ⑦ 조명·콘센트 등 기타 전기설비 ⑧ 자가발전설비
약전설비	① 전화설비 ② 방송설비 ③ 인터폰설비 ④ 배연설비 ⑤ 화재경보설비 등 방재설비 ⑥ TV 공청설비
기타 전기설비	① 화재경보 및 소화설비: 피난유도, 경보예방, 소방설비(전기), 방송설비 등 ② 방송설비: 비상전화, 도난경보, 위험경보, 순찰연락, 통보설비 등 ③ 수전설비: 인입, 구내배전, 옥내간선, 변전설비 등 ④ 발전설비: 일반부하용, 비상용, 특수용, 열병합설비 등 ⑤ 재해방지설비: 낙뢰보호(피뢰침), 접지, 항공장애 등, 헬리포트, 비상운반 설비 등

전기사업법에서 정하고 있는 전기설비 관련 용어는 다음과 같이 정리할 수 있다.

〈표 11-12〉 전기사업법의 전기설비 관련 용어

용어	정의
전기설비	발전·송전·변전·배전 또는 전기사용을 위하여 설치하는 기계·기구·댐·수로·저수지·전선로·보안통신선로 및 그밖의 설비로서 전기사업용전기설비, 일반용전기설비 그리고 자가용전기설비
배선선로	다음의 곳을 연결하는 전선로와 이에 속하는 전기설비를 말한다. ㉠ 발전소와 전기수용설비 ㉡ 변전소와 전기수용설비 ㉢ 송전선로와 전기수용설비 ㉣ 전기수용설비 상호간
전기수용설비	수전설비와 구내배전설비
수전설비	타인의 전기설비 또는 구내 발전설비로부터 전기를 공급받아 구내배전설비로 전기를 공급하기 위한 전기설비로서 수전지점으로부터 배전반까지의 설비
구내배전설비	수전설비의 배전반 이후에서부터 전기사용기기에 이르는 전선로·개폐기·차단기·분전함·콘센트·제어반·스위치 그 밖의 부속설비를 말한다.

전기사업자나 자가용전기설비의 소유자 또는 점유자는 전기시설의 공사·유지 및 운용에 관한 안전관리업무를 수행하게 하기 위하여 전기·기계·토목 분야의 기술자격을 취득한 사람 중에서 각 분야별로 전기안전관리자를 선임해야 한다. 전기안전관리자의 직무로는 전기설비의 공사·유지 및 운용에 관한 업무 및 이에 종사하는 자에 대한 안전교육, 전기설비의 안전관리를 위한 확인·점검 및 이에 대한 업무의 감독 등이다. 전기설비의 점검은 일상점검과 정기점검으로 구분되며, 일상점검의 경우 1일 1회 이상 점검을 실시하며, 정기점검은 1년 1회 이상 장기적으로 정전상태에서 전기공작물을 점검하고 시험한다.

(1) 배선설비

전선에 흐르는 전류가 일정한도를 초과하게 되면 절연물의 손상은 물론 화재발생의 원인이 되므로 사용하는 전류량에 적합한 굵기의 전선을 선택하여 배선해야 한다. 한편, 전선의 재료에 따라서는 아연도금강관, 합성수지전선관, PVC관 등이 있는데, 특히 합성수지전선관은 가스가 있는 곳이나 습기가 있는 곳에 유리하며, 굴곡 장소가 많아 금속 관으로 공사하기 어려운 엘리베이터 배선이나 천장 내의 전선관 등에는 가용 전선관(flexible conduit)이 유리하다. 또한 일반적인 옥내배선용으로는 600V의 고무절연선이나 비닐절연전선이 주로 사용된다.

(2) (수)변전설비

(수)변전설비란 외부로부터 인입되는 고압전류를 건물의 용도에 따라 적정한 수준의 전압으로 바꾸어 건물 내부로 공급하는 설비를 말하며, 건물의 외부 또는 지하에 설치한다.

변전실의 기기 및 장치는 장시간 사용하게 되면 자연열화, 마모, 분진의 부착 등으로 기능이 떨어지므로 변전실 설비의 기능을 완전히 유지하고 사고의 발생을 미연에 방지하기 위해서는 보안점검을 철저히 하여야 한다. 변전실은 분기마다 1회 이상 안전진단을 하도록 하고 있다. 변전설비용 기기로는 배전반과 변압기가 있다.

〈표 11-13〉 변전설비용 기기

유형	기능
배전반	변전실에 설치된 기계류에 따라서 전력회로 및 전기기기의 상태를 감시하고, 차단기, 개폐기 등을 부착하여, 각종 기기 또는 선로의 고장이나 이상 상태를 보호계전기기를 통해서 검출하여 선택·차단함으로써 고장의 확산방지 및 고장의 경보, 표시등을 발하기 위한 목적
변압기	하나의 연철에 1차코일과 2차코일을 감고, 1차코일에 교류를 통하면 상호유도로 2차코일에 전압이 생기는 장치이다. 변압기의 고장원인으로는 온도 이상 상승, 그림의 누설 그리고 절연불량이 있다.
차단기	송·배전 계통이나 전압회로에 있어서 부하를 개폐하거나 전류를 차단하여 기기를 보호하는 장치임
콘덴서	교류 전력은 위상차에 의하여 전력손실과 전압 강하가 이루어지는데, 이러한 동력의 역률을 개선하기 위하여 설치함

(3) 예비전원설비

전력회사의 송전계통의 사고로 송전정지 또는 구내 전기설비의 고장으로 정전 시 공동주택자체 내에 자가발전을 위한 설비를 말한다. 예비전원설비로는 자가발전설비와 축전시설비 그리고 전용수전설비가 있다.

(4) 배전설비

배전설비는 외부의 전기기간 설비로부터 공동주택단지 내로 전력을 인입하여 각 세대가 전기를 사용할 수 있도록 하는 각종 설비를 말한다.

(5) 조명설비

광원의 종류 및 특성으로 구분해 보면 먼저 백열등은 점등이 빠르고 휘도가 높아 눈부심이 강하며, 수명은 짧은 편이다. 형광등은 발광효율이 높고 수명이 길며, 사무실 및 공장 등에 가장 널리 사용되는 조명이다. 수은등은 도로, 공원, 광장의 조명으로 사용되며, 수명이 길며, 점등이 늦어지는 특성이 있다. 메탈할라이드등은 조명 효율이 수은등에 비해 좋으며, 경기장, 은

행, 백화점 등의 용도로 사용된다. 나트륨등은 발광효율성이 가장 좋으며, 수명은 길고 주로 가로등, 터널조명 등에 사용된다. 이상의 전등을 발광효율이 좋은 순서대로 배열하면 나트륨등 > 메탈할라이드 > 형광등 > 수은등 > 할로겐 > 백열등순이다.

조명설비를 조명의 방식에 따라 구분하면 ① 직접조명, 반직접조명 ② 간접조명, 반간접조명, ③ 전반확산조명, ④ 국부조명으로 구분할 수 있다. 직접조명은 조명 등 기구에서 나오는 광속의 90% 이상을 투사 면에 비추는 조명방식을 말한다. 방이나 주방, 거실 등의 경우 아래 바닥면을 투사하기에 직접 조명이라고 한다.

그림 11-2 직접조명의 예

그림 11-3 간접조명의 예

이에 비해 조명 등 기구에서 발상되는 광속의 90% 이상을 천장이나 벽에 투사 후 이로부터 반사, 확산된 빛을 이용하는 방식을 간접조명이라고 한다.[7] 한편 전반조명은 실내 조명에서 광원을 배치하는 한 형식으로 상당히 넓은 실내에 적당한 크기의 광원을 수많이 규칙적으로 배치하여 조도 분포를 고르게 한다. 공장, 사무실, 백화점 등에 많이 쓰인다.

9) 운송설비

건축주는 6층 이상으로서 연면적이 2,000㎡ 이상인 건축물을 건축하려면 승강기를 설치하여야 한다(건축법 제64조 제1항, 동법 시행령 제89조). 높이 31m를 초과하는 건축물에는 승용승강기뿐만 아니라 비상용승강기를 추가로 설치하여야 한다. 다만, 높이 31m를 넘는 각 층을 거실 외의 용도로 쓰는 건축물, 높이 31m를 넘는 각 층의 바닥면적의 합계가 500㎡ 이하인 건축물, 높이 31m를 넘는 층수가 4개층 이하로서 당해 각 층의 바닥면적의 합계 200㎡ 이내마다 방화구획으로 구획한 건축물의 경우에는 그러하지 아니하다. 비상용승강기의 설치기준은 높이 31m를 넘는 각 층의 바닥면적 중 최대바닥면적의 규모를 기준으로 설치대수를 정하도록 하고 있다.

승강기란 건축물이나 고정된 시설물에 설치되어 일정한 경로에 따라 사람이나 화물을 승강장으로 옮기는 데에 사용되는 시설로서 엘리베이터, 에스컬레이터, 휠체어리프트 등을 말한다. 승강기의 관리주체는 해당 승강기에 대하여 행정안전부장관이 주기적으로 실시하는 정기검사와 수시검사를 받아야 한다.

일정한 요건을 갖춘 승강기의 관리주체는 정기검사의 검사 유효기간을 연장할 수 있도록 하고 있으며, 해당 요건으로는 최근 3년간 자체점검의 결과가 양호로 나온 경우 등을 말한다. 행정안전부장관은 검사를 받을 수 없다고 인정되는 사유가 있는 경우에 그 사유가 없어질 때까지 검사를 연기할 수 있다. 해당 사례로는 승강기가 설치된 건축물이나 그 밖의 공작물에 중대한

---

7) 예전에는 주로 호텔 로비나 인테리어를 중시하는 공간에서 많이 사용하였지만, 현재에는 일반 가정이나 미용실, 식당 등에서도 많이 사용되고 있다.

결함이 있어 승강기를 정상적으로 운행하는 것이 불가능하거나 승강기의 관리주체가 승강기의 운행을 중단한 경우 등을 말한다.

승강기의 관리주체는 해당 승강기가 다음의 요건에 해당하는 경우 행정안전부장관이 실시하는 정밀안전검사를 받아야 한다.

① 검사결과 결함원인이 불명확하여 사고예방과 안전성 확보를 위하여 정밀안전검사가 필요하다고 인정된 승강기
② 승강기의 결함으로 인하여 중대한 사고가 발생한 승강기
③ 설치 후 15년이 도래한 승강기
④ 그 밖에 승강기의 성능의 저하로 인하여 이용자의 안전을 침해할 우려가 있는 것으로 행정안전부장관이 정한 경우

승강기 관리주체[8]는 승강기 운행에 대한 지식이 풍부한 자를 운행관리자로 선임하여 해당 승강기를 관리하도록 하여야 한다. 승강기의 관리주체는 승강기의 운행관리자로 하여금 다음의 기관이 실시하는 승강기의 관리에 관한 교육을 받도록 하여야 한다.

① 한국승강기안전관리원
② 승강기 관련 업무를 수행하기 위하여 행정안전부장관의 허가를 받아 설립된 법인으로서 행정안전부장관이 지정하여 고시하는 기관

승강기 관리주체는 그가 관리하는 승강기로 인하여 중대한 사고가 발생하거나 승강기 내에 이용자가 갇히는 등의 중대한 고장이 발생한 경우에는 관리원의 장에게 통보하여야 한다. 이 경우 관리원의 장은 통보받은 내용을 행정안전부장관, 시·도지사 및 사고조사판정위원회에 보고하여야 한다.

승강기의 관리주체는 승강기 사고가 발생한 사실을 알게 된 경우에는 지체 없이 건물명, 소재지, 사고 발생 장소, 사고 발생 일시 및 피해 정도를

8) 승강기 소유자로서 관리책임이 있는 자, 다른 법령에 따라 승강기 관리자로 규정된 자, 승강기 소유자나 다른 법령에 따라 승강기 관리자로 규정된 자와의 계약에 따라 승강기 관리책임을 맡은 자

관리원의 장에게 알려야 하고, 승강기 고장이 발생한 사실을 알게 된 경우에는 3일 이내에 건물명, 소재지, 고장 발생 장소, 고장 발생 일시, 고장 내용, 피해 내용 및 응급조치 내용을 관리원의 장에게 알려야 한다. 승강기 관리주체는 스스로 승강기 운행의 안전에 관한 점검을 월1회 이상 실시하고 그 점검기록을 작성·보존하여야 한다.

행정안전부장관은 완성검사·정기검사·수시검사 또는 정밀안전검사를 받지 아니하거나 검사 또는 정밀안전검사에 불합격한 승강기를 시·도지사에게 통보하여야 한다. 시·도지사는 승강기가 정기검사 등을 받지 않거나 정밀안전검사를 받지 않는 경우에 승강기 관리주체에게 통보하여야 한다.

2. 안전관리

1) 안전관리계획의 수립

안전관리는 재해로부터 인간의 생명과 재산을 보호하기 위한, 계획적이고 체계적인 제반활동을 말한다. 안전활동이 생활화·습관화되도록 지도·계몽하며, 재해 발생 시는 정확한 원인을 분석하여 동질의 재해가 다시 발생하지 않도록 안전교육 및 점검을 통한 안전관리업무계획을 수립하고 예방대책을 세움으로써 재해를 미연에 방지하는 데에 목적이 있다.

관리주체는 안전관리계획이 정하는 바에 따라 시설별로 안전관리책임자를 임명하여 책임점검을 실시하여야 한다.

2) 시설물의 안전관리

건축물의 안전관리와 관련된 법령들은 해당 시설별 개별 법령에 의해서 규정되고 있으며, 건축물 중 특별히 시설물의 안전관리 및 유지관리에 관한 특별법에 의해서 규정하고 있는 건축물의 유형(1종, 2종, 3종 건축물)에 대해서는 별도의 안전관리체계를 규정하고 있다.[9]

9) 구체적인 시설물별 건축물의 유형에 대해서는 시설물통합정보관리시스템(www.fma.or.kr)에

일정 규모 이상의 비주거용 건축물의 상당수는 제2종 건축물과 제3종 건축물로 지정되어 있다.

〈표 11-14〉 시설물의 안전관리

구분	분야	적용대상	관리주체
안전점검	정기안전점검 및 정밀안전점검	제1종 시설물 및 제2종 시설물	소유자 또는 관리자
	정기안전점검	제3종 시설물	소유자 또는 관리자
전기안전	일반용 전기설비의 정기검사 및 안전관리자의 선임의무	일반용 전기설비가 설치된 건물	소유자 또는 점유자
	자가용 전기설비의 정기검사 및 안전관리자의 선임의무	자가용 전기설비가 설치된 건물	소유자 또는 점유자
승강기 안전	승강기 검사 및 안전관리자의 선임의무	승강기가 설치된 건물	소유자 또는 관리자 등
가스 안전	가스안전관리자의 선임의무	도시가스가 설치된 건물	소유자 또는 사용자
보일러 안전	보일러의 검사 및 보일러 관리자의 선임의무	보일러가 설치된 건물	설치자(소유자)
그 밖의 안전	특수건물의 보험가입 의무	특수 건물	소유자·관리자 또는 점유자
	제설·제빙 작업 의무	모든 건물	소유자 또는 사용자

자료: 찾기 쉬운 생활법령정보(http://www.easylaw.go.kr/CSP/Main.laf)

규정되어 있다.

실 / 전 / 문 / 제

01 다음 트랩의 봉수 파괴원인이 아닌 것은?

① 자기사이펀 작용
② 흡출 작용
③ 역압에 의한 작용
④ 물의 운동량에 의한 관성 작용
⑤ 마모 작용

02 다음 오수용 배관으로 많이 사용하는 것은?

① 주철관, 연관
② 아연도금 강관
③ 도관
④ 콘크리트관
⑤ 강관

03 다음 부패조의 구조에 대한 설명으로 옳지 않은 것은?

① 부패조는 제1·2부패조 및 예비여과조로 구성되어 있다.
② 부패조의 용적비는 4:2:2 또는 4:2:2로 한다.
③ 부패조는 침전분리를 주목적으로 하고 있으며, 오물은 호기성 박테리아의 작용에 의해 부패·분해된다.
④ 부패조의 용량은 유입 오수량의 2일분 이상의 용량을 기준으로 하여 이것에 오니 축적량을 더한 것으로 정한다.
⑤ 부패조의 오수를 저유하는 깊이는 1~3m로 한다.

04 다음 온수난방의 특징이 잘못된 것은?

① 난방의 효과가 부드러워 실내온도가 일정하다.
② 소음이 적다.
③ 예열시간이 짧다.
④ 보일러의 취급이 용이하고 안전하다.
⑤ 배관의 열 손실이 적고 연료소비량이 적어 경제적이다.

05 다음 복사난방의 특징이 아닌 것은?

① 배관시공이나 수리가 곤란하다.
② 방열기가 없으므로 실내이용면적이 크다.
③ 대류가 적으므로 바닥면의 먼지 등의 상승이 적다.
④ 일시적인 난방을 할 경우 적합하다.
⑤ 실내 온도의 분포가 균일하여 쾌감도가 좋아서 천장이 높은 방에 적합하다.

06 다음 중 제3종 환기방식은?

① 기계배기＋자연급기
② 기계배기＋기계급기
③ 자연배기＋자연급기
④ 자연배기＋기계급기
⑤ 자연배기＋기계배기

07 액화석유가스(LPG)에 대한 설명으로 틀린 것은?

① 발열량이 높다.
② 연소에 필요한 공기량이 적다.
③ 비중이 무겁기 때문에 대기 중에 나가면 하부에 체류한다.
④ 일산화탄소를 함유하지 않으므로 생가스에 의한 중독의 위험은 없으나 질식 또는 불완전연소에 의한 일산화탄소 중독의 위험이 있다.
⑤ 액화석유가스는 정상압력하에서는 기체이지만 압력을 가하면 쉽게 액화된다.

08 다음 가스미터기 설치상 주의사항으로 틀린 것은?

① 직사광선이나 비, 바람에 직접 노출되지 않는 곳에 설치한다.
② 전기의 스위치나 미터기에서 30㎝ 떨어진 곳에 설치한다.
③ 미터기 콕의 개폐가 용이하도록 설치한다.
④ 오손 또는 부식의 우려가 있는 곳은 피한다.
⑤ 설치높이는 지면에서 1.6～2m 떨어진 곳에 설치한다.

09 변전실에 관한 내용으로 옳지 않은 것은?

① 채광·통풍이 양호할 것

② 격벽은 내화구조로 한다.

③ 출입구는 방화문으로 한다.

④ 부하의 중심에서부터 멀어야 할 것

⑤ 고압의 경우는 천장 높이가 3m 이상, 특별고압은 4.5m 이상이어야 한다.

10 다음 조명방법 중 작업면 전반에 균일한 조도를 갖게 하는 방식으로 공장, 사무실 등에 설치되는 것은?

① 직접조명 ② 간접조명

③ 반간접조명 ④ 전반조명

⑤ 국부조명

정답 및 해설

01 정답 ⑤

해설 트랩의 봉수 파괴 원인으로는 이외에도 봉수의 증발, 모세관 작용 등이 있다.

02 정답 ①

해설 우수관은 아연도금강관을, 일반배수관은 배수용 주철관과 아연도강관을, 옥외 하수관은 도관과 콘크리트관을 사용한다.

03 정답 ③

해설 부패조는 호기성 박테리아가 아니라 혐기성 박테리아의 작용에 의해 부패·분해된다.

04 정답 ③

해설 온수난방의 단점은 예열에 소요되는 시간이 길다는 것이다.

05 정답 ④

해설 복사난방은 일시적인 난방을 하는 경우에는 부적합하다.

06 정답 ①

해설 ②의 경우는 제1종 환기방식이다. ④의 경우는 제2종 환기방식이다.

07 정답 ②

해설 액화석유가스는 연소에 필요한 공기량이 크다.

08 정답 ②

해설 전기스위치나 미터기에서 60cm 떨어진 곳에 설치한다.

09 정답 ④

해설 변전실은 부하의 중심에 가까워야 한다.

10 정답 ④

해설 직접조명은 작은 전력으로 고조도를 얻을 수 있고 간단하지만 눈부심을 일으켜 눈의 피로를 가져온다.

12 빌딩관리 분야의 미래와 과제

1. 정보화와 빌딩관리[10)]

미래 빌딩관리에서 정보통신기술(ICT)과 CAD 시스템은 기업을 운영하는 데 필수적 요소가 되었으며, FM전문가들은 건물과 관련된 시스템을 도입하고 운영하는 데 핵심적인 역할을 하고 있다. 따라서 FM전문가들은 시설운용, 부동산, 근무자들의 요구에 부응할 수 있는 제반 사항에 필요한 기술들을 이해하고 있어야만 한다.

이러한 정보화 사회에서 건물의 변화와 관련된 개념으로 지능형 건물(Intelligent Buildings－Smart Buildings)을 들 수 있다. 스마트 빌딩으로도 불리는 지능형 건물은 무엇보다 첨단 정보통신기술을 바탕으로 하고 있다. 건물 내에서 사용자들 간의 유기적인 연계와 외부 세계와의 신속한 교류는 조직에서 필수적인 조건이다. 지능형 건물은 사용을 위하여 내부환경을 개선하고 기능을 지원하기 위하여 다양한 기술을 도입하고, 보안·방재·쾌적·접근성 등은 생산성을 향상시키며 만족도를 높이는 데 기여한다. 사무소 건물의 경우에 지능형 건물은 건물자동화 시스템, 사무자동화 시스템, 정보통신 시스템 측면으로 분류할 수 있으며, 환경계획과 설비계획이 이러한 시스템을 지원하게 된다.

건물자동화 시스템은 건물관리시스템, 에너지 관리시스템, 안전방재시스템으로 구성된다. 사무자동화시스템은 지금까지 개인적으로 처리하던 업무를 컴퓨터와 각종 첨단 정보통신기술을 도입하여 정보처리와 업무처리를

10) 이명식 외, 『퍼실리티 매니지먼트의 이해』, 8장 정보화 사회의 FM 기술, 한국퍼실리태미니먼트학회, 2012, pp.326~361을 토대로 작성.

보다 능률적이고 경제적으로 수행하는 것을 말한다. 정보통신 시스템은 건물자동화 시스템과 사무자동화 시스템을 통합·운용하여 사무실, 회사 및 건물 내를 네트워크함은 물론이고 외부통신망과의 접속에 의한 정보교환이 가능하도록 함으로써 필요한 정보를 얻을 수 있다.

퍼실리티 매니지먼트 시스템(FMS, Facility Management System)은 지능형 건물의 건물자동화 시스템 중 건물관리 시스템이 정보통신 시스템과 결합하여 발전한 것을 FM 측면에서 범위를 확대하여 체계화한 것이다. FMS는 시설물관리를 위하여 시설물이 설치된 환경이나 주변 공간, 설치장비 및 설비, 그리고 이를 운영하거나 유지·보수하기 위한 인력이 기본적으로 상호유기적 조화를 이룰 수 있도록 지원한다.

그림 12-1 FMS(Facility Management System)의 구성

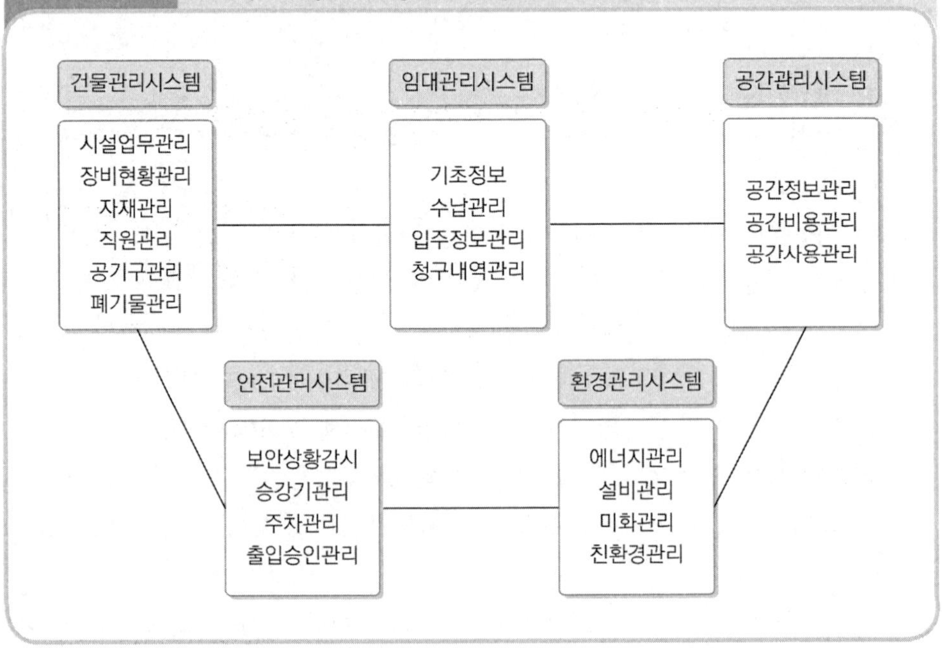

2. 부동산관리업 현황

1) 부동산업과 부동산관리업

부동산업에 종사하는 인력은 2018년 기준으로 약 52만 명이며, 이는 전체 산업 종사자수의 2.3% 수준이다.

그림 12-2 최근 5년간 부동산업 종사자수 추이

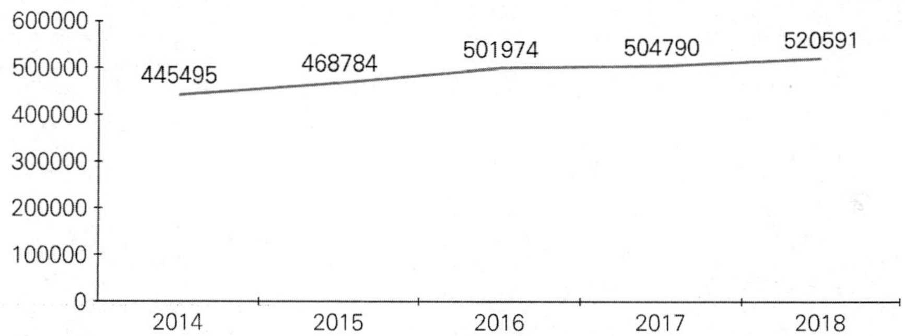

부동산업 종사자 중 부동산관리업에 종사하는 인력은 전체 부동산업 종사자수 52만 명의 절반 수준인 25만 명에 달한다. 부동산관리업은 주거용부동산관리업과 비주거용부동산관리업으로 구분되는데, 비주거용부동산관리업 종사자수는 약 8만 7,000명에 달한다. 부동산관리업의 경우 부동산업 내 업체당 종사자수가 가장 많은 편으로 이는 부동산관리업이 상대적으로 노동집약적인 산업임을 의미하고 있다.

〈표 12-1〉 부동산업의 업종별 사업체수와 종사자수(2018년 기준)

중분류	세분류	세세분류	사업체수(개)	종사자수(명)
부동산 임대 및 공급업	부동산임대업	소계	23,056	95,271
		주거용건물임대업	1,254	3,387
		비주거용건물임대업	12,885	42,278
		기타부동산임대업	274	775
	부동산개발 및 공급업	소계	8,643	48,831
		주거용건물 개발 및 공급업	3,958	17,577
		비주거용건물 개발 및 공급업	2,285	10,366
		기타 부동산개발 및 공급업	2,400	20,888
부동산 관련 서비스업	부동산관리업	소계	34,063	254,352
		주거용부동산관리업	22,191	166,796
		비주거용부동산관리업	11,872	87,556
	부동산중개, 자문 및 감정평가업	소계	103,033	170,968
		부동산중개 및 대리업	99,299	153,883
		부동산투자자문업	2,893	8,664
		부동산감정평가업	842	8,421

출처: 통계청, 서비스업 조사, 2018

한화63시티의 경우 2018년 기준 종사자수는 586명인데 비주거용부동산관리업으로 분류되어 있지 않고 사업시설·서비스업으로 되어 있다.[11] 반대로 교보그룹 산하의 계열사인 임직원 689명인 교보리얼코의 경우 비주거용부동산관리업으로 등록되어 있다. 이로 미루어 보아 실제로 비주거용부동산관리업에 종사하고 있으나 한국표준산업 분류 체계상에서는 다른 산업으로 분류되는 사례가 있을 것으로 생각된다. 또한 최근 부동산업이 금융분야와 연계된 융복합산업으로 발전하는 과정에서 겸업을 하는 경우도 있다는 점을

11) 금융감독원 전자공시시스템(dart.fss.or.kr)

감안한다면 실제 부동산업 종사자수는 표준산업분류 체계상의 부동산업 종사자수보다 더 많을 것으로 판단된다.

그림 12-3 **부동산 업종별 업체별 종사자수(단위: 명)**

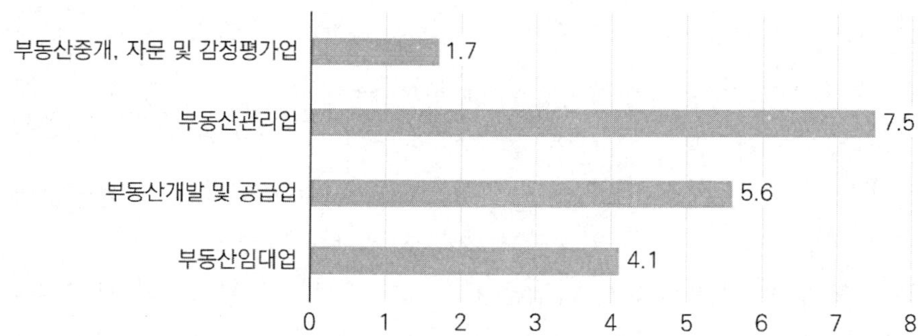

그림 12-4 **부동산업종별 종사자 1인당 매출액(단위: 백만 원)**

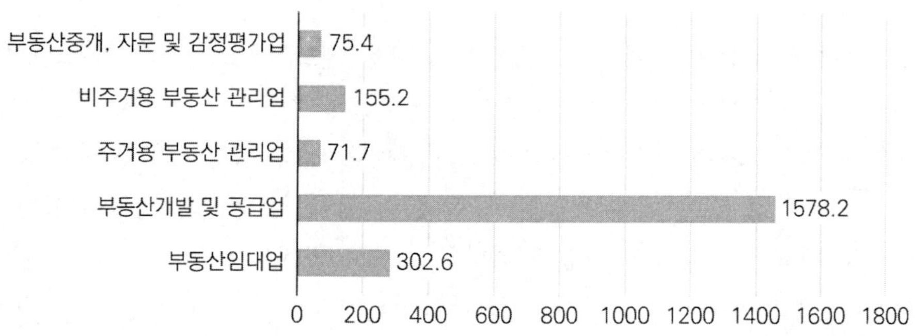

3. 빌딩관리의 과제

1) 빌딩관리업의 전문성과 신뢰성 제고

부동산관리업을 포함해서 전문적인 서비스를 제공하는 산업의 성장은 해당 산업에서 제공하는 서비스의 전문성과 신뢰성에 기반을 두게 된다. 빌딩관리시장에서 수요자인 빌딩소유자의 요구를 고려하여 빌딩관리업의 전문성과 신뢰성을 제고할 필요가 있을 것이다. 중소형 빌딩소유자들이 자산관리방법을 결정하는 요인을 분석한 선행연구는 이런 특성을 잘 보여 주고 있다.[12] 설문조사를 활용한 빌딩 자산관리의 유형 분석결과 설문대상 빌딩 중 직접관리가 전체의 53%, 위탁관리가 25% 그리고 혼합관리가 20%를 채택하는 것으로 나타났으며, 건물주들이 직접관리를 선택하는 주요한 요인으로는 관리회사 불신(43%)과 관리비용 절감(36.7%)이 가장 중요한 것으로 분석되었다. 반면 위탁관리를 선택하는 데 영향을 주는 요인으로는 빌딩가치 증대를 통한 매각, 본업으로 인한 임대관리 불가능, 임대수익 등으로 나타나고 있다. 선행연구의 이 같은 분석결과는 앞서 제시한 대로 빌딩관리업의 관리서비스 제공에 있어서 신뢰도를 제고해야 하며, 관리비용에 부합하는 서비스제공을 위한 전문화의 노력이 필요함을 시사하고 있다.

2) 빌딩관리 관련 제도의 정비

주거용 부동산의 대표적 유형인 아파트는 제도적으로 공동주택관리법에 의해서 공동주택의 관리와 관련된 모든 제도들이 통합적으로 운영되고 있다. 또한 국가공인자격증인 주택관리사보의 운용을 통해 공동주택 관리 전문인력을 양성하고 있는 체계이다. 이에 반해 비주거용 부동산의 경우 부동산의 관리와 관련된 내용들이 통일된 하나의 법으로 규정되어 있지 않고, 개별법에서 별도로 규정하고 있어서 이들 부동산의 효과적인 관리에 있어서 장애요인으로 작용하고 있다. 비주거용부동산 관리와 관련해서 집합건축물의 관리에 관한 법률의 경우 해당 법의 적용을 받는 건축물은 전체 비주거용부동산의 일부분에 지나지 않고 있다. 또한 상대적으로 공동주택관리법에 비해서 관리 전반에 관련된 내용들이 상세하게 규정되어 있지 않기 때문에 관리상의 효율성을 확보하는 데 한계를 가지고 있다.

---

12) 김선주, 김행종,「중소형 빌딩소유자의 자산관리방법 결정요인 분석」,『한국지적정보학회지』 20(3), 한국지적정보학회, 2018.

일반상업용건물의 경우 기본법으로 역할을 해야 할 건축법이 일부 건물관리에 대한 선언적 규정을 하는 것 외에 구체적으로 유지관리에 관한 아무런 절차나 구체적인 기준조차 정함이 없어 일반 건물의 관리에는 아무런 법적 제도적 뒷받침을 못하고 있다.

〈표 12-2〉 빌딩유지관리 관계법령 재구성

<table>
<tr><th>건물유지관리
관계법령</th><th>건축설비관리
관계법령</th><th>건물안전 및 보안
관리 관계법령</th><th>건물위생환경관리
관계법령</th></tr>
<tr><td>• 건축법
• 주택법
• 임대주택법
• 국유재산법
• 집합건물소유 및 관리에 관한 법률
• 승강기·제조 및 관리에 관한 법률
• 소방시설설치유지 및 안전관리에 관한법
• 시설물의 안전관리에 관한 특별법</td><td>• 에너지이용합리화법
• 건축법
• 수도법
• 수질환경보전보전법
• 오수분뇨 및 축산폐수처리에 관한 법률
• 소방시설유치 및 안전관리에 관한 법률
• 도시가스사업법
• 전기사업법
• 건축물의 설비기준 등에 관한 규칙
• 고압가스안전관리법</td><td>• 소방기본법
• 위험물안전관리법
• 공공기관의 방화관리규정
• 전기용품안전관리법
• 시설물의 안전관리에 관한 특별법
• 산업안전보건법
• 도시가스사업법
• 고압가스사업법
• 전기사업법
• 액화석유가스의 안전관리 및 사업법
• 경비업법
• 재난관리법</td><td>• 환경정책기본법
• 공중위생관리법
• 폐기물관리법
• 전염병예방법
• 오수분뇨 및 폐수의 처리에 관한 법률
• 수도법
• 먹는물관리법
• 대기환경보전법
• 토양환경보전법
• 에너지이용합리화법
• 다중이용시설등의 실내공기질 관리법
• 소음진동규제법
• 하수도법</td></tr>
<tr><td colspan="2">건물(부동산)임대 및 계약관계법령</td><td colspan="2">부동산투자관계법령</td></tr>
<tr><td colspan="2">• 민법(채권법, 물권법)
• 주택임대차보호법
• 상가건물임대차보호법</td><td colspan="2">• 부동산투자회사법
• 간접투자사산운용업법
• 기업구조조정투자회사법</td></tr>
</table>

이와 같은 실정으로 인하여 상업용건물의 관리현장에는 우월적 지위에 있는 건물소유자를 강제할 법적, 제도적 장치가 없어 건물관리 이해당사자의 독립된 고유의 권리에도 불구하고 소유자의 생각이나 방침에 좇아 임의관리제도에 의존함으로써 관리주체나 사용주체의 권리행사에 여러 가지 제약요소로 작용하고 있을 뿐 아니라 체계적이고 효율적인 관리가 이루어지지 않

고 있다. 특히 건물은 하나의 관리기본법이 있는 경우 관리가 단순하고 체계적이며 효율적으로 관리될 수 있으나, 현실적으로는 수많은 관리 관련법에서 법적으로 필요한 법정자격을 규정하고 법정자격자를 선임하여 보고하게 하고 있어 복잡한 혼선을 빚고 있다. 예를 들어 연건평이 3,000평 이상되는 건물의 경우 법정 선임대상자는 설비의 규모나 종류 및 용량에 따라 6명에서 9명 정도가 선임되고 또한 보고되어야 한다.[13]

빌딩관리용역업 발전의 장애요인으로는[14] 첫째, 개별 단행법만의 규제로 인하여 통일적이고 효율적인 규제가 되지 못하고 있다. 빌딩관리 현장에서 적용되는 법령은 건축법, 경비업법, 소방관계법 등 종류도 다양하거니와 매우 복잡하여 통일적이고 효과적인 규율이 되고 있지 못하다.

둘째, 빌딩관리 관련 전문자격제도와 관련 단체가 미비할 뿐만 아니라 정비되어 있지도 못하다. 빌딩 투자의 패러다임이 직접투자에서 간접투자로 그리고 소유와 경영이 분리되는 전환기를 맞고 있는 이 시점에서 빌딩관리 시장에서 수요자는 다양한 빌딩관리 서비스와 이에 대한 질적 향상의 요구를 하고 있는 반면에 이러한 요구를 충족시킬 수 있는 전문인력의 양성 및 빌딩관리 관련 단체의 정비는 미비하다.

셋째, 빌딩관리용역업 관련 담당 행정기관이 통일되어 있지 않고 여러 부서로 나뉘어 있다. 더불어 빌딩관리용역업을 실질적으로 관리하는 지방자치단체에서도 분야별로 담당자가 달라 업무의 혼선을 초래하기도 한다. 이는 관리의 효율성 측면에서 타당하지 못하고, 또한 통일적인 관리의 어려움이 있으며, 빌딩관리용역회사의 입장에서도 불필요한 시간 및 비용을 요구하게 된다.

경영적 요인과 관련해서 밝혀진 빌딩관리업의 장애요인은 다음과 같다. 먼저 수주방식과 관련하여 첫째, 빌딩관리용역의 저가낙찰제 및 도급(용역) 계약에서의 관리비의 저하로 인한 문제점이 나타나고 있다. 그리고 이는 곧 빌딩관리회사의 영세성으로 귀결됨으로써 빌딩관리회사 직원의 열악한 근로

---

13) 김일효, 「건물자산관리제도 개선방안에 관한 연구」, 극동대학교 대학원 경영학과 박사학위논문, 2007, pp.149~150.

14) 최종만, 「빌딩관리용역업의 제도 및 경영 발전에 관한 연구」, 성결대학교 행정학과 박사학위논문, 2013, pp.96~97.

환경과 전문성이 결여된 관리로 연결된다. 둘째, 국가를 당사자로 하는 계약에 관한 법률에 따라 시행되는 조달청 입찰과 주요 민간발주처의 경우, 용역계약기간을 1년으로 정하고 있어 용역기업의 안정적 관리가 이루어질 즈음에 계약기간이 종료됨으로써 장기적인 전문적 관리는 엄두도 내지 못하고 단기적인 시각에서 단편적인 관리만 하게 되고, 더불어 빌딩관리용역회사의 장기적인 재정계획에도 난점을 초래하고 있다.

셋째, 빌딩관리용역 발주처의 대부분이 빌딩시설관리의 용역대가 지급을 위한 입찰 설계 시 인건비에 대한 구체적인 기준이 없어 오로지 용역단가 기준을 사람의 수에 맞추어 설계하는 오류를 범하고 있다. 넷째, 수주방식 외에 전략적인 인적자원관리가 이루어지지 못하고 있고, 빌딩관리장비와 관련해서도 현대화·자동화 및 국내 생산화 등이 미비되어 있다.

거시적 측면에서는 수평적 연합이나 합병에 대한 빌딩관리회사 CEO의 소극적 태도가 문제점으로 논의된다. 빌딩관리용역기업의 영세성 개선 및 경쟁력 확보방안의 하나로 들 수 있는 것이 수평적 연합이나 합병이지만, 아직까지 현실적으로 활성화되지는 못하고 있는 실정이다.

4) 빌딩관련 자격제도의 정비

미국에서 빌딩관리와 관련된 대표적인 민간기구로 BOMA(Building Owners and Managers Association)를 들 수 있는데 1907년도에 설립되었다. BOMA는 건물소유자, 관리자, 서비스공급자 및 부동산관리 전문가를 대표하고 있으며, 모든 유형의 상업용건물, 오피스, 산업 및 의료와 복합건물에 대해 서비스를 제공한다. BOMA는 지지와 영향 그리고 지식을 통해 활력 있는 상업용 부동산업을 발전시키는 데 그 목적이 있다.[15]

BOMA는 빌딩관련 교육기관인 BOMI와 연계해서 상업용 부동산관리와 관련된 다양한 자격프로그램 과정을 운영하고 있으며, 최근에는 상업부동산관리자격증 과정(Certified Manager Commercial Property)을 개설한 바 있다. 미국의 대부분 자격증 제도와 마찬가지로 시험을 치르기 위해서는 일정 시간

15) BOMA 홈페이지(www.boma.org)

이상 BOMA나 BOMI의 사전검정과정 등을 거칠 것을 요구하고 있다. CMCP에서 포괄하는 부동산관리 분야는 7가지의 범주를 포괄하고 있으며, 그 분야는 임대관리와 실행, 위험관리와 윤리, 보안, 건물시스템, 유지, 계약 그리고 프로젝트 관리, 재산관리, 자본증진계획, 소유자와 거주인 그리고 관리자와의 관계 관리, 자산관리자와의 네트워킹, 언론관계, 시민참여를 말한다.

〈표 12-3〉 CMCP에서 포괄하는 부동산관리의 범주

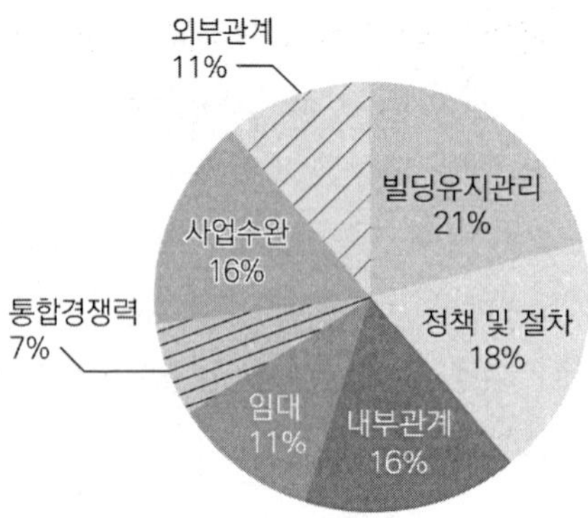

빌딩유지관리	빌딩체계, 프로젝트관리, 유지
정책 및 절차	위험관리
내부관계	소유자, 점유자
사업수완	회계원칙, 재정관리 및 보고
외부관계	자산관리자, 전문가와의 교류
임대	임대관리 및 실행
통합경쟁력	혁신, 조직

빌딩관리와 관련된 국가공인자격증은 없으며, 등록 민간자격증 중심으로 운영되고 있다. 한국직업능력개발원의 민간자격정보서비스에 빌딩관리와 관련된 여러 종류의 자격증이 등록되어 있으나, 최근 자격시험이 시행되고 실제 운영되고 있는 주요 자격증은 빌딩경영관리사나 빌딩경영사 그리고 빌딩관리사 정도로 볼 수 있다. 이들 자격증의 시험과 관리는 빌딩관련 협회나 교육기관에서 시행되고 있으며, 대략 업무의 범위는 공통적으로 부동산관리의 FM의 업무에 해당하며, 크게 나누어 보면 경영관리업무와 기술관리업무로 구분되고 있다.

〈표 12-4〉 빌딩관리 관련 자격증

	주관기관 (주무부처)	주요 업무내용	시험과목
빌딩경영 관리사	(재)한국 산업교육원 (산업통상 자원부)	• 빌딩관리소장으로서 상업용·공업용·문교사회용 기타 빌딩을 대상으로 시설·운영 및 관리, 경비, 방재, 위생, 에너지, 보수 및 리모델링과 용역 등의 유지관리 • 빌딩임대를 위한 시장조사에 의한 단기, 중기, 장기의 사업계획과 세입자의 구성을 위한 상품계획, 자금조달계획, 세입자의 모집 및 계약, 사무, 인사, 노무관리와 기타 업무의 아웃소싱 등을 담당	빌딩관리개론, 빌딩행정관리론, 빌딩관계법규, 빌딩경영위험 관리론, 빌딩경영 관리실무
빌딩 경영사	(재)한국 빌딩경영 관리협회 (산업통상 자원부)	빌딩경영사는 임대빌딩의 사업기획과 임대조건의 설정 및 시설관리 등 빌딩에 관한 종합적인 전문관리 및 경영업무를 담당하며, 경영관리 업무와 기술관리 업무로 구분됨. 경영관리업무는 홍보·사무·인사관리와 입주자관리, 회계관리, 임대관리 등이며, 기술관리는 환경·안전·설비관리 등을 말함	빌딩경영론, 빌딩관리일반, 빌딩관계법규, 경영학, 회계학
빌딩 관리사	한국빌딩 경영관리사 협회 (산업통상 자원부)	빌딩의 경영과 관련된 직무로 빌딩의 금융과 임대를 위한 단기·중기·장기의 사업계획을 수립하고, 상품계획, 세입자모집, 광고 및 사무, 인사, 노무 등과 같은 필요한 경제·법률·기술적 복합개념의 위험을 관리하고 입주자(임차인 등)에 대한 전문가로서의 지도 · 협력을 꾀하며, 빌딩의 물리적 수명연장을 위한 행정·기술적으로 유지관리를 담당	관련법규 및 관리론, 빌딩기술론 및 관리실무

실 / 전 / 문 / 제

01 부동산업에 대한 설명으로 맞지 않는 것은?

① 종사자 1인당 매출액이 가장 큰 분야는 부동산개발 및 공급업이다.
② 비주거용부동산관리업의 종사자수가 주거용부동산관리업 종사자수보다 많다.
③ 부동산서비스업 중에서는 부동산중개 및 상담업의 종사자수가 부동산관리업 종사자수와 비슷한 수준이다.
④ 부동산서비스업 중에서 감정평가업 종사자수가 차지하는 비중은 매우 작은 편이다.
⑤ 부동산업이 전체 산업에서 차지하는 비중은 종사자수 기준으로 2%대 수준이다.

02 부동산관리 분야 자격증에 대한 설명으로 맞지 않는 것은?

① 미국의 경우 빌딩소유자 및 관리자협회(BOMA)에서는 상업용부동산관리자격제도를 새로 시행 중에 있다.
② 주거용부동산 관리의 경우 국가공인자격증 제도인 주택관리사제도가 있다.
③ 미국의 경우 국가 차원의 빌딩관리 관련 자격증이 있다.
④ 국내의 경우 빌딩관리와 관련된 자격증이 민간부문의 여러 기관에 의해서 운영되고 있다.
⑤ 국내 부동산관리 관련 자격제도의 관장부서는 국토교통부, 산업통상자원부 등 관리 관련 소속부서가 다원화되어 있다.

정답 및 해설

01 정답 ②

해설 관련 통계에 의하면 주거용부동산관리업 종사자수가 비주거용부동산관리업 종사자수의 2배 정도가 된다.

02 정답 ③

해설 미국의 빌딩관리와 관련된 BOMA는 민간기구이다.

참고문헌

[단행본 및 보고서]

강병기, 김선주, 신광식, 이국철, 『부동산투자 및 시장분석론』, 법문사, 2011.

국토교통부, 『건축물 유지·관리 점검 매뉴얼』, 국토교통부, 2013.

김영곤, 에듀윌 교육출판연구소, 『2011 EBS 주택관리사 2차 기본서 공동주택관리실무』, 2011.

김일효, 『건물자산관리학원론』, 상학당, 2014.

김일효, 『건물자산행정관리론』, 남두도서, 2009.

김창기, 『보험학원론』, 문우사, 2015.

박연호·이종호·임영제, 『행정학개론』, 박영사, 2018.

박종철, 박상민, 박후서, 『2017 EBS 공인중개사 2차기본서 부동산공법』, ㈜ 에스티유니타스, 2016.

박종철, 박상민, 박후서, 『2017 EBS 방송교재 공인중개사 2차 기본서』, ㈜에스티유니타스, 2016.

박철하, 『문서사무관리』, 21세기사, 2015.

부동산교육연구소, 『빌딩경영관리사』, ㈜시대고시기획, 2018.

빌딩문화 편집부, 『빌딩문화』, 13권 9호, 건축물관리연구원, 2004.

서울특별시, 『서울시 집합건물 관리실태 및 개선과제 연구』, 2017.

서울특별시, 『집합건물 관리 업무매뉴얼』, 2017.

서울특별시, 『집합건물관리업무매뉴얼』, 2017.

양성희·유철종, 『건축물 유지관리점검 실무가이드』, 시공문화사, 2014.

유광흠, 신치후, 조영진, 이종민, 이민경, 이규철, 진태승, 『건축물 유지관리 및 해체 등에 관한 법령 정비 방안』, 건축도시공간연구소, 2017.

유광흠, 『건축물관리법(안)의 제정방향 및 주요 내용』, 건축물관리법(안) 제정방향 설정을 위한 공청회, 2017, p.13.

이창석, 『부동산관리론』, 신광문화사, 2010, pp.32-34.

임정달, 『건축물관리실무』, 건축물관리연구원, 2013.

장상규, 『오피스 빌딩 시설관리 Insight』, ㈜보성인쇄기획, 2019.

전수환, 전수환, 『경영학』, 세경북스, 2015.

정용식, 『부동산자산관리론』, 부연사, 2013.

종합건축사사무소 동일건축 기술연구소, 『건축물 유지관리 실무』, 건설도서, 2015.
채희대, 해커스 공인중개사시험연구소, 『2019 해커스 공인중개사 기본서1차 민법 및 민사특별법①』, 해커스패스, 2018.
채희대, 해커스 공인중개사시험연구소, 『2019 해커스 공인중개사 기본서1차 민법 및 민사특별법②』, 해커스패스, 2018.
한국부동산교육협회, 『국가공인 빌딩행정관리론(빌딩경영관리사)』, 범론사, 2018.
한국부동산교육협회, 『빌딩경영관리실무』, 범론사, 2019.
한국퍼실리티매니지먼트학회, 『퍼실리티 매니지먼트의 이해』, 기문당, 2012.
David G. Cotts, Kathy O. Roper, Richard P. Payant, The facility management handbook, New York, NY : AMACOM, 2010
EBS공인중개사강사진, 『공인중개사 문제집 부동산공법』, 고시동네, 2012.
Robert C. Kyle, Maire S. Spodek, DREI, and Floyd M. Baird, RPA/SMA, Consulting Editors, Property Management, Dearborn, 2017

[학술논문]

경응수, 「자산관리서비스업에 대한 REITs 도입의 영향: 현황과 발전과제」, 『감정평가논집』 11, 2001.
김선주, 김행종, 「중소형빌딩소유자의 자산관리방법 결정요인 분석」, 『한국지적정보학회지』 20(3), 한국지적정보학회, 2018.
마승렬, 「벌집순환모형을 이용한 지역별 아파트 시장 분석 및 예측에 관한 연구」, 『주택도시금융연구』 1권 1호, 주택도시보증공사, 2006.
서수복, 김재경, 「한국주택시장과 벌집순환모형의 관련성에 관한 연구」, 『국토연구』 68권, 2011.
유광흠, 김민지, 「건축물 유지관리점검 체계화를 위한 제도개선방안」, 대한건축학회논문집 계획계 34(10), 2018, pp.63－73.

[학위논문]

김일효, 「건물자산관리제도 개선방안에 관한 연구 : 상업용 임대건물을 중심으로」, 극동대학교 대학원 박사학위논문, 2007.
최종만, 「빌딩관리용역업의 제도 및 경영 발전에 관한 연구」, 성결대학교 행정학과 박사학위논문, 2013.

[웹사이트]

건축물생애이력정보관리시스템(https://blcm.go.kr)
건축물유지관리협회(www.kamao.or.kr)
국가법령정보센터(http://www.law.go.kr/main.html)
대한빌딩경영관리사협회(www.빌딩경영관리사.com)
소방청국가화재정보센터(https://www.nfds.go.kr/)
시설물통합정보관리시스템(www.fma.or.kr)
찾기 쉬운 생활법령정보(http://www.easylaw.go.kr/CSP/Main.laf)
초고층빌딩 현황(www.emporis.com)
통계청홈페이지(http://kostat.go.kr/portal/korea/index.action)
BOMA 홈페이지(www.boma.org)
e－나라지표(www.index.go.kr) 화재발생현황
International Facility Management Association(www.ifma.org)

색인

저자약력

김주영

[학력]

- 서울시립대학교 도시공학과 도시계획 전공 도시공학박사
- 서울대학교 환경계획학과 도시계획 전공 도시계획학석사
- 서강대학교 경제학과 경제학 전공 경제학학사

[경력]

- 한국도시재생학회 이사 (현) 2019. 08~2021. 02
- 대한국토도시계획학회 이사 (현) 2019. 03~2021. 02
- 부동산연구 편집위원 (현) 2018. 08~2020. 07
- 고시원장 2015. 03~2017. 07

[연구실적]

- [국민주택규모의 적정성에 관한 연구] (부동산산업연구, 2018)
- [부모의 자가가 자녀의 경제적 성과에 미치는 영향] (대한부동산학회지, 2018)
- [감정평가 윤리의 정립을 위한 제도개선방안에 관한 연구] (부동산 도시연구, 2018)
- [지식산업센터 이전기업의 성장효과와 결정요인 분석] (대한부동산학회지, 2018)
- [공공선도형 재정비사업 지원을 위한 지역주택기금의 개념모형] (대한부동산학회지, 2017)
- [부모의 자가소유가 자녀의 학업성과와 일탈행동에 미치는 영향] (국토연구, 2017)
- [공공임대 주택의 편익: 임대료를 중심으로] (입법과 정책, 2017)
- [가계부채의 결정요인과 변화특성 분석 －한국복지패널자료를 이용한 미시분석을 중심으로－](주거환경, 2016)
- [부모와 자녀세대 간 주거 질의 이전에 대한 분석] (서울도시연구, 2016)
- [주택점유의 세대간 이전성] (감정평가학논집, 2016)
- [지역주택기금의 조성과 운용에 관한 탐색적 연구] (주거환경, 2016)
- [공급자와 수요자 보조 주거복지프로그램의 비용효과 분석－ 매입임대주택과 전세자금 대 출을 중심으로 －] (주거환경, 2015)
- [주택상속 의향에 관한 탐색적 연구] (보건사회연구, 2014)
- [가구의 생애주기와 경제적특성이 가계부채에 미치는 영향] (부동산연구, 2014)
- [수도권 전세가격의 상승요인에 관한 연구] (부동산학연구, 2014)
- [거주지역별 주거이동계획에 영향을 주는 요인에 관한 연구] (주거환경, 2014)
- [동계올림픽 개최발표가 강원도 주택가격에 미치는 영향과 지역발전에의 시사점] (한국지방자치연구, 2013)
- [가구특성이 주택점유형태와 주택유형 선택에 미치는 영향 분석] (주택연구, 2013)
- [토지 과세평가의 형평성 분석과 개선방안 모색] (감정평가학 논집, 2013)
- [국민임대주택 공급의 성과분석에 관한 소고 : 관리측면을 중심으로] (한국주택학회지, 2012)
- [해외 부동산학과 교과목의 특성과 시사점] (부동산학연구, 2012)
- [지하철 역세권의 지가와 토지이용 변화 특성] (부동산학보, 2012)
- [지역주택시장의 동태적 가격 특성 분석에 관한 연구] (주거환경, 2012)
- [공공분양주택과 공공임대주택 입주자의 주거만족도에 관한 연구] (주거환경, 2012)
- [전철개통이 지역경제에 미치는 영향에 관한 연구] (한국지역개발학회지, 2011)
- [오피스 및 상가의 최적용적률 산정에 관한 연구 : 강남지역을 중심으로] (부동산연구, 2011)
- [미분양 주택의 분포특성과 결정요인에 관한 연구] (지역연구, 2011)
- [주택가격과 거품 그리고 주택경기 변동에 대한 이해] (주택금융월보, 2011)
- [가구의 사회경제적 특성과 재테크에 대한 인식이 주택구입의 우선순위에 미치는 영향 분석] (주거환경, 2011)
- [미분양주택 해소를 위한 금융구조화 연구] (부동산학보, 2010)
- [정비사업 전문관리업자의 업무영역 정립방향에 관한 소고] (부동산학보, 2010)
- [정부 주택정책의 특성과 시장안정 효과 분석] (주택연구, 2010)
- [주택정책의 효과분석에 관한 연구] (감정평가학논집, 2010)
- [기술기반기업의 공장입지 유형 선택을 위한 의사결정지원 매뉴얼 개발] (감정평가학 논집, 2010)
- [개발제한구역 보전부담금 부과체계의 개선방안에 관한 연구] (부동산학보, 2009)
- [재정비촉진사업에서의 재원조달 기법에 관한 소고] (주거환경, 2009)

빌딩관리론

초판발행 2020년 9월 10일

지은이 김주영
펴낸이 안종만 · 안상준

편 집 배규호
기획/마케팅 손준호
표지디자인 조아라
제 작 우인도 · 고철민

펴낸곳 (주) 박영사
서울특별시 종로구 새문안로3길 36, 1601
등록 1959. 3. 11. 제300-1959-1호(倫)
전 화 02)733-6771
f a x 02)736-4818
e-mail pys@pybook.co.kr
homepage www.pybook.co.kr
ISBN 979-11-303-1096-1 93320

정 가 22,000원